Managementwissen für Studium und Praxis

Herausgegeben von
Professor Dr. Dietmar Dorn und
Professor Dr. Rainer Fischbach

Bisher erschienene Werke:

Arrenberg · Kiy · Knobloch · Lange, Vorkurs in Mathematik
Baršauskas · Schafir, Internationales Management
Behrens · Kirspel, Grundlagen der Volkswirtschaftslehre, 2. Auflage
Behrens, Makroökonomie – Wirtschaftspolitik
Bichler · Dörr, Personalwirtschaft – Einführung mit Beispielen aus SAP® R/3® HR®
Blum, Grundzüge anwendungsorientierter Organisationslehre
Bontrup, Volkswirtschaftslehre
Bontrup, Lohn und Gewinn
Bontrup · Pulte, Handbuch Ausbildung
Bradtke, Mathematische Grundlagen für Ökonomen, 2. Auflage
Bradtke, Übungen und Klausuren in Mathematik für Ökonomen
Bradtke, Statistische Grundlagen für Ökonomen
Bradtke, Grundlagen im Operations Research für Ökonomen
Breitschuh, Versandhandelsmarketing
Busse, Betriebliche Finanzwirtschaft, 5. A.
Camphausen, Strategisches Management
Clausius, Betriebswirtschaftslehre I
Clausius, Betriebswirtschaftslehre II
Dinauer, Allfinanz – Grundzüge des Finanzdienstleistungsmarkts
Dorn · Fischbach, Volkswirtschaftslehre II, 4. Auflage
Dorsch, Abenteuer Wirtschaft ·75 Fallstudien mit Lösungen
Drees-Behrens · Kirspel · Schmidt · Schwanke, Aufgaben und Lösungen zur Finanzmathematik, Investition und Finanzierung
Drees-Behrens · Schmidt, Aufgaben und Fälle zur Kostenrechnung
Ellinghaus, Werbewirkung und Markterfolg
Fank, Informationsmanagement, 2. Auflage
Fank · Schildhauer · Klotz, Informationsmanagement: Umfeld – Fallbeispiele
Fiedler, Einführung in das Controlling, 2. Auflage
Fischbach · Wollenberg, Volkswirtschaftslehre I, 12. Auflage
Fischer, Vom Wissenschaftler zum Unternehmer
Frodl, Dienstleistungslogistik
Götze, Techniken des Business-Forecasting
Götze, Mathematik für Wirtschaftsinformatiker
Götze · Deutschmann · Link, Statistik
Gohout, Operations Research
Haas, Kosten, Investition, Finanzierung – Planung und Kontrolle, 3. Auflage
Haas, Marketing mit EXCEL, 2. Auflage
Haas, Access und Excel im Betrieb
Hans, Grundlagen der Kostenrechnung
Hardt, Kostenmanagement, 2. Auflage
Heine · Herr, Volkswirtschaftslehre, 3. Aufl.
Hildebrand · Rebstock, Betriebswirtschaftliche Einführung in SAP® R/3®
Hofmann, Globale Informationswirtschaft
Hoppen, Vertriebsmanagement
Koch, Marketing
Koch, Marktforschung, 3. Auflage
Koch, Gesundheitsökonomie: Kosten- und Leistungsrechnung
Krech, Grundriß der strategischen Unternehmensplanung
Kreis, Betriebswirtschaftslehre, Band I, 5. Auflage
Kreis, Betriebswirtschaftslehre, Band II, 5. Auflage
Kreis, Betriebswirtschaftslehre, Band III, 5. Auflage
Laser, Basiswissen Volkswirtschaftslehre
Lebefromm, Controlling – Einführung mit Beispielen aus SAP® R/3®, 2. Auflage
Lebefromm, Produktionsmanagement – Einführung mit Beispielen aus SAP® R/3®, 4. Auflage
Martens, Betriebswirtschaftslehre mit Excel
Martens, Statistische Datenanalyse mit SPSS für Windows, 2. Auflage
Martin · Bär, Grundzüge des Risikomanagements nach KonTraG
Mensch, Investition
Mensch, Finanz-Controlling
Mensch, Kosten-Controlling
Müller, Internationales Rechnungswesen
Olivier, Windows-C – Betriebswirtschaftliche Programmierung für Windows
Peto, Einführung in das volkswirtschaftliche Rechnungswesen, 5. Auflage
Peto, Grundlagen der Makroökonomik, 12. Auflage
Peto, Geldtheorie und Geldpolitik, 2. Aufl.
Piontek, Controlling, 2. Auflage
Piontek, Beschaffungscontrolling, 2. Aufl.
Piontek, Global Sourcing
Plümer, Logistik und Produktion
Posluschny, Kostenrechnung für die Gastronomie
Posluschny · von Schorlemer, Erfolgreiche Existenzgründungen in der Praxis
Reiter · Matthäus, Marktforschung und Datenanalyse mit EXCEL, 2. Auflage
Reiter · Matthäus, Marketing-Management mit EXCEL
Reiter, Übungsbuch: Marketing-Management mit EXCEL
Rothlauf, Total Quality Management in Theorie und Praxis
Rudolph, Tourismus-Betriebswirtschaftslehre, 2. Auflage
Rüth, Kostenrechnung, Band I
Sauerbier, Statistik für Wirtschaftswissenschaftler, 2. Auflage
Schaal, Geldtheorie und Geldpolitik, 4. A.
Scharnbacher · Kiefer, Kundenzufriedenheit, 3. Auflage
Schuchmann · Sanns, Datenmanagement mit MS ACCESS
Schuster, Kommunale Kosten- und Leistungsrechnung, 2. Auflage
Schuster, Doppelte Buchführung für Städte, Kreise und Gemeinden
Specht · Schmitt, Betriebswirtschaft für Ingenieure und Informatiker, 5. Auflage
Stahl, Internationaler Einsatz von Führungskräften
Steger, Kosten- und Leistungsrechnung, 3. Auflage
Stender-Monhemius, Marketing – Grundlagen mit Fallstudien
Stock, Informationswirtschaft
Strunz · Dorsch, Management
Strunz · Dorsch, Internationale Märkte
Weeber, Internationale Wirtschaft
Weindl · Woyke, Europäische Union, 4. Aufl.
Wilhelm, Prozessorganisation
Wörner, Handels- und Steuerbilanz nach neuem Recht, 8. Auflage
Zwerenz, Statistik, 2. Auflage
Zwerenz, Statistik verstehen mit Excel – Buch mit CD-ROM

Logistik und Produktion

Von
Professor
Dr. Thomas Plümer

R. Oldenbourg Verlag München Wien

Bibliografische Information Der Deutschen Bibliothek

Die Deutsche Bibliothek verzeichnet diese Publikation in der Deutschen Nationalbibliografie; detaillierte bibliografische Daten sind im Internet über <http://dnb.ddb.de> abrufbar.

Rosenheimer Straße 145, D-81671 München
Telefon: (089) 45051-0
www.oldenbourg-verlag.de

Gedruckt auf säure- und chlorfreiem Papier
Gesamtherstellung: Druckhaus „Thomas Müntzer" GmbH, Bad Langensalza

ISBN 3-486-27470-8

Vorwort

Das vorliegende Buch gibt eine systematische Einführung in die wesentlichen Grundlagen der Logistik und Produktion. Es richtet sich an alle Studierenden an Universitäten, Fachhochschulen, Gesamthochschulen, Berufsakademien in der Fachrichtung Wirtschaftswissenschaften sowie damit eng verwandten Fachrichtungen wie Wirtschaftsinformatik bzw. Wirtschaftsingenieurwesen. Jedoch zeigt das Buch auch Praktikern Lösungsalternativen auf und erschließt neben der übersichtlichen Darstellung von Grundlagenwissen auch hilfreiche zusätzliche Optimierungspotenziale. Die Gliederung erfolgt in die Hauptteile:

- Logistikplanung,
- Logistiksysteme,
- Beschaffungslogistik,
- Produktions- und Kostentheorie,
- Produktionslogistik,
- Distributionslogistik.

Für die hilfreiche Mitarbeit danke ich Dipl.-Wirt.Ing. Ralph Brokmann, Dipl.-Wirt.Ing. Marcel Kollo, Dipl.-Kfm. Matthias Ludwig, Dipl.-Wirt.Ing. Sven Möller, Dipl.-Wirt.Ing. Achim Spehr, Dipl.-Wirt.Ing. Carsten Uhlig und Daniel Jockheck. Mein besonderer Dank gilt Herrn Dipl.-Kfm. Torsten Stohlmann, der sich geduldig mit den redaktionellen Änderungen auseinandergesetzt hat und Prof. Dr. Folker Roland, der mich mit vielen Anregungen und Tipps unterstützt hat.

Dortmund — Thomas Plümer

Inhaltsverzeichnis:

Abkürzungsverzeichnis:

a.a.O.	-	am angegebenen Ort
Abb.	-	Abbildung
AG	-	Aktiengesellschaft
AKL	-	Automatisches Kleinteilelager
APO	-	Advanced Planner and Optimizer
APS	-	Advanced Planning System
ASCL	-	Anti Swing Load Control
Aufl.	-	Auflage
B2B	-	Business-to-Business
B2C	-	Business-to-Consumer
BCG	-	Boston Consulting Group
BDE	-	Betriebsdatenerfassung
BEO	-	bewegte Objekte, bewegtes Objekt
best.	-	bestimmte
BOA	-	Belastungsorientierte Auftragsfreigabe
bspw.	-	beispielsweise
bzw.	-	beziehungsweise
ca.	-	circa
CAD	-	Computer Aided Design
CAM	-	Computer Aided Manufacturing
CAP	-	Computer Aided Planning
CAQ	-	Computer Aided Quality Assurance
CATRIN	-	Computeranwendung Transportinformation
CAx	-	Computer Aided x
cbm	-	Kubikmeter
CIM	-	Computer Integrated Manufacturing
CPM	-	Critical Path Method
CRAFT	-	Computerized Relative Allocation of Facilities
d.	-	der (die, das, des)
d.h.	-	das heißt
DB	-	Deckungsbeitrag
DFÜ	-	Datenfernübertragung
DIN	-	Deutsches Institut für Normung (e. V.)
Dipl.	-	Diplom
Diss.	-	Dissertation
div.	-	diverse
DPS	-	Desktop Purchasing-System

DRP	-	Distribution Requirements Planning
DRP II	-	Distribution Resource Planning
Dt.	-	Deutsche
DV	-	Datenverarbeitung
€	-	EURO
E	-	Einheit
E-Commerce (EC)	-	Electronic Commerce
e.V.	-	eingetragener Verein
EAN	-	Internationale Artikelnummer
ECR	-	Efficient Consumer Response
EDI	-	Electronic Data Interchange
EDIFACT	-	Electronic Data Interchange for Administration, Commerce and Transport
EDV	-	Elektronische Datenverarbeitung
E-Mail	-	Electronic-Mail
EP	-	Electronic-Procurement
ERP	-	Enterprise Ressource Planning
etc.	-	etcetera
EUTELSAT	-	European Telecommunication Satellite Organisation
evtl.	-	eventuell
f.	-	folgende
FE	-	Faktormengeneinheit(en)
f+h	-	fördern + heben
ff.	-	fortfolgende
FI-FO	-	First in – first out
FTF	-	fahrerloses Transportfahrzeug
FTS	-	Fahrerloses Transportsystem
FZ	-	Fortschrittszahl
GE	-	Geldeinheit
GEO	-	Geostationary Satellite Orbit (Systemname)
ggf.	-	gegebenenfalls
GLONASS	-	Global Navigation Satellite System (Systemname)
GmbH	-	Gesellschaft mit beschränkter Haftung
GP	-	Grenzproduktivität
GPS	-	Global Positioning System (Systemname)
GüKG	-	Güterkraftverkehrsgesetz
H	-	Höhe (Lagerhöhe)
h	-	Stunde
HGB	-	Handelsgesetzbuch
Hrsg.	-	Herausgeber

hydr.	-	hydraulisch
i.A.	-	im Allgemeinen
i.d.F.	-	in der Fassung
i.d.R.	-	in der Regel
Ing.	-	Ingenieur
inkl.	-	inklusive
INMARSAT	-	International Maritime Satellite Organisation
innerbetr.	-	innerbetrieblich
IT	-	Informationstechnologie
Jg.	-	Jahrgang
Jit	-	Just-in-time
JPEG	-	Joint Photographic Experts Group
jpg.	-	Dateiendung für JPEG-Dateinen
K.o.	-	Knock out
Kap.	-	Kapitel
kg	-	Kilogramm
KG	-	Kommanditgesellschaft
km	-	Kilometer
km/h	-	Kilometer pro Stunde
L	-	Länge (Regalganglänge)
Lash	-	lighter abroad ship
LEO	-	Low Earth Orbit (Systemname)
LI-FO	-	Last in – first out
Lifo	-	Last-in-first-out
Lkw	-	Lastkraftwagen
LVS	-	Lagerverwaltungssystem
m	-	Meter
m/min	-	Meter pro Minute
m/s	-	Meter pro Sekunde
MA	-	Mitarbeiter
Matr.-Nr.	-	Matrikelnummer
max.	-	maximal(e)
MDE	-	Mobile Datenerfassung
ME	-	Mengeneinheit
MHD	-	Mindesthaltbarkeitsdatum
min.	-	minimal(e)
Min.	-	Minute
Mio.	-	Millionen
MIS	-	Management Information System
MIT	-	Massachusetts Institute of Technology

mm	-	Millimeter
MoB	-	Make or Buy
Mrd.	-	Milliarden
MRO	-	Maintenance repair Operation
MRP	-	Material Requirement Planning
MRP II	-	Manufacturing Resource Planning
NC	-	Numerical Control
NVE	-	Nummer der Versandeinheit
o.a.	-	oder andere
o.ä.	-	oder ähnliche
o.g.	-	oben genannt
o.V.	-	ohne Verfasser
OE	-	Organisationseinheit
OPT	-	Optimized Production Technology
p.a.	-	per anno (pro Jahr)
PC	-	Personalcomputer
PERT	-	Program Evaluation and Review Technique
POR	-	Point of Receipt
POS	-	Point of Sale
PP/DS	-	Production Planning/Detailed Scheduling
PPM	-	Produktionsprozessmodell
PPS	-	Produktionsplanung und -steuerung
Prof.	-	Professor
R	-	Reagibilitätsgrad
R/3	-	Aktuelle Versionsbezeichnung des ERP-Systems von SAP
RBG	-	Regalbediengerät
rd.	-	rund
REFA	-	Verband für Arbeitsstudien und Betriebsorganisation e. V.
Ro	-	Roll on
Ro/Ro	-	Roll on – Roll off
ROI	-	Return On Investment
S.	-	Seite
SAP	-	Systeme, Anwendungen, Programme
SCM	-	Supply Chain Management
SCP	-	Supply Chain Planning
SE	-	Simultaneous Engineering
SMED	-	Single-Minute Exchange of Die
SMS	-	Short Message Service

SPS	-	speicherprogrammierbare Steuerung
SSCC	-	Serial Shipping Container Code
Stck.	-	Stück
Std.	-	Stunde
SWOT	_	Strenghts, Weaknesses, Options and Threats
t	-	Tonnen
Tab.	-	Tabelle
TCP/IP	-	Transmission Control Protocol/Internet Protocol
techn.	-	technisch
TL	-	Transportleistung
TLE	-	technische Leistungseinheit
to	-	Tonne
TPS	-	Toyota Production System
TuL	-	Transport und Lager
u.	-	und
u.a.	-	unter anderem
u.ä.	-	und ähnliche
u.U.	-	unter Umständen
Univ.	-	Universität
UNO	-	United Nations Organisation
URL	-	Uniform Resource Locator
usw.	-	und so weiter
v.	-	von
v.H.	-	von Hundert
VC	-	Vinylchlorid
VDI	-	Verein Deutscher Ingenieure
VF	-	Verbrauchsfunktion
vgl.	-	vergleiche
WWS	-	Warenwirtschaftssystem
WWW	-	World Wide Web
z.B.	-	zum Beispiel
z.Zt.	-	zur Zeit
ZE	-	Zeiteinheit
zit.	-	zitiert

1 Einleitung

Durch die Entwicklung der Absatzmärkte zu globalen Käufermärkten wurde die Erfüllung individueller Kundenwünsche eine immer wichtiger werdende Zielsetzung für eine erfolgreiche Unternehmensführung. Die sich überschlagenden technologischen Entwicklungen und die Dynamik der unternehmerischen Umwelt stehen einer oft manifestierten und trägen Unternehmensstruktur gegenüber, wobei bestehende Strukturen zu Effektivitäts- und Effizienzverlusten führen, da sie die Variabilität und die systemweite Komplexität der Einflussparameter nicht nachhaltig berücksichtigen. Flexibilität aller Unternehmensbereiche erlangt demnach eine tragende Rolle, um im globalen Wettbewerb zu bestehen. Die zunehmende Diversifikation der Rand- und Rahmenbedingungen sowie die ständig steigende Anpassung an Kundenbedürfnisse zwingt Unternehmen von Heute zur Integration einer variablen, sich ständig anpassenden Strategie. Es muss der Weg zu einer selbstregelnden und lernenden Organisation beschritten werden, da sonst im Zuge der Internationalisierung und Globalisierung keine langfristigen Erfolgschancen realisiert werden können. Diese Tendenzen erfordern von einer erfolgreichen Unternehmung einen in eine ganzheitliche Richtung gehenden Umdenkungsprozess. In der Management-Praxis müssen Systeme und Methoden eingesetzt werden, die ein schnelles, ganzheitliches, unternehmerisches Handeln ermöglichen, orientiert am Puls der Zeit. Die konsequente Anwendung der weiter folgenden unternehmensübergreifenden Logistikplanungsmodelle und Logistikanalysemodelle führt zu einem umfassenden Gesamtbild über die Struktur, den Zustand und das Verhalten des Logistiksystems. Defizite, Schwachstellen, Rahmenbedingungen und Ansatzpunkte für Verbesserungen sollen identifiziert und im nächsten Schritt zu konkreten Anforderungen an zukunftsweisende Logistikprozesse umgesetzt werden.

Logistik ist keine Errungenschaft der Industrialisierung des letzten Jahrhunderts, einzig das Handeln und Bewegen von Gütern mit dem Terminus Logistik zu belegen, ist neu. Der sprachliche Ursprung liegt wohl im französischen Wort "loger", welches die Unterbringung von Soldaten bezeichnete und so erstmals im Bereich des Militärwesens seit Mitte des 19. Jahrhunderts als Logistikbegriff Anwendung fand. Weiter liegt in Logistik eine Verbindung zu den Worten "lego" oder dem griechischen "Logik", welche mit denkbar, berechnend und logisch übersetzt werden können[1].

Aus dem Militärischen wurde der Ausdruck um 1950 in die neuzeitliche wirtschaftswissenschaftliche Literatur übertragen, vorerst in einer sehr klassischen Sichtweise, als physische Versorgung der Unternehmung mit Gütern. Es dominierte die technisch geprägte Logistiksichtweise, als integrierte Transport-, Umschlag- und

[1] Vgl. Wegner, Einführung in das Logistikmanagement, 1996, S. 7.

Lagerwirtschaft (T-U-L) und deren physische Materialflussaufgaben, als Kernpunkt erster Rationalisierungspotenziale[2].

Als Reaktion auf eine zu weitgehende funktionale Spezialisierung etablierte sich der Koordinationsansatz von bestehenden Materialflüssen, um auftretende Schnittstellenprobleme, entstanden durch eine isolierte Optimierung einzelner Logistikteilbereiche, zu beseitigen. Die Realisation dieses Ansatzes führt in der Praxis zu erheblichen Schwierigkeiten, da die Komplexität der Prozesse und organisationellen Strukturen sowie deren Interdependenzen nur schwierig zu erfassen sind und eine hohe Anforderung an fachlicher Kompetenz und Erfahrung des Führungspersonals stellen. Die hohe Komplexität konnte nur durch eine Veränderung der internen Strukturen überwunden werden.

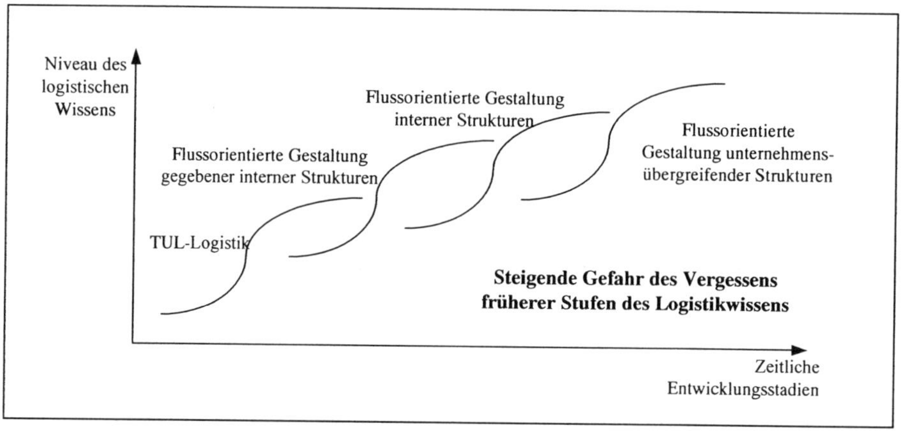

Abbildung 1: Entwicklung unterschiedlicher Sichten der Logistik [3]

Während noch vor Jahren die physische Abwicklung der raumzeitlichen Transformationsprozesse den Schwerpunkt der Logistik bildete und später als Querschnittsfunktion - zur Sicherstellung der Güterverfügbarkeit durch Koordination der betroffenen Bereiche - bezeichnet wurde, spricht man heute von einem ganzheitlichen Ansatz zur prozessorientierten Entwicklung, Gestaltung und Lenkung des Unternehmens im Sinne des Supply Chain Management (SCM) über die Grenzen des Unternehmens hinaus. Maßnahmen zur ganzheitlichen Ausrichtung sollen in diesem Zusammenhang die Integration von Material-, Waren- und Informationsflüssen, eine entlang des gesamten Logistiksystems definierte Auftrags-

[2] Vgl. Weber, Stand und Entwicklungsperspektiven des Logistik-Controlling, 1999, S. 2f.
[3] Vgl. ebenda.

und Lieferverantwortung sowie das Vermeiden von Verantwortungs-, Kompetenz- und Entscheidungslücken sein[4].

Dies darf aber nicht dazu führen, dass die grundlegenden Aufgaben des T-U-L und deren Handlingsprozesse ineffizient werden und somit wichtiges Know-how verloren geht. Oder wie Weber es plakativ ausdrückt: Supply Chain Management funktioniert nur bei funktionierenden Material-, Informations- und Warenströmen[5].

Der große Effekt moderner Logistikkonzepte liegt darin, dass die Bemühungen der Optimierung und Effizienzsteigerung, wie sie seit Jahren in einzelnen Bereichen isoliert angewendet werden, auf die gesamte Logistikkette, beginnend bei den Lieferanten über die eigenen Fachabteilungen bis zum Kunden übertragen werden. In dieser Durchgängigkeit und in einer ganzheitlichen unternehmensübergreifenden Sichtweise liegen die größten Erfolgschancen und die besten Voraussetzungen, Logistikleistungen und -kosten zu optimieren.

Logistik ist laut Definition die wissenschaftliche Lehre der Planung, Steuerung und Überwachung der Material-, Personen-, Energie- und Informationsflüsse in Systemen. Der logistische Auftrag besteht dabei darin, die richtige Menge der richtigen Objekte als Gegenstände der Logistik (Güter, Personen, Energie, Informationen) am richtigen Ort im System (Quelle, Senke) zum richtigen Zeitpunkt in der richtigen Qualität zu den richtigen Kosten zur Verfügung zu stellen.

Die sechs „r's" drücken die Ziele logistischen Denkens und Handelns aus. Es geht nicht nur um die Minimierung von Kosten, z.B. für einen einzelnen Transportvorgang, sondern um die ganzheitliche Planung, Steuerung und Überwachung von Systemen, um diese zu optimieren[6].

In der Fachliteratur wird Logistik meistens in die drei klassischen Bereiche

- Beschaffungslogistik,
- Produktionslogistik,
- Distributionslogistik

unterteilt.

Da die Logistik jedoch aus einer Vielzahl von logistischen Bausteinen besteht, kann neben den drei klassischen Logistikbereichen, auch von:

- Eurologistik,
- Unternehmenslogistik,
- Marketinglogistik,
- Entsorgungslogistik,
- Recyclinglogistik,

[4] Vgl. Wegner, Einführung in das Logistik-Management, 1996, S. 5.
[5] Vgl. Weber, Stand und Entwicklungsperspektiven des Logistik-Controlling, 1999, S. 4.
[6] Vgl. Plümer, Integrierte Abfallwirtschaft, 1995, S. 10.

- Vorratslogistik,
- Lagerlogistik,
- Kommissionierlogistik,
- Transportlogistik[7]

gesprochen werden.

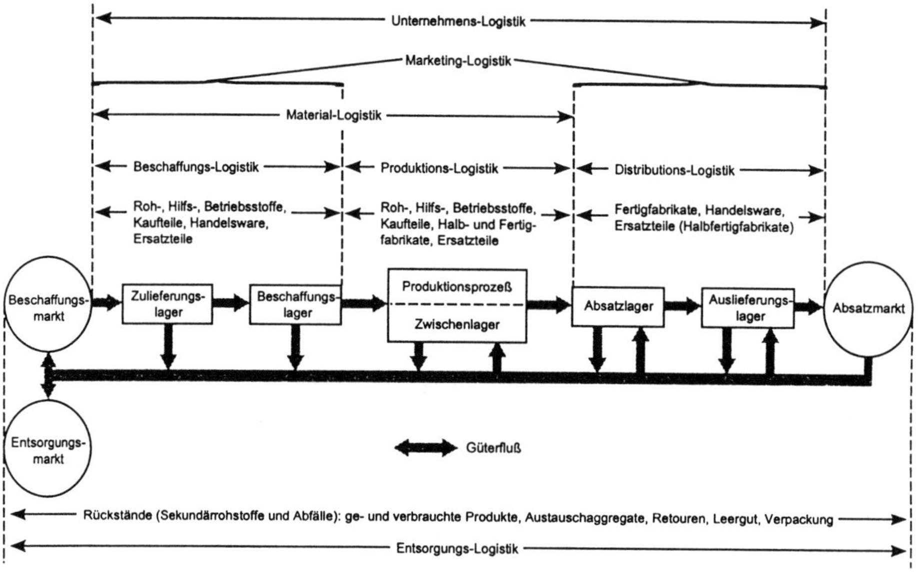

Abbildung 2: Funktionelle Abgrenzung von Logistiksystemen nach den Phasen des Güterflusses[8]

In diesem Buch werden, nach einer etwas allgemeineren Darstellung der Logistikplanung, die Logistiksysteme und ihre Einsatzmöglichkeiten entlang des Güterflusses vorgestellt. Anschließend wird dann auf die klassischen Logistikbereiche Beschaffung-, Produktions- und Distributionslogistik eingegangen, wobei die Produktionslogistik ergänzt wird mit den Grundlagen aus der Produktions- und Kostentheorie.

---

[7] Vgl. Bichler, Praxisorientierte Logistik, 1995, S. 17.
[8] Vgl. Pfohl, Logistiksysteme, 2000, S.18.

2 Logistikplanung

Planung wird bezeichnet als strukturierter informationsverarbeitender Prozess zur Erstellung eines Entwurfs, der Größen für dass Erreichen von Zielen vorausschauend festlegt.[9] Planung ist die gegenwärtige gedankliche Vorwegnahme zukünftigen wirtschaftlichen Handelns unter Beachtung des Rationalprinzips. Sie basiert auf den Zielen des Unternehmens, die mit ihrer Hilfe realisiert werden sollen. Das grundlegende Problem der Planung besteht in der Ungewissheit als mangelnder Vorausbestimmbarkeit bzw. Vorhersehbarkeit der Ereignisse.

Planung ist dabei immer ein Informations-, Koordinations- und Kommunikationsprozess, welcher wie ein Umfeldradar zur Bestimmung neuer Ziele und Wege wirkt mit dem Ziel:[10]

- richtige Folgerungen und Maßnahmen zu ergreifen, um
- zukünftige Fehlentwicklungen zu erkennen und
- schnelle und effiziente Reaktionen auf positive und negative Entwicklungen zur
- Erreichung der Unternehmensziele sowie
- einheitliche Vorgehensweise aller Unternehmensbereiche, als
- Herausforderung und Ansporn aller Beteiligten zu gewährleisten.

Zur Vermeidung unrealistischer Zielvorgaben bieten sich folgende Möglichkeiten:[11]

- Verzicht auf vollständige, detaillierte Vorgaben der Unternehmensführung,
- Erarbeitung des detaillierten Zielsystem durch ein Planungsteam,
- Einbezug von Referenzbeispielen ähnlicher, bekannter Projekte,
- Durchführung von Machbarkeitsstudien, ggf. durch externe Berater.

Vernünftig gesetzte Ziele wirken sich motivierend auf die Mitarbeiter aus und tragen zur Leistungssteigerung im Unternehmen bei. Des weiteren wird durch Planung der Markt laufend beobachtet, wodurch die Anpassung an das heutzutage sehr dynamische Umfeld stabilisiert und verbessert wird. Erst Planung schafft eine Kontrollmöglichkeit, denn Kontrolle ohne Planung ist unmöglich[12].

2.1 Strategische Logistikplanung

Strategien sind langfristig ausgelegte Verhaltens- und Verfahrensweisen, welche die Gesamtunternehmung in all ihren Aktivitätsbereichen betreffen, um das Überleben des Unternehmens zu sichern. Kurzfristig ist die Liquidität die wichtigste Steuerungsquelle. Wird sie nicht gewährleistet, ist die Existenz des Unternehmens in

[9] Vgl. Schweitzer, Planung und Kontrolle, 2001, S. 11.
[10] Vgl. Bramsemann, Aufbau und Ausbau eines Planungssystem, 2000, S.6.
[11] Vgl. Thaler, Supply Chain Management, 1999, S. 200.
[12] Vgl. Bramsemann, Aufbau und Ausbau eines Planungssystems, 2000, S. 6.

Gefahr. Die Hauptaufgabe der Unternehmensführung ist es aber, Erfolg langfristig über mehrere Perioden zu sichern. Weitere und wesentliche Steuerungsgröße ist deshalb die Suche nach Erfolgspotenzialen. Diese Suche steht im Mittelpunkt der strategischen Planung. Sie ist ausgerichtet auf die Identifikation neuer Geschäftsfelder, Produktprogramme und Unternehmenspotenziale und deshalb von großer Bedeutung für die Vermögens- und Erfolgsentwicklung.

Die strategische Logistikplanung ist integrativer Bestandteil der strategischen Unternehmensplanung und beinhaltet einen Prozess, in dem eine Analyse der gegenwärtigen Situation und der zukünftigen Chancen und Risiken des Unternehmens stattfindet. Die strategische Logistikplanung als Element eines Planungssystems bildet das Bindeglied zwischen der formulierten Unternehmenspolitik und der operativen Logistikplanung und führt generell zu Formulierung von Absichten, Strategien, Maßnahmen und Zielen[13].

Die Hauptaufgabe der strategischen Logistikplanung besteht darin, die technischen, wirtschaftlichen, politischen und gesellschaftlichen Veränderungen bzw. Entwicklungen und zukünftige Erfolgspotenziale zu erkennen und das Unternehmen zielorientiert darauf auszurichten. Da u.a. die Unsicherheit bei solchen Zeiträumen steigt, werden die strategischen Ziele in der Regel noch nicht sehr detailliert formuliert.

Eine Logistikstrategie legt fest, welche logistischen Erfolgspotenziale durch welche unternehmerischen Ressourcenzuweisungen in Form von Sach- und Humanpotenzial in welchem Zeitraum entfaltet bzw. verändert werden sollen. Dabei ist zu beachten, dass jene Schlüssel- oder Grundsatzentscheidungen nur schwer umkehrbar sind. Zu den logistischen Grundsatzentscheidungen gehören die Festlegung der zu verfolgenden Servicepolitik, als auch der Grundstruktur des Logistiksystems für den Güter- und Informationsfluss zwischen Liefer- und Empfangspunkten sowie die Art der organisatorischen Eingliederung der Logistik im Unternehmen.

2.1.1 Strategische Umweltanalyse

Zur strategischen Umweltanalyse gehören die Untersuchungen und Betrachtung der äußeren Umgebung des Unternehmens. Im folgenden sollen die Marktanalyse, die Konkurrentenanalyse und die Branchenanalyse als wichtige Teilbereiche einer strategischen Umweltanalyse beschrieben werden.

---

[13] Vgl. Kreikebaum, Strategische Unternehmensplanung, 1991, S. 26.

2.1.1.1 Marktanalyse

Die Marktanalyse ist das systematische und methodisch einwandfreie Untersuchen eines Marktes mit dem Ziel, marktbezogene Informationen zu erlangen. Sie wird einmalig oder fallweise zeitpunktbezogen durchgeführt[14]. Die Marktanalyse ist ein Teilbereich der Marktforschung, die die Daten nur einmalig bzw. zu bestimmten Zeitpunkten ermittelt.

Informationen, die durch eine Marktanalyse beschafft werden sollen sind:

- Marktvolumen,
- Marktwachstum,
- eigener Marktanteil,
- Marktanteile der wichtigsten Konkurrenten,
- bisherige und erwartete Preisentwicklung,
- Ausgestaltung von Marketinginstrumenten (Qualität, Design, Service etc.)[15].

2.1.1.2 Konkurrentenanalyse

Die Konkurrentenanalyse dient dazu, systematisch Informationen über die Mitwerber zu sammeln und zu bewerten. Sie erstrecken sich meist nicht auf sämtliche Mitbewerber, sondern nur auf die zwei bis drei wichtigsten Konkurrenten. Informationsquellen können dabei sein: [16]

- Äußerungen des Konkurrenten (Geschäfts-, Zeitungsberichte, persönliche Kontakte),
- Verhalten des Konkurrenten (bisherige Strategie, Reaktion auf kritische Ereignisse),
- Organisationsstruktur des Konkurrenten (Titel, Abteilungsgliederung),
- Persönlicher Hintergrund des Managements (Ausbildung, Werdegang, Funktionen),
- Unternehmensberater des Konkurrenten, gemeinsame Lieferanten oder sonstige Partner,
- direkter Vergleich durch Testeinkäufe der Konkurrenzprodukte,
- wechselnde Mitarbeiter und Benchmarking.

Mithilfe der Konkurrenzanalyse versucht das Unternehmen, die voraussichtlichen strategischen Schritte der Wettbewerber zu erkennen und die Reaktionen der Wettbewerber auf Veränderungen in der Branche sowie auf eigene strategische Maßnahmen herauszufinden.

---

[14] Vgl. Olfert, Kompakt-Training Unternehmensführung, 1999, S.74.
[15] Vgl. Ehrmann, Unternehmensplanung, 1997, S. 122.
[16] Vgl. Ehrmann, Logistik, 1999, S. 76 ff.

2.1.1.3 Branchenanalyse

Die Branchenanalyse betrachtet die Identifikation der strukturellen Merkmale einer Branche zur Ermittlung der Wettbewerbskräfte und somit zur Bestimmung ihrer Rentabilität. Eine Branche stellt nach Porter eine Gruppe von Unternehmen dar, die Güter herstellt, welche gegenseitig nahezu substituierbar sind. Jedes Unternehmen verfolgt innerhalb einer Branche eine bestimmte Wettbewerbsstrategie, d.h. es strebt danach, sich gewinnbringend zu platzieren[17]. Branchen unterscheiden sich oft ganz erheblich in ihrer wirtschaftlichen Situation, der Wettbewerbsintensität und den Zukunftsaussichten. Dies kann dazu führen, dass gut geführte Unternehmen in Branchen mit harten Wettbewerbsbedingungen nur mit Mühe gerade überleben können, während vielleicht sehr schlecht geführte Unternehmen mittels einzigartiger Potenziale hohe Gewinne erzielen können, weil sie in der "richtigen" Branche tätig sind [18].

Hieraus entwickeln sich die 5 Faktoren, die für die Wettbewerbsintensität wesentlich verantwortlich sind.

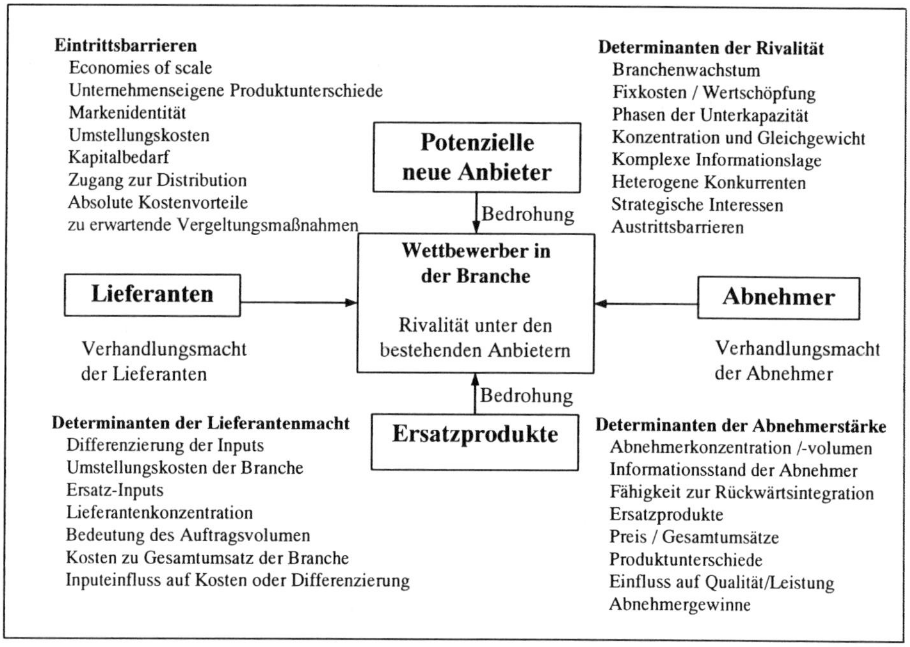

Abbildung 3 : Wettbewerbskräfte der Branche [19]

[17] Vgl. Porter, Wettbewerbsvorteile, 1999, S. 25.
[18] Vgl. Macharzina, Unternehmensführung, 1999, S. 56.
[19] Vgl. Porter, Wettbewerbsvorteile, 1999, S. 31ff.

Die Five-Forces beinhalten:[20]

- die Rivalität unter den bestehenden Wettbewerbern in der Branche,
- die Bedrohung durch neue Anbieter,
- die Verhandlungsstärke der Lieferanten,
- die Verhandlungsstärke der Abnehmer sowie
- die Bedrohung durch Ersatzprodukte.

Jede Branche hat auf Grund einer spezifischen Gewichtung ihre eigene unverwechselbare Struktur. Die führenden Unternehmen beeinflussen, aufgrund ihres Einflusses auf Lieferanten, Abnehmer und andere Konkurrenten, die Branchenstruktur, indem sie eine bestimmte Wettbewerbsstrategie verfolgen[21]. Zudem sind die am stärksten wirkenden Kräfte je nach Branche unterschiedlich. Intensive Rivalität zeigt sich vor allem in Form von Preiswettbewerb, Werbeschlachten, Einführung neuer Produkte und verbessertem Service. Die Antworten ermöglichen die Entwicklung einer Strategie, die sich in anbetracht der Wettbewerbssituation und der zukünftigen Veränderungen am besten eignet.

2.1.2 Strategische Unternehmensanalyse

Im Gegensatz zur strategischen Umweltanalyse befasst sich die strategische Unternehmensanalyse nicht mit dem Umfeld des Unternehmens sondern mit allen Belangen, die das Unternehmen selbst betreffen und auch durch das Unternehmen zu beeinflussen sind. Nachfolgend werden beispielhaft die Potenzialanalyse, die GAP-Analyse, die Stärken-Schwächen-Analyse, die Lebenszyklusanalyse, die Portfolio-Analyse, die Erfahrungskurvenanalyse, die ABC-Analyse, die XYZ-Analyse, die Nutzwertanalyse und die Simulation als wichtige Elemente der strategischen Unternehmensanalyse dargestellt. Einige dieser Analysemethoden sind je nach Einsatzweise auch als mittel- bzw. kurzfristige Methode einzusetzen, wie z.B. die ABC-Analyse.

2.1.2.1 Potenzialanalyse

Die Potenzialanalyse ist ein weit verbreitetes Instrument zur Analyse der verfügbaren Stärken bzw. Ressourcen eines Unternehmens. Sollen sie erkannt werden, müssen alle Funktionsbereiche des Unternehmens betrachtet werden[22]. Die folgende Abbildung stellt beispielhaft Funktionsbereiche dar und nennt Faktoren, die Gegenstand der Analyse sein können.

---

[20] Vgl. Porter, Wettbewerbsvorteile, 1999, S. 29.
[21] Vgl. ebenda, S. 31ff.
[22] Vgl. Ehrmann, Unternehmensplanung, 1997, S. 133.

Funktionsbereich	Gegenstand der Potenzialanalyse
Fertigungsbereich	• Struktur der Anlagen • Ausstattung der Anlagen • Modernisierungsgrad der Anlagen • Kapazitätsumfang der Anlagen • Elastizität der Anlagen • Qualität der Fertigungsplanung und Fertigungssteuerung • Qualifikation des Fertigungspersonals
Marketingbereich	• Sortiment • Werbekonzept • Effizienz des Vertriebs • Produktzweck im Hinblick auf die Lösung von Kundenproblemen • Alterstruktur der Produkte • Öffentlichkeitsarbeit • Kundenservice • Akquisitorische Wirkung des Leistungsprogramms
Forschungs- und Entwicklungsbereich	• Intensität und Wirksamkeit der Forschungs- und Entwicklungstätigkeit • Innovationsmöglichkeit und -bereitschaft • Kooperationsmöglichkeit und -bereitschaft • Personal- und Finanzausstattung
Finanzbereich	• Eigenkapitalquote • Kapitalstruktur • Liquiditätsgrad • Verschuldungsgrad • Kapitalbeschaffungsmöglichkeiten
Personalbereich	• Alterstruktur der Belegschaft • Qualifikationsprofil • Motivation • Betriebsklima • Weiterbildungsmöglichkeiten • Akademikerquote

Tabelle 1: Betrachtungsgegenstände der Potenzialanalyse[23]

---

[23] Vgl. Ehrmann, Unternehmensplanung, 1997, S. 134.

2.1.2.2 Stärken / Schwächen-Analyse

Auf die Potenzialanalyse folgt häufig die Stärken / Schwächen-Analyse. Hier werden die in der Potenzialanalyse betrachteten Faktoren nicht nur hinsichtlich des eigenen Unternehmens bewertet, sondern auch in Hinblick auf den stärksten Konkurrenten.

Die Stärken / Schwächen-Analyse läuft in mehreren Phasen ab. Zunächst sind die wesentlichen Erfolgsfaktoren (Schlüsselfaktoren) zu identifizieren und in eine Rangfolge zu bringen. Anhand dieser Schlüsselfaktoren kann dann eine Bewertung der eigenen Position zum stärksten Wettbewerber vorgenommen werden. Als Ergebnis der Bewertung sind die Schlüsselfaktoren zu verbessern, die im Vergleich zum Wettbewerber schlechter erfüllt werden und Verbesserungspotenzial bieten.[24]

Die folgende Abbildung stellt das Ergebnis einer Stärken / Schwächen-Analyse beispielhaft dar.

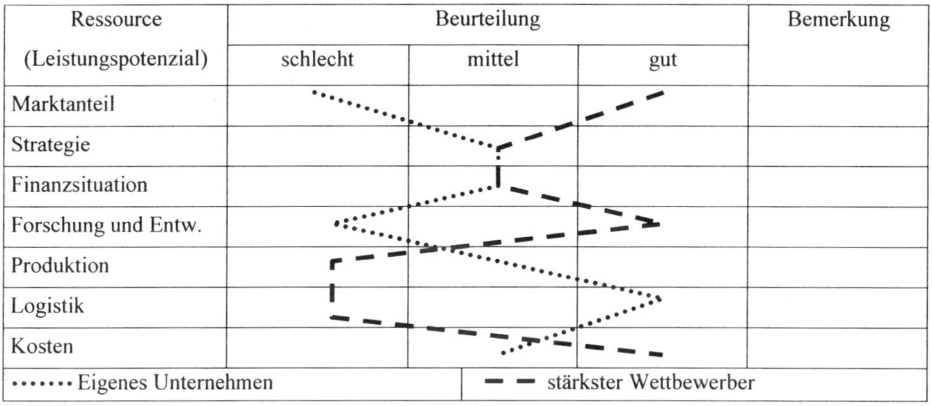

Abbildung 4: Stärken / Schwächen-Profil[25]

2.1.2.3 GAP-Analyse

Die strategische Lückenanalyse bzw. GAP-Analyse soll frühzeitig Abweichungen zwischen der erwünschten (Soll) und der prognostizierten Unternehmensentwicklung (Ist) aufdecken. Die folgende Abbildung verdeutlicht dieses Konzept:

[24] Vgl. Olfert, Unternehmensführung, 1999, S. 81ff.
[25] Vgl. Stender-Monhemius, Marketing, 2002, S. 69.

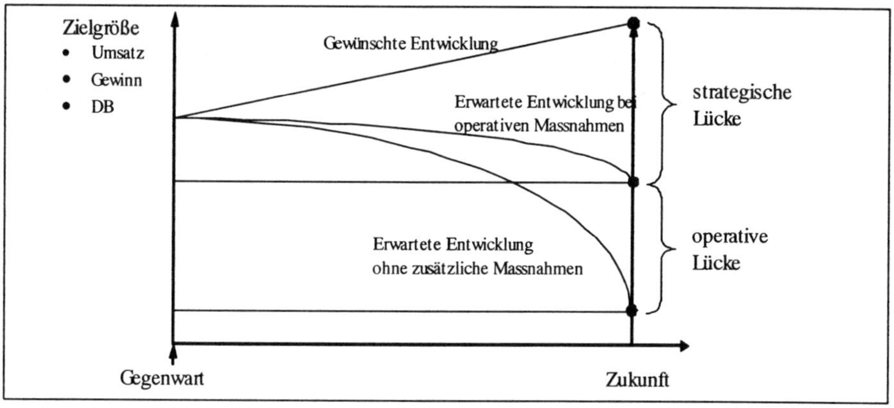

Abbildung 5 : GAP-Analyse[26]

Die obere Kurve zeigt die langfristig gewünschte Entwicklung einer Zielgröße wie Umsatz, Gewinn oder Deckungsbeitrag und stellt die budgetierten Erwartungen des Top-Managements dar[27]. Die unterste Kurve verdeutlicht die Situation, wenn geplante Projekte mit der gegenwärtigen Unternehmenspolitik unverändert fortgesetzt werden. Die Kurve ist zum Ende hin nach unten gebogen, da die Maßnahmen sukzessive weniger zur Zielgröße beitragen.

Zunächst wird versucht, eine eventuell vorhandene Lücke zwischen den beiden Kurven mit operativen Maßnahmen zu schließen. Solche könnten sein:

- konstruktive Optimierung der Produkte,
- weitergehende Rationalisierungsmaßnahmen,
- zusätzliche Investitionen zur Effizienzsteigerung in der Produktion und
- Erhöhung der Qualifikation und Motivation der Mitarbeiter.

Kann trotz der zusätzlich geplanten Projekte die Lücke nicht geschlossen werden, sind ergänzend strategische Maßnahmen erforderlich. Diesbezüglich anzuführen sind:

- Zukauf anderer Unternehmen,
- neue Produkt- /Marktkombinationen sowie
- Erschließung neuer Märkte.

Die Lückenanalyse ist einfach anwendbar und verständlich. Durch ihren Ansatz, Zielvorstellungen zu artikulieren und quantitativ zu konkretisieren, führt sie zu strategischen Überlegungen als Gesamtunternehmensbetrachtung[28]. Ein wichtiger Einwand gegen die GAP-Analyse ist, dass damit gegenwärtige Zustände nur extrapoliert werden. Weiterhin werden externe Entwicklungen nicht berücksichtigt, in

---

[26] Vgl. Olfert, Unternehmensführung, 1999, S. 85.
[27] Vgl. Schwab, Managementwissen für Ingenieure, 1999, S. 369
[28] Vgl. Macharzina, Unternehmensführung, 1999, S. 235.

sehr dynamischen Märkten ist sie deswegen nicht praktikabel. Sie sollte nur zusammen mit anderen Instrumenten und Analysen verwendet werden.

2.1.2.4 Lebenszyklusanalyse

Die Produktlebenszyklus-Analyse beruht auf der Annahme, dass die Wettbewerbsverhältnisse und das Marktwachstum je Produkt einem zyklischen Verhalten unterliegen. Der Vorteil dieses Vorgehens liegt in der Differenzierung weiterer Logistikmaßnahmen und damit im effektiveren Management, so dass z.B. ABC-, Portfolio-, Wert- und Prozessanalysen nur bei Produkten und Verfahren durchgeführt werden, die auch auf absehbare Zeit noch für den Wertschöpfungsprozess benötigt werden. Aufgrund der engen Kopplung von Produkt und Markt unterliegt auch dieser einem dynamischen Zyklus (Einführungs-, Wachstums-, Sättigungs- und Degenerationsphase). Dieser Zyklus kann zusätzlich mit einem Konjunktur- oder Saisonzyklus überlagert werden, wodurch die Komplexität der Marktdifferenzierung sich beträchtlich erhöht[29].

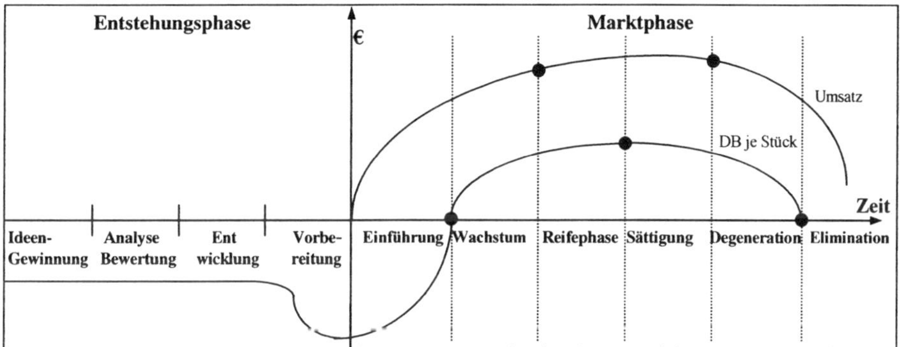

Umsatz	langsam steigend	stark steigend	erreicht Maximum	rückläufig
Kapitalbedarf	hoch	steigend	rückläufig	relativ gering
Rentabilität	negativ	gering (Kapitalbedarf)	positiv	sinkt leicht
Normstrategie empfehlung	Offensiv-strategie	Investitions-strategie	Abschöpfungs-strategie	Desinvestitions-strategie
Gewinne	stark negativ	erreichen Break-Even und später Maximum	sinken vom Maximum aus	rückläufig

Abbildung 6 : Produktlebenszyklus [30]

[29] Vgl. Arnolds, Materialwirtschaft und Einkauf, 1999, S. 127-130.

[30] Vgl. Lebefromm, Produktionsmanagement, 1997, S. 55 i.V.m. Macharzina, Unternehmensführung, 1999, S. 265.

Die Lebenszyklusanalyse allgemein trägt dazu bei, Strategien zu entwickeln, um neue Produkte rechtzeitig einzuführen oder alte Produkte vom Markt zu nehmen. Dangelmeier unterscheidet demzufolge als „Timing-Strategie“ die „Pionierstrategie“ (First-to-market) sowie die Folger- und Nachzüglerstrategie[31]. Der Produktlebenszyklus ist empirisch nachgewiesen und weist für viele Fälle ein typischen Umlaufverlauf über die Lebensdauer von Produkten hin. Der dieser Betrachtung zugrunde liegende integrierte Produktlebenszyklus beinhaltet die Phasen:[32]

- Beobachtung (wissenschaftlich-technologisches Umfeld),
- Entstehungsphase (Ideengewinnung und Alternativsuche, -bewertung und -auswahl, Forschung, Entwicklung, Prototypenbau sowie Produktions- und Absatzvorbereitung),
- Marktphase (Markteinführung, -wachstum und Reifephase, Marktsättigung und Marktdegeneration bis zur Elimination des Produktes).

Bereits in der Beobachtungsphase muss der Markt durch Marktforschung systematisch überwacht werden, insbesondere ist dabei auf schwache Signale zu achten. Die Produktenstehungsphase sollte die Logistik durch Advanced Purchasing oder Target Costing aktiv beeinflussen[33]. Da beim Abschluss der Produktkonzeption etwa 90% aller funktionalen Eigenschaften, 80% der durchlaufzeitlichen Termine, Produktqualität und deren logistischen Leistung feststehen, können nur marginale Änderungen vorgenommen werden. Weiterhin sollten Verträge mit Lieferanten hinsichtlich Abnahmemengen und Qualitätsanforderungen flexibel gestaltet werden, um folgende Marktphasen zu berücksichtigen. Durch langfristige Verträge können Versorgungsstörungen vermieden werden. Alternativ sollten neue Beschaffungs- und Absatzquellen aufgebaut werden, um Kapazitätsrestriktionen zu verhindern.

2.1.2.5 Portfolio-Analyse

Der Begriff der Portfolio-Analyse als Instrument der Unternehmensanalyse wurde in Anlehnung an die langfristige Finanzplanung entwickelt. Aufgabe der langfristigen Finanzplanung ist es, finanzielle Mittel in einem Anlagemix (Portfeuille) von Aktien, Anleihen, Immobilien o.ä. gewinnbringend mit geringem Risiko zu verwalten.

Ebenso steht bei der Portfolio-Technik die Wahl eines gewinnbringenden Mix von strategischen Geschäftseinheiten im Vordergrund. Unter einer strategischen Geschäftseinheit ist dabei ein Unternehmensteil zu verstehen, der sich inhaltlich oder auch organisatorisch klar von anderen Unternehmensteilen abgrenzt und in einem

[31] Vgl. Dangelmaier, Fertigungsplanung, 1999, S. 58.
[32] Vgl. Lebefromm, Produktionsmanagement, 1997, S. 55.
[33] Vgl. Weber, Balanced Scorecard & Controlling, 2000, S. 234.

eigenen Tätigkeitsfeld operiert. Abgrenzungsmerkmale sind z.B. der Markt, das Produkt oder die Wettbewerber.

Um die strategischen Geschäftseinheiten hinsichtlich ihrer Stellung innerhalb des Unternehmens zu klassifizieren, werden sie nach verschiedenen Kriterien bewertet und in einer Portfolio-Matrix abgebildet. In dem traditionellen Marktwachstums-Marktanteils-Portfolio, das auf die Boston Consulting Group zurückzuführen ist, werden die strategischen Geschäftseinheiten nach den Kriterien Marktanteil, Marktwachstum und Umsatz (abweichend kann auch der Deckungsbeitrag oder der Cashflow gewählt werden) beurteilt.

Der Marktanteil wird nicht absolut, sondern im Vergleich zum stärksten Wettbewerber bestimmt. Er bietet sich aus folgendem Grund als Beurteilungskriterium an: ist der eigene Marktanteil wesentlich höher als der des Wettbewerbers, werden aufgrund der größeren zu produzierenden Mengen erhebliche Kostenvorteile wirksam. Diese Vorteile begründen sich durch eine Fixkostendegression, zunehmende Erfahrungen bei der Herstellung des Produkts und die damit einhergehende Abnahme des Zeitbedarfs sowie ständige Rationalisierung und Automatisierung.

Das Marktwachstum stellt einen Indikator für die Entwicklung des Marktes dar, auf dem die Strategische Geschäftseinheit tätig ist.

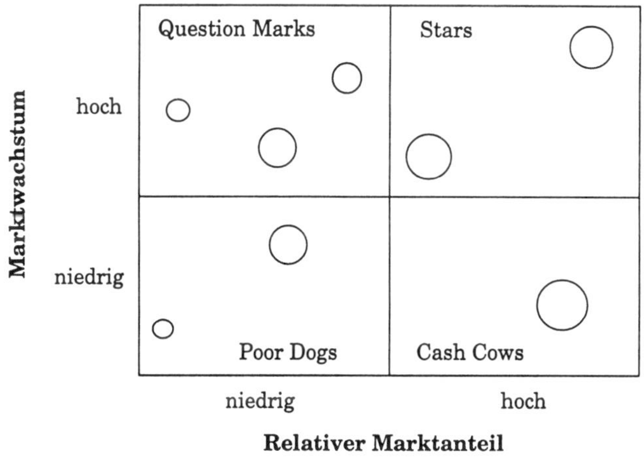

Abbildung 7: Portfolio Matrix[34]

In der Portfolio-Matrix wird auf der Abszisse der Marktanteil und auf der Ordinate das Marktwachstum abgetragen. Die strategischen Geschäftseinheiten sind nun als Kreise in der Matrix einzuzeichnen, wobei die Größe eines Kreises seinen Umsatz

---

[34] Vgl. Olfert, Unternehmensführung, 1999, S. 112ff.

widerspiegelt. Die Matrix ist in vier gleich große Bereiche aufzuteilen, wodurch sich folgendes Bild ergeben kann.

Durch die Einteilung der Darstellung in ein hohes und niedriges Marktwachstum bzw. einen hohen und niedrigen Marktanteil entstehen vier Felder. Die sich darin befindenden strategischen Geschäftsfelder werden als, „Sterne", „Milchkühe", „Fragezeichen" und „arme Hunde" bezeichnet.

Jedes Feld innerhalb des Portfolios hat seine speziellen Eigenschaften und sollte mit einer speziellen Strategie behandelt werden, wie nachfolgend beschrieben:[35]

„Sterne" (werden auch als „stars" oder „Spitzenprodukte" bezeichnet)

Eigenschaften	Positionierung bei hohem Marktwachstum und hohem Marktanteil Produkt in der Wachstumsphase im Lebenszyklus Hohe Rentabilität Tendenziell rückläufiges Marktwachstum Sukzessiver Übergang zur Cash Cow
Normstrategie	Investitionsstrategie, um die Wettbewerbsposition zu verstärken und die Kostenführerschaft zu verteidigen
Konsequenzen für die Logistik	• Materialflussorientierung im Rahmen von Kapazitätsausweitungen • Produktionssteuerungssytemе optimieren • Liefer- und Kundenservice optimieren • Warenverteilsysteme optimieren

„Milchkühe" (werden auch als „Cash Cows" oder „Melkkühe" bezeichnet)

Eigenschaften	Positionierung bei niedrigem Marktwachstum und hohem Marktanteil Reifestadium der Produkte im Lebenszyklus Verlangsamung des Marktwachstum bei gegebener Marktführerschaft Positiver Cashflow aus der günstigen Kostensituation als Marktführer Verwendung des Cashflows zur Finanzierung von Nachwuchsprodukten Zumeist kein Investitionsbedarf, allenfalls Ersatzinvestitionen Ausnutzung des Erfahrungskurveneffekt durch großen Output
Normstrategie	Abschöpfungsstrategie um die Marktposition zu halten und möglichst lange zu festigen. Nur zwingend notwendige Investitionen durchführen, z.B. Ersatz einer defekten Anlage
Konsequenzen für die Logistik	• Liefer- und Kundenservice halten • Rationalisieren aller logistischen Funktionen und Systeme • Bestandsmanagement und Bewertungspolitik rigoros durchführen • Bewusste Produktivitätssteigerung

[35] Vgl. Olfert, Unternehmensführung, 1999, S. 112ff, sowie Ehrmann, Logistik, 2001, S. 98 ff.

„Fragezeichen" (werden auch als „Questionmarks", „Problemkinder" oder „Nachwuchsprodukte" bezeichnet):

Eigenschaften	Positionierung bei hohem Marktwachstum und niedrigem Marktanteil Nachwuchsprodukte, die die Einführungsphase noch nicht verlassen haben Geringe Rentabilität wegen hohem Investitionsvolumen Hoher Einführungsaufwand, z.B. für Marktforschung, Werbung, niedriger Deckungsbeitrag
Normstrategie	Offensivstrategie als Wachstumsstrategie bei guten Zukunftsaussichten und förderungswürdigen Produkten um den Marktanteil zu erhöhen, erfahrungskurvenbedingte Kostenvorteile zu erzielen und ausgeglichenes Portfolio zu erreichen Defensivstrategie als Desinvestitionsstrategie bei schlechten Zukunftsaussichten und wenig erfolgsträchtigen Produkten.
Konsequenzen für die Logistik	• Produktionsstandortsuche • Warenverteilsystem vergrößern/konzipieren • Lieferservice verbessern • Logistik auf spezielle Marktsegmente ausrichten

„arme Hunde" (werden auch als „poor Dogs" oder „Problemprodukte" bezeichnet)

Eigenschaften	Positionierung bei niedrigem Marktwachstum und geringem Marktanteil Sättigungsphase der Produkte im Lebenszyklus schlechte Positionierung in einem wenig attraktiven Markt Produkte sind potenzielle Liquidationskandidaten
Normstrategie	Kurzfristig eine Haltestrategie bei noch positiven Deckungsbeiträgen Mittelfristig eine Desinvestitionsstrategie
Konsequenzen für die Logistik	• Bestände minimieren • Lieferservice nur in ausgewählte Marktsegmenten halten • Warenverteilsystem minimieren

2.1.2.6 Erfahrungskurvenanalyse

Dem Erfahrungskurvenkonzept liegt die Annahme zugrunde, dass mit jeder Verdopplung der kumulierten Produktionsmenge die durchschnittlichen Stückkosten

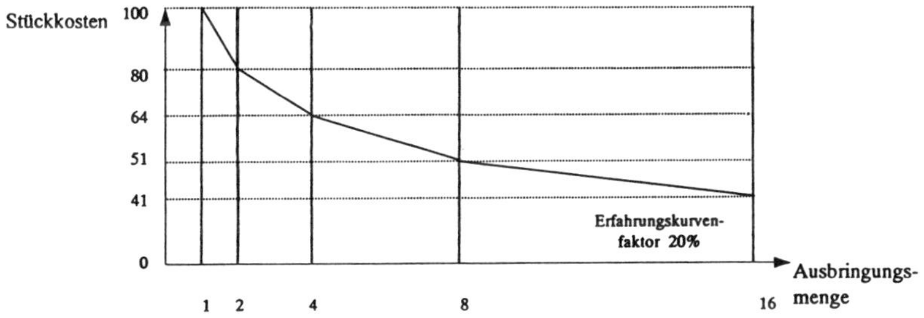

Abbildung 8 : Erfahrungskurve[36]

[36] Vgl. Weis, Kompakt-Training-Marketing, S.30.

um ca. 20 bis 30 % gesenkt werden können[37]. Zur Veranschaulichung der Problematik wurde zuvor die Abbildung einer Erfahrungskurve dargestellt.

Ursachen der Kosteneinsparung sind: [38]

1. Economies of Scales

- Kostensenkungspotenzial durch günstigere Konditionen aufgrund höherer Mengen.
- Die Verteilung der fixen Kosten auf größere Mengen, d.h. Fixkostendegression.
- Effizientere Produktionsverfahren sind erst bei größeren Stückzahlen einsetzbar.

2. Lerneffekte, da mit zunehmender Wiederholung die benötigte Zeit für das gewünschte Ergebnis abnimmt und die Qualität steigt. Dies wird durch die bessere Beherrschung des Produktionsprozesses und der Ausschöpfung von Rationalisierungspotenzialen erreicht.

Diese Kostensenkung ist allerdings nur potenzieller Natur und setzt voraus, dass eine effiziente Führung des Unternehmens alle Rationalisierungs-, Standardisierungs-, Automatisierungs- und Innovationsmöglichkeiten ausschöpft.

Kritisch anzumerken ist die Tatsache, dass die Erfahrungskurve: [39]

- keine generelle Gültigkeit besitzt, da auch andere Kostenverläufe möglich sind.,
- das Konzept die Auswirkungen der Branche unzureichend beachtet,
- die nachfolgenden technologischen Entwicklungsstufen nicht berücksichtigt werden,
- eine Verführung zu Volumenstrategien vorliegt.

Um die Gefahr der zu starken Fokussierung auf die Senkung der Kosten zu vermeiden, welche als Konsequenz zum Aufbau großer Kapazitäten führen könnte, sollte die Erfahrungskurve nur ergänzend zu anderen Instrumenten angewendet werden.

2.1.2.7 ABC-Analyse

Die Historie der ABC-Analyse geht auf den italienischen Soziologen und Wirtschaftswissenschaftler Vilfredo Pareto (1848-1923) zurück. Er entwickelte das Verfahren am Ende des 19. Jahrhunderts. Zu dieser Zeit war er als leitender Ingenieur in der Eisenbahnindustrie tätig. Später wurde er zum Professor und Mitbegründer der Lausanner Schule der Nationalökonomie, die die Schaffung einer exakten Wirtschafts- und Sozialtheorie unter Anwendung mathematisch quantifizierender Methoden zur Aufgabe hatte. Bei seinen Forschungen stellte er fest, dass zur damaligen Zeit ca. 80 % des Reichtums in der Hand von 20 % der Menschen waren. Aus dieser Grundaussage

---

[37] Vgl. Wöhe, Einführung in die allgemeine Betriebswirtschaftslehre, 1996, S. 145.
[38] Vgl. Macharzina, Unternehmensführung, 1999, S. 266/267.
[39] Vgl. Steinmann; Management, 1993, S. 190.

entwickelte er die ABC-Analyse, auch bekannt unter Pareto-Prinzip oder 80/20 Regel[40].

Im Wesentlichen ist die ABC-Analyse zur Rationalisierung und Effizinssteigerung im Management gedacht. Generell sind damit Strukturen und Prozesse gemeint, die in Hinsicht auf Komplexität und Häufigkeit im Unternehmen den größten Werteverzehr beanspruchen. Die Analyse der Strukturen ist entscheidend für die optimierte Prozessgestaltung, da bei der Planung und Neugestaltung von Abläufen ein enormer Einsparungseffekt für das Management realisiert werden kann. Gleichzeitig bieten sich erhebliche Einsparungspotenziale in den Bereichen der gering gewichteten Teilsysteme.

Als Grundlage für eine ABC-Analyse dienen die im 4. Kapitel beschriebenen Daten der Bedarfsermittlung, um genaue Bedarfsprognosen und Lieferantenbewertung erstellen zu können. Die mengenmäßigen Daten werden hierbei mit den wertmäßigen Angaben verknüpft, das Ergebnis stellt die Gewichtung dar, die die jeweilige Funktion einnimmt.

Das eigentliche Einsatzgebiet der ABC-Analyse war historisch bedingt die Unterstützung im Management. Heute wird das Instrument in fast allen Bereichen des Unternehmens eingesetzt, weil es sich auf die meisten Problemstellung anwenden lässt.

Bei der grundsätzlichen ABC-Analyse wird unterschieden in:

- A-Güter, ca. 20 % der Gesamtzahl der Artikel repräsentieren ca. 80% des Gesamtumsatzes,
- B-Güter, ca. 30% der Gesamtzahl der Artikel repräsentieren ca. 15% des Gesamtumsatzes,
- C-Güter , ca. 50% der Gesamtzahl der Artikel repräsentieren ca. 5% des Gesamtumsatzes,

daraus ergibt sich, dass ein Unternehmen primär bei den A-Gütern einsparen kann. Sicherlich lässt sich die ABC-Analyse auch in den unterschiedlichsten Teilbereichen einsetzen. Speziell im Produktionsunternehmen haben sich die folgenden Einsatzzwecke bewährt, wie z.B. in der:

- Materialbeschaffung,
- Lieferantenbeschaffung,
- Analyse des Verkaufsumsatz nach Erzeugnissen,
- Analyse des Verkaufsumsatzes nach Abnehmern.

[40] Vgl. Compact, Neues Lexikon der Wirtschaft, 2000, S. 11.

Für eine vergleichbare Aussagefähigkeit muss der Betrachtungszeitraum für die Analyse immer gleich groß sein. In der Regel wird aber das Jahr gewählt, um eine aussagekräftige Statistik zu erhalten.

In der zweiten Phase der Analyse müssen die benötigten Daten zusammengestellt und in einer Tabelle aufbereitet werden. Dabei werden die Mengen der einzelnen Positionen mit ihren Werten multipliziert. Anschließend bildet man den kumulierten prozentualen Jahresverbrauchswert. Als letztes wird wiederum der prozentuale Anteil jedes Artikels berechnet. Die errechneten Daten können somit in die verschiedenen Wertgruppen eingeteilt werden.

Grafisch lässt sich die Übersicht in der Lorenz-Kurve oder dem Pareto-Diagramm darstellen. Es werden die Mengen- und Wertanteile kumuliert im Diagramm dargestellt.

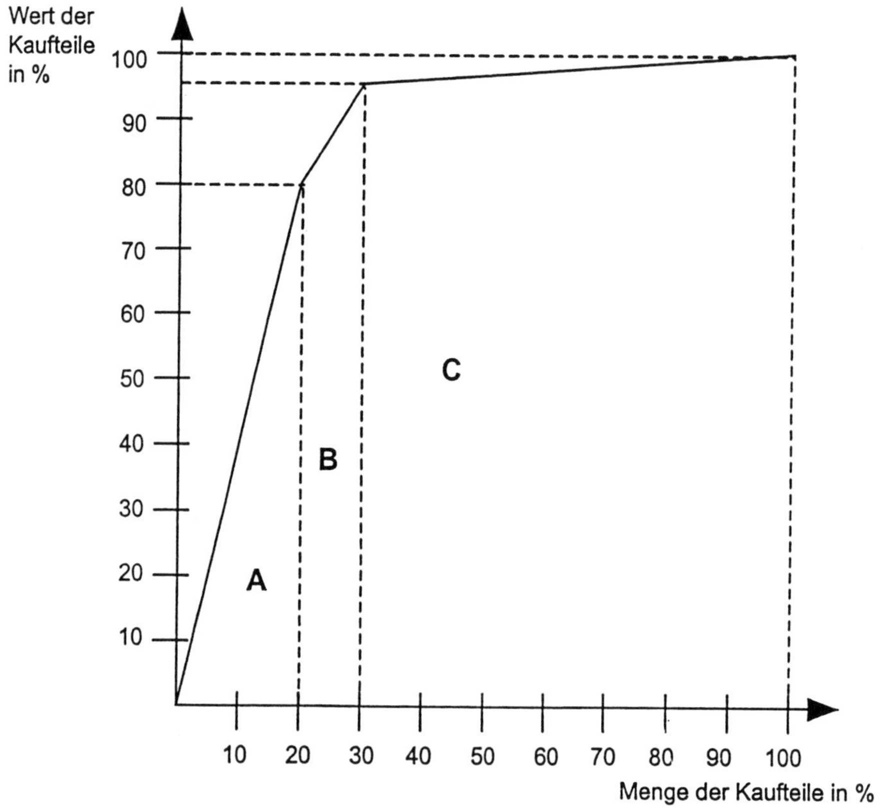

Abbildung 9: ABC-Analyse[41]

[41] Vgl. Fortmann, Logistik, 2000, S. 37.

Art.-Nr.	Lfd. Pos.-Nr.	Anzahl Teile in %	Stück pro Jahr	Einzelpreis in DM	Einkaufswert pro Jahr in TDM	Summe kumuliert in TDM	Prozent kumuliert vom Wert	Typ
4711	1	10	10.000	2.500	25.000	25.000	50,0%	A
4812	2	20	5.000	3.000	15.000	40.000	80,0%	A
4913	3	30	10.000	750	7.500	47.500	95,0%	B
5014	4	40	200	5.000	1.000	48.500	97,0%	C
5115	5	50	1.000	500	500	49.000	98,0%	C
5216	6	60	5.000	60	300	49.300	98,6%	C
5317	7	70	2.500	100	250	49.550	99,1%	C
5418	8	80	4.000	50	200	49.750	99,5%	C
5519	9	90	3.000	50	150	49.900	99,8%	C
5620	10	100	4.000	25	100	50.000	100,0%	C

Tabelle 2: Beispielrechnung zur ABC-Analyse[42]

Aus diesem Ergebnis können nun Konsequenzen bezüglich der Behandlung der einzelne Güterklassen gezogen werden.

A-Güter sind aufgrund ihres großen Anteils am Gesamtwert besonders intensiv zu behandeln, und zwar durch:

- eingehende Preis-, Markt- und Kostenanalyse,
- sorgfältige Bestellvorbereitung,
- exakte Dispositionsverfahren,
- gründliche Bestandsführung und Überwachung,
- optimale Festlegung der Sicherheits- und Meldebestände.

B-Güter bedürfen einer differenzierten Vorgehensweise in Einkauf und Disposition. Sie sollten je nach ihrer individuellen Bedeutung zu den A- oder C-Gütern gezählt werden. Eine mögliche Zuordnung ist dabei immer vom Anteil der B-Materialien am Gesamtwert abhängig.

C-Güter sind nach dem Prinzip der Aufwandsreduzierung und Rationalisierung zu bearbeiten, vor allem durch:

- vereinfachte Bestellabwicklung,
- vereinfachte Bestandsüberwachung,
- Sammelbestellungen.

Obwohl die ABC-Analyse ein einfaches Verfahren darstellt, hat sich ihre Anwendung in der Praxis bewehrt und ist weit verbreitet. Dem Vorteil der Einfachheit stehen methodische Schwächen gegenüber, z.B. dass nicht alle Lagerkostenarten wertabhängig sind. Zudem ist der Einsatz dieses Verfahrens problematisch bei

[42] Vgl. Fortmann, Logistik, 2000, S. 37.

Unternehmen, die mit permanenten Verbrauchs- und Marktschwankungen konfrontiert sind, da die Gültigkeit der Ergebnisse für entsprechende Betriebe nur eine geringe Gültigkeitsdauer besitzen.

Die ABC-Analyse ist eine sehr gute Analyseform für kleine und mittelständische Unternehmen, für die der Einsatz komplexer Verfahren nicht möglich ist, zumal sie auch außerhalb der Materialwirtschaft eingesetzt werden kann, z.B. in der Personalwirtschaft.

Ein Problem ist allerdings in der Beliebigkeit der Klassenbildung zu sehen. Wird hier keine optimale Skalierung gewählt, können die Ergebnisse verfälscht werden.

2.1.2.8 XYZ-Analyse

In der Praxis der Materialwirtschaft führt die ABC-Analyse oft zu Problemen, da der Bedarf und der Wertanteil nicht in Abhängigkeit zu einander stehen. Die Vorhersagegenauigkeit des Verbrauchswertes ist daher nur sehr unzureichend. Der Verbrauch an Waren kann konstant, aber auch extrem schwankend sein. Zudem kommt noch die Bedarfshäufigkeit bzw. die Anzahl der Lose pro Periode, in der das Gut benötigt wird. Ein Stück pro Jahr ist zwar konstant, aber es fehlt der mengenmäßige Umsatz. Um solche Probleme beheben zu können, wurde die XYZ-Analyse im Zusammenhang mit der ABC-Analyse entwickelt.

Die Buchstaben XYZ stehen dabei für:

- X: Konstanter Bedarf, hohe Vorhersagegenauigkeit,
- Y: Schwankender Bedarf, mittlere Vorhersagegenauigkeit,
- Z: Unregelmäßiger Bedarf, geringe Vorhersagegenauigkeit,

im Zusammenspiel mit der ABC-Analyse ergibt sich folgende Klassifizierung:

	X	Y	Z
A	Hoher Wertanteil Konstanter Bedarf	Hoher Wertanteil Schwankender Bedarf	Hoher Wertanteil Unregelmäßiger Bedarf
B	Mittlerer Wertanteil Konstanter Bedarf	Mittlerer Wertanteil Schwankender Bedarf	Mittlerer Wertanteil Unregelmäßiger Bedarf
C	Geringer Wertanteil Konstanter Bedarf	Geringer Wertanteil Schwankender Bedarf	Geringer Wertanteil Unregelmäßiger Bedarf

Tabelle 3: ABC-XYZ-Analyse[43]

Die Einteilung in X-, Y- oder Z-Gut wird in der Regel von den PPS- bzw. von den ERP-Systemen automatisch vorgenommen. Als Datenbasis werden die Angaben der Materialdisposition herangezogen und ausgewertet.

---

[43] Vgl. Oeldorf , Materialwirtschaft, 2002, S. 124.

2.1.2.9 Nutzwertanalyse

Die Nutzwertanalyse ist die Analyse einer Menge komplexer Handlungsalternativen mit der Absicht, die einzelnen Elemente dieser Menge im Hinblick auf die Präferenzen des Entscheidungsträgers bezüglich eines multidimensionalen Zielsystems zu ordnen. Die Ordnungshierarchie ergibt sich dabei durch die Angabe der Nutzwerte (Gesamtwerte) der Alternativen[44].

Die Nutzwertanalyse läuft dabei in 5 Schritten ab:

- Fixierung des Zielprogramms,
- Bildung einer Ergebnismatrix unter Angabe der Zielerträge für die einzelnen Alternativen,
- Bildung einer Transformationsmatrix mit den Bewertungsregeln,
- Bewertung der Alternativen und Bildung der gewichteten Punktbewertungsmatrix,
- Gewichtung der einzelnen Kriterien und Bildung der gewichteten Punktwertmatrix.

Im Rahmen von Lieferantenbeurteilungen (Kapitel 4) und Standortentscheidungen (Kapitel 7) kommen u.a. Nutzwertanalysen oftmals zum Einsatz. Am Beispiel der Standortentscheidungen werden die Determinanten der Standorteignung dabei im ersten Schritt als inhaltliche Zielkriterien aufgefasst. Diesbezüglich relevant beispielsweise für die Wahl des Standortes eines Auslieferungslagers sind u.a. der erforderliche Lieferservice (Erwartung der Kunden; Angebot der Konkurrenz), die Art des Absatzgebietes (punktuelle oder gleichmäßige Nachfrage; geografische Barrieren), die prognostizierte Nachfrageentwicklung, die Qualität der jeweiligen Verkehrsanbindungen, die lokal in unterschiedlicher Höhe anfallenden Transport- und Lagerhauskosten und das uneinheitliche Arbeitskräfteangebot der einzelnen Standortalternativen[45]. In einem zweiten Schritt wird anschließend der unterschiedlichen Entscheidungsrelevanz der Eignungsdeterminanten Rechnung getragen, indem diese relativ zueinander gewichtet werden. Dieser Vorgang weist ein erhebliches Gefahrenpotenzial auf, da er dem subjektiven Einfluss des Beurteilers unterliegt[46]. Im dritten Schritt erfolgt folgende Vorgehensweise: Das Ausmaß, in dem ein Standort eine Eignungsdeterminante erfüllt, wird, immer bezogen auf die erwünschte Stärke der Ausprägung, anhand eines Punkteschemas beurteilt. Dieser Vorgang wird für alle Determinanten der Standorteignung und alle alternativen Standorte wiederholt. Anschließend wird im vierten Schritt für jede der Alternativen die gewichtete Summe der Bewertungspunkte bezogen auf alle Eignungsdeterminanten errechnet. Diese Summe stellt den Nutzwert eines Standortes

---

[44] Vgl. Zangemeister, Nutzwertanalyse in der Systemtechnik, 1976, S. 45.
[45] Vgl. Pfohl, Logistiksysteme, 2000, S. 128f.
[46] Vgl. Goette, Standortpolitik internationaler Unternehmen, 1993, S. 304.

dar[47]. Der Vergleich der jeweiligen Nutzwerte ermöglicht schließlich im fünften und letzten Schritt die Ermittlung der Vorteilhaftigkeit eines Standorts.

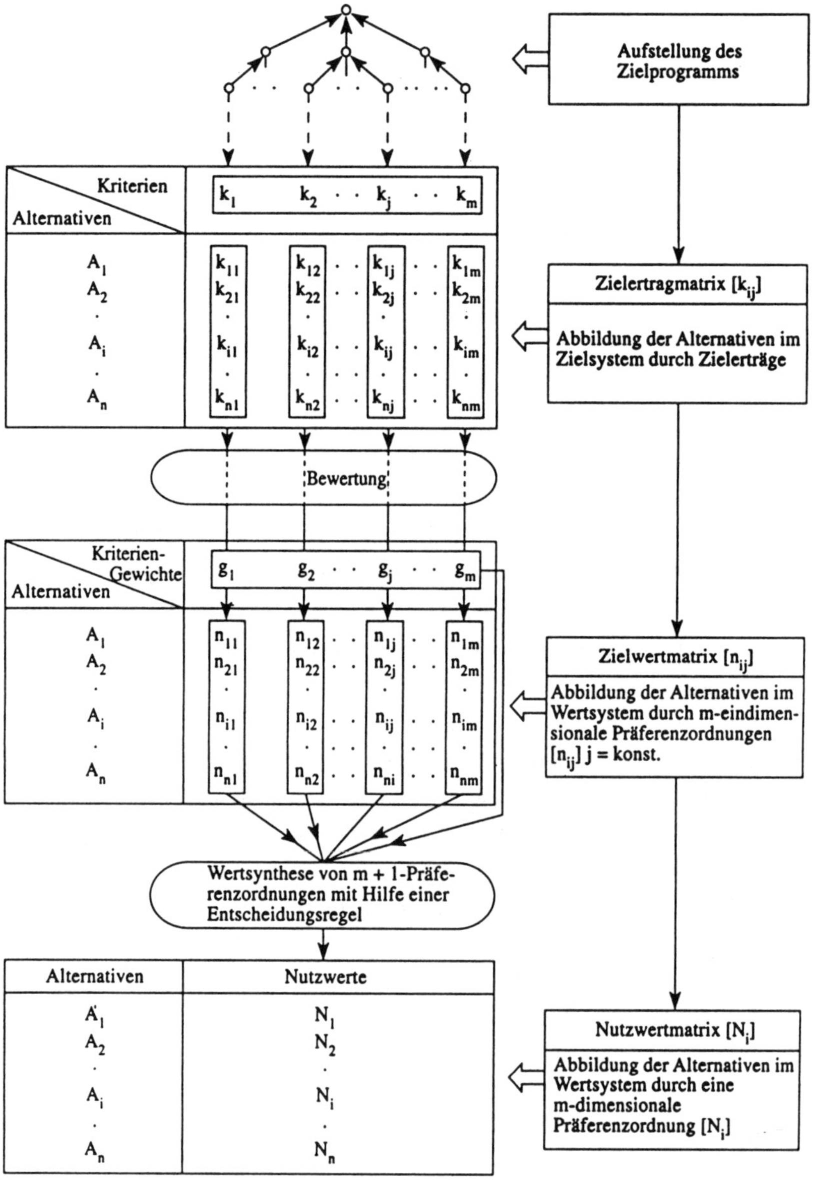

Abbildung 10: Ablauf der Nutzwertanalyse[48]

[47] Vgl. Corsten, Betriebswirtschaftslehre, 1994, S. 113f.

[48] Vgl. Zangenmeister, Nutzwertanalyse in der Systemtechnik, 1993, S. 73.

Die nachfolgende Tabelle ist eine beispielhafte Darstellung der Nutzwertanalyse bei der Standortwahl. Die darin eingesetzten Gewichte und Teilnutzwerte sind nur zur Anschauung gewählt worden und im vorliegenden Beispiel hat der Standort B den höheren Nutzwert und erhält somit Priorität.

Standortanforderungen (Zielkriterien Z_i)	Kriterien-Gewichte g_i	Standortalternativen A_j			
		Standort A		Standort B	
		Teilnutzen n_{ij}	gewichtete Teilnutzen $n_{ij} \cdot g_i$	Teilnutzen n_{ij}	gewichtete Teilnutzen $n_{ij} \cdot g_i$
Z1: erforderlicher Lieferservice	0,4	7	2,8	4	1,6
Z2: Art des Absatzgebietes	0,1	4	0,4	8	0,8
Z3: prognostizierte Nachfrage-entwicklung	0,3	3	0,9	5	1,5
Z4: Qualität der Verkehrs-anbindungen	0,3	4	1,2	3	0,9
Z5: Transport- und Lagerhaus-kosten	0,4	1	0,4	3	1,2
Z6: Arbeitskräfteangebot	0,1	2	0,2	1	0,1
Nutzwerte N_j			5,9		6,1

Tabelle 4: Beispiel für eine Nutzwertanalyse bei der Standortwahl [49]

2.1.2.10 Simulation

Um ein Maximum an Flexibilität bei gleichzeitig hoher Wirtschaftlichkeit zu erreichen, wird es in Zukunft unerlässlich sein, die Szenarien des dynamischen Unternehmensumfeldes und organisatorischen Wandels reflektieren zu können. Die Umwälzung in der Wettbewerbslandschaft – von konservativen Verkäufermärkten hin zu innovationsfördernden Käufermärkten – zwingt die Unternehmen, ihre Konkurrenzfähigkeit durch Beherrschung immer umfassenderer Systeme und Prozesse zu sichern. Dabei wird es häufig nicht mehr möglich sein, komplexe Entscheidungssituationen allein mit Hilfe konventioneller Planungsmethoden und -instrumente zu bewältigen[50].

[49] Vgl. Steiner, Konstituierende Entscheidungen, 1989, S. 118.
[50] Vgl. Wachholz, Produktion: Die Fabrikplanung der Zukunft, 2001, Kap. 5.2.3, S. 5.

Hier findet die Simulation, genauer gesagt die EDV-unterstützte Simulation, ihren Einsatz. War die Anwendung der Simulationstechnik in der Vergangenheit noch zumeist auf die empirische Forschung und Wissenschaft begrenzt, so findet sie heute auch zunehmend im industriell-kommerziellen Bereich ihren Einsatz. Dabei begründet sich die Ausdehnung der Simulationstechnik nicht nur durch die gewachsenen unternehmerischen Herausforderungen, sondern auch durch die gesteigerte Leistungsfähigkeit der Hard- und Softwareprodukte. Es ist evident, dass die Zahl der Fälle, für die künftig noch Alternativen zur Simulation als ein Forschungs-, Planungs-, Steuerungs- und Kontrollinstrument bestehen, weiterhin stark abnehmen wird[51].

"Simulation ist das Nachbilden eines dynamischen Prozesses in einem System mit Hilfe eines experimentierfähigen Modells, um zu Erkenntnissen zu gelangen, die auf die Wirklichkeit übertragbar sind. Im weiteren Sinne wird unter Simulation das Vorbereiten, Durchführen und Auswerten gezielter Experimente mit einem Simulationsmodell verstanden"[52].

Üblicherweise werden Simulationsstudien mit Hilfe eines sog. Simulators durchgeführt. Ein Simulator (oder Simulationssystem) ist ein Instrument (Softwareprogramm), dass zur rationellen Modellierung einer Simulationsstudie eingesetzt wird und darüber hinaus verschiedene Auswertungsalgorithmen bereitstellt[53]. Besonders häufig werden bausteinorientierte Simulationssysteme wie DOSIMIS oder SIMPRO eingesetzt. Über das Internet können unter www.sdz.de Demoversionen heruntergeladen werden, die den aktuellen Stand der Technik aufzeigen.

Die obenstehende Simulationsdefinition beinhaltet die Begriffe Experiment, Modell und System, die zur Schaffung einer einheitlichen Verständnisgrundlage an dieser Stelle weiter ausgeführt werden müssen:[54]

- Unter einem Experiment wird die gezielte empirische Untersuchung des Verhaltens eines Modells verstanden, wobei wiederholte Simulationsläufe mit systematischen Parametervariationen durchgeführt werden.
- Ein Modell kann als die simplifizierte Nachbildung eines geplanten oder real existierenden Originalsystems mit seinen Prozessen in einem anderen begrifflichen oder gegenständlichen System beschrieben werden. Dabei unterscheidet es sich in Bezug auf die analyserelevanten Merkmale nur innerhalb eines vom Untersuchungsziel abhängigen Toleranzrahmens vom Vorbild.

---

[51] Vgl. Moszyk, Planungsmittel, 1996, Kap. 16, S. 13.

[52] Verein Deutscher Ingenieure, Simulation von Logistik-, Materialfluss- und Produktionssystemen, VDI-Richtlinie 3633, Blatt 1: Grundlagen, 1993.

[53] Vgl. Noche, Simulation in Produktion und Materialfluss, 1990, S. 11.

[54] Vgl. Verein Deutscher Ingenieure, Simulation von Logistik-, Materialfluss- und Produktionssystemen, VDI-Richtlinie 3633, Blatt 1: Grundlagen, 1993.

- Ein System stellt eine abgegrenzte Anordnung von miteinander in Kontakt stehenden Komponenten dar. Darüber hinaus ist das System charakterisiert durch:
  - die Fixierung seiner Grenzen gegenüber der Umgebung (Systemgrenzen), mit der es sich über Material-, Energie- und Informationsschnittstellen austauschen kann (Systemeingangs und -ausgangsgrößen),
  - die Komponenten, die bei erhöhter Auflösung selbst wiederum Systeme (Subsysteme) darstellen oder aber nicht weiter teilbar sind (Elemente),
  - die Ablaufstruktur in den Komponenten, die durch spezifische Reglements und konstante oder variable Merkmale gekennzeichnet wird,
  - die Relationen der Systemkomponenten untereinander (Aufbaustruktur),
  - die Zustände der einzelnen Komponenten, die jeweils durch konstante und variable Zustandsgrößen beschrieben werden können,
  - die Zustandsübergabe der Komponenten als kontinuierliche oder diskrete Änderung mindestens einer Systemvariable aufgrund des im System ablaufenden Prozesses.

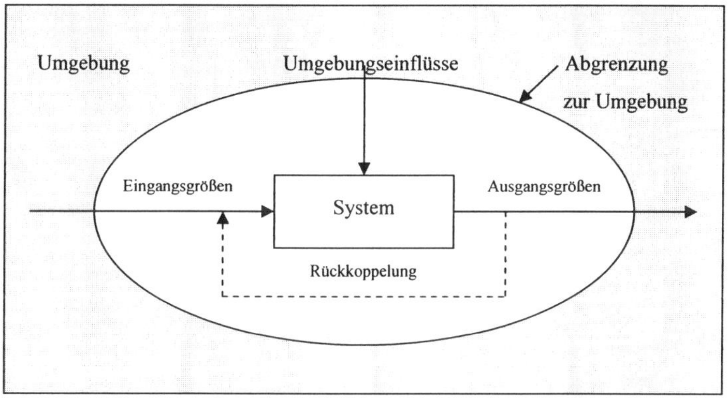

Abbildung 11: System mit Umgebung [55]

Der Einsatz von Simulatoren erlaubt es grundsätzlich, dynamische (unternehmenslogistische) Systeme hinsichtlich beliebiger Fragestellungen zu analysieren. Dabei verlangt die Nachbildung eines dynamischen Prozesses immer die gleichzeitige Berücksichtigung von Zeit und Ort[56]. Der Einsatz der Simulation ist allerdings nicht in jedem denkbaren Fall wirklich sinnvoll. Für Systeme beispielsweise, die nicht durch zeitliche Schwankungen im Verhalten gekennzeichnet sind, kann die Simulation keine neuen Aussagen liefern. Ferner können auch konventionelle bzw. analytische Methoden zu einem schnellen und befriedigenden

[55] Vgl. Schmidt, Angewandte Simulationstechnik für Produktion und Logistik, 1997, S. 10.
[56] Vgl. ebenda, S. 6.

Ergebnis führen. Generell gibt es keine Alternativen zur Simulation, wenn eine der nachfolgenden Voraussetzungen erfüllt ist:

- Die Grenzen analytischer Methoden sind aufgrund komplexer Wirkungszusammenhänge erreicht; die Systemdynamik lässt sich nicht in einfachen Gleichungen fassen.
- Das Experimentieren am realen System ist prinzipiell nicht möglich, zu gefährlich oder zu kostenintensiv.
- Das zu analysierende System ist zumindest in einem wesentlichen Teilaspekt neu, so dass der Erfahrungsschatz keine hinreichende Basis für Rückschlüsse bietet[57].

In den Fällen, wo der Simulationseinsatz nicht zwingend erforderlich ist, müssen die Vor- und Nachteile sorgfältig mit denen alternativer Analyseverfahren abgewogen werden. Die Simulation sollte in der Unternehmenslogistik angewendet werden, wenn:

- damit das dynamische Verhalten eines Systems bereits vor dessen Realisierung bzw. ohne Störungen oder Unterbrechungen untersucht werden kann,
- die Möglichkeit zur sukzessiven (heuristisch-) systematischen Optimierung eines Systems unter Berücksichtigung ein oder mehrerer Systemgrößen besteht,
- das Simulationsmodell zu einer exakten Beschreibung des Systems führt,
- die Kommunikationsschranken der an einer Simulation beteiligten Personen durch die gemeinsame Modellierung und Experimentdurchführung aufgehoben werden,
- sich bei den beteiligten Personen Lerneffekte einstellen,
- die Simulation die Möglichkeit zur Langzeituntersuchung bietet,
- dadurch die Ausfallkosten im Störfall minimiert werden können.

Dagegen können auch verschiedene methodenspezifische oder im Entwicklungsstand der Simulationstechnik begründete Argumente gegen die Simulationsanwendung sprechen. Die Simulation sollte nicht in der Unternehmenslogistik eingesetzt werden, wenn:

- die Realität dadurch nur unvollständig abgebildet werden kann,
- wahrscheinlichkeitstheoretische und statistische Unsicherheiten bestehen,
- die Qualität zu stark von der verfügbaren Datenbasis, der Güte der Zufallszahlengenerierung und der Erfahrung der verantwortlichen Simulationsexperten abhängt,
- zur Abbildung der Problemstellung keine einheitlich anerkannte Methode existiert,
- ein zu hoher Zeitaufwand notwendig ist,
- die Dauer der Modellentwicklung die Gefahr der Modellüberalterung in sich birgt,
- die Kosten der Einrichtung eines Simulationsarbeitsplatzes nicht gerechtfertigt sind.

---

[57] Vgl. Kuhn; Rabe, Simulation in Produktion und Logistik, 1998, S. 7.

Es ist zu berücksichtigen, dass die Simulation allein nicht die Lösung eines Problems herbeiführen kann, sondern nur einen Schritt eines mehrteiligen Problemlösungsprozesses vollzieht. Zudem stellt die Simulation kein Optimierungsverfahren dar, sondern erlaubt vielmehr das Experimentieren mit einem Modell. Die Simulation liefert lediglich Entscheidungshilfen, indem sie die Wirkungen "durchgespielter" Handlungsaktivitäten aufzeigt. Die Ergebnisse der Simulation können daher nur so gut sein wie die Qualität der zuvor erdachten Handlungsalternativen[58].

Die Simulation wird in der Unternehmenslogistik sowohl branchenübergreifend als auch auf jedes Subsystem der logistischen Kette (Beschaffungs-, Produktions- und Distributionslogistik) angewendet. Wird der Einsatz der Simulation entsprechend der Phase im Lebenszyklus eines Unternehmens gegliedert, so erstrecken sich ihre Anwendungsfelder über:

- die Planung von Anlagen oder Fabriken (Grob- und Feinplanung),
- die Realisierung der Systeme und
- den Betrieb von Produktionssystemen.

Im Rahmen der Grobplanung werden mit Hilfe von strategischen Simulationsmodellen die Strukturen unternehmenslogistischer Systeme untersucht. Neben der technischen Ausprägung wird dabei auch die organisatorische Gestaltung analysiert. Durch die Simulation lässt sich schon in einem frühen Planungsstadium eine Aussage darüber treffen, ob die definierten Ziele durch eine bestimmte Konstellation von Strategien und technischer Ausrüstung erreicht werden können[59]. Das unternehmerische Risiko kann darüber hinaus durch Überprüfung der Systemfunktionalität, korrekte Dimensionierung der Anlagen und durch Einsparungen oder Vereinfachungen von Systemelementen gemindert werden. Ferner kann eine Sensitivitätsanalyse Erkenntnisse darüber liefern, in welchem Maße das System auf Schwankungen und Störungen in den Eingangsgrößen reagiert[60].

Da in der Phase der Grobplanung zumeist keine detaillierten Informationen zur Modellierung und Parametrierung bereitstehen, muss die Auswahl eines geeigneten Abstraktionsniveaus mit besonderer Sorgfalt vorgenommen werden. Je geringer der Abstraktionsgrad gewählt wird, desto mehr (detaillierte) Fragestellungen können beantwortet werden.

Nachdem in der Groplanung die Entscheidung für eine bestimmte Produktionsstrategie gefallen ist, kann der grobe Entwurf in der Feinplanung zu einem detaillierten Simu-

---

[58] Vgl. Moszyk, Planungsmittel, 1996, S. 13f.
[59] Vgl. Schmidt, Angewandte Simulationstechnik für Produktion und Logistik, 1997, S. 141f.
[60] Vgl. Kuhn; Rabe, Simulation in Produktion und Logistik, 1998, S. 7f.

lationsmodell ausgebaut werden. Dabei reicht der Detaillierungsgrad sehr viel weiter als bei der Untersuchung rein strategischer Fragestellungen. Entsprechend der erforderlichen Abbildungsgenauigkeit kann ein sehr exaktes Modell einer realen Anlage bzw. eines faktischen Systems geschaffen werden. Als mögliche Ergebnisse können aus der Feinplanung u.a. detaillierte Steuerungsstrategien, Feinlayouts, Grenzwerte für Systemparameter sowie Angaben über die Grenzleistungsfähigkeit des Systems hervorgehen[61].

Die Hauptaufgabe der Simulation richtet sich in der Realisierungsphase auf eine Verkürzung der Inbetriebnahmephase und die schnelle Realisation des vollen Durchsatzes in der Produktion. Beispielweise kann die Echtzeitsteuerung einzelner Betriebsmittel mit Hilfe der speicherprogrammierbaren Steuerung (SPS) parallel zu deren mechanischen Konstruktion erfolgen. Neben dem simultanen Entwickeln und Testen von Steuerungssoftware lässt sich auch durch die Mitarbeiterschulung am simulierten System eine beträchtliche Zeiteinsparung erzielen. Darüber hinaus lassen sich mittels geeigneter Simulationsmodelle effektive Instrumente zur Störfallanalyse sowie Notfallstrategien entwickeln, wodurch ein realer Störfall schnell lokalisiert und in den negativen Auswirkungen begrenzt werden kann[62].

Im Bereich des Produktionsbetriebs können mit Hilfe von Simulationsmodellen verschiedene Fertigungssituationen dargestellt und hinsichtlich ihres Optimierungsgrades überprüft werden. In den PPS-Systemen findet die Simulation bereits eine beachtliche Bedeutung. Neben der Optimierung der Durchlaufzeit und der Reihenfolgeplanung gehören zu ihren Aufgabengebieten innerhalb der PPS insbesondere die Herstellkostenberechnung, die Optimierung der Kapazitätsauslastung sowie die Überprüfung der Materialverfügbarkeit[63]. Weitere typische Einsatzmöglichkeiten der Simulation in der Betriebsphase sind die Überprüfung von Notfallstrategien und die Ausbildung neuer Mitarbeiter.

2.1.3 Zielbildung

Die Zielbildung erfolgt in mehreren Schritten. Zunächst sind die obersten bzw. übergeordneten Unternehmensziele zu definieren. Aus diesen Ausgangszielen werden dann Teilziele verschiedener Ordnung ermittelt, in diesem Zusammenhang wird auch von Zieldetaillierung gesprochen. Das Ergebnis ist eine Zielhierarchie, die Anforderungen wie Operationalität, Konsistenz, Aktualität, Vollständigkeit, Transparenz etc. entsprechen muss. Im zweiten Schritt werden die Ziele auf ihre

[61] Vgl. Schmidt, Angewandte Simulationstechnik für Produktion und Logistik, 1997, S. 142.
[62] Vgl. Kuhn, Simulation in Produktion und Logistik, 1998, S. 7f.
[63] Vgl. Fandel, PPS- und integrierte betriebliche Softwaresysteme, 1997, S. 513f.

Realisierbarkeit hin untersucht. Im letzten Schritt folgt die Zieldurchsetzung auf den verschiedenen Ebenen. Ergeben sich aufgrund neuer Informationen und Entwicklungen neue Situationen, sind vielfach auch Anpassungen der Ziele notwendig.

2.1.4 Bewertung und Auswahl von Logistikstrategien

Im Anschluss an die Strategieformulierung folgen die Beurteilung der generierten strategischen Alternativen und die Auswahl einer geeigneten Strategie. Dies soll im Lichte der langfristigen Ziele erfolgen und sich an dort formulierte Wertvorstellungen orientieren. Zur Vereinfachung des komplexen Auswahlprozesses wurde eine Reihe von Kriterienkatalogen entwickelt, die neben den allgemeinen ökonomischen Ziel-Kriterien der Profitabilität und der Ertragssicherung noch andere grobe Wahl-Kriterien aufwerfen: [64]

- potenzieller Zielbeitrag
- Durchführbarkeit: interne Machtgruppen, Kosten-/Nutzenrelation, Akzeptanz
- Ethische Vertretbarkeit: z.B. gegenüber nachfolgenden Generationen

Bei einer spezifischen Strategiebewertung ist die Wirkung der Strategie auf die möglichst weitgehende Ausschöpfung des Erfolgspotenzials gerichtet und dementsprechend zu prognostizieren. Um sich gute Chancen für zukünftige Gewinne zu sichern, sollten die Erfolgspotenziale (Kernkompetenzen, interne Stärken und Wettbewerbsvorteile) als "Vorsteuergröße" zukünftiger Gewinne und Liquidität gesteuert werden. Für die Beurteilung von Strategiealternativen bieten sich neben Lebenszyklus- und Wertkettenanalyse auch Szenariotechniken und Frühwarnsysteme als strategischen Prognose an. Dies dient zur:

- Identifikation exogener Einflüsse, welche langfristig die Gewinnerwartungen des Unternehmens mitbestimmen (z.B. neue technologische Entwicklungen, Änderungen der Wettbewerbsstruktur, Konsumtrends).
- Früherkennung möglicher interner Veränderungen der Erfolgspotenziale, also z.B. der sich abzeichnende Abbau einer Kernkompetenz, um eine mögliche "Strategische Krise" so früh erkennen zu können, dass noch keine Auswirkungen auf Rentabilität oder gar Liquidität eintreten.

Hinsichtlich der Planungsinstrumente muss festgestellt werden, dass quantitative Techniken kaum Anwendungen finden, obwohl diese geeigneter erscheinen um "Krisen" und "Wege" zu erkennen[65].

Folgend sind die wichtigsten Methoden dargestellt.

---

[64] Vgl. Steinmann, Management, 1993, S. 209.
[65] Vgl. Göpfert, Stand und Entwicklung der strategischen Planung, 2000, S. 277.

Methode	Beschreibung	Anmerkungen
Trend-prognose	Extrapolation einer Wertereihe in die Zukunft.	Relativ ungenaues Verfahren. Recht summarisch. Nur anwendbar bei bekannten Rahmenbedingungen; versagt bei Diskontinuitäten. Anwendung: Lagerbestandsprognose, Umsatzprognose bei stabilen Bedingungen.
Exponentielle Glättung	Extrapolation durch Bildung gleitender Durchschnitte. Ähnelt stark der Trendprognose, erlaubt jedoch die Anwendung von Näherungsrechnungen und Optimierungsverfahren.	Relativ ungenaues Verfahren. Recht summarisch. Nur anwendbar bei bekannten Rahmenbedingungen; versagt bei Diskontinuitäten. Anwendung: Lagerbestandsprognose, Umsatzprognose bei stabilen Bedingungen.
Regressions-rechnung	Analyse funktionaler Zusammenhänge zwischen mindestens zwei Größen. Findet die diesen Größen zugrundeliegende mathematische Beziehung aus einzelnen Messwerten im Wege einer Näherungsrechnung. Das Verfahren braucht eine Annahme über den zugrundeliegenden Funktionstyp.	Die externe Basisannahme eines Funktionstypes schränkt die Sicht ein. Das Verfahren kann Trends aufdecken, aber auch prachtvoll lügen, wenn die falsche Grundannahme über zu untersuchende Funktionstypen zugrundegelegt wurde. Anwendung: Aufdeckung verborgener Zusammenhänge mittels Kausalanalyse.
ökonometrische Modelle	Aufdeckung verborgener Zusammenhänge. Kausalanalyse. Analyse von Zusammenhängen aufgrund der Bildung von Gesamtmodellen mit vielen Variablen und Aussagen über den Zusammenhang aller dieser Variablen untereinander.	Verfahren versagt bei offenen, nichtlinearen Systemen, die einen Chaoszustand kennen. Basiert auf der alten Stabilitätsannahme und berücksichtigt nicht, dass Stabilität auf Märkten eher die Ausnahme ist und minimale Änderungen einer Ausgangsbasis maximale Systemschwankungen bedeuten können. Versagt bei politisch motivierter Anwendung (Ökologie).
Portfolio-Analyse	Zumeist graphisch orientierte Analyse von zwei oder manchmal drei Größen. Finden Zustände in Abhängigkeit mehr qualitativer Aussagen über die Ausgangsgröße (etwa hoch, mittel oder niedrig).	Eingespieltes und verbreitetes Verfahren, das nur auf bekannten Daten beruht, und daher keine Schwierigkeiten mit Grundannahmen kennt. Rein deskriptive Methode, die sich eignet, grundsätzliche Strategien in bekannten Märkten zu entwickeln, nicht aber neue Strategien für unbekannte Situationen.
Lebens-zyklus-Analyse	Analyse des Verlaufes einer Entwicklung im Zeitablauf. Berücksichtigt in hohem Maße marktspezifische Details.	Beruht fast ausschließlich auf intimer Marktkenntnis und setzt daher genaue Marktforschung und -beobachtung voraus. Erlaubt recht genaue Prognosen bei genauer

Methode	Beschreibung	Anmerkungen
	Bedient sich anderer mathematischer Verfahren, insb. Regressionsrechnung.	Marktkenntnis, versagt aber bei Anwendung auf unbekannte Märkte oder neue Produkte.

Tabelle 5: Übersicht über wichtige quantitative Prognosetechniken [66]

2.1.5 Implementierung von Logistikstrategien

Der letzte Planungsschritt umfasst die planerische Vorbereitung der Strategierealisation. Die Implementierung und Durchführung der ausgewählten Strategien erfolgt formal durch die Übernahme der strategischen Eckdaten in die operative Planung und die Abstimmung der benötigten Ressourcen. Die verhaltensorientierte Aufgabe der Implementierung ist die Umsteuerung der Unternehmensaktivitäten im Hinblick auf die strategische Neuorientierung, d.h. es ist eine strategieorientierte Akzeptanz aller betroffenen Unternehmensbereiche zu schaffen. Bei der sachorientierten Strategieumsetzung ist das strategische "Fit" anzustreben, d.h. die Stimmigkeit zwischen Strategie und ihren Erfolgsfaktoren. Elemente der Strategieimplementierung sind Aktionsprogramme, Budgetierung und operative Planung[67].

Aufgabe der Aktionsprogrammplanung ist es festzulegen, welche Maßnahmen von den einzelnen betrieblichen Funktionsbereichen ergriffen werden müssen, damit die geplante Strategie realisiert werden kann. Demzufolge werden Strategien stufenweise in operative Maßnahmen übersetzt, wobei man sich auf diejenigen kritischen Bereiche konzentriert, die für erfolgreiches Umsetzen der Unternehmensstrategie von Bedeutung sind. Damit fließen alle Teilstrategien in laufende Entscheidungen ein, wodurch es zur Verknüpfung zwischen strategischer und operativer Planung kommt und die Machbarkeit einer Strategie überprüft wird[68].

Budgetierung beinhaltet die Umsetzung von Plänen und sofortiger Aktionsprogramme in Budgets. Innerhalb der Budgetierung lassen sich zwei Ansätze unterscheiden, die einen verwenden Pläne und Budgets synonym, andere sehen die Budgetierung der Planung nachgelagert. Aufgaben der Budgetierung ist die Erstellung, Verabschiedung und Kontrolle von Budgets, mit dem Ergebnis einer wertmäßigen Zusammenfassung aller geplanten Entwicklungen der Unternehmung in einer zukünftigen Geschäftsperiode. So verstanden kommen den Budgets im Allgemeinen die folgenden Funktionen zu: [69]

[66] Vgl. Horváth, Controlling, 1998, S. 397.
[67] Vgl. Steinmann, Management, 1993, S. 212.
[68] Vgl. Bramsemann, Aufbau und Ausbau eines Planungssystems, 2000, S. 25.
[69] Vgl. Steinmann, Management, 1993, S. 332f.

- Motivationsfunktion (Motivation der Aufgabenträger, insbesondere Führungskräfte),
- Koordinations-/Integrationsfunktion (der Teilpläne und Teilprogramme),
- Orientierungsfunktion (Komplexitätsreduktion durch zielorientiertes Handeln),
- Fixierung der Ergebnisverantwortung und Kontrollfunktion (Kontrolle der Zielerreichung).

Im Folgenden werden Budgets als schriftliche Zusammenfassung, durch die den Aufgabenträgern für einen abgegrenzten Zeitraum fixierte Sollgrößen in wert- und/oder mengenmäßiger Form vorgegeben werden, bezeichnet. Gerade angesichts dieser Idealvorstellungen muss man bei Anwendung von Budgets auf folgende Gefahren und Probleme hinweisen:

- Etatdenken (Budgetausschöpfung, d.h. kein persönlicher Anreiz zur Verbesserung),
- zu kurzfristige Orientierung auf Ergebnisse der Budgetperiode,
- Aufbau stiller Reserven (budgetary slacks = Kosten/Ziele werden höher/niedriger veranschlagt als zu erwarten, um sie stets erfüllen zu können),
- Vernachlässigung notwendiger Budgetanpassungen, wenn sich Restriktionen ändern,
- Vernachlässigung externer Effekte.

Die operative Planung bereitet so gut es geht auf Unsicherheiten und kurzfristige Änderung der Planungsprämissen vor. Bei der Erstellung der Teilpläne gilt der Grundsatz der Simultanität, d.h. die gegenseitige Abhängigkeit und wechselseitige Abstimmung der Teilpläne ist zu berücksichtigen[70]. Dabei können erste Unzulänglichkeiten der Strategie aufgedeckt werden. Teilplanungen im operativen Bereich wären beispielsweise:

- Beschaffungsplanung,
- Produktionsplanung,
- Absatz- und Erlösplanung,
- Personalplanung,
- Investitions- und Finanzplanung.

Das Defizit der Implementierung stellt die Durchsetzung der Strategie dar, d.h. neue Strategien finden keine Akzeptanz und werden durch das realisierende Personal blockiert.

Demnach sollte Hauptaufgabe der Strategieimplementierung sein: [71]

- Vermittlung der Strategie (Wert und Inhalt, unter Berücksichtigung der Geheimhaltung),

[70] Vgl. Bramsemann, Aufbau und Ausbau eines Planungssystems, 2000, S. 43.
[71] Vgl. Oeldorf, Materialwirtschaft, 2002, S.155.

- Grundlagenschaffung (Weiterbildungsmaßnahmen),
- strategiebezogener Konsens (über alle Hierachieebenen hinweg).

2.1.6 Kontrolle der Logistikstrategien

Kontrolle bedeutet den laufenden Vergleich zwischen einer Norm und der Wirklichkeit inkl. Abweichungsanalysen und deren Möglichkeit zur Einleitung von Korrekturmaßnahmen. Dabei erfüllt sie folgende Aufgaben: [72]

- Sicherungsfunktion: Sicherung der Substanz durch Kostenkontrolle,
- Aufklärungsfunktion: frühzeitige Identifikation der Abweichungen,
- Steuerungsfunktion: Änderung der Verhaltensweisen.

Die Bedeutung der Kontrolle lässt sich aus ihrer Verbundenheit zur Planung ableiten, wonach Planung ohne Kontrolle sinnlos und Kontrolle ohne Planung unmöglich ist.

Kontrolle sollte nicht als letztes Glied des Planungsprozesses gesehen werden. Vielmehr ist sie ein planungsbegleitender Prozess, der von dem Moment an einsetzen muss, an dem der erste Selektionsschritt im Planungsverfahren erfolgt[73].

Die strategische Kontrolle soll ein Gegengewicht zur Selektivität der Planung bilden. Daraus folgt, dass sie selbst nicht selektiv angelegt werden darf und so die strategische Planung zum Gegenstand der Kontrolle macht, wobei man zu drei Kontrolltypen gelangt:

- strategische Überwachung als ungerichtete globale Kernfunktion ,
- strategische Durchführungskontrolle und
- strategische Prämissenkontrolle.

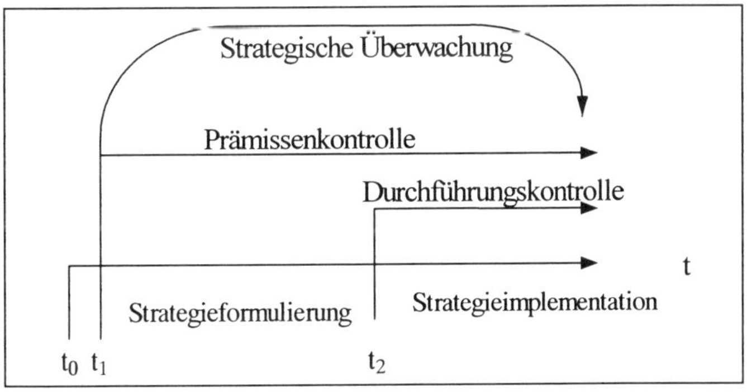

Abbildung 12 : Strategische Kontrolle [74]

---

[72] Vgl. Bichler, Logistik-Controlling mit Benchmarking, 1994, S. 13/14.
[73] Vgl. Steinmann, Management, 1993, S. 219.
[74] Vgl. ebenda, S. 222.

Im strategischen Planungsprozess (Beginn in t_0) ist das Setzen von Voraussetzungen das wesentliche Mittel, um Entscheidungssituationen (t_1) zu strukturieren. Die strategische Prämissenkontrolle überwacht fortlaufend, ob alle Prämissen weiterhin Gültigkeit beanspruchen oder ob sich die Situation dermaßen geändert hat, dass Pläne nicht mehr angemessen sind oder einer Modifikation benötigen. Sobald die Umsetzung der Strategie beginnt (t_2), muss auch die Sammlung derartiger Informationen, als Aufgabe der strategischen Durchführungskontrolle, einsetzen. Weiter ist zu prüfen, ob die geplanten Maßnahmen in vollen Umfang implementiert wurden und ob sich die daran geknüpften Ziele erreichen lassen. Beide Kontrollaktivitäten sind eingebettet in eine globale strategische Überwachung. Es muss das Bestreben sein, durch strategische Kontrolle Krisensignale in einem frühen Stadium aufzufangen, um einen hinreichenden Handlungsspielraum sicherstellen zu können. Da das Erkennen von undefinierten Umweltsignalen als äußerst schwierig erscheint, ist der Erfolg stark personenabhängig. Außerdem sollte darauf geachtet werden, dass bei der Ausführung der Pläne Störungen auftreten können, für deren Bekämpfung geeignete Reserveprogramme zur Verfügung stehen.

Weiterhin ist das Dilemma der Kontrolle zu überwinden, wobei die Neigung zur Überprüfung der konzeptionellen Gesamtsicht üblicherweise sehr gering ist, denn was einmal mühsam erarbeitet und durchgesetzt wurde, wird nicht so leicht in Frage gestellt.[75]

2.1.7 Kennzahlensysteme als Kontrollelement

Kennzahlen sind präzise, quantitative Daten, die als bewusste Verdichtung der komplexen Realität über zahlenmäßig erfassbare betriebswirtschaftliche Sachverhalte informieren sollen[76]. Sie sind Beziehungsgrößen, die bei Über-, Unterschreitung oder

Abweichung vorgegebener Sollgrößen zur Aufmerksamkeit anregen. Kennzahlen werden sowohl in der Analyse als auch in der Zielvorgabe und Kontrolle eingesetzt. Sie werden als Grundzahlen oder Verhältniszahlen ermittelt und entweder für das ganze Unternehmen oder für einzelne Bereiche errechnet. Bildet man eine Gesamtheit von Kennzahlen, die zueinander in Beziehung stehen, wobei erst die Gesamtheit in der Lage ist, vollständig über Sachverhalte zu informieren, erhält man ein Kennzahlensystem. Ein Logistikkennzahlensystem ist auf den Seiten 38 und 39 ausführlich dargestellt (Quelle: Ehrmann Logistik, 2001, S. 102 – 103).

[75] Vgl. Weber, Balanced Scorecard, 1998, S. 22.
[76] Vgl. Weber, Balanced Scorecard & Controlling, 2000, S. 2.

2.2 Operative Logistikplanung

Aufgabe der operativen Planung ist es, die Vorgaben der strategischen Planung in konkrete Maßnahmen und Aktionsprogramme umzusetzen. Hierzu werden aus den Globalzielen der strategischen Planung konkrete Zielsetzungen abgeleitet. Planungsträger der operativen Planung ist im Gegensatz zur strategischen Planung nicht die höchste Führungsebene, sondern die mittlere Führungsebene. Auch der Planungszeitraum ist im Vergleich zur strategischen Planung geringer und umfasst in der Regel nicht mehr als ein Jahr.

Funktion	Aufgabe
Beschaffungslogistik	optimale Gestaltung des Beschaffungsprozesses vom Beschaffungsmarkt über den Transport bis in das Wareneingangslager bzw. die Produktion
Produktionslogistik	optimale Gestaltung des Leistungsflusses von der Übernahme der bereitgestellten Produktionsfaktoren bis zur Abgabe der fertiggestellten Produkte an das Fertigwarenlager bzw. die Distribution
Distributionslogistik	optimale Gestaltung des Leistungsprozesses von der Übernahme der Produkte aus der Produktion und aus dem Fertigwarenlager bis zur Übergabe der Ware an den Kunden

Tabelle 6: Aufgabenbereiche der Logistik

Die Aufgaben der operativen Logistikplanung lassen sich differenziert nach den verschiedenen Logistikfunktionen Beschaffungslogistik, Produktionslogistik und Distributionslogistik darstellen, auf die in den nachfolgenden Kapiteln noch näher eingegangen wird.

Logistik-Kennzahlen-System (LKS)

	Beschaffung	Materialfluss und Transport
Struktur- und Rahmen-kenn-zahlen	• Anzahl der Einkaufsteile • Materialeinkaufsvolumen • Bestellpositionen pro Monat • Anzahl der Lieferanten • Rahmenvertragsquote • Bestellstruktur • Lieferpositionen pro Lieferschein • Anzahl der eintreffenden Waren-lieferungen pro Periode • Gewicht eingehender Warenlieferungen • Anzahl und Gewicht der Auslieferungen • Anteil der Barcode-Lieferscheine • Anteil der mit der Bestellabwicklung beschäftigten Mitarbeiter • Anzahl der MA in der Warenannahme • Sachmittelkapazität • Beschaffungskosten • Gesamtkosten in der Warenannahme	• Mengenmässiges Transportvolumen • Transportaufträge pro Transport • Zurückgelegte Transportstrecken • Anzahl der Reparaturen • Mechanisierungs-/ Automatisierungsgrad • Flächenanteil der Verkehrswege • Anzahl der Mitarbeiter in der Transportabteilung • Anzahl Fördermittel • Kapazität der Fahrzeuge • Transportkosten
Produk-tivitäts-kenn-zahlen	• Anzahl abgewickelter Sendungen pro Personalstunde • Warenannahmezeit pro eingehender Sendung • Auslastungsgrad der Entladeein-richtungen	• Transportzeit pro Transportauftrag • Auslastungsgrad der Transportmittel • Transportleistung • Zurückgelegte Strecke pro Transportmittel • Zurückgelegte Transportstrecke pro Fahrer • Ø Reparaturzeit
Wirt-schaft-lich-keits-kenn-zahlen	• Warenannahmekosten je eingehender Sendung • Beschaffungskosten je Bestellung • Beschaffungskosten in % des Einkaufs-volumens	• Transportkosten je Transportauftrag • Ø Transportkosten je Gewichtsein-heit • Kosten je Tonnen-Kilometer • Anteil der Förderkosten an den Fertigungs- oder Herstellkosten • Ø Betriebskosten eines Fördermittels • Ø Wartungs- und Instandhaltungs-kosten eines Fördermittels pro Zeiteinheit • Kapitalbindung ruhender Bestände
Qualitäts-kenn-zahlen	• Ø Verweilzeit im Wareneingang • Quote der Fehllieferungen • Beanstandungsquote • Zurückweisungsquote • Lieferverzögerungsquote • Ø Wiederbeschaffungszeit	• Servicegrad • Termintreue • Unfallhäufigkeit • Schadenshäufigkeit

Lager- und Kommissionierung	**Produktionsplanung und -steuerung**	**Distribution**
• Anzahl der bevorrateten Artikel • Anzahl unterschiedlicher Verpackungseinheiten • Ø Menge gelagerter Teile • Anzahl der Ein- oder Auslagerungen • Struktur des Auftragsaufkommens • Flächenanteil der Läger • Anzahl Kommissionierpositionen pro Auftrag • Anzahl der Mitarbeiter im Lagerwesen • Sachmittelkapazitäten • Lagerkosten	• Anzahl der zu disponierenden Materialien bzw. Teile • Gesamtzahl der Auftragspapiere • Ø Anzahl von Positionen pro Bestellung • Anteil der DV-erstellten Auftragspapiere • Anzahl der Auftragseingänge • Anzahl der listenmäßigen Positionen am Auftragseingang • Anteil der Änderungen am Auftragseingang • Ø Wert einer Auftragseingangsposition • Fertigungstiefe • Anzahl der Mitarbeiter in den einzelnen PPS-Funktionen • Sachmittelkapazität • Kosten der Produktionsplanung und -steuerung	• Anzahl der Kunden • Ø Umsatz je Kunde • Anzahl Auslieferungen pro Zeiteinheit • Anzahl der Lagerstufen • Anzahl der Lagerstandorte • Ø Entfernung zwischen den Lagerstufen • Ø Entfernung zwischen Lager und Kunde • Auftragsgröße • Anteil der Distributionsmitarbeiter • Kosten der Kundenauftragsabwicklung • Kosten des externen Transportes • Fehlmengenkosten
• Flächennutzungsgrad • Höhennutzungsgrad • Raumnutzungsgrad • Kapazitätsauslastung der Lagermitel • Anzahl der Lagerbewegungen je Mitarbeiter • Kommissionierzeit je Auftrag	• Mittlere Anzahl von Auftragseingangspositionen je Mitarbeiter • Auftragsabwicklungszeit pro Auftrag • Mittlere Anzahl der Bestandskonten pro Mitarbeiter • Mittlere Anzahl der Dispositionsvorgänge je Mitarbeiter	• Produktivität der Versandabwicklung • Produktivität der Auftragsabwicklung • Transportzeit je Transportauftrag
• Ø Lagerplatzkosten • Kosten pro Lagerbewegung • Lagerkostensatz • Lagerhaltungskostensatz • Kommissionierkosten pro Auftrag	• Bearbeitungskosten einer Auftragseingangsposition • Kosten je Dispositionsvorgang • Bearbeitungskosten je Fertigungsauftrag • Steuerungskosten je Auftrag	• Ø Kosten der Kundenauftragsabwicklung • Anteil der Auftragsabwicklungskosten am Umsatz • Distributionskosten je Auftrag • Versandkostenquote • Umschlagshäufigkeit Fertigwaren • Transportkosten je Transportauftrag • Verhältnis Eigentransportkosten zu Fremdtransportkosten
• Fehlerquote • Ausfallgrad • Termintreue • Lager-/Servicegrad • Ø Verweildauer in Kommissionierzone • Lagerverlust je Periode • Vorratsstruktur	• Vorratsintensität • Ant. Vorratsver. an der Bilanzsumme • Dispositionsbedingte Beanstandungs- bzw. Fehllieferungsquote • Anteil dispo.bed. Produktionsstörungen • Dispo. bed. Not- und Eilbestellungen • Bestände ohne Bewegungen • Dispo. bed. Fehlmengenkosten • Ø Lagerbestand • Bestandsreichweite • Umschlagshäufigkeit • Ø Verweildauer • Kapitalbindung • Altersstruktur der Bestände • Anteil nicht mehr verwertbarer Bestände am Umsatz	• Ø Lieferzeit • Lieferbereitschaft • Fehllieferungsquote • Liefertreue • Verzugsquote • Beanstandungsquote • Anteil der Nachlieferungen

3 Logistiksysteme

Die verschiedenen logistischen Leistungsphasen eines Unternehmens sowie die durch sie induzierten Transformationen der Güter bilden zusammen ein logistisches System[77].

Nach den Inhalten der logistischen Aufgabe unterscheiden sich innerhalb eines logistischen Systems verschiedene logistische Sub(Teil-)systeme. Jedes dieser Subsysteme ist ein Objekt des übergeordneten Gesamtsystems, aber zugleich auch ein eigenständiges Logistiksystem.

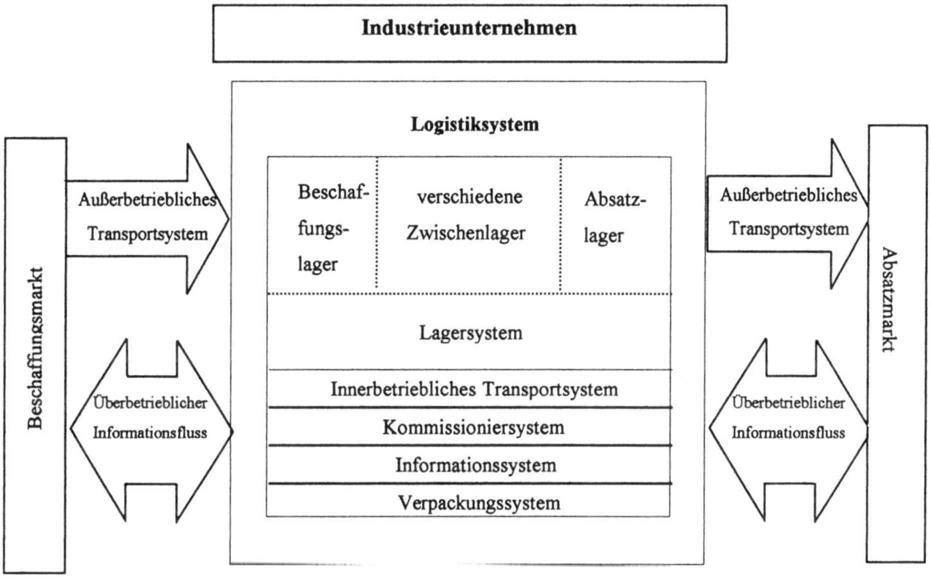

Abbildung 13: Abgrenzung von Logistiksystemen nach den Inhalten der logistischen Aufgabe

Jedes logistische System dient der raum-, zeit-, art- und mengenmäßigen Veränderung von Gütern[78].

Transport-, Lager- und Kommissioniersysteme erfüllen genau diese Funktion. Unterstützt wird der gesamte Güterfluss durch die im Verpackungssystem stattfindenden Verpackungsprozesse, durch die das Transportieren, Lagern und Kommissionieren erleichtert oder oftmals gar erst ermöglicht wird. Informationen (= immaterielle Güter) lösen den gesamten (materiellen) Güterfluss aus, begleiten ihn erläuternd und folgen ihn bestätigend oder nicht bestätigend nach[79].

---

[77] Vgl. Isermann, Logistik im Unternehmen – eine Einführung, 1994, S. 27.
[78] Vgl. Ihde, Logistiksystem, 1997, S. 645.
[79] Vgl. Pfohl, Logistiksysteme, 2000, S. 8.

Innerhalb eines jeden logistischen Systems bestehen zwischen den einzelnen Elementen (Subsystemen) integrative Beziehungen. Aufgrund der systemübergreifenden Funktionen der logistischen Systeme ist für die Auswahl bestimmter Systemkomponenten immer eine ganzheitliche Betrachtung aller logistischen Prozesse erforderlich. Optimale Teillösungen führen nicht zwangsläufig zu einem optimalen Gesamtergebnis. Bei der Auswahl/Planung von Logistiksystemen bzw. bei der Optimierung bestehender Logistiksysteme ist folgende Grundregel zu beachten: Sämtliche eingesetzten Logistiksysteme sind so zu einem leistungsfähigen Netzwerk zu verknüpfen, zu koordinieren und zu managen, dass die Aufträge und Prozesse des Unternehmens optimal ablaufen[80].

3.1 Aufgabe und Funktionen der Lagerhaltung

Die Aufgabe der Lagerhaltung besteht in der zeitlichen Überbrückung und/oder in der mengen- und/oder wertmäßigen Veränderung der eingelagerten Güter zwischen Zu- und Abgang. Dabei lassen sich folgende Lagerfunktionen unterscheiden:

Ausgleichs- bzw. Pufferfunktion:

Die Ausgleichs- bzw. Pufferfunktion hat die Aufgabe, Dissonanzen zwischen Materialbedarf und Materialzufluss zu beseitigen. Diese Dissonanzen können zeitlicher, räumlicher oder mengenmäßiger Natur sein. Zeitliche Dissonanzen treten beispielsweise auf, wenn Materialien während des ganzen Jahres benötigt werden, ihre Beschaffung jedoch nur während eines bestimmten Zeitpunktes möglich ist. Eine räumliche Dissonanz liegt vor, wenn zwischen dem Herstellungs- und Bedarfsort eine große Entfernung liegt. Mengenmäßige Dissonanzen entstehen immer dann, wenn aus produktionstechnischen Gründen eine bestimmte Mindestmenge hergestellt werden muss, die mit der Bedarfsmenge nicht übereinstimmt[81].

Sicherungsfunktion

Die Sicherungsfunktion hat die Aufgabe, die Materialversorgung für die Produktion sicherzustellen. Störungen und Lieferengpässe können überbrückt und die Auslastung kostenintensiver Produktionsstätten gewährleistet werden. Des weiteren dient sie der Sicherung der Lieferfähigkeit für den Absatzmarkt (z.B. bei Maschinenausfall, Streik)[82].

Spekulationsfunktion

Befürchtete Preiserhöhungen, Qualitätsminderungen oder Knappheit können genauso wie Sonderangebote Beweggründe für eine Vorratslagerhaltung sein. Auch das

[80] Vgl. Pfohl, Logistiksysteme, 2000, S. 27ff.
[81] Vgl. Ehrmann, Logistik, 1997, S. 329f.
[82] Vgl. Martin, Transport- und Lagerlogistik, 2000, S. 83.

Spekulieren auf sich plötzlich ergebende Chancen auf dem Absatzmarkt kann Motivation zur Lagerhaltung sein[83].

Flexibilitätsfunktion

Die Flexibilitätsfunktion kundenorientierter Produktionslager besteht darin, dass aus relativ wenigen Zwischenprodukten eine Vielzahl unterschiedlicher Endprodukte hergestellt werden kann (z.B. der Herstellung von Systemmöbeln)[84].

Veredelungs- bzw. Produktionsfunktion

Durch die Lagerhaltung wird eine stoffliche Änderung und/oder eine Qualitätsverbesserung (z.B. durch Trocknung, Reifung) bewirkt. Beispiele hierfür sind Holz, Käse und Wein[85].

Darbietungsfunktion

Das Lager übernimmt aufgrund der Form/des Layouts der Regale bzw. der in den Regalen eingelagerten Güter auch die Aufgabe der Darbietung (z.B. beim Lagerverkauf in einem Getränkemarkt)[86].

Sortier- und Verpackungsfunktion

Hierunter fallen folgende Aspekte:

- Sortierung der Ladegüter,
- Zusammenstellung von Materialien für Fertigungs-, Montage- und Kundenaufträge,
- Verpackung der Lagergüter,
- Bildung von Ladeeinheiten für den Transport[87].

Entsorgungsfunktion

Hierbei handelt es sich um die Sammlung von Wertstoffen im Rahmen des Recyclingprozesses[88].

3.2 Lagerstrategien

Die Wahl der Lagerstrategie hat einen großen Einfluss auf die Wirtschaftlichkeit der Lagerhaltung. Die Strategien dienen der Festlegung des Prozessablaufes für Ein- und Auslagerung (Ein- und Auslagerungsstrategie) und weisen den Artikeln nach bestimmten Kriterien Lagerplätze zu (Lagerplatzvergabestrategie). Die Auswahl der jeweils optimalen Strategien ist dabei von vielen Faktoren abhängig, wie z.B. von:

---

[83] Vgl. Ehrmann, Logistik, 1997, S. 329f.
[84] Vgl. Pfohl, Logistiksysteme, 2000, S. 118.
[85] Vgl. Ehrmann, Logistik, 1997, S. 329f.
[86] Vgl. Koch, Logistik in Industrieunternehmen, 1993, S. 171.
[87] Vgl. ebenda.
[88] Vgl. ebenda.

- den zu lagernden Materialien,
- der Fertigungsmethode,
- der Umschlagshäufigkeit der Lagergüter sowie
- der Art der Entnahme[89].

Auswahl von Ein- und Auslagerungsstrategien

- FI-FO:
  "First in – first out" besagt, dass die zuerst eingelagerten Artikel auch zuerst wieder ausgelagert werden müssen. Eine Alterung der Lagergüter wird auf die Weise vermieden.
- LI-FO:
  "Last in – first out" besagt, dass die zuletzt eingelagerten Artikel zuerst wieder ausgelagert werden. Die Artikel müssen somit nicht umgelagert werden.
- Wegoptimierungsstrategie:
  Die Artikel mit dem kürzesten Bedienweg werden zuerst ausgelagert. Die Vorteile sind Fahrwegminimierung, Zeitersparnis und Kostenreduzierung[90].

Lagerplatzvergabestrategien

- Feste Lagerplatzordnung:
  Bei dieser Strategie wird jedem Artikel ein bestimmter Lagerplatz zugeordnet.
  Vorteil: Einfache Lagerorganisation (Lagerplatznummer = Artikelnummer)[91].
- Chaotische Lagerung:
  Jeder freie Lagerplatz kann von irgendeinem Artikel belegt werden. Der einzelne Lagerplatz wird in einem Koordinatensystem definiert, die einzelnen Artikel den jeweiligen Lagerplätzen zugewiesen.
  Vorteil: Maximale Auslastung der Lagerkapazität.
  Nachteile: Evtl. höherer organisatorischer Aufwand, großer Lagerplatzbedarf [92].
- Zonung (ABC-Kriterien):
  Anhand der Zugriffshäufigkeit werden die Artikel in Zonen gelagert. Auf diese Weise lassen sich die Wegezeiten minimieren und die Umschlagsleistung erhöhen[93].

3.3 Lagerarten

Lager lassen sich nach unterschiedlichen Gesichtspunkten strukturieren. In Industriebetrieben beispielsweise werden Lager meist nach ihrer Stellung im

[89] Vgl. Martin, Transport- und Lagerlogistik, 2000, S. 289ff.
[90] Vgl. ebenda.
[91] Vgl. Hartmann, Materialwirtschaft, 1997, S. 517ff.
[92] Vgl. ebenda.
[93] Vgl. ebenda.

Produktions- und Fertigungsprozess in Beschaffungslager, Zwischenlager sowie Absatzlager unterteilt[94].

Weitere typische Unterscheidungskriterien sind:

- Lagergut,
- Art der Distributionsstruktur,[95]
- Automatisierungsgrad,[96]
- Lagerort,
- eingesetzte Lagermittel,
- Lagerbauweise,
- Materialgruppen[97].

Abhängig von der jeweiligen Betrachtungsweise kann ein Lager mehreren Lagerarten zugeordnet werden. So kann beispielsweise ein Getränkelager gleichzeitig Kühllager, Hallenlager, Absatzlager, Zentrallager sein.

3.4 Lagersysteme

Nach der Position des Lagergutes während der Lagerung unterscheiden sich statische und dynamische Lagermittel:

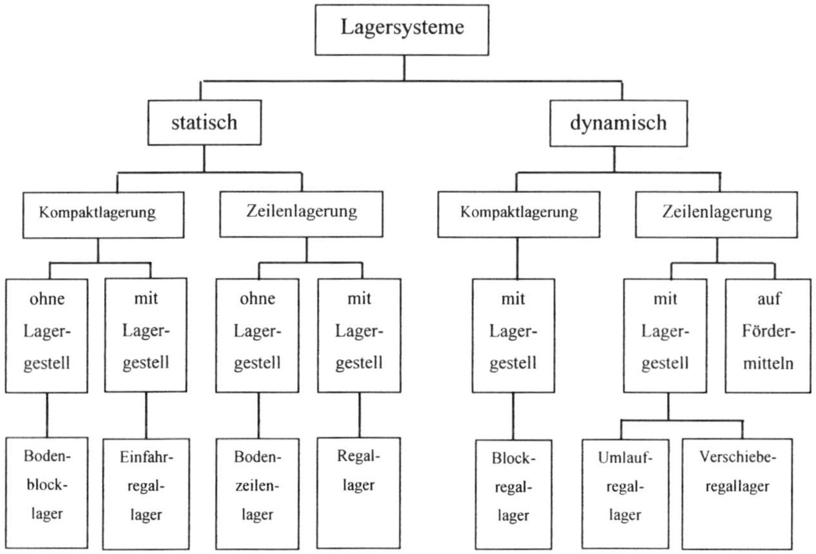

Abbildung 14: Systematik der Lagersysteme[98]

[94] Vgl. Steinbuch, Logistik, 2001, S. 320f.
[95] Vgl. Jünemann, Materialflusssysteme, 2000, S. 43.
[96] Vgl. Ehrmann, Logistik, 1997, S. 214f.
[97] Vgl. Steinbuch, Logistik, 2001, S. 320f.
[98] Vgl. Heiserich, Logistik, 2000, S. 137.

Als statisch werden Lagermittel bezeichnet, wenn das Lagergut nach der Einlagerung bis zu seiner Auslagerung im Ruhezustand auf einem Lagerplatz verbleibt. Dynamisch werden Lagermittel genannt, wenn sich das Lagergut nach der Einlagerung als Ladeeinheit bewegt[99].

3.4.1 Bodenblocklager/Bodenzeilenlager

Die Ladeeinheiten können entweder zu einem Block zusammengestellt (Blocklagerung) oder auch in Zeilen mit Zwischen-/Bedienräumen (Zeilenlagerung) angeordnet werden[100].

Bei der Bodenblocklagerung werden die Lagergüter auf dem Fußboden in großflächigen Blöcken gestapelt oder ungestapelt gelagert. Nur die vordersten bzw. obersten Ladeeinheiten stehen im direkten Zugriff der Stapler. Ist der Zugriff auf mehrere Ladeeinheiten erforderlich, so eignet sich die Bodenzeilenlagerung. Hierbei werden die Lagergüter in Zeilen mit Bedien- und Zwischenräumen gestapelt oder ungestapelt auf dem Boden gelagert[101].

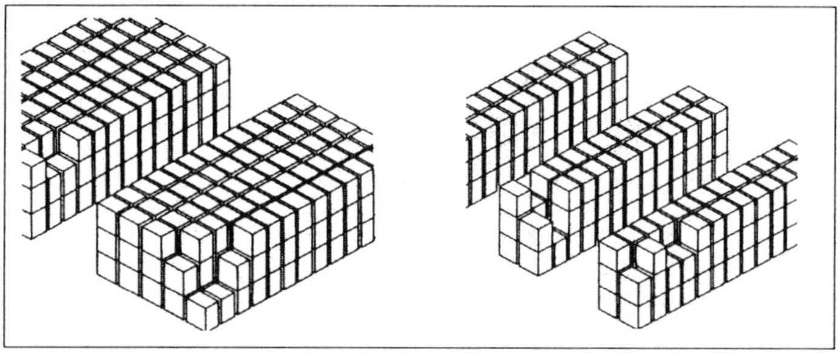

Abbildung 15: Bodenblock- und Bodenzeilenlagerung [102]

Bei druck- bzw. reißempfindlichen Verpackungen oder bei Gütern mit unterschiedlichem Volumen empfehlen sich stapelbare Gitterboxen und Spezialpaletten als Hilfsmittel zur Bildung stapelfähiger Ladeeinheiten[103].

---

[99] Vgl. Steinbuch, Logistik, 2001, S. 320f.
[100] Vgl. Heiserich, Logistik, 2000, S. 137.
[101] Vgl. Jünemann, Materialflusssysteme, 2000, S. 49ff.
[102] Vgl. ebenda.
[103] Vgl. Bichler, Beschaffungs- und Lagerwirtschaft, 1997, S. 172f.

Bodenblock-/Bodenzeilenlagerung	
Vorteile	Nachteile
• keine/geringe Investitionskosten für die Lagereinrichtung • geringe Lager-/Personalkosten • geringe Störanfälligkeit • hohe Raumvolumen-Nutzung möglich • hohe Flexibilität	• Entnahme der Ladeeinheiten nur an wenigen Stellen möglich • FI-FO-Methode nicht anwendbar • geringe Automatisierungsmöglichkeit • geordnete Lagerplatzbelegung erforderlich • Kippgefahr • Stapelfähigkeit der Produkte

Tabelle 7: Beurteilung von Bodenblock- und Bodenzeilenlager [104]

Die Blocklagerung eignet sich besonders, wenn ein geringer Sortimentsumfang vorliegt und große Mengen je Artikel gelagert werden sollen, da nur auf die oberen Ladeeinheiten in der vordersten Blockreihe direkt zugegriffen werden kann.

Bei der Bodenzeilenlagerung ist ein besserer Zugriff auf die einzelnen Positionen möglich. Deshalb eignen sie sich auch zur Lagerung größerer Mengen unterschiedlicher Artikel[105].

3.4.2 Einfahr-/Durchfahrregale

Bei Einfahr- bzw. Durchfahrregalen werden die Ladeeinheiten in Kanälen auf durchlaufenden Konsolen hintereinanderstehend in mehreren Ebenen übereinander eingelagert. Die Ein- und Auslagerung erfolgt durch Gabelstapler, die in den befahrbaren Kanälen operieren.

Beim Einfahrregal ist der Kanal einseitig geschlossen. Die zuletzt eingelagerte Ladeeinheit wird zuerst wieder ausgelagert (LI-FO-Prinzip).

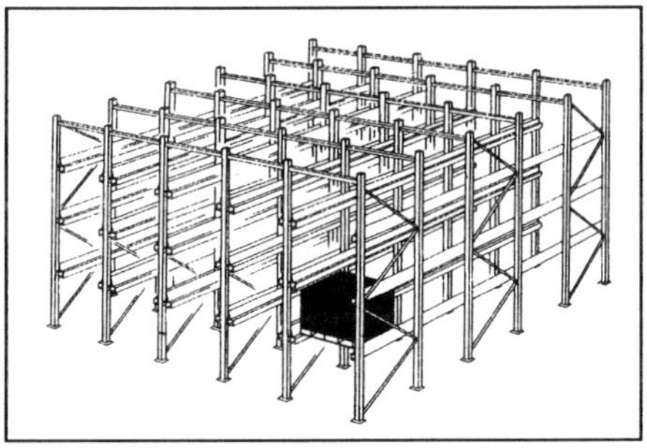

Abbildung 16: Einfahrregal [106]

[104] Vgl. Ehrmann, Logistik, 1997, S. 216.
[105] Vgl. Kettner, Leitfaden der systematischen Fabrikplanung, 1984, S.307.
[106] Vgl. Jünemann, Materialflusssysteme, 2000, S. 52.

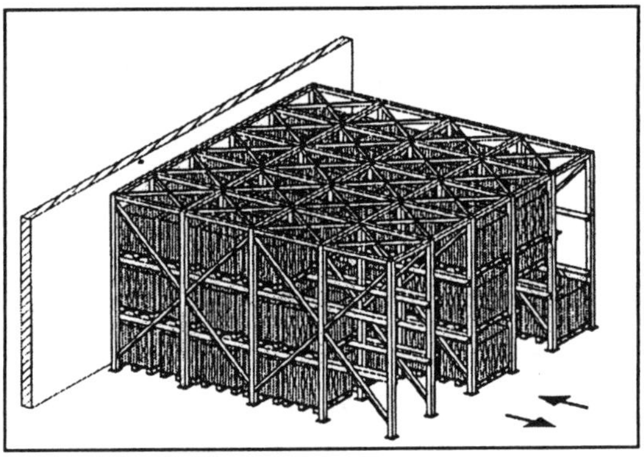

Abbildung 17: Durchfahrregal [107]

Beim Durchfahrregal hingegen sind die Kanäle beidseitig geöffnet. Dabei wird üblicherweise von der einen Seite her eingelagert und zur anderen Seite hin ausgelagert[108].

Einfahr-/Durchfahrregale	
Vorteile	Nachteile
• hoher Flächen- und Raumnutzungsgrad • Minimierung des umbauten Raumes • Einlagerung von schwergewichtigen Artikeln möglich • gute Erweiterungsmöglichkeit	• Ladeeinheiten müssen die gleiche Form (z.B. Paletten) aufweisen • niedrige Umschlagleistungen • keine freie Platzzuordnung • Fachhöhen in einer Ebene sind gleich • Ein- und Auslagerung erfordert hohe Präzision

Tabelle 8: Beurteilung von Einfahr- bzw. Durchfahrregalen [109]

Einfahr- bzw. Durchfahrregale eignen sich an Stellen, wo große Mengen mit geringer Artikelvielfalt gelagert müssen, wo die Ladeeinheiten nicht oder nur schwer stapelbar sind und zusätzlich nur eine geringe Umschlagsleistung gefordert ist. Typische Einsatzgebiete sind Versandlager, in denen größere Sendungen (z.B. Saisonartikel) bis zum Versand gesammelt werden und Kühllager, in denen die druckempfindlichen Ladeeinheiten möglichst komprimiert stehen müssen[110].

---

[107] Vgl. Martin, Praxiswissen Materialflussplanung, 1999, S. 290.
[108] Vgl. Jansen, Das Lager als logistische Funktion – Stand der Technik und zukünftige Entwicklungen, 2000, S. 11.
[109] Vgl. Schulte, Logistik, 1991, S. 97.
[110] Vgl. Bichler, Beschaffungs- und Lagerwirtschaft, 1997, S. 181.

3.4.3 Wabenregale

Mehrere nebeneinander und übereinander angeordnete kanalartige Segmente bestimmen das Konstruktionsbild eines Wabenregals. Die Regaltiefe beträgt in der Regel bis zu 6 m, was der Standardlänge von Stahlprofilen entspricht. Die einzelnen Kanäle sind häufig mit Rollenbahnen oder ausziehbaren Kassetten zum besseren Handling des Lagermaterials ausgestattet[111].

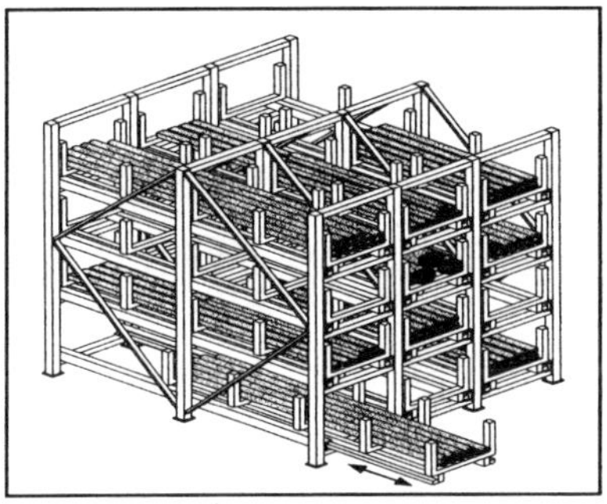

Abbildung 18: Wabenregal [112]

Wabenregale	
Vorteile	Nachteile
• guter Zugriff auf die unterschiedlichen Materialien • Übersichtlichkeit • höchste Raumvolumen-Nutzung • Anpassungsfähigkeit auf Lagervolumen pro Artikel	• mechanische Lagerbedienung nur eingeschränkt möglich • hoher Investitionsaufwand

Tabelle 9: Beurteilung von Wabenregalen [113]

Wabenregale eignen sich zur übersichtlichen Lagerung von Langgut, in Ausnahmefällen auch von Tafelmaterial wie Spanplatten, Blechen bzw. Glasscheiben[114].

3.4.4 Kragarmregale

Kragarmregale bestehen aus vertikalen Mittelstützen und Bodenriegeln sowie ein- oder doppelseitigen Kragarmen. Die Stützen sind durch Diagonalstreben miteinander verbunden. Die Kragarme können höhenverstellbar sein oder teleskopierbare Arme

[111] Vgl. Schulte, Logistik,1991, S. 98.
[112] Vgl. Jünemann, Materialflusssysteme, 2000, S. 59.
[113] Vgl. Bichler, Beschaffungs- und Lagerwirtschaft, 1997, S. 186.
[114] Vgl. Jünemann, Materialflusssysteme, 2000, S. 58.

besitzen. Das Langgut kann entweder einzeln (geordnete Lagerung) oder auch in Langgutwannen/-kassetten (ungeordnete Lagerung) eingelagert werden[115].

Abbildung 19: Kragarmregal[116]

Kragarmregale	
Vorteile	Nachteile
• guter Zugriff auf die unterschiedlichen Güter • Übersichtlichkeit • niedriger Investitionsaufwand	• Lagerung von Reststücken nur in Langgutwannen möglich • großer Raumbedarf für Regalbedienung erforderlich

Tabelle 10: Beurteilung von Kragarmregalen [117]

Kragarmregale eignen sich zur Lagerung von Langgut wie Stabstahl, Rohren, Holzprofilen und von Tafelmaterial[118].

3.4.5 Palettenregale

Palettenregale werden nach ihrem konstruktiven Aufbau in Ein- und Mehrplatzsysteme unterteilt. Während beim Einplatzsystem der Abstand der vertikalen Stützen der Breite einer Palette (Quereinlagerung) entspricht und zur Aufnahme der Ladeeinheiten in Regaltiefenrichtung Winkelprofile angeordnet sind, stehen die Regalständer in Mehrplatzsystemen weiter auseinander und sind durch Auflageträger miteinander verbunden. In Mehrplatzsystemen können in der Regel fünf Paletten

---

[115] Vgl. Martin, Transport- und Lagerlogistik, 2000, S. 313.
[116] Vgl. O.V., Kragarmregale, Online im WWW unter URL: http://www.ohra.de/img/produkte/kragarm4_kl.jpg (Stand: 25.10.2001).
[117] Vgl. Bichler, Beschaffungs- und Lagerwirtschaft, 1997, S. 186.
[118] Vgl. Bäune, Handbuch der innerbetrieblichen Logistik, 1992, S. 174.

nebeneinander auf den Auflageträgern liegen (Längseinlagerung). Die Fachhöhen sind durch Lochprofile in den Stützen variabel, die maximale Gesamthöhe von Palettenregalen liegt bei 12 m. Die Ein- und Auslagerung geschieht in der Regel durch Stapler oder Regalförderzeuge[119].

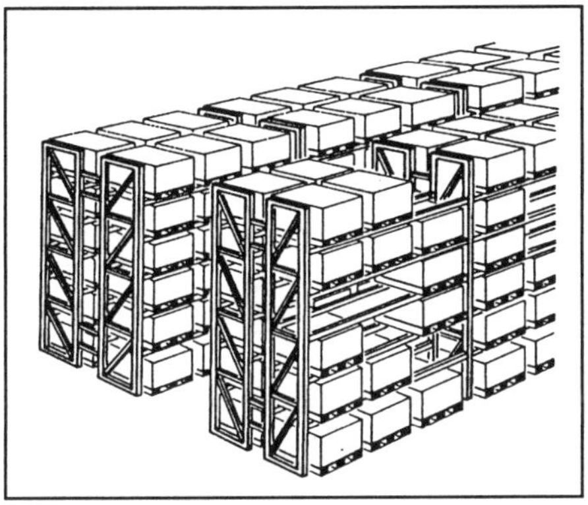

Abbildung 20: Palettenregal [120]

Palettenregale	
Vorteile	Nachteile
• guter Zugriff auf die unterschiedlichen Güter • Erweiterungsmöglichkeit • Automatisierungsmöglichkeit • Anpassung auf Bedarfshöhen • unproblematische Bestandskontrolle	• unter Umständen lange Wegstrecken • an Palette oder andere. Lagerhilfsmittel gebunden • umfangreiche Sicherheitsmaßnahmen erforderlich (z.B. Bodenverankerung, Rammschutz) • hoher Raumbedarf • Ausfallrisiko bei Automatisierung • personalintensiv bei manueller Bedienung

Tabelle11: Beurteilung von Palettenregalen [121]

Palettenregale eignen sich bei einem breiten Sortiment und großen Mengen palettierten Lagergutes, wie z.B. in Hochregallagern[122].

[119] Vgl. RAL Deutsches Institut für Gütesicherung und Kennzeichnung e.V., Güte- und Prüfbestimmungen für Palettenregale RAL-RG 614/2, 2000, S. 70f.
[120] Vgl. Jünemann, Materialflusssysteme, 2000, S. 57.
[121] Vgl. Ehrmann, Logistik, 1997, S. 219.
[122] Vgl. Martin, Transport und Lagerlogistik, 2000, S. 311.

3.4.6 Fachbodenregale

In mehreren Ebenen übereinander sind Fachböden zwischen die vertikalen Seitenstützen montiert. Die Fachböden, auf denen die Güter gelagert werden, sind in der Regel eingehängt oder angeschraubt und in ihrer Höhe verstellbar [123]. Als Lagerhilfsmittel dienen Schubladen, Sichtkästen für Kleinstteile, Trennwände und Haken.

Abbildung 21: Fachbodenregale [124]

Fachbodenregale	
Vorteile	Nachteile
• guter Zugriff auf jeden Artikel • relativ geringe Investitionskosten • geringe Lagerkosten • geringe Störanfälligkeit • Übersichtlichkeit	• begrenzte Tragfähigkeit • eingeschränkte Entnahme oben und unten (Strecken und Bücken) • geringe Automatisierungsmöglichkeit • unter Umständen lange Fahrwege

Tabelle 12: Beurteilung von Fachbodenregalen

In Fachbodenregalen werden in erster Linie Kleinteile - häufig in Kästen - gelagert, wobei eine manuelle Einzelteilentnahme üblich ist[125].

[123] Vgl. Martin, Transport- und Lagerlogistik, 2000, S.311.

[124] Vgl. O.V., Regalanlagen, Online im WWW unter URL: http://www.hlf-heiss.at/hlf/leistungen/regalanlagen/fachbodenregal-uebersichtsbild.jpg (Stand: 25.10.2001).

[125] In Industrieunternehmen sind teilweise auch sogenannte Großfachbodenregale aus Stahl mit Holz- oder Stahlfachböden vorzufinden. Diese Regale werden hauptsächlich zur Lagerung von Blechtafeln, Pressspanplatten, Teppich- oder Stoffrollen sowie für Paletten und Ladegestelle unterschiedlicher Abmessungen (Mehrplatzsystem) verwendet. Die Ein- und Auslagerung erfolgt mit Staplern.

3.4.7 Durchlaufregale

Durchlaufregale werden ausnahmslos blockförmig aufgestellt und bestehen aus mehreren übereinander und nebeneinander angeordneten Kanälen. Innerhalb der Kanäle können verschiedene Stetigförderer zum Einsatz kommen, wie z.B. angetriebene oder schwerkraftangetriebene Rollenbahnen, Kettenförderer oder Bandförderer.

Am weitesten verbreitet sind Durchlaufregale mit 2° - 8° geneigten Rollenbahnen. Die Rollenbahnen sind bei Bedarf mit Bremsrollen und am Kanalende zum Teil mit Separiervorrichtungen ausgerüstet. Die Ladeeinheiten werden an der höher gelegenen Stelle ein- und an der tiefer gelegenen Stelle ausgelagert. Das Schwerkraftprinzip sorgt nach der Entnahme einer Ladeeinheit aus dem Kanal dafür, dass alle folgenden Ladeeinheiten um einen Lagerplatz aufrücken[126].

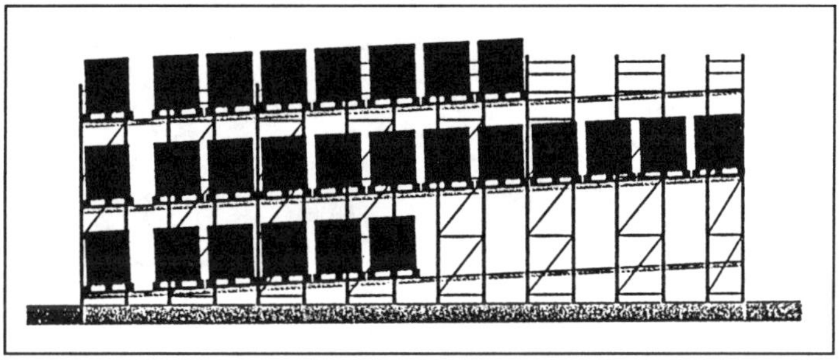

Abbildung 22: Paletten-Durchlaufregal mit Schwerkraftantrieb [127]

Durchlaufregale	
Vorteile	Nachteile
• FI-FO-Prinzip möglich • unproblematische Bestandskontrolle • Automatisierungsmöglichkeiten • gute Übersichtlichkeit • gute Raum/Volumennutzung • gut organisierbar	• häufig hohe Investitionskosten • einige Kanäle sind aufgrund der Sortenreinheit nur teilweise gefüllt • einwandfreie Ladehilfsmittel erforderlich • hohe Störanfälligkeit • hohe Wartungskosten

Tabelle 13: Beurteilung von Durchlaufregalen [128]

Durchlaufregale werden aufgrund ihrer hohen Umschlagsleistung sehr häufig in der Kommissionierung eingesetzt.

[126] Vgl. Jansen, Das Lager als logistische Funktion – Stand der Technik und zukünftige Entwicklungen, 2000, S. 11.

[127] Vgl. Martin, Transport- und Lagerlogistik, 2000, S. 316.

[128] Vgl. Schulte, Logistik, 1991, S. 99.

3.4.8 Einschubregale

Das Einschubregal ähnelt in seiner Bauart dem Durchlaufregal, wobei die Kanäle nur einseitig bedient werden. Die Ladeeinheit wird auf die nach oben geneigte Rollenbahn des Kanals gestellt. Beim Einstellen der folgenden Ladeeinheit wird die erste Ladeeinheit nach oben verschoben[129].

Abbildung 23: Einschubregal [130]

Einschubregale	
Vorteile	Nachteile
• hohe Umschlagsleistungen möglich • Automatisierungsmöglichkeiten • gute Raum/Volumennutzung • gut organisierbar	• häufig hohe Investitionskosten • einige Kanäle sind aufgrund der Sortenreinheit nur teilweise gefüllt • einwandfreie Ladehilfsmittel erforderlich • hohe Störanfälligkeit • hohe Wartungskosten • nur LI-FO möglich

Tabelle 14: Beurteilung von Einschubregalen [131]

[129] Vgl. Bichler, Beschaffungs- und Lagerwirtschaft, 1997, S. 183.
[130] Vgl. O.V., Eischubregale, Online im WWW unter URL: http://www.bito.de/bitoOnl/www_root/images/imgContent/produkte_1_2_18.gif (Stand: 23.10.2001).
[131] Vgl. Bichler, Beschaffungs- und Lagerwirtschaft, 1997, S. 183.

Der Einsatz von Einschubregalen eignet sich dann, wenn relativ wenige bzw. leichte Ladeeinheiten pro Kanal gelagert werden, da der Stapler beim Einlagern einer Einheit immer den gesamten Staudruck der bereits eingelagerten Materialien überwinden muss[132]. Das Haupteinsatzgebiet von Durchlaufregalen ist deshalb die Kleinteilelagerung[133].

3.4.9 Satellitenregale

In Satellitenregalen werden die Ladeeinheiten hintereinander auf zwei horizontal verlaufenden Schienenprofilen gelagert. In den Schienenprofilen fahren sogenannte Satellitenwagen, welche die Ladeeinheiten durch Unterfahren aufnehmen oder unter den abgestellten Ladeeinheiten hindurchfahren können. Die Energieversorgung der Satellitenwagen geschieht über Schleifleitungen oder Batterien. Die zum Anfahren eines Kanals erforderlichen Horizontal- und Vertikalbewegungen werden mit Regalbediengeräten (RBGs) oder Verteilfahrzeugen und Aufzügen realisiert[134].

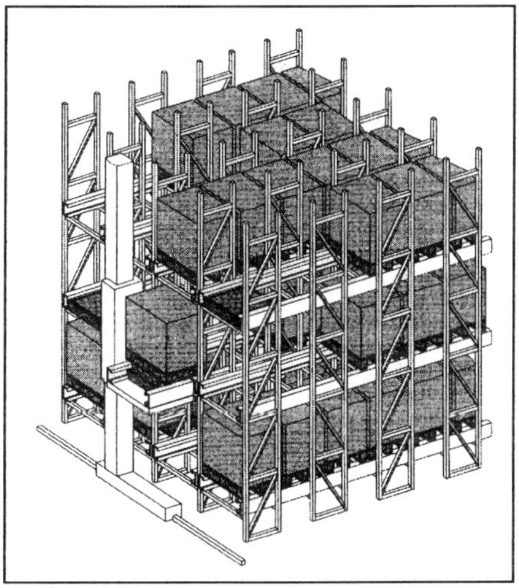

Abbildung 24: Satellitenregal mit Einmast-RBG [135]

[132] Vgl. Bichler, Beschaffungs- und Lagerwirtschaft, 1997, S. 183.
[133] Vgl. Jansen, Das Lager als logistische Funktion – Stand der Technik und zukünftige Entwicklungen, 2000, S. 13.
[134] Vgl. Jünemann, Materialflusssysteme, 2000, S. 52ff.
[135] Vgl. Herter, Push-Back-Regal, Online im WWW unter URL: http://www.dexion-center-berlin.de/Bilder/Produkte/Push.jpg (Stand: 1.11.2001).

Satellitenregale	
Vorteile	Nachteile
• hohe Umschlagsleistungen möglich • gute Raum/Volumennutzung • hoher Automatisierungsgrad • gut organisierbar • geringe Personalkosten • gute Ausbaumöglichkeit	• häufig hohe Investitionskosten • Einlagerungsstrategie von der Bauweise abhängig • Ladeeinheiten müssen mit den Satellitenfahrzeugen handhabbar sein • hohe Kosten bei Störungen oder Ausfall • hohe Wartungskosten

Tabelle 15: Beurteilung von Satellitenregalen [136]

Satellitenregale werden häufig in Warenverteilzentren und Hochlagern zur Lagerung großer Mengen bei kleiner Artikelvielfalt eingesetzt.

3.4.10 Paternosterregale

Im Paternosterregal hängen die Regalfächer (Fachböden, Kassetten oder Schubladen) an zwei parallel umlaufenden Ketten, die durch Stangen horizontal verbunden sind. Zum Zugriff auf die Regalfächer werden die vertikal umlaufenden Ketten bewegt, bis das entsprechende Regalfach im Zugriffsbereich der Regalbedienung ist[137].

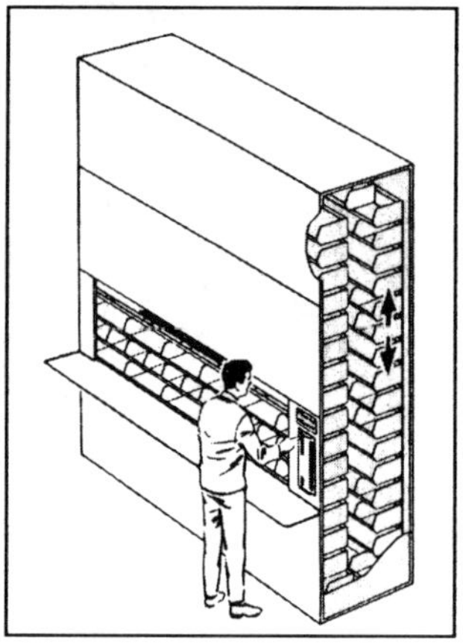

Abbildung 25: Paternosterregal [138]

[136] Vgl. Jünemann, Materialflusssysteme, 2000, S. 52ff.
[137] Vgl. Koether, Technische Logistik, 1993, S. 72.
[138] Vgl. Martin, Praxiswissen Materialflussplanung, 1999, S. 294.

Paternosterregale	
Vorteile	Nachteile
• dynamische Bereitstellung („Ware kommt zum Mann“) • schneller Zugriff • als sogenannte Schrankpaternoster diebstahlsicher (abschließbar) • geringer Flächenbedarf führt zu hoher Flächennutzungsgrad • gute Lagerorganisation • gute Kommissionierbarkeit	• relativ hohe Investitionskosten • Ware ist ständig in Bewegung • geringe Umlaufgeschwindigkeit • geringe Ausbaumöglichkeit

Tabelle 16: Beurteilung von Paternosterregalen [139]

Das Haupteinsatzgebiet von Paternosterregalen liegt in der Lagerung von Kleinteilen, wie z.B. Werkzeuge, B- und C-Artikel.

Häufig werden Paternosterregale auch in Bürolagern zur Einlagerung von Aktenordnern verwendet[140].

3.4.11 Karussellregale

Karussellregale sind horizontale Kreisförderer. Die unteren und oberen Führungsschienen sind durch vertikale Stangen, an denen mehretagig Fachbodenregale befestigt sind, verbunden. Wie beim Paternosterregal erfolgt die Bereitstellung der Ware dynamisch, die Umlaufbewegung im Regelfall mit Hilfe eines Elektromotors[141].

Karussellregale	
Vorteile	Nachteile
• hohe Umschlagsleistungen möglich • Automatisierungsmöglichkeiten • gute Raumvolumen-Nutzung • gut organisierbar • dynamische Bereitstellung • gute Kommissionierbarkeit	• Ware ist ständig in Bewegung • relativ hohe Investitionskosten • für FI-FO ungeeignet

Tabelle 17: Beurteilung von Karussellregalen [142]

[139] Vgl. Ehrmann, Logistik, 1997, S. 224.
[140] Vgl. Martin, Transport- und Lagerlogistik, 2000, 319ff.
[141] Vgl. ebenda.
[142] Vgl. ebenda.

Karussellregale eignen sich für die Lagerung von Kleinteilen. In Kommissionierlagern werden häufig mehrere Karussellregale miteinander kombiniert, wodurch sehr hohe Umschlagsleistungen erzielt werden können[143].

3.4.12 Verschieberegale

Verschieberegale bestehen aus verfahrbaren Unterwagen, auf denen unterschiedliche Regalsysteme (z.B. Fachboden- oder Palettenregal) aufgebaut werden. Die Unterwagen werden auf Schienen geführt, so dass die Regalaufbauten dicht zusammen geschoben bzw. auseinander geschoben werden können. Die Bewegung der einzelnen Segmente erfolgt manuell oder mit Hilfe eines Elektromotors gesteuert[144]. Verschieberegale werden aufgrund der kompakten Lagerung und der Abschließbarkeit häufig in Archiven eingesetzt. Je nach Ausführungsvariante können auch Schwergüter auf Paletten und Langgutmaterial gelagert werden[145].

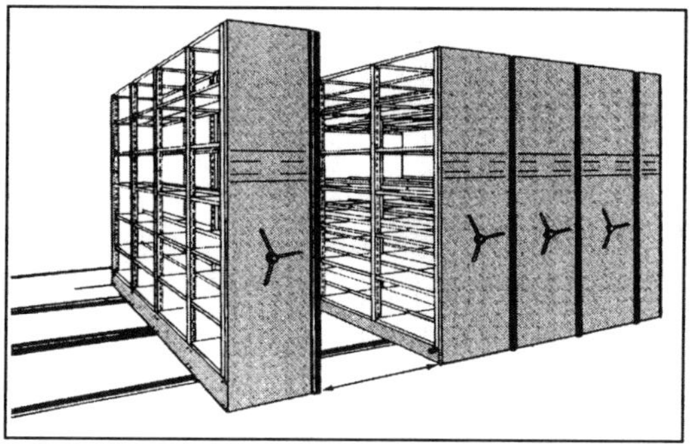

Abbildung 26: Verschieberegal [146]

Verschieberegale	
Vorteile	Nachteile
• Einzelzugriff zu jedem Lagerplatz • geringer Flächenbedarf führt zu hohem Flächennutzungsgrad • FI-FO möglich • chaotische Lagerung möglich • abschließbar	• relativ hohe Investionskosten • beschränkte Ausbaumöglichkeit • schlechte Kommissionierfähigkeit • geringe Automatisierungsmöglichkeit • geringe Umschlagshäufigkeit

Tabelle 18: Beurteilung von Verschieberegalen [147]

[143] Vgl. Schulte, Logistik, 1991, S. 100f.
[144] Vgl. ebenda.
[145] Vgl. Jünemann, Materialflusssysteme, 2000, S. 66.
[146] Vgl. Warwel, Lager- und Regaltechnik in der Praxis, 2000, S. 162.
[147] Vgl. ebenda.

3.4.13 Lagerung auf Fördermitteln

Die Lagerung auf Fördermitteln ist hauptsächlich für den Bereich der Zwischenlagerung im Fertigungsprozess relevant. Analog zur Einteilungssystematik der Fördermittel ist eine Lagerung sowohl mit Stetigförderern als auch mit Unstetigförderern zu realisieren. Am häufigsten verbreitet ist der Einsatz stetiger Fördermittel (z.B. Staukettenförderer, Staurollenbahnen), aber auch flurfreier Fördertechniken wie beispielsweise Kreisförderer oder Schleppkreisförderer. Unstetige Fördermittel wie fahrerlose Transportsysteme oder Elektrohängebahnen werden vergleichsweise selten zur Zwischenlagerung eingesetzt[148].

3.4.14 Lagerbauweise

Grundsätzlich sollte ein Lagersystem immer von "innen nach außen" aufgebaut werden. Zuerst sind die entsprechenden lagertechnischen Lösungen (Lagermittel) sowie die Ablauforganisation zu konzipieren. Daran angepasst ist das Gebäude zu planen. In der Praxis ist jedoch sehr häufig zu beobachten, dass entsprechende technische Lösungen in ein vorhandenes Gebäude eingepasst werden[149].

Lagerbauweisen	
Bauweise	Merkmale
Freilager:	• Untergrund muss für den Einsatz von Transport- und Bediengeräten entwässert und befestigt sein • geeignet für witterungsunempfindliche Güter (z.B. Sand, Kohle) • empfindliche Materialien sind gegen Witterungseinflüsse zu schützen (z.B. durch Folie)
Flachlager:	• Lager in Gebäuden mit einer Höhe von bis zu 7 m
Hohe Flachlager:	• Lager in Gebäuden mit einer Höhe von 7 – 12 m
Etagenlager:	• zwei oder mehrere übereinander angeordnete Flachlager • große Lagerfläche bei kleiner Grundstücksfläche möglich • Zu- und Abführung der Lagergüter mit Vertikalförderern (Aufzügen)
Hochlager:	• Lager in Gebäuden mit einer Höhe von mehr als 12 m • Höhen bis ca. 50 m möglich • häufig in Form eines Hochregallagers ausgeführt
Silo-Regallager:	• verkleidete Hochregale für Stückgut • Lagergestell dient als Tragwerk, das sowohl Vertikal- als auch Horizontallasten (Windkräfte) aufnimmt

[147] Vgl. Warwel, Lager- und Regaltechnik in der Praxis, 2000, S. 162.
[148] Vgl. Jansen, Das Lager als logistische Funktion – Stand der Technik und zukünftige Entwicklungen, 2000, S. 13.
[149] Vgl. ebenda S. 12.

Lagerbauweisen	
Bauweise	Merkmale
Traglufthallenlager:	• eine Halle aus luftdurchlässigem Gewebe wird durch ein Gebläse ballonartig über einer befestigten Grundfläche aufgespannt • Zugang erfolgt durch Luftschleusen • vor allem als Ausweichlager geeignet, da schnell auf- und abbaubar

Tabelle 19: Lagerbauweisen [150]

3.4.15 Planungsgrundlagen für die Auswahl von Lagersystemen

Die Planung bzw. Optimierung von Lagersystemen muss prinzipiell auf den Einzellfall bezogen systemspezifisch durchgeführt werden. Dabei beginnt die Planung eines Lagersystems grundsätzlich mit der Durchführung einer Ist-Analyse, d.h. mit der Erfassung der statischen und dynamischen Systemdaten sowie der Untersuchung der Rahmenbedingungen und Restriktionen.

Zu den statischen Systemdaten gehören:

- Artikelspektrum/-eigenschaften,
- Lagereinheitenspektrum,
- Bestandsreichweiten etc.

Zu den dynamischen Systemdaten gehören:

- Produktionsausstoß,
- Anzahl der Aufträge pro Tag,
- Lagerzugänge/-abgänge etc.

zu den Rahmenbedingungen/Restriktionen gehören:

- technische Rahmenbedingungen,
- Gesetze, Verordnungen,
- infrastrukturelle Einflüsse etc.

Zur Optimierung bestehender Lagersysteme sollte zudem eine intensive Schwachstellenanalyse erfolgen[151]. Die Zuverlässigkeit der Datenaufnahme ist dabei enorm wichtig für die Wirtschaftlichkeit und die optimale Funktionalität des Lagersystems.

Auf den Planungsgrundlagen aufbauend erfolgt die technische und wirtschaftliche Systemplanung. Die vorgenommene Beurteilung der Lagermittel soll die Vorauswahl der in Frage kommenden technischen Lösung unterstützen. Eine anschließende Nutzwertanalyse, in der sowohl technische als auch wirtschaftliche Kriterien untersucht werden, kann dabei behilflich sein, den für jeden Einzelfall spezifischen

---

[150] Vgl. Jünemann, Materialflusssysteme, 2000, S. 44.

[151] Vgl. Jansen, Das Lager als logistische Funktion – Stand der Technik und zukünftige Entwicklungen, 2000, S. 12.

Systemvergleich der einzelnen Lagermittel, auf der Basis der individuellen Anforderungen, durchzuführen. Parallel zur Auswahl und Konzipierung der Systemtechnik wird eine Organisationsplanung durchgeführt, da sich die organisatorischen Gesichtspunkte der Systemplanung nicht von den technisch-wirtschaftlichen trennen lassen[152].

Nachdem auf diesem Wege das optimale Lagersystem geplant, dimensioniert und schließlich ausgewählt worden ist, wird es in der Layout- und Detailplanung mit dem Kommissioniersystem, dem innerbetrieblichen Transportsystem, dem Warenein- und Warenausgang sowie den übrigen Funktionsbereichen zu einem platz- und kostenoptimalen Gesamtsystem zusammengefügt[153].

3.5 Innerbetriebliche Transportsysteme

Der Begriff "innerbetrieblicher Transport" beschreibt jede bewusste Ortsveränderung von Gütern oder Personen innerhalb eines räumlich begrenzten Gebietes z.B. innerhalb eines Betriebes, Werkes, Lagers[154]. Fördern ist das Fortbewegen von Gütern in beliebiger Richtung und über begrenzte Entfernungen durch technische Hilfsmittel, wobei jeder Fördervorgang aus dem Aufnehmen, Fortbewegen und Wiederablegen des zu transportierenden Gutes besteht[155]. Alle innerbetrieblichen Transportmittel bilden zusammen das Fördersystem. Das Fördersystem kann dabei sowohl aus gleichen als auch aus unterschiedlichen Transportmitteln bestehen, die gemeinsam die innerbetrieblichen Transportaufgaben und -ziele verwirklichen[156].

3.5.1 Aufgaben innerbetrieblicher Transportsysteme

Fördersysteme erfüllen Materialflussaufgaben. Sie verbinden zusammenhängende Bereiche eines Betriebes, übernehmen Ver- und Entsorgungsarbeiten in der Produktion und erfüllen Ein- und Auslagerungsaufgaben in Lagern.

Neben diesen eigentlichen Transportaufgaben werden weitere wesentliche Anforderungen an das innerbetriebliche Transportsystem gestellt, wie z.B.:

- die Integrierbarkeit bestimmter Fördermittel in Produktionsketten,
- die Flexibilität in Bezug auf die unterschiedlichen Materialien und Anpassungsfähigkeit an betriebliche Umstellungen,
- die Pufferung bzw. kurzfristige Lagerung von Gütern,

---

152 Vgl. Jansen, Das Lager als logistische Funktion – Stand der Technik und zukünftige Entwicklungen, 2000, S. 12.
153 Vgl. Gudehuss, Logistik 2, 2000, S. 64.
154 Vgl. Pfohl, Logistiksysteme, 1996, S. 157.
155 Vgl. Budde, Reorganisation von Materialfluss und Lager, 1990, S. 198.
156 Vgl. Martin, Transport- und Lagerlogistik, 2000, S. 83f.

- die Sortierung von Materialien und
- das Sammeln bzw. Verteilen von Materialien[157].

3.5.2 Ziele innerbetrieblicher Transportsysteme

Jeder innerbetriebliche Transport ist unproduktiv und trägt nur mittelbar zur Werterhöhung des Materials bei. Zielsetzung muss deshalb eine weitgehende Vermeidung bzw. Minimierung aller Transporte und Transportwege sein, wobei die Versorgungsgeschwindigkeit und die Sicherheit maximiert werden müssen[158]. Um die beschriebenen Aufgaben und Ziele optimal umzusetzen, ist die Auswahl des geeignetesten Fördermittels von wesentlicher Bedeutung. Dabei ist jedoch jedes einzelne Fördermittel nur ein Teil des "optimalen Materialflusssystems". Transportwege und Regale müssen mit den jeweiligen Fördermitteln im Einklang stehen. Nur so ist das "Prinzip des Transportkostenminimums" zu realisieren[159].

3.5.3 Fördermittel

Fördermittel können aus unterschiedlichen Blickwinkeln betrachtet und dementsprechend in Gruppen gegliedert werden. Ein sehr häufiger Ansatz ist die Gruppierung der Fördermittel bezüglich ihrer Flurbindung und die Differenzierung zwischen Stetigförderern und Unstetigförderern.

Stetigförderer sind ortsfeste mechanische Fördereinrichtungen für Stück- und Schüttgüter. Das Fördergut wird entweder allein oder zusammen mit dem Förderorgan des Stetigförderers auf einem festgelegten Förderweg von der Aufgabe- zur Abgabestelle stetig bewegt. Diese Bewegung kann mit konstanter oder wechselnder Geschwindigkeit oder im Takt erfolgen. Stetigförderer zeichnen sich durch geringen Personal- und Energiebedarf, große Betriebssicherheit und einfache Bauweise aus, wodurch eine Automatisierung sehr einfach zu realisieren ist. Durch die Verwendung von Baukastensystemen und durch Geschwindigkeitsänderungen können Kapazitäts- oder Anlagenerweiterungen durchgeführt werden. Ein weiterer Vorteil ist die mögliche Ausnutzung der Raumhöhe bei Deckenförderern.

Ein wesentlicher Nachteil von Stetigförderern liegt in der ortsfesten Installation und der daraus resultierenden eingeschränkten Flexibilität. Der Investitionsaufwand bei Stetigförderern ist in der Regel höher als bei Unstetigförderern, wobei andererseits die Personal- und Energiekosten häufig deutlich niedriger sind[160].

Die Einteilung der Stetigförderer zeigt folgende Tabelle.

---

[157] Vgl. Fischer, Materialfluss und Logistik, 1997, S. 18.
[158] Vgl. Hartmann, Materialwirtschaft, 1997, S. 524.
[159] Vgl. ebenda.
[160] Vgl. Schulte, Logistik, 1991, S. 77.

Stetigförderer				
Bandförderer	Kettenförderer	Rollen- und Kugelbahnen	Rutschen	Hydr. Förderer
• Gurtförderer • Stahlband-förderer • Drahtgurt-förderer	• Gliederbandförderer • Schleppketten-förderer • Tragketten-förderer • Schaukel-förderer • Kreisförderer • Schleppkreis-förderer • Taschenförderer	• Rollgang • Rollenbahn - angetrieben - nicht angetrieben • Röllchenbahn - angetrieben - nicht angetrieben • Kugelbahn/-tisch	• Rutsche • Wendel-rutsche	• Rohrpostanlage • Luftkissen-förderer - stationär (Lufttisch) - beweglich (Luftkissen) • Hydraulische Rinne

Tabelle 20: Stetige Fördermittel für den innerbetrieblichen Transport [161]

Unstetigförderer erzeugen einen diskontinuierlichen Fördergutstrom und arbeiten in einzelnen Arbeitsspielen mit definierten Spielzeiten. Der große Vorteil gegenüber den Stetigförderern besteht in der hohen Einsatzflexibilität der Unstetigförderer[162].

Die unterschiedlichen Unstetigförderer sind in der nachfolgenden Tabelle dargestellt:

Unstetigförderer			
Krane	Aufzüge und Etagenförderer	Stapler	Flurfreie Bahnen u. Katzen
• Brückenkran • Deckenkran • Drehkran • Hängekran • Laufkran • Stapelkran • Fahrzeugkran	• Seilaufzug • Hydraulikaufzug • Kettenaufzug • Schrägaufzug • Etagenförderer • Fahrtreppen	• Hochhubwagen • Gabelhochhub-wagen • Gabelstapler • Quergabelstapler • Schubgabelstapler • Vierwegestapler • Hochregalstapler • Portalstapler	• Elektrohängebahn • Handhängebahn • Schleppzugförderer • Seilschwebebahn • Handlaufkatze • Elektrolaufkatze

[161] Vgl. Fischer, Materialfluss und Logistik, 1997, S. 22f.
[162] Vgl. Martin, Transport- und Lagerlogistik, 2000, S. 191.

Schlepper und Wagen	Schienenfahrzeuge	Spurgeführte Transportmittel	Regalbediengeräte
• Hubwagen • Hochhubwagen • Portalhubwagen • Gabelhupwagen • Unterflurschlepper • LKW für innerbetr. Transport • Handfahrzeuge	• Einschienenbahn • Zweischienen-bahn - Zug - Elektropaletten-bodenbahn - Kipploren • Standseilbahn	• Fahrerlose Transportsysteme	• Regalbediengerät - Einmastgerät - Zweimastgerät • regalgangunabhängiges RBG - kurvengängig - mit Umsetzer • (Hängekran) • (Stapelkran) • (Hochregalstapler)

Tabelle 21: Unstetige Fördermittel für den innerbetrieblichen Transport [163]

Im Folgenden sollen einige exemplarisch ausgewählte Fördermittel genauer beleuchtet und hinsichtlich ihrer konstruktiven und technischen Eigenschaften sowie ihrer Vor- und Nachteile untersucht werden.

3.5.3.1 Bandförderer

Bei Bandförderern wird der Fördervorgang durch ein umlaufendes Band erzeugt. Das Band ist meist als Textil-, Gummi- oder Kunststoffgurt, als Stahlband oder Drahtgurt ausgebildet. Zur besseren Tragfähigkeit wird das Band entweder durch Rollen oder durch eine glatte Unterlage gestützt. Bandförderer werden in erster Linie für waagerechte oder leichtgeneigte Förderungen eingesetzt. Bei größeren Steigungen oder Gefällen müssen die Bänder zusätzlich mit formschlüssigen Mitnehmern ausgestattet werden. Durch sogenannte Gurtkurven lassen sich je nach Ausführungsart sehr enge Kurvenradien, bei Standardlösungen bis ca. 180°, realisieren[164].

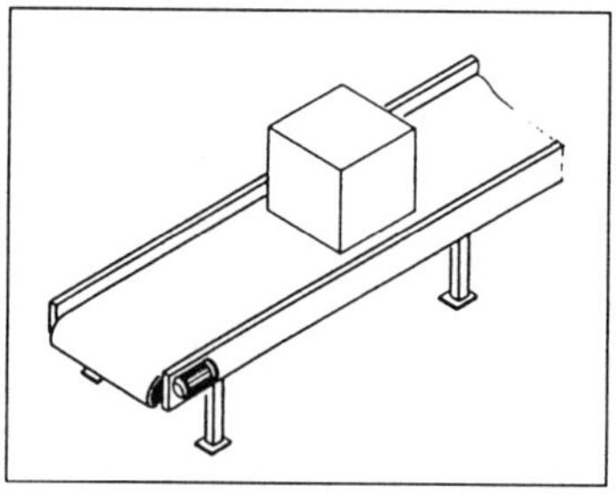

Abbildung 27: Bandförderer [165]

[163] Vgl. Fischer, Materialfluss und Logistik, 1997, S. 22f.
[164] Vgl. ebenda.
[165] Vgl. ebenda.

Bandförderer	
Vorteile	Nachteile
• gleichmäßiger Materialfluss • sowohl für kurze als auch für lange Strecken geeignet • hohe Transportgeschwindigkeiten möglich • geringer Personalbedarf • geräuscharm • geringe Energiekosten • universell einsetzbar	• festgelegter Transportweg • Verschleiß des Bandes möglich (je nach Transportgut) • Temperaturempfindlichkeit (Gurte aus Gummi, Textil, Kunststoff)

Tabelle 22: Beurteilung von Bandförderern [166]

Bandförderer finden in zahlreichen Betrieben Verwendung. Gummigurtförderer werden zumeist zum Transport von Kartons, Säcken, Behältern, mittelschweren Werkstücken, Briefen und Paketen eingesetzt. Stahlgurtförderer finden aufgrund der guten Reinigungsmöglichkeit, vor allem beim Transport von heißem und klebrigem Material in der Lebensmittel- und chemischen Industrie, Einsatz. Drahtgurte werden häufig eingesetzt, wenn das Material während des Transportes gewaschen, getrocknet oder lackiert werden muss. Durch die Drahtgliederstruktur verbleiben so keinerlei Rückstände auf dem Förderband[167].

3.5.3.2 Schleppkreisförderer (Power-and-Free-Förderer)

Bei diesem Hängeförderer treibt eine endlose und ständig umlaufende Schleppkette (Power-Bahn) ein in einer zweiten Bahn hängendes Lastlaufwerk an. Die einzelnen Elemente (Free-Wagen) des Lastlaufwerkes sind durch Mitnehmer wie z.B. Haken oder Stifte mit der Schleppkette lösbar verbunden. An den Lastlaufwagen werden Förderhilfsmittel zur Aufnahme des Transportgutes angebracht. Mit Hilfe von Weichen, Drehscheiben, Hub- und Senkstationen können Wagen auf verschiedene Förderstrecken oder auf antriebslose Staustrecken ausgeschleust werden. Durch wahlweises An- und Auskoppeln der Mitnehmer sind unterschiedliche Abstandsänderungen realisierbar, was eine hervorragende Auflaufpufferung ermöglicht. Die Entkuppelung der Gehänge erfolgt automatisch[168].

[166] Vgl. Fischer, Materialfluss und Logistik, 1997, S. 22f.
[167] Vgl. Jünemann, Materialflusssysteme, 2000, S. 110ff.
[168] Vgl. ebenda.

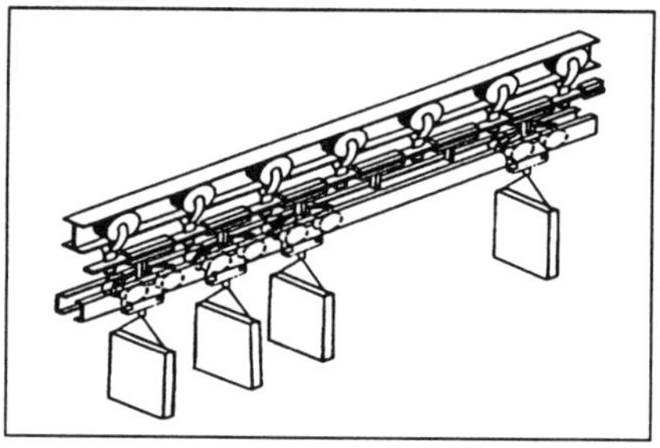

Abbildung 28: Power-and-Free-Förderer [169]

Power-and-Free-Förderer	
Vorteile	Nachteile
• gleichmäßiger Materialfluss • äußerst flexible Streckenführung möglich • in aggressiver Arbeitsumgebung (Staub, Schmutz) und bei hohen Temperaturen einsetzbar • wartungsarm • geringer Personalbedarf • geringe Energiekosten • geringer Verschleiß • Einsparung an Bodenfläche	• festgelegter Transportweg • relativ geringe Transportgeschwindigkeit • hohe Sicherheitsmaßnahmen entlang der Transportstrecke erforderlich

Tabelle 23: Beurteilung von Power-and-Free-Förderern [170]

Schleppkreisförderer werden häufig in der Automobil-, Maschinenbau- und Elektroindustrie sowie in Lackierereien und Galvanisierungsbetrieben zum Transport von Stückgütern eingesetzt, aber auch in Krankenhäusern und Großkantinen zum Transport von Essenscontainern[171].

3.5.3.3 Rohrpostanlage

In Rohren - häufig aus Plexiglas - mit einem Durchmesser von bis zu 300 mm werden die unterschiedlichsten Güter mit Hilfe von Unter- und Überdruck transportiert. Die Materialien werden dazu in sogenannten Rohrpostboxen gelegt, wobei das maximale Transportgewicht je Rohrpostsendung bei ca. 15 kg liegt. Einzelne Rohrpostnetze können durch steuerbare Weichen verzweigt und mit Übergabestationen an weitere Netze gekoppelt werden. Somit sind Streckennetze von mehreren Kilometern Länge realisierbar. Die Transportbehälter erreichen Geschwindigkeiten von bis zu 10 m/s.

[169] Vgl. Jünemann, Materialflusssysteme, 2000, S. 110ff.
[170] Vgl. ebenda.
[171] Vgl. ebenda.

Die Rohrpostleitungen können im Erdreich verlegt oder als überirdische Freileitungen gebaut werden. Moderne Rohrpostleitungen werden mit Hilfe von PCs gesteuert und überwacht und verfügen über vollautomatische Sende- und Empfangsstationen[172].

Rohrpostanlage	
Vorteile	Nachteile
• schneller Transport • geringer Personalbedarf / Personaleinsparung durch Wegfall von Botengängen • geringer Platzbedarf • geringe Investition	• Transportgut muss in die Transportboxen passen ⇒ nur für relativ kleine und leichte Materialien geeignet • Erweiterung des Rohrpostsystems bei unterirdischen Leitungen kostspielig

Tabelle 24: Beurteilung von Rohrpostsystemen [173]

Überall dort, wo herkömmliche Materialflusssysteme aufgrund Gewicht und Größe der Fracht überdimensioniert sind, bringt die Rohrposttechnik für einen intelligenten Materialfluss die Lösung. Rohrpostsysteme eignen sich u.a. für folgende Branchen: Automobilbau, Flugzeugbau, Konsumgüterindustrie, Hausgeräte, Elektronikindustrie, Krankenhäuser und Banken[174].

3.5.3.4 Brückenkrane

Brückenkrane fahren zumeist auf zwei Kranfahrschienen oberhalb des Arbeitsraumes. An der den Arbeitsraum überspannenden "Brücke" sind eine oder mehrere Katzen angebracht, die sich rechtwinklig zu den Schienen verfahren lassen. In Abhängigkeit von der Spannweite und der erforderlichen Lastaufnahmefähigkeit unterscheiden sich Einträger- und Zweiträger-Brückenkrane, während die Brücke entweder als Walzprofil-, Kastenträger-, Vollwand- oder Fachwerkkonstruktion ausgebildet sein kann.

Die Steuerung der Krane erfolgt in der Regel mit Hilfe eines Handbediengerätes (elektrisch an Schleppleitung oder infrarotgesteuert)[175].

---

[172] Vgl. o.V., Rohrpost: Eine Technik meldet sich zurück, 2000, S. 848.
[173] Vgl. ebenda.
[174] Vgl. Lauinger, Rohrpost: Beileibe kein Relikt aus längst vergangenen Zeiten, 2000, S. 264f.
[175] Vgl. o.V., Krane, Handhabungstechnik, 2001, S. 50-53.

Abbildung 29: Einträger-Brückenkran [176]

Abbildung 30: Zweiträger-Brückenkran [177]

Brückenkrane	
Vorteile	Nachteile
• vertikaler und horizontaler Transport möglich • keine Blockade von Bodenflächen (flurfreier Transport) • geeignet für den Transport von sperrigem Material, Langgut und Schwerlastgut	• Pendeln der Last beim Verfahren möglich • unwirtschaftlich zum Bewegen leichter Transportgüter • ungeeignet zur stetigen Förderung • Quertransport bei nebeneinander-liegenden Hallenschiffen unmöglich

Tabelle 25: Beurteilung von Brückenkranen [178]

---

[176] Vgl. O.V., Krananlagen, Online im WWW unter URL: http://www.kunz-kranbau.ch/clips/bilder/3_1_2_G.jpg (Stand: 23.10.2001).

[177] Vgl. Abbildung aus: O.V., Zweiträger-Brückenkran, Online im WWW unter URL: http://www.marti-dytan.ch/images/bildammann1gross11.jpg (Stand: 28.10.2001).

[178] Vgl. O.V., Zweiträger-Brückenkran, Online im WWW unter URL: http://www.martindytan.ch.

Der Brückenkran ist die in Montage-, Fertigungs- und Lagerhallen am häufigsten vorzufindende Kranform. Je nach Konstruktion können Brückenkrane Lasten bis zu 400 t bewegen und eignen sich deshalb auch sehr gut zum Transport von Maschinen und Anlagen[179].

3.5.3.5 Aufzüge

Aufzüge sind Hebezeuge für den vertikalen oder schrägen Transport von Personen oder Materialien. Das Be- und Entladen der Lasten erfolgt an den dafür vorgesehenen Stellen, die gegebenenfalls Vorrichtungen zur Lastaufnahme besitzen. Während Personenaufzüge sehr häufig nur einen Zugang haben, sind Lastenaufzüge in Industrieunternehmen meist mit einer zweiten, gegenüberliegenden Tür ausgestattet. Beim Antrieb wird zwischen Seil- und Hydraulikaufzug unterschieden, wobei Hydraulikaufzüge wesentlich höhere Lasten (bis zu 10.000 kg bei einer Geschwindigkeit von 4 m/s) transportieren können. Als typische Festpunktanlagen stellen Aufzüge innerhalb des Materialflusses besondere Engpassstellen dar. Sie sind deshalb unter Berücksichtigung ihrer Leistungskapazität sehr sorgfältig zu planen. Außerdem unterliegen sie besonderen Sicherheitsvorschriften in Bezug auf die Ausbildung der Aufzugsschächte, Türen sowie auf die Traglast und die Transportgeschwindigkeit[180]. Aufzüge werden in sämtlichen Industriezweigen zum Transport von Materialien, Flurfördermitteln und Personen zwischen übereinander liegenden Stockwerken eingesetzt. Schrägaufzüge dienen ausschließlich zum Lasttransport und finden vor allem in der Bauindustrie Verwendung (z.B. Transport von Dachpfannen auf Hausdächer).

Aufzüge	
Vorteile	**Nachteile**
• zügige Überwindung langer Wegstrecken • große Tragfähigkeit (Hydraulikaufzug) Transport von Flurförderzeugen möglich • einfache Bedienung	• häufige Wartungen • unwirtschaftlich zum Bewegen leichter Transportgüter • ungeeignet zur stetigen Förderung • bei Hydraulikaufzügen nur Höhen bis ca. 12 m realisierbar

Tabelle 26: Beurteilung von Aufzügen

179 Vgl. o.V., Zweiträger-Brückenkran, Online im WWW unter URL: http://www.martindytan.ch.
180 Vgl. Fischer, Materialfluss und Logistik, 1997, S. 26.

3.5.3.6 Gabelstapler

Gabelstapler sind flurfreie Fördermittel mit eigenem Fahr- und Hubantrieb zum horizontalen Transportieren und vertikalen Stapeln von Lasten. Das Fördergut wird außerhalb der Radbasis mit den nach vorne neigbaren Gabeln aufgenommen. Genauso lassen sich die Gabeln nach hinten neigen, um ein Abrutschen des Transportgutes während der Fahrt zu vermeiden. Bei herkömmlichen Gabelstaplern ist die Hinterachse lenkbar, die Vorderachse starr ausgebildet. Der Fahrantrieb kann batterie-elektromotorisch oder auch verbrennungsmotorisch erfolgen[181]. Neben der Gabel als Lastträger gibt es zahlreiche andere Anbau- bzw. Lastaufnahmegeräte, wie z.B. Schaufeln, Teleskopgabeln, Greifer, Schieber, Palettenwendegeräte usw. Gabelstapler sind in nahezu jedem Industrieunternehmen vorzufinden. Sie werden bevorzugt eingesetzt zum Ein- und Auslagern und zum horizontalen Transport von Paletten.

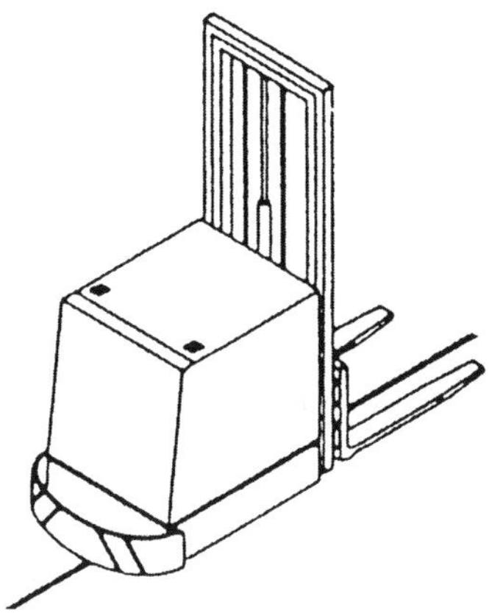

Abbildung 31: Gabelstapler [182]

Gabelstapler	
Vorteile	Nachteile
• kleiner Wendekreis • durch verschienene Anbaugeräte äußerst flexibel • universell einsetzbar • einfache Bedienung	• Führerschein zum Bedienen des Staplers erforderlich • ungeeignet zur stetigen Förderung • begrenzte Hubhöhen • Kippgefahr durch Verlagerung des Schwerpunktes

Tabelle 27: Beurteilung von Gabelstaplern [183]

---

[181] Vgl. Martin, Transport- und Lagerlogistik, 1998, S. 211ff.
[182] Vgl. Abbildung aus: O.V., Gabelstapler, Online im WWW unter URL: http://www.toyotagabelstapler.de/images/produkte/7fgf7fdf1.jpg (Stand: 24.10.2001).
[183] Vgl. ebenda.

3.5.3.7 Gabelhubwagen

Gabelhubwagen bestehen aus zwei Gabeln, unter denen nicht lenkbare Stützrollen befestigt sind, und einem Rahmen, an dem die Mechanik bzw. Hydraulik für den Hubvorgang, der Antrieb und die Steuerelemente angebracht sind. Gabelhubwagen unterfahren die Ladehilfsmittel (z.B. Paletten) und heben diese an. Sie können Lasten vom Boden aufnehmen und auf dem Boden wieder absetzen, wobei eine ebene Bodenfläche Voraussetzung ist. Grundsätzlich unterscheiden sich manuell bediente Gabelhubwagen mit mitgehender Person von automatisch gesteuerten[184].

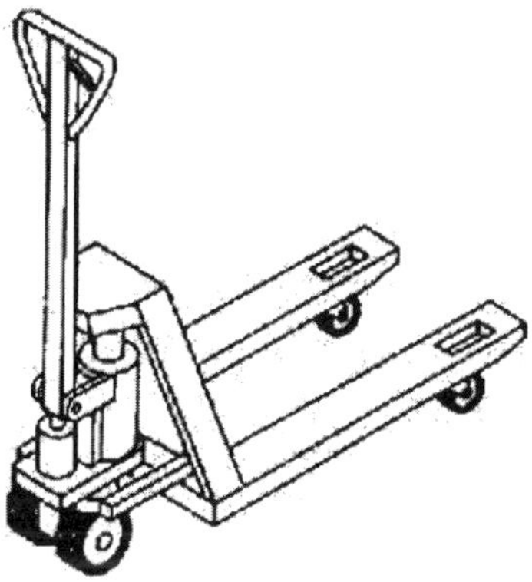

Abbildung 32: Gabelhubwagen [185]

Gabelhubwagen	
Vorteile	Nachteile
• kleiner Wendekreis → bestens geeignet bei engen Platzverhältnissen • einfache Bedienung • Verlängerung der Gabeln möglich → Transport von 2 Paletten gleichzeitig	• begrenzte Hubhöhen • angewiesen auf ebene Böden • begrenzte Tragfähigkeit

Tabelle 28: Beurteilung von Gabelhubwagen [186]

[184] Vgl. Jünemann, Materialflusssysteme, 2000, S. 129.
[185] Vgl. Abbildung aus: o.V., Varianten, Online im WWW unter URL: http://www.steinbock-boss.de/de/lager/trans/wh/images/model.jpg (Stand: 24.10.2001).
[186] Vgl. ebenda.

Gabelhubwagen werden meist zum horizontalen Palettentransport bei kurzen Transportwegen und mittleren Transportfrequenzen eingesetzt, wie z.B. beim Be- und Entladen von LKWs oder Containern.

3.5.3.8 Elektrohängebahnen

Elektrohängebahnen bestehen aus einem unter der Hallendecke angebrachten Schienennetz, aus mehreren Fahrwagen mit oder ohne Hubwerk und aus der Steuerung. Die Wagen transportieren die Lasteinheiten flurfrei, meist horizontal vom Aufgabeort zum Zielort. Neben geraden Fahrschienen ermöglichen Kurven, Weichen, Drehscheiben, Kreuzungen sowie Absenk- und Hubstationen eine äußerst flexible Linienführung. Die Energiezufuhr erfolgt über Schleifleitungen, die am Schienenprofil angebracht sind[187]. Die Wagen der Hängebahn werden einzeln angetrieben und gesteuert und sind mit einer Auflaufsicherung versehen. Sie erreichen auf waagerechten Strecken Geschwindigkeiten bis zu 100 m/min.

Bei Wagen mit Hubwerk kommt sehr häufig ein Elektroseilzug mit einem dem Transportgut angepassten Lastaufnahmemittel (Haken, Wanne, Gabel etc.) zum Einsatz. Die einzelnen Fahreinheiten können manuell, elektrisch mit Flursteuerung oder automatisch gesteuert werden. Die Weichenverstellungen laufen zumeist programmgesteuert und -überwacht ab.

Je nach Ausführungsvariante lassen sich Lasten bis zu 6 t mit Elektrohängebahnen transportieren[188].

Elektrohängebahn	
Vorteile	Nachteile
• Flexible Linienführung • gute Automatisierungsmöglichkeit • gute Erweiterungsmöglichkeit bei bestehenden Anlagen • Fahrrichtungswechsel möglich • geräuscharmer Transport	• die komplexen Einzelantriebe sind sehr störanfällig • festgelegter Transportweg • eingeschränkter Traglastbereich • nicht geeignet zum Transport explosiver und aggressiver Materialien

Tabelle 29: Beurteilung von Elektrohängebahnen [189]

[187] Vgl. o.V., Elektrohängebahn DSB, unbekanntes Erscheinungsdatum, S. 2ff.
[188] Vgl. Jünemann, Materialflusssysteme, 2000, S. 175.
[189] Vgl. o.V., Elektrohängebahn DSB, unbekanntes Erscheinungsdatum, S. 2ff.

Elektrohängebahnen sind universelle Fördermittel und in allen Unternehmensbereichen sämtlicher Industriebranchen einsetzbar, wie z.B. zur Ver- und Entsorgung von Produktions- und Lagerstätten, zur Verbindung verschiedener Produktionsbereiche oder zur Materialverteilung und -bündelung im Kommissionierbereich[190].

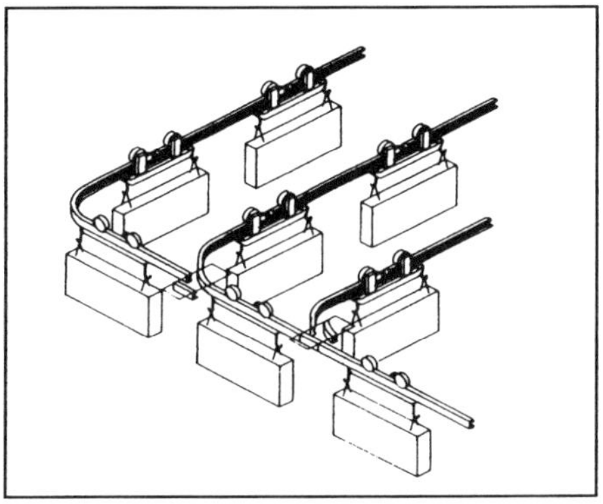

Abbildung 33: Elektrohängebahn [191]

3.5.3.9 Regalbediengeräte

Regalbediengeräte bestehen aus den Baugruppen Mast, Fahrwerk, Hubwagen, Lastaufnahmemittel und Steuerung. Nach der Anzahl der Masten unterscheiden sich Einmast- und Zweimastgeräte, wobei die Masten bis zu ca. 50 m hoch sein können. In der Regel sind die Regalbediengeräte am Boden schienengeführt und an den Regalen seitlich gestützt. Standardmäßig sind sie mit Teleskopgabeln zur Aufnahme von Paletten ausgerüstet[192].

Die Steuerung der RBGs erfolgt manuell bzw. halbautomatisch durch eine mitfahrende Person oder vollautomatisch (computergesteuert). Bei halbautomatischer Steuerung passiert die genaue Positionierung des RBGs automatisch, während die Entnahme bzw. die Einlagerung manuell vorgenommen wird. Die Stromzufuhr für den Hub-, Fahr- und Lastaufnahmemittelmotor erfolgt über Schleppkabel oder Schleifleitungen.[193] Normalerweise bewegt sich das RBG auf einer Schiene horizontal in nur einer Gasse des Lagers. Bei geringem Güterumschlag kann ein Regalbediengerät auch mehrere Gänge bedienen. Dazu muss das RBG auf einen im Hauptgang wartenden Umsetzwagen fahren, der es zu dem gewünschten Regalgang

[190] Vgl. o.V., Elektrohängebahn DSB, unbekanntes Erscheinungsdatum, S. 2ff.
[191] Vgl. Jünemann, Materialflusssysteme, 2000, S. 68.
[192] Vgl. Martin, Transport- und Lagerlogistik, 2000, S. 202f.
[193] Vgl. ebenda.

befördert, oder als kurvengängiges RBG über Schienen den jeweiligen Regalgang erreichen[194].

Regalbediengeräte	
Vorteile	Nachteile
• hoher Umschlag je Lagergang möglich • hohe Traglasten möglich (in Abhängigkeit von der Konstruktion) • große Lagerhöhen möglich • hohe technische Zuverlässigkeit • geringe Personalkosten	• hohe Investitionskosten erforderlich • nicht geeignet zum Transport außerhalb der Fahrschiene

Tabelle 30: Beurteilung von Regalbediengeräten [195]

Regalbediengeräte nehmen vornehmlich Ein- und Auslagerungen in Hochregallagern vor. Herkömmliche RBGs können Lasten bis zu 2.000 kg transportieren, Sonderausführungen bis zu 30.000 kg. Die maximale Fahrgeschwindigkeit beträgt ca. 160 m/min, die maximale Hub- und Senkgeschwindigkeit liegt bei etwa 60 m/min[196].

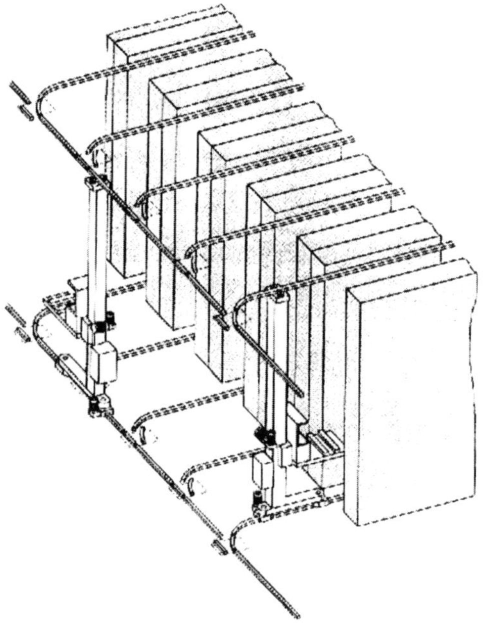

Abbildung 34: Prinzipdarstellung eines ganggebundenen RBGs [197]

[194] Vgl. Fischer, Materialfluss und Logistik, 1997, S. 132ff.
[195] Vgl. Martin, Transport- und Lagerlogistik, 2000, S. 202f.
[196] Vgl. ebenda.
[197] Vgl. o.V., Automatisches Kleinteilelager AKL, Online im WWW unter URL: http://www.hlf-heiss.at/hlf/leistungen/aut_lagersysteme/akl/akl_schema (Stand: 20.10.2001).

3.5.3.10 Fahrerlose Transportsysteme (FTS)

Bei fahrerlosen Transportsystemen (FTS) handelt es sich um flurgebundene Fördersysteme mit automatisch geführten Fahrzeugen. Die einzelnen fahrerlosen Transportfahrzeuge (FTF) befördern in der Regel genormte Ladungsträger zwischen zwei Stationen innerhalb eines Fahrkurses, wobei sowohl die Lastaufnahme und -übergabe als auch die Fahrzeugsteuerung automatisch und rechnergestützt erfolgen[198]. Der Einsatzbereich von FTS ist in erster Linie auf den innerbetrieblichen Transport ausgerichtet. Hierbei übernehmen FTS nicht nur reine Förderaufgaben, wie die Verkettung von Fertigungs- und Montageeinrichtungen, sondern darüber hinaus häufig auch Aufgaben der Lagerbedienung und Kommissionierung. Weitere Einsatzbereiche sind das Handling von Containern in Hafen- und Bahnterminals[199].

In der Praxis eingesetzte FTS umfassen von einigen wenigen bis zu mehreren 100 Fahrzeugen und weisen Fahrkurse von wenigen Metern bis zu 100 km Länge auf. In den meisten industriellen Funktionen sind die FTF als sogenannten "Single-load-carrier" ausgelegt. Daneben finden sich aber auch sogenannten "Multiple-load-carrier", die mehrere Ladungseinheiten gleichzeitig transportieren können. Das Gewicht der Ladungseinheiten reicht je nach Einsatzgebiet von wenigen Kilogramm bis zu mehr als 100 Tonnen.[200]

Abbildung 35: Lastziehendes FTF [201]

[198] Vgl. Kühn, Neue Technologien im innerbetrieblichen Materialfluss, 1996, S. 40ff.
[199] Vgl. ebenda.
[200] Vgl. Günther, Einsatzplanung fahrerloser Transportsysteme, 2000, S. 3f.
[201] Vgl. O.V., Bilder, Online im WWW unter URL: http://www.egemin-gmbh.de/egv/bilder/egv5.jpg (Stand: 12.11.2001).

Abbildung 36: Lasttragendes FTF [202]

FTS bestehen im wesentlichen aus den folgenden Systemkomponenten:

Fahrerlose Transportfahrzeuge

Hierbei handelt es sich um flurgebundene Fördermittel mit eigenem Fahrantrieb, die automatisch geführt und gesteuert, lastziehend oder lasttragend, mit oder ohne Lasthilfsmittel z.B. Paletten oder Gitterboxen eingesetzt werden[203].

Orientierungssystem

Als grundlegende Realisierungsvarianten kann eine Eingliederung in leitliniengebundene und leitlinienfreie Fahrzeugführung vorgenommen werden. Am häufigsten wird nach wie vor die Leitlinienführung mittels im Boden verlegter Leitdrähte eingesetzt. Bei der optischen Leitlinienführung kommen zur Fahrzeugorientierung in der Regel Fotosensoren, Scanner oder Kamerasysteme zum Einsatz. Bei der leitlinienfreien Fahrzeugführung werden softwarebasierte "virtuelle" Leitlinien mit Hilfe von Ortungssystemen sowie Wege- und Winkelmessungen ermittelt. Diese Technik wird z.B. in Containerterminals in Seehäfen verwendet[204].

Steuerungssystem

Hierzu gehören neben der Erfassung und Verwaltung aller Prozessinformationen wie z.B. der Transportaufträge, der Fahrzeuge, des Fahrkurses vor allem die Einsatzplanung, die die Zuweisung der vorliegenden Transportaufträge zu den verfügbaren Fahrzeugen regelt, außerdem die Fahrwegeplanung, die den innerhalb des Fahrkurses zurückzulegenden Weg zwischen dem Standort und dem Zielort eines

---

[202] Vgl. o.V.: Bilder, Online im WWW unter URL: http://www.egemin-gmbh.de/egv/bilder/egv11.jpg (Stand: 12.11.2001).

[203] Vgl. Raffel, Agentenorientierte Modellierung von Fahrerlosen Transportsystemen, 2001, S. 3f.

[204] Vgl. Günther, Einsatzplanung fahrerloser Transportsysteme, 2000, S. 3f.

Fahrzeuges sowie die Ankunfts- und Abfahrtzeiten an relevanten Knoten im Fahrkurs bestimmt und ferner die Verkehrsregelung, deren Hauptaufgabe darin besteht, Konfliktsituationen zwischen mehreren Fahrzeugen im Fahrkurs zu vermeiden[205].

Die Vielzahl unterschiedlicher Einsatzbereiche und Aufgabenstellungen führt zwangsläufig zu einer hohen Zahl einsatzspezifischer Realisierungen sowie einer damit verbundenen Breite technischer Ausführungsformen. Die konkrete Konfiguration eines FTS wird hauptsächlich durch das zu bewältigende Transportaufkommen, spezifische Leistungsanforderungen, die Art der Transportaufträge und die Beschaffenheit der Transportgüter bestimmt[206].

3.5.3.11 Förderhilfsmittel

Förderhilfsmittel haben die Aufgabe, die Transportierfähigkeit einzelner Güter durch Bildung von Ladeeinheiten zu verbessern. Mit dem Hintergedanken, den Materialfluss so effizient wie möglich zu gestalten, ist bei der Bildung von geeigneten Ladeeinheiten folgende Lösung anzustreben:

Produktionseinheit = Ladeeinheit = Transporteinheit = Lagereinheit = Liefereinheit [207]

Förderhilfsmittel werden deshalb häufig auch als Lade-, Transport oder Lagerhilfsmittel bezeichnet. Die einzelnen Ladeeinheiten sind so zu bilden, dass

- der Schutz des Ladegutes während des innerbetrieblichen Transportes und während der Lagerung gewährleistet ist,
- die Lastaufnahmefähigkeit des Hilfsmittels berücksichtigt wird,
- die Abmessungen des Lagerstellplatzes nicht überschritten werden und
- die Ladegüter jederzeit problemlos identifiziert werden können[208].

Die wichtigsten Förderhilfsmittel sind in der nachfolgenden Tabelle dargestellt:

Förderhilfsmittel	
unterfahrbar	Nicht unterfahrbar
• Flachpaletten (mit Aufsetzrahmen) • Gitterboxen • Stapelgestelle • Rollcontainer • Großbehälter (Iso-, Binnen- und Luftfrachtcontainer, LKW-Wechselpritsche)	• Stapel- und Sichtkästen • Vollwandbehälter • zusammenklappbare Boxen • Sonderbehältnisse/Packmittel (Fass, Schachtel, Tray, Sack, Tonne usw.)

Tabelle 31: Übersicht der gebräuchlichsten Förderhilfsmittel [209]

[205] Vgl. Günther, Einsatzplanung fahrerloser Transportsysteme, 2000, S. 3f.
[206] Vgl. Kühn, Neue Technologien im innerbetr. Materialfluss, 1996, S. 40ff.
[207] Vgl. Teller, Logistische Funktionen - Transportieren, Umschlagen, Lagern, 1997, S. 4.
[208] Vgl. Martin, Transport- und Lagerlogistik, 2000, S. 54ff.

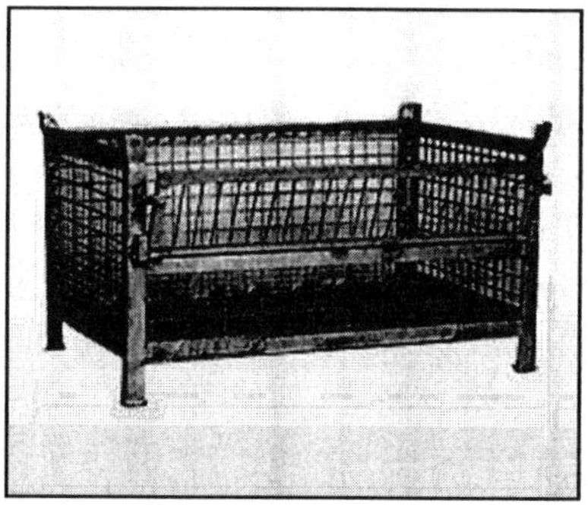

Abbildung 37: Gitterbox [210]

Abbildung 38: Europalette [211]

3.5.4 Auswahl innerbetrieblicher Transportmittel

Transportvorgänge verursachen Kosten, ohne im allgemeinen eine Wertsteigerung der Transportgüter zu erzielen. Um diese Kosten zu minimieren, muss eine optimale Güterbewegung angestrebt werden[212].

Um eine optimale Systemauswahl bzw. -planung zu treffen, ist zunächst die genaue Transportaufgabe zu definieren. In diesem Zusammenhang sollte auch genauestens überprüft werden, ob sich der Transport auch vermeiden lässt (Standortwahl der Systeme).

209 Vgl. Martin, Transport- und Lagerlogistik, 2000, S. 54f.

210 Vgl. O.V., Beispiele aus unserer Produktpalette, Online im WWW unter URL: http://www.tobias-paletten.de/images/p2bild3.jpg (Stand: 1.11.2001).

211 Vgl. O.V., Beispiele aus unserer Produktpalette, Online im WWW unter URL: http://www.gebhardt-cham.de/produkte/pics/klein/uic_palette.jpg (Stand: 10.10.2001).

212 Vgl. Heiserich, Logistik, 2000, S. 146.

Bei bestehenden Systemen lässt sich ein Transportproblem durch innerbetriebliche, organisatorische Maßnahmen wie z.B. bauliche Veränderungen, Umstellen von Maschinen o.ä. häufig besser lösen oder sogar vermeiden als durch ein spezialisiertes Fördermittel.

Nach dieser Prüfung müssen sämtliche Einflussfaktoren wie z.B. Massen, Wege, Zeiten, Weghindernisse, Arbeitsabläufe oder Schnittstellen ganzheitlich betrachtet werden, da die Entscheidung für ein bestimmtes System unter Umständen Folgeinvestitionen in anderen Bereichen verursacht. So beeinflusst die Gestaltung des innerbetrieblichen Transportsystems in den meisten Fällen die Nutzung der Produktionsanlagen, die Materialdurchlaufzeiten sowie die Arbeitsabläufe innerhalb des Lagers[213].

Für eine wirtschaftliche Transportgestaltung sind im einzelnen folgende Planungskriterien zu beachten:

- Kurze Transportstrecken anstreben,
- Bildung geeigneter Transporteinheiten,
- Umladen von Transportgütern vermeiden,
- Optimale Auslastung der Transportmittel anstreben,
- Manuelle Transportarbeiten, Leerfahrten und Wartezeiten vermeiden,
- Innerbetriebliche Transportvorgänge mit Fertigungsvorgängen kombinieren,
- Verwendung typisierter und standardisierter Baueinheiten,
- Verknüpfung zwischen internem und externem Transport[214].

Bei der Suche nach dem geeigneten und wirtschaftlichsten Transportsystem ergeben sich immer mehrere Lösungen bzw. verschiedene Kombinationen, da das System sehr häufig aus einer Verknüpfung bzw. Aneinanderreihung mehrerer Transportmittel besteht. Die beste Lösung kann durch eine Nutzwertanalyse (vgl. Kapitel 2.1.2.9) mit Hilfe gewichteter Kriterien ermittelt oder durch einen Wirtschaftlichkeitsvergleich der Lösungsvarianten gefunden werden.

3.6 Kommissioniersysteme

Unter Kommissionieren ist das Zusammenstellen von bestimmten Teilmengen (Artikeln) aus einer bereitgestellten Gesamtmenge (Sortiment) zu verstehen [215]. Jedem Kommissionierprozess geht in der Regel ein Lagerzustand der Artikel voraus und folgt in der Regel ein Verbrauchszustand des Sortiments[216].

---

[213] Vgl. Matin, Transport- und Lagerlogistik, 2000, S. 106ff.
[214] Vgl. ebenda.
[215] Vgl. VDI-Richtlinie 3590, 1975, S. 3.
[216] Vgl. Ehrmann, Logistik, 1997, S. 340f.

3.6.1 Aufbau von Kommissioniersystemen

Das gesamte Kommissioniersystem besteht aus den drei Teilsystemen:

- Materialflusssystem,
- Informationsflusssystem,
- Organisationssystem.

Jedes dieser Teilsysteme ist weiter unterteilt in verschiedene Komponenten, Merkmale und Merkmalsausprägungen. Die Aufgabe des Logistikers ist es, die Vielzahl der Einzelelemente der Komponenten systematisch und sinnvoll miteinander zu kombinieren, so dass ein für die jeweiligen Anforderungen optimaler Kommissionierprozess möglich wird[217].

3.6.1.1 Materialflusssystem

Das Materialflusssystem gliedert die gesamte Transport- und Handlingskette eines Kommissioniervorganges in folgende Teilprozesse:

Beschickung der Bereitstellplätze

Die Beschickung der Bereitstellplätze kann entweder

- räumlich getrennt oder
- räumlich kombiniert erfolgen[218].

Die räumliche Trennung der Beschickung von der Bereitstellung eignet sich bei hohem Durchsatz, täglich mehrfachem Nachschub, mehreren Kommissionierern pro Gang und bei ausreichendem Platz. Die räumliche Kombination von Beschickung und Entnahme ist analog bei geringem Durchsatz, maximal einem Kommissionierer und begrenztem Platz die bessere Alternative[219].

Bereitstellung der Ware

Bei der Bereitstellung der Artikel(Paletten-)einheiten für die Kommissionierung ist zwischen statischer und dynamischer Bereitstellung zu unterscheiden.

- Bei der statischen Bereitstellung liegt die Bereitstelleinheit auf einem festen Lagerplatz im Lager, den der Kommissionierer aufsuchen muss (Prinzip: "Mann zur Ware").
- Bei der dynamischen Bereitstellung werden die Bereitstelleinheiten aus einem in der Regel automatisierten Lager manuell oder automatisch zum Kommissionierer transportiert, während dieser an seinem festen (Kommissionier-)Platz verweilt (Prinzip: "Ware zum Mann")[220].

---

[217] Vgl. Schulte, Logistik, 1991, S. 109.
[218] Vgl. ebenda.
[219] Vgl. ebenda.
[220] Vgl. Bichler, Beschaffungs- und Lagerwirtschaft, 1997, S. 208.

Tätigkeiten des Kommissionierers

Bei der dynamischen Bereitstellung verbleibt die Kommissionierperson an seinem Arbeitsplatz. Wird jedoch nach dem Prinzip "Mann zur Ware" kommissioniert, ist eine Fortbewegung des Kommissionierers unumgänglich. Die Fortbewegung kann entweder ein- oder zweidimensional erfolgen.

- Als eindimensional wird die Bewegung des Kommissionierers bezeichnet, wenn er sich zu Fuß z.B. mit einem Handwagen oder schneller mit einem Transportmittel, das zu einer Zeit entweder nur horizontale Fahrbewegungen oder vertikale Hub- und Senkbewegungen ausführen kann, entlang der Regalzeile bewegt[221].
- Bei der zweidimensionalen Bewegung befindet sich die Kommissionierperson auf einem Transportmittel, welches simultan fahr- und hubfähig ist (z.B. Regalbediengerät, Vertikalkommissionierer)[222].

Entnahme der geforderten Menge

Die geforderten Warenmengen können entweder:

- manuell,
- mit einem mechanischen Hilfsmittel z.B. Greifer, Hebemittel oder
- automatisch z.B. Greifroboter, Abzugsvorrichtung, Kommissionierautomat entnommen werden[223].

Transport der Kommissioniereinheit zur Abgabe

Analog zum Hinbewegen der Kommissionierperson zur Bereitstelleinheit geschieht die Rückbewegung nach dem Zusammenstellen der Kommissioniereinheit ein- oder zweidimensional.

Abgabe der Kommissioniereinheit

Die Abgabe der zu einer Kommissioniereinheit zusammengestellten Waren kann zentral oder dezentral erfolgen.

- Bei der zentralen Abgabe werden die Entnahmeeinheiten an einem Sammelplatz abgegeben. Häufig findet an diesem Sammelplatz eine erneute Kontrolle der Ware sowie die Verpackung der Einheiten statt[224].
- Werden die kommissionierten Waren an ein Fördersystem übergeben, welches die Waren unterschiedlichen Sammelplätzen zuführt, so wird dies als dezentrale Abgabe bezeichnet[225].

---

[221] Vgl. Gudehuss, Grundlagen der Kommissioniertechnik, 1973, S. 14.
[222] Vgl. ebenda.
[223] Vgl. Gudehuss, Logistik 2, 2000, S. 133.
[224] Vgl. Bichler, Beschaffungs- und Lagerwirtschaft, 1997, S. 210.
[225] Vgl. ebenda.

Rücktransport der angebrochenen Ladeeinheit

Im Falle einer dynamischen Bereitstellung der Einheit ("Ware zum Mann") muss die angebrochene Bereitstelleinheit an den Bereitstellplatz im Lager zurückgeführt werden. Dieser Rücktransport kann analog zu den o.g. Unterscheidungsmerkmalen ein- oder zweidimensional sowie manuell, mit mechanischen Hilfsmitteln oder vollautomatisch erfolgen[226].

3.6.1.2 Informationssystem

Der Informationsfluss besitzt einen wesentlichen Einfluss auf die Funktionalität des Kommissioniersystems. Nur bei einer vollständigen, fehlerfreien, zeit- und bedarfsgerechten Erfassung und Weiterverarbeitung der Informationen kann ein Kommissioniersystem optimal funktionieren.

Das Informationsflusssystem unterscheidet vier Grundfunktionen:

- Art der Erfassung der Kundenaufträge,
- Aufbereitung von Kundenaufträgen zu Kommissionieraufträgen,
- Art der Weitergabe von Kommissionieraufträgen an den Kommissionierer,
- Art der Quittierung der geforderten Entnahmen durch den Kommissionierer[227].

<table>
<tr><th colspan="5">Informationsflusssystem</th></tr>
<tr><th>Funktionen</th><th colspan="3">Optionen</th><th>Beispiele/Ausführungen</th></tr>
<tr><td rowspan="3">Erfassung des Kundenauftrages</td><td colspan="3">manuell</td><td>per Telefon, Telefax</td></tr>
<tr><td colspan="3">manuell mit automatischer Unterstützung</td><td>Kunde bestellt mit Hilfe von Formvordrucken</td></tr>
<tr><td colspan="3">Automatisch</td><td>Kunde ist online mit dem Lieferanten verbunden (Intranet)</td></tr>
<tr><td rowspan="5">Aufbereitung des Kundenauftrages</td><td>Kundenauftrag als Einzelauftrag</td><td>Zerlegung von Kundenaufträgen in Einzelaufträge</td><td>Kundenaufträge als Auftragsgruppen</td><td></td></tr>
<tr><td colspan="3">keine Aufbereitung erforderlich</td><td>automatisch erfasster Kundenauftrag wird sofort zum Kommissionierer weitergeleitet</td></tr>
<tr><td colspan="3">manuell</td><td></td></tr>
<tr><td colspan="3">manuell mit automatischer Unterstützung</td><td></td></tr>
<tr><td colspan="3">automatisch</td><td></td></tr>
</table>

[226] Vgl. Jünemann, Materialflusssysteme, 2000, S. 217ff.
[227] Vgl. ebenda.

<table>
<tr><th colspan="5">Informationsflusssystem</th></tr>
<tr><th>Funktionen</th><th colspan="3">Optionen</th><th>Beispiele/Ausführungen</th></tr>
<tr><td rowspan="3">Weitergabe der Kommissionier-aufträge</td><td colspan="3">mit Papier</td><td>Kommissionierliste auf Papierbogen</td></tr>
<tr><td colspan="3">papierlos</td><td>Monitor am Kommissio-niergerät</td></tr>
<tr><td>jede Position einzeln</td><td colspan="2">mehrere Positionen gleichzeitig</td><td></td></tr>
<tr><td rowspan="4">Quittierung</td><td>jede Entnahmeein-heit einzeln</td><td>jede Position einzeln</td><td>mehrere Positionen gleichzeitig</td><td></td></tr>
<tr><td colspan="3">manuell</td><td>Abhaken</td></tr>
<tr><td colspan="3">manuell mit automatischer Unterstützung</td><td>Eingabe im Datenterminal</td></tr>
<tr><td colspan="3">automatisch</td><td>Einscannen von Barcodes</td></tr>
</table>

Tabelle 32: Informationsflusstechnische Funktionen von Kommissioniersystemen mit alternativen Realisierungsmöglichkeiten [228]

3.6.1.3 Organisationssystem

Das Organisationssystem gliedert die unterschiedlichen Realisierungsmöglichkeiten des Systemaufbaus und -ablaufs sowie verschiedene Strategien zur Optimierung der Kommissionierung in bestehenden Kommissioniersystemen.

<table>
<tr><th colspan="4">Organisationssystem</th></tr>
<tr><th>Funktionen</th><th colspan="3">Optionen</th></tr>
<tr><td rowspan="2">Aufbauorganisation</td><td rowspan="2">einzoniger Aufbau der Bereitstellorte</td><td colspan="2">mehrzoniger Aufbau der Bereitstellorte</td></tr>
<tr><td>physische Zonung</td><td>organisatorische Zonung</td></tr>
<tr><td rowspan="3">Ablauforganisation</td><td>auftragsweise Bearbeitung der Kommissionieraufträge</td><td colspan="2">artikelweise Bearbeitung der Kommissionieraufträge</td></tr>
<tr><td colspan="3">serielle Bearbeitung der Kommissionieraufträge</td></tr>
<tr><td colspan="3">parallele Bearbeitung der Kommissionieraufträge</td></tr>
<tr><td>Betriebliche Organisation</td><td colspan="3">Strategien zur Optimierung der Kommissionierleistung</td></tr>
</table>

Tabelle 33: Organisatorische Funktionen von Kommissioniersystemen mit alternativen Realisierungsmöglichkeiten [229]

[228] Vgl. Berger, Grundlegende Begriffe des Kommissionierens, 2001, S. 2.
[229] Vgl. Jünemann, Materialflusssysteme, 2000, S. 324.

3.6.2 Automatische Kommissionierung

Die Komplexität eines Kommissioniersystems, seine Funktionsweise sowie verschiedene Strategien zur Erhöhung der Kommissionierleistung wurden zuvor ausführlich beschrieben. Eine weitere Möglichkeit, den Kommissionierprozess zu optimieren, besteht in der Automatisierung des Kommissioniersystems.

Automatische Kommissioniersysteme erledigen den kompletten Kommissionierauftrag rechnergesteuert und ohne manuelles Einwirken[230].

Automatische Kommissioniersysteme	
Vorteile	Nachteile
• monotone und beschwerliche Arbeiten entfallen • Reduzierung der Kommissionierfehler • Uneingeschränkter Einsatz der Kommissionieranlage (auch nachts) ⇒ keine Lohnkostenerhöhung • totale Systemintegration ⇒ schnellere Lieferung	• hohe Investitionskosten • Automatisierung hängt von der Artikelstruktur ab (Form, Abmessungen, Gewicht) • bei einer großen Anzahl verschiedener Artikel mit unterschiedlichen physischen Eigenschaften ist eine Automatisierung schwierig realisierbar

Tabelle 34: Beurteilung von automatischen Kommissioniersystemen [231]

Realisierungsbeispiele für automatische Kommissioniersysteme stellen Schachtkommissionierer und Kommissionierroboter dar.

3.6.2.1 Automatische Schachtkommissionierung

Die Artikel befinden sich übereinander gestapelt in den rechts und links vom Förderband angebrachten Zuteilungsschächten. Jedem Artikel ist dabei ein bestimmter Schacht, der über einen DV-gesteuerten Auswerfer verfügt, zugeordnet. Die Artikel werden entweder direkt in den Kommissionierbehälter geworfen oder auf das Förderband, von wo aus sie zum Kommissionierbehälter transportiert werden.

Auswurf der Artikel direkt in den Kommissionierbehälter

Der Barcode des Behälters wird beim Einlauf in den Schachtkommissionierer gelesen, identifiziert und an den Zentralrechner weitergegeben. Über den Zentralrechner werden die Auswerfer der einzelnen Schächte synchron zu dem vorbeifahrenden Kommissionierbehälter gesteuert[232].

---

[230] Vgl. Jünemann, Materialflusssysteme, 2000, S. 241.
[231] Vgl. Krieg, Kommissioniersysteme im Wandel der Zeit, 1990, S. 150.
[232] Vgl. ebenda.

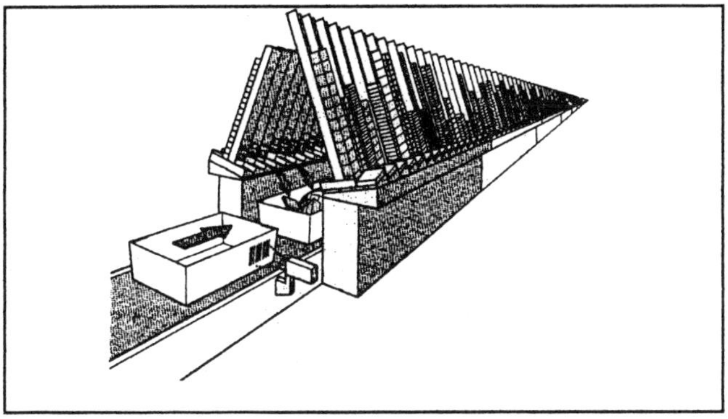

Abbildung 39: Schachtkommissionierung direkt in den Behälter [233]

Auswurf der Artikel auf das Förderband

Bei dieser Ausführungsvariante werden sämtliche Artikel nach der Einlesung des Barcodes gleichzeitig auf das Förderband geworfen und zu dem an der Stirnseite der Schachtanlage verweilenden Kommissionierbehälter transportiert[234].

Abbildung 40: Schachtkommissionierung – Auswurf auf Gurtförderer [235]

Bei einer Gurtgeschwindigkeit von 1 m/s sind bei den beschriebenen Ausführungsvarianten Kommissionierleistungen von 10.000 Positionen/h möglich, wobei die einzelnen Schächte permanent manuell nachgefüllt werden müssen.

---

[233] Vgl. Krieg, Kommissioniersystem im Wandel der Zeit, 1990, S. 150.
[234] Vgl. Backmerhoff, Automatisierung von Kommissioniersystemen, 1988, S. 205f.
[235] Vgl. Martin, Transport- und Lagerlogistik, 2000, S. 348.

3.6.2.2 Kommissionierroboter

Kommissionierroboter arbeiten wie Kommissionierpersonen. Sie entnehmen die Ware mit Hilfe eines Greifsystems aus dem Regal und legen sie in mitgeführte Behältnisse. Der Greifer ist mit einem Bildverarbeitungssystem ausgestattet, das die Lage der Artikel und deren unterschiedliche Geometrie erkennt. Die erkannten Informationen werden EDV-technisch in entsprechende Bewegungsabläufe umgesetzt[236].

Beim derzeitigen Stand der Technik ist die wirtschaftliche Einsetzbarkeit von Kommissionierrobotern nur bei relativ wenigen Anwendungsfällen gegeben. Der vergleichsweise großen Flexibilität eines Roboters stehen überproportional lange Handhabungszeiten gegenüber. Zudem ist die Sensorik des Kommissionierroboters extrem störanfällig[237].

Abbildung 41: Kommissionierroboter [238]

3.7 Verpackungssysteme

Das Packgut, die Verpackung – bestehend aus Packmitteln und Packhilfsmitteln – und der Verpackungsprozess bilden zusammen das Verpackungssystem[239].

---

[236] Anmerkung: Bei der Kommissionierung schwergewichtiger Artikel werden anstelle der Greifeinrichtungen auch automatische Hebe- bzw. Saugsysteme eingesetzt.

[237] Vgl. Görner, Technische Komponenten des Kommissionierlagers - von der konventionellen Lösung bis zum automatischen System, 2000, S. 26f.

[238] Vgl. o.V., Kommissioniergeräte, Online im WWW unter URL: http://www.kht-online.de/Carrypicker1.jpg (Stand. 10.10.2001).

[239] Vgl. Pfohl, Logistiksysteme, 1996, S. 141.

Zum besseren Verständnis und zur Vermeidung unterschiedlicher Interpretationen sollen zunächst die wesentlichen Begriffe der Verpackungstechnik voneinander abgegrenzt werden.

- Das Packgut ist die zu verpackende oder die bereits verpackte Ware. Das Packgut kann Schüttgut, Stückgut, Flüssigkeit oder Gas sein[240].
- Packmittel ist die Bezeichnung für das Behältnis, in dem das Packgut verpackt wird. Es werden z.B. folgende Packmittel unterschieden: Schachtel, Kiste, Verschlag, Sack, Dose, Tonne, Glas, Flasche, Kanister, Beutel, Schrumpfhaube etc.[241].
- Packhilfsmittel sind Materialien, die die Festigkeit der Packmittel erhöhen oder erst möglich machen, wie z.B. Nägel, Klebebänder, Klammern und Umreifungen, die den Zusammenhalt von Kisten und Schachteln gewährleisten. Ebenfalls zu den Packhilfsmitteln gehören Label, wie z.B. Etiketten auf Getränkeflaschen, die Banderolen auf Dosen und Verschlüsse von Flaschen und Gläsern, Kennzeichnungsmittel (z.B. Warnzettel), Trockenmittel, Sicherungsmittel (z.B. Plombe, Siegel) oder Polstermittel (Eckpolster, Luftkissen usw.)[242].
- Das Packstück entsteht durch das Verpacken des Packgutes mit Hilfe der Verpackung. Jedes Packstück wird als Stückgut betrachtet[243].
- Verpacken ist das Herstellen eines Packstückes unter Anwendung von Verpackungsverfahren mittels Verpackungsmaschinen bzw. -geräten oder von Hand[244].

3.7.1 Aufgaben der Verpackung

Lange Zeit galt die Verpackung als lästiges Erfordernis im Anschluss an den Produktionsprozess, da an die Verpackungen ausschließlich Anforderungen des Warenschutzes gestellt wurden. Die Bemühungen der Verpackungstechnik waren daher darauf ausgerichtet, den Schutz der zu transportierenden Güter zu optimieren. Der zunehmende internationale Warentransport, Änderungen in den Vertriebs- und Beschaffungsstrukturen der Unternehmen und nicht zuletzt ökologische Bewusstseinsveränderungen revolutionierten die Verpackungstechnik[245]. Mittlerweile ist die Verpackung nicht mehr leidiges Übel, sondern integriertes Glied in der Produktion, logistisches Basiselement des Material- und Informationsflusses und unverzichtbares Marketinginstrument. Die vielfältigen Verpackungsaufgaben und -

[240] Vgl. Martin, Transport- und Lagerlogistik, 2000, S. 62.
[241] Vgl. Pfohl, Logistiksysteme, 1996, S. 141.
[242] Vgl. Martin, Transport- und Lagerlogistik, 2000, S. 62.
[243] Vgl. ebenda.
[244] Vgl. Jünemann, Materialflusssysteme, 2000, S.7f.
[245] Vgl. ebenda.

anforderungen sowie die daraus abgeleiteten Funktionen sind in der nachfolgenden Tabelle aufgeführt.

	Verpackungsfunktionen		
	Lager- und Transportfunktion	Schutzfunktion	Identifikations- und Verkaufsfunktion
Verpackungsanforderungen und -aufgaben	• Ausnutzung von Lager-/ Ladeflächen • Zusammenfassung zu Handhabungseinheiten • Bildung von TuL-Einheiten • Wiederstandsfähigkeit gegen TuL-Beanspruchungen	Gegen: • Diebstahl, Entnahme • Verschmutzung • Feuchte • TuL-Beanspruchungen	• Identifikationskennzeichnung (Art, Menge, MHD, Hersteller usw.) • Vorsichtsmarkierung • optische Verpackungsgestaltung • Werbung (Markenzeichen, Darstellung) • Gebrauchsanleitung
	Verwendungsfunktion	Umweltschutzfunktion	Rationalisierungsfunktion
	• funktionale Mehrfachverwendbarkeit (horizontal – vertikal) • modulgerechte Behälterdimensionierung • wiederverschließbar • hygienisch • leicht zu öffnen • wiederverwendbar	• Immissionsschutz zur Verhinderung der Gefährdung von Mensch und Umwelt • zeitliche Mehrfachverwendbarkeit • Entsorgungs- und Recyclefreundlichkeit	• beim Verpacken: einheitenbildend • bei TuL: stapelbar, flächen- bzw. raumsparend • beim Verbrauch: gut handhabbar • bei d. Einheitenbildung: mechanisierbar und automatisierbar

Tabelle 35: Verpackungsfunktionen [246]

3.7.2 Verpackungsprozess

Der Verpackungsprozess beinhaltet die Gesamtheit der zum Verpacken des Gutes erforderlichen Arbeitsschritte, von der Zuführung der leeren Verpackung, über die verschiedenen Stufen des eigentlichen Packvorganges bis hin zum Abtransport der Verpackungseinheiten[247]. In der Regel erfolgt der Verpackungsprozess mit Hilfe spezieller Verpackungsmaschinen, die aufgrund ihrer technologischen Eigenschaften in drei Hauptgruppen eingeteilt werden:

- Maschinen zum Herstellen von Verbraucherverpackungen,
- Maschinen zum Herstellen von Transportverpackungen,
- Maschinen zum Herstellen von Ladeeinheiten[248].

---

[246] Vgl. Boeckle, Modelle von Verpackungssystemen, 1994, S. 45.
[247] Vgl. Pfohl, Logistiksysteme, 1996, S. 141f.
[248] Vgl. Jünemann, Materialflusssysteme, 2000, S. 19f.

Bei der Auswahl der optimalen Verpackung spielen neben den Eigenschaften der zu verpackenden Güter und den Anforderungen, die innerhalb des Produktions-, Distributions- und Verkaufsprozesses an die Verpackung gestellt werden, vor allem gesetzliche Vorschriften wie z.B. Umweltgesetze, Kennzeichnungsrichtlinien, Verpackungsnormen eine gewichtige Rolle[249].

Die in der nachfolgenden Tabelle vorgenommene Bewertung verschiedener Packmittel bezüglich ihrer Schutzfunktion gegenüber mechanischen, klimatischen und biologischen Einflüssen soll bei der Auswahl der optimalen Verpackung behilflich sein.

Bewertungskriterien und Auswahl / Packstoffe und Verpackungsarten		Typische Volumen-klasse [Liter]]	Schutzfunktion		
			Mechanische Einflüsse	klimatische Einflüsse	biologische Einflüsse
Papier	Schachtel	≥ 0,5	→	→	↓
	Sack (geschlossen)	25	↓	↓	↓
	Beutel	5	↓	↓	↓
	Tray	---	→	→	↓
Holz	Kiste	250	↑	→	→
	Kasten	150	↑	→	→
	Fass	50 - 250	↑	→	→
	Steige	50	↗	↓	↓
Glas	Weithalsglas	5	→	→	↑
	Flasche	1	→	→	↑
	Glasbehälter	≥ 0,5	↗	→	↑
Metall	Kasten	200	→	↓	↘
	Fass	300	↑	→	↑
	Dose	5	↑	→	↑
	Tube	1	→	↑	↑
Kunststoff	Kasten	150	↑	→	↘
	Sack	200	↓	↘	↑
	Fass	10 - 200	↑	↑	↑
	Beutel	10	↓	↓	↑
	Dose	5	↑	→	↑
	Tube	1	→	→	↑
↑ = gut geeignet		→ = bedingt geeignet		↓ = ungeeignet	

Tabelle 36: Auswahlkriterien für Packmittel nach Wertstoffklassen [250]

3.8 Außerbetriebliche Transportsysteme

Außerbetriebliche Transportsysteme haben die Aufgabe, die räumlichen Distanzen der Güter zwischen den Gewinnungs-, Produktions-, Konsumtions- und

[249] Vgl. Jünemann, Materialflusssysteme, 2000, S. 19f.
[250] Vgl. ebenda S. 39.

Entsorgungsstätten zu überwinden[251]. Sie nehmen in der Logistik eine Schüsselfunktion ein, weil ohne stabil funktionierende Güterverkehrssysteme[252] unternehmensübergreifende Materialflüsse nur ungenügend umgesetzt werden können. In der heutigen Zeit, wo vielfach Produktionsprozesse aus den Unternehmen ausgegliedert werden ("Outsorcing"), wo "Just-in-Time"-Anlieferungen (vgl. Kapitel 4.1.4.6) zu einem wesentlichen Wettbewerbs- und Wirtschaftlichkeitsfaktor geworden sind und wo sich immer neue Märkte erschließen, sind flexible und zeitlich zuverlässige Transportsysteme von immenser Wichtigkeit[253]. Zur Realisierung der Transportaufgaben und -anforderungen stehen

- Landverkehrssysteme,
- Rohrleitungen,
- Wasserverkehrssysteme und
- Luftverkehrssysteme

zur Verfügung.

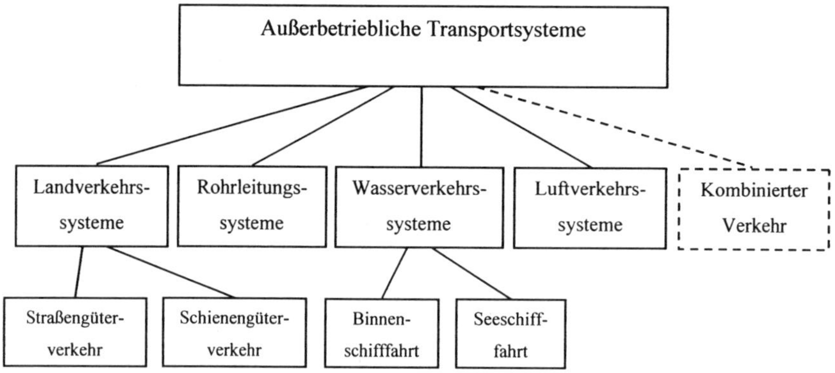

Abbildung 42: Außerbetriebliche Transportsysteme [254]

3.8.1 Straßengüterverkehr

Der Straßengüterverkehr befördert rund 80% des gesamten Gütertransportaufkommens in der Bundesrepublik Deutschland und ist somit das wichtigste außerbetriebliche Transportsystem[255].

---

[251] Vgl. Aden, Verkehrsunternehmen als logistische Dienstleister, 1993, S. 182.

[252] Begriffe "Außerbetriebliches Transportsystem" und "Güterverkehrssystem" werden im folgenden synonym verwendet.

[253] Vgl. Jünemann, Logistiksysteme, 2000, S. 311.

[254] Vgl. Krampe, Verkehrsunternehmen als logistische Dienstleister, 1993, S. 182.

[255] Vgl. Jünemann, Materialflusssysteme, 2000, S. 312ff.

In der nachfolgenden Tabellen sind die im Straßengüterverkehr eingesetzten Verkehrsmittel und die Vor- und Nachteile des Straßengüterverkehrs dargestellt.

Verkehrsmittel im Straßengüterverkehr				
Nutzlast-bereich	Kombiwagen	Lieferkraftwagen	Lastkraftwagen	Sonder- und Schwerlast-fahrzeuge
Fahrzeugtyp	Solofahrzeug	Lastzug mit Anhänger		Lastzug mit Auflieger
Art der Aufbauten	Feste Aufbauten	Wechselaufbauten		Sonderaufbauten
Beispielhafte Ausführungen	• Koffer • Pritsche • Volumenzug • Getränkeaufbau • Tank • Silo	• Container • Wechselbehälter • Wechselbrücken		• Betonmischer • Müllfahrzeuge • Autotransporter • Langholztransporter • Volumenzug

Tabelle 37: Verkehrsmittel im Straßengüterverkehr [256]

Straßengüterverkehr	
Vorteile	Nachteile
• flächendeckender Haus-zu-Haus-Transport möglich • hohe Flexibilität bzgl. Transportaufgaben und -zeiten • relativ geringe Stillstands- und Wartezeiten • relativ schnell	• Verkehrsstörungen • Witterungsabhängigkeit • begrenztes Transportvolumen • eingeschränkter Transport von Gefahrengut

Tabelle 38: Beurteilung des Straßengüterverkehrs [257]

3.8.2 Schienengüterverkehr

Der Schienegüterverkehr wird in der Bundesrepublik Deutschland größtenteils von der DB AG betrieben. Die darüber hinaus bestehenden "nichtbundeseigenen Bahnen" üben in erster Linie Verteiler- bzw. Zubringerfunktionen aus[258].

Die Eisenbahn weist im Vergleich zu anderen Verkehrsmitteln nur wenige ausgeprägte Eignungsschwerpunkte auf (z.B. Transport von Massengütern wie Kohle und Getreide, wo spezielle Wagen eine effiziente Be- und Entladung ermöglichen)[259]. Deshalb gehen

[256] Vgl. Jünemann, Materialflusssysteme, 2000, S. 312ff.
[257] Vgl. Schulte, Logistik, 1991, S. 60ff.
[258] Vgl. ebenda.
[259] Vgl. Jünemann, Materialflusssysteme, 2000, S. 312ff.

die Entwicklungen der Bahn derzeit dahin, den speziellen Bedürfnissen und Anforderungen der Kunden wie z.B. “Just-in-Time“, größere u. schwerere Wagen, Optimierung der Be- und Entladungsdauer und Transportgeschwindigkeit etc. durch eine Vielzahl von Spezialgüterwagen gerecht zu werden[260].

Schienengüterverkehr	
Vorteile	Nachteile
• große Einzelladegewichte möglich • geringer Raum- und Energiebedarf • hohe Geschwindigkeit • günstig für Massenguttransporte • einfache Betriebsführung • planbar, EDV-gerecht • weitgehend störungsfrei • geeignet zum Transport von Gefahrengütern	• hohe Anfangsinvestitionskosten (Gleisanschlüsse, Rangiermittel) • personal(kosten)intensiv • Rentabilität erst bei hohem Nutzungsgrad • begrenzte Flächenbedienung • Zusatzkosten bei Anmietung von Spezialwagen

Tabelle 39: Beurteilung des Schienengüterverkehrs [261]

3.8.3 Rohrleitungstransport

Beim Rohrleitungstransport bilden, im Gegensatz zu den anderen Transportsystemen, der Verkehrsweg, das Transportgefäß und das Transportmittel eine Einheit. Die Fortbewegung der Güter (Flüssigkeiten, Ölprodukte, Gase) wird entweder durch die Schwerkraft (Gefälle in der Leitung) oder mit Hilfe stationärer Maschinen (Pumpen) realisiert. Das Leistungsvermögen einer Rohrleitung resultiert aus dem Querschnitt und der Fördergeschwindigkeit[262].

Rohrleitungstransport	
Vorteile	Nachteile
• hohe Zuverlässigkeit • wetter-, diebstahl-, zollbruchsichere Unterbringung der Transportgüter • bei unterirdischer Verlegung kein Landschaftsverbrauch • umweltfreundlich • geräuscharm • bei kontinuierlichem Massentransport extrem kostengünstig	• hohe Investitionskosten • geringe Anpassungsfähigkeit

Tabelle 40: Beurteilung von Rohrleitungssystemen [263]

---

[260] Vgl. Siegmann, Fahrzeuge für den Güterverkehr, 2001. S. 8f.
[261] Vgl. ebenda.
[262] Vgl. Schulte, Logistik, 2000, S. 62ff.
[263] Vgl. ebenda.

Rohrleitungen sind Massentransportmittel mit nicht selten mehreren Tausend Kilometern Transportlänge, die aufgrund der hohen Investitionskosten fast ausschließlich von den Betreibern gebaut und unterhalten werden[264].

3.8.4 Binnenschiffstransport

Der Binnenschiffstransport wird auf den Binnenwasserstraßen und in den küstennahen Gewässern abgewickelt. Dabei werden hauptsächlich Massen- und Schüttgüter über große Entfernungen transportiert. In den letzten Jahren wird der Binnenschiffsverkehr allerdings auch vermehrt zum Containertransport eingesetzt[265].

Binnenschiffstransport	
Vorteile	Nachteile
• hohe Massenleistungsfähigkeit • große Einzelladegewichte möglich • Angebot an Spezialschiffen • geringe Transportkosten (bei großen Massen)	• niedrige Geschwindigkeit • begrenztes Wasserstraßennetz • Abhängigkeit vom Wasserstand, Eis, Nebel, Strömung

Tabelle 41: Beurteilung des Binnenschifftransportes [266]

Typische Verkehrsmittel im Binnenschiffverkehr sind:

Schubschiffe

Schubschiffe sind Motorschiffe, die einen sogenannten Schubverband bewegen. Ein Schubverband besteht aus dem Schubschiff und bis zu sechs starr miteinander verbundenen Bargen[267] und bildet einen einheitlichen Schiffskörper[268].

Frachtschiffe

Frachtschiffe werden sowohl in Binnengewässern als auch auf hoher See eingesetzt. Die wichtigsten Frachtschiffe sind unter anderem:

- Schüttgut-/Stückgutfrachter,
- Containerschiffe,
- Tanker (Transport von Flüssigkeiten)[269].

[264] Vgl. Schulte, Logistik, 2000, S. 62 ff.
[265] Vgl. Heiserich, Logistik, 2000, S. 249ff.
[266] Vgl. ebenda.
[267] genormte, antriebslose, schwimmfähige Großcontainer.
[268] Vgl. Jünemann, Materialflusssysteme, 2000, S. 322.
[269] Vgl. Ehrmann, Logistik, 1997, S. 199ff.

"Roll-in-Roll-off"-Schiffe

"Roll-in-Roll-off"-Schiffe sind Spezialschiffe zur Beförderung von Straßen- und Schienenverkehrsmitteln, wie beispielsweise Fähren oder Frachter für rollbare Einheiten[270].

3.8.5 Seeschiffstransport

Dem Seeschiffsverkehr kommt eine hohe Bedeutung beim Im- und Export von Industrie- und Handelsunternehmen zu. Sein Leistungsschwerpunkt liegt im Transport von Massengütern mit geringer Zeitempfindlichkeit oder mit speziellen Eigenschaften, die konkurrierende Transportmittel ausschließen[271].

Seeschiffstransport	
Vorteile	Nachteile
• hohe Massenleistungsfähigkeit • große Laderäume • große Einzelladegewichte möglich • Angebot an Spezialschiffen • geringe Transportkosten (bei großen Massen)	• niedrige Geschwindigkeit/lange Transportzeiten • im Linienverkehr Abhängigkeit von festen Routen (anders bei Charterung von Schiffen) • Abhängigkeit von den Seehäfen (Weitertransport der Ware verursacht zusätzliche Kosten) • Abhängigkeit vom Wasserstand, Eis, Nebel, Strömung • erhöhte Anforderungen an die Transportverpackung

Tabelle 42: Beurteilung des Seeschifftransportes [272]

In der Seeschifffahrt werden hauptsächlich Frachtschiffe, „Roll-in-Roll-off" – Schiffe oder „Swim-in-Swim-out" – Schiffe eingesetzt.

3.8.6 Luftfrachttransport

Die zunehmende Globalisierung, verbunden mit den Interessen der Wirtschaft, hochwertige Güter immer schneller den Kunden auf den internationalen Märkten zuzuliefern, führte in den letzten Jahren zu einem starken Anstieg des Luftfrachtverkehrs[273].

---

270 Vgl. Jünemann, Materialflusssysteme, 2000, S. 323.
271 Vgl. Schulte, Logistik, 1991, S. 61ff.
272 Vgl. ebenda
273 Vgl. Heiserich, Logistik, 2000, S. 243.

Daraus resultierend sind auch die logistischen Anforderungen an die Güterumschlagsplätze gestiegen. So sind ein funktionierender Güterumschlag, eine schnelle Zollabfertigung und ein reibungsloser An- und Weitertransport der Waren dafür verantwortlich, dass der durch die Transportschnelligkeit des Flugzeuges gewonnene Zeitvorteil auch wettbewerbsvorteilhaft genutzt werden kann[274].

Luftfrachttransport	
Vorteile	Nachteile
• kurze Transportzeiten • Überbrückung großer Distanzen möglich • große Zuverlässigkeit • geringere Versicherungsbeiträge als beim Schiffstransport • Transporthäufigkeit • Reduzierung der Kapitalbindekosten durch schnelle Lieferung	• relativ hohe Transportkosten • geringere Beförderungskapazitäten als beim Schiffstransport • Abhängigkeit von der Funktionalität der gesamten Transportkette (Hin-/Rücktransport zum Airport, Umschlag, Zwischenlagerung, Verzollung) • Schwertransporte nur bedingt möglich (Cargolifter)

Tabelle 43: Beurteilung des Luftfrachtverkehrs [275]

In Bezug auf die Laderäume unterscheiden sich drei Gruppen von Transportflugzeugen:

- Passagierflugzeuge als “Narrow-body“ mit Laderäumen für die Beiladung loser Fracht im unteren Teil des Flugzeuges,
- Passagierflugzeuge als “Wide-body“ mit Laderäumen für Paletten und Container im unteren Deck des Flugzeuges,
- Nurfrachter, die im Oberdeck und, je nach Flugzeugtyp, auch im unteren Deck Laderäume für Paletten und Container vorhalten[276].

3.8.7 Kombinierter Verkehr

Der Gütertransport erfolgt nicht nur mit einem einzigen Transportmittel. Aus wirtschaftlichen oder ökologischen Gründen, wegen der Überlastung einzelner Gütertransportsysteme oder aufgrund der fehlenden Feingliederung der logistischen Netze wird der Transport in ein- oder mehrfach gebrochener Form (Wechsel des Transportmittels) durchgeführt[277].

Die wichtigsten Verkehrskombinationen sind in der nachfolgenden Tabelle dargestellt:

---

274 Vgl. Beder, Der Luftfrachtverkehr, 1994, S. 106.
275 Vgl. Pfohl, Logistiksysteme, 1996, S. 164f.
276 Vgl. Jünemann, Materialflusssysteme, 2000, S. 325.
277 Vgl. Heiserich, Logistik, 2000, S. 252.

Kombinationsform	Charakteristika
Huckepackverkehr mit den folgenden Formen:	Kombination von Straßen- und Schienentransport. Der Transport zum Bahnhof des Versenders und vom Bahnhof des Empfängers erfolgt per LKW.
• Rollende Landstraße	Vollständige Last- und Sattelzüge werden auf Spezialwaggons der Bahn befördert. Üblicherweise fährt der LKW-Fahrer im Personen- bzw. Liegewagen mit.
• Transport von Sattelanhängern	Die Sattelanhänger werden mit einem Kran auf Spezialwaggons befördert. Die Zugmaschine wird nicht mitbefördert.
• Transport von Wechselbehältern	Containerähnliche Behälter werden mit Kranen verladen und befördert.
Kombinierter Containerverkehr	Container werden mit mehreren Verkehrsmitteln befördert. Praktisch bieten sich alle Kombinationen aus Straßen-, Schienen- Luft- und Wassertransport an.
Ro/Ro-Verkehr	Landfahrzeuge werden auf Schiffen ("Roll-in-Roll-off"-Schiffen) befördert, sogenannte schwimmende Landstraße.
Lash-Verkehr (lighter abroad ship)	Kombination aus Binnenschifffahrt und Seeschifffahrt. Per Kran werden schwimmende Leichter (Bargen) auf Seeschiffe verladen und mit diesen befördert.
Rail-Ro-Cargo	Haus-zu-Haus-Verkehr unter Einbindung von Bahn, LKW und Schiff.

Tabelle 44: Formen des kombinierten Verkehrs [278]

Die Vorteile des "kombinierten Verkehrs" ergeben sich aus der intelligenten Kombination der Stärken der beteiligten Verkehrsträger. Nachteilig wirkt sich der Zeitverlust beim Transportmittelwechsel sowie die Bindung an vorgegebene Fahrpläne aus[279].

3.8.8 Auswahlkriterien

Bei der Auswahl der optimalen Transportmittel sind neben systemspezifischen Vor- und Nachteilen weitere Kriterien, auf die das Unternehmen nur bedingten Einfluss hat, zu berücksichtigen. Dabei handelt es sich um rechtliche Vorschriften und Gesetze, die vorhandene Infrastruktur sowie um Kosten- und Leistungskriterien.

[278] Vgl. Ehrmann, Kompakttraining Logistik, 2001, S. 58.
[279] Vgl. Heiserich, Logistik, 2000, S. 252.

Auswahlkriterien für außerbetriebliche Transportsysteme

Rechtliche Kriterien	Infrastruktur	Kostenkriterien	Leistungskriterien
• Gesetze und Verordnungen zum Straßenverkehr • Fahrverbote zu bestimmten Zeiten • Umweltschutz-gesetzgebung • Vorschriften über Steuern und Abgaben • Gefahrgut-vorschriften • Einspruchs-möglichkeiten von Anliegern • Einfluss des Staates auf die Tarife	• Straßen- und Schienennetz • Lage der Standorte • Gewerbepolitik • Klima • Einstellung der Bevölkerung etc.	• Straßen- und Schienennetz • Transportnebenko sten (z.B. Straßennutzungsg ebühren, Hafengebühren, Standgelder, Zölle) • Handlingskosten • Sonstige Logistikkosten • Kostenauswirk-ungen außerhalb der Logistik	• Transportzeit • Transportfrequenz • Technische Eignung der Transportart • Vernetzungs-fähigkeit • Flexibilität • Anfangs- und Endpunkte der Transportkette • Zuverlässigkeit • Nebenleistungen

Abbildung 43: Auswahlkriterien für außerbetriebliche Transportsysteme [280]

3.9 Informationssysteme

Daten und Informationen werden in sämtlichen Bereichen der Logistik benötigt. Sie unterstützen die Vorbereitung, Steuerung, Realisierung, Überwachung und Abrechnung sämtlicher Prozesse entlang der logistischen Kette. Der schnelle und sichere, system- und schnittstellenübergreifende Informationsfluss ist somit ein Basiselement für die Funktionalität der einzelnen Systemabläufe und die Optimierung des Materialflusses[281]. Als Informationssystem werden die Summe aller geregelten, betriebsinternen und -externen Informationsverbindungen (Informationsfluss) sowie deren technische und organisatorische Einrichtungen zur Informationsgewinnung und –verarbeitung (Informationsmittel) bezeichnet[282].

---

[280] Vgl. Ehrmann, Kompakttraining Logistik, 2001, S. 48.
[281] Vgl. Lucke, Konzepte und Systeme mit übergreifender Bedeutung in der Logistik, 1993, S. 97.
[282] Vgl. Jünemann, Steuerung von Materialfluss- und Logistiksystemen, 1998, S. 37.

Funktionen des Informationsflusses	Techniken der Informationsmittel
• Daten ein- und ausgeben • Daten transportieren • Daten verarbeiten (ordnen, aufbereiten, steuern, disponieren) • Daten speichern	• Datenerfassungstechniken • Datenübertragungstechniken • Datenverarbeitungstechniken • Datenauswertungstechniken • Datenausgabetechniken

Tabelle 45: Funktionen des Informationsflusses und Techniken der Informationsmittel [283]

Die Struktur eines Informationssystems gleicht der Struktur des dazugehörigen Unternehmens. Sie charakterisiert die Funktionen der einzelnen Unternehmensbereiche und deren Beziehungen zueinander. Durch Verknüpfungen innerhalb des Informationssystems werden die jeweiligen Unternehmensbereiche mit ihren unterschiedlichen Funktionen zusammengeführt. Die nachfolgende Abbildung zeigt den idealisierten Aufbau eines logistischen Informationssystems mit Ankopplung an andere rechnergestützte Systeme außerhalb des Unternehmens (Kunden, Dienstleister, Lieferanten).

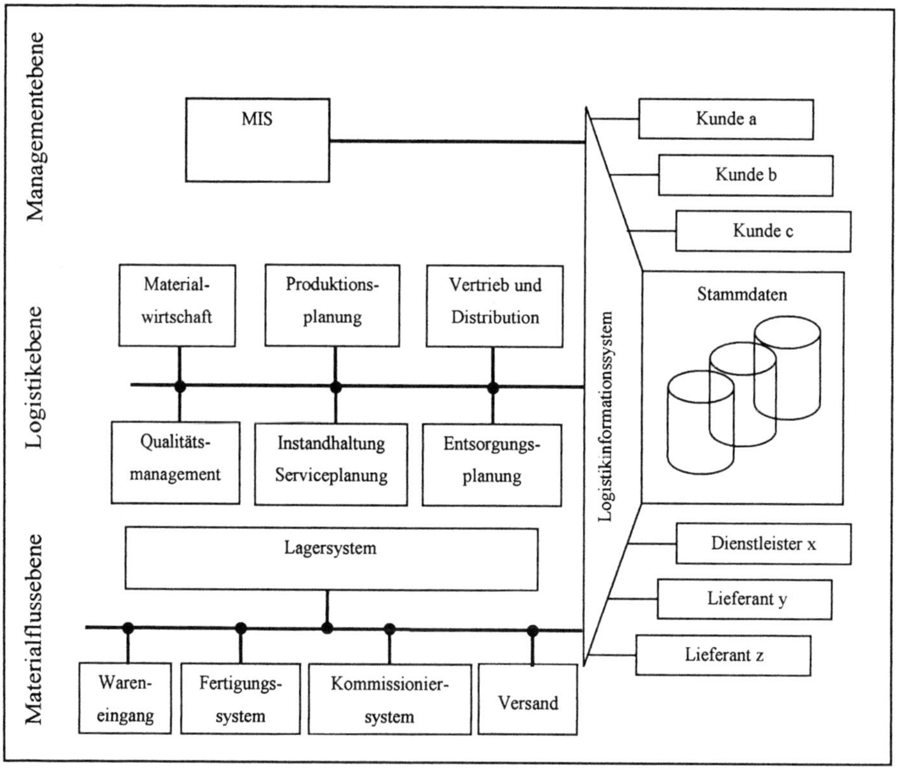

Abbildung 44: Idealisierter Aufbau eines Logistikinformationssystems [284]

[283] Vgl. Jünemann, Steuerung von Materialfluss- und Logistiksystemen, 1998, S. 12.
[284] Vgl. ebenda, S. 37.

Grundvoraussetzungen für die optimale Funktionalität eines idealen Logistikinformationssystems sind:

- Die genaue Festlegung der Schnittstellen und Abgrenzung der Aufgabenbereiche → hierarchische Rechnerarchitektur und Strukturierung der Netzwerke,
- geeignete und standardisierte Kommunikations- und Informationsmittel,
- geeignete/standardisierte Software sowie
- geschultes Personal[285].

[285] Vgl. Jünemann, Steuerung von Materialfluss- und Logistiksystemen, 1998, S.37.

4 Beschaffungslogistik

Die Gestaltung der Beschaffung beeinflusst in einem hohen Maße die Erfolgsfaktoren Qualität, Service und Preis in einem Unternehmen. Mit der Wahl der Beschaffungsstrategien und der Nutzung der Gestaltungsmöglichkeiten wird der Erfolg somit bereits wesentlich bestimmt[286].

4.1 Begriffliche Abgrenzung

Die Beschaffungslogistik umfasst die Planung, Steuerung, Durchführung und Kontrolle aller in das Unternehmen einfließenden Güterflüsse und ihren zugehörigen Informationsflüssen. Als Güter kommen hier vorwiegend Werkstoffe, Handelswaren sowie Ersatzteile in Betracht. Die Beschaffungslogistik stellt das Bindeglied zwischen Beschaffungsmarkt und der Produktion dar[287].

Unter dem Begriff Beschaffung fasst man alle Aktivitäten zusammen, die zur Versorgung mit den für die betriebliche Leistungserstellung notwendigen Wirtschaftsgütern, Dienst- und Arbeitsleistung, Finanzmittel, Rechten und Informationen aus den Beschaffungsmärkten führen[288].

Beschaffung wird geplant. Sie orientiert sich am Verbrauch und Ersatzbedarf der jeweiligen Güter und unterliegt den Prinzipien der Kostenminimierung. Beschaffungsmärkte werden untersucht, erschlossen und verglichen, wobei die Beschaffungswege über die Hersteller direkt oder über den Handel verlaufen können. Die Beschaffungsmengen orientieren sich häufig an der Vergangenheit und werden auf die Zukunft extrapoliert. Die Kenntnis über die Lagerbestände ist wesentlich und folglich auch der Austausch und Informationsfluss zwischen Lagerhaltung und Beschaffung. Es werden optimierte Bestellungen anvisiert, bei denen die Beschaffungs- und Lagerkosten die geringste Kostenhöhe erreichen[289].

Die Logistik umfasst alle Aufgaben, die mit der Lagerung und dem Transport des Materials oder der Güter von der Beschaffung über die Produktion bis zum Absatz zusammenhängen. Die Logistik soll als wichtiger Teil der Ablauforganisation sicherstellen, dass das benötigte Material bzw. die hergestellten Güter zur rechten Zeit am rechten Ort und in den benötigten Mengen kostengünstig zur Verfügung stehen[290].

Aus der Definition Beschaffung läßt sich die zweite, wesentliche Grenze der Beschaffungslogistikaufgabe entnehmen. Hier wird von der Versorgung mit

---

[286] Vgl. Fortmann, Logistik, 2000, S.14
[287] Vgl. Man, Logistik, 2002, S.6.
[288] Vgl. Härdler, Material Management, 1999, S.14.
[289] Vgl. Microsoft, Encarta Enzyklopädie Professional, 2003.
[290] Vgl. ebenda.

Sachgütern, die notwendig sind, um Produktionsabläufe zeit- und kostenoptimiert sicherzustellen, gesprochen.

Produziert wird in der Regel im Unternehmen und die hierzu benötigten Waren müssen richtig terminiert und in der geforderten Qualität und Menge im Unternehmen bereitstehen, um einen reibungslosen Fertigungsablauf sicherzustellen.

4.2 Bedarfsarten

Der Primärbedarf steht an der obersten Stufe in der Stücklistenhierarchie. Unter den Primärbedarf fallen sowohl verkaufsfähige Enderzeugnisse, sowie komplette Baugruppen, Ersatzteile oder Zubehörteile, die von anderen Herstellern produziert und an die Kunden verkauft werden. Die Planung des Primärbedarfs wird grundsätzlich durch den Absatz- bzw. Auftragsplan vorgegeben und muss im Detail bei der Sekundärbedarfsplanung berücksichtigt werden.

Wird nun die Stücklistenstruktur aufgelöst, so ergibt sich der Sekundärbedarf. Alle benötigten Rohstoffe, Teile und Gruppen, die zur Erstellung des Primärbedarfs notwendig sind, werden als Sekundärbedarf bezeichnet. Eine sorgfältige Planung der benötigten Waren wird in der Regel mit Hilfe von Stücklisten und Verwendungsnachweisen durchgeführt. Wenn keine genauen Daten aus dem konstruktiven Bereich vorliegen, werden mathematische, statistische Verfahren oder Schätzungen vorgenommen.

Der Tertiärbedarf setzt sich aus dem Bedarf an Betriebsstoffen, Hilfsstoffen und Verschleißstoffen zusammen. Die Produkte fließen nicht direkt in das Enderzeugnis ein, sondern werden nur zur Herstellung der Produkte benötigt. In den wenigsten Fällen wird der Tertiärbedarf geplant oder berechnet. In der Praxis werden die Bestellungen bedarfsabhängig gesteuert, d.h. wenn der Bestand an Hilfsstoffen, in der Produktion sich verringert, wird eine Meldung erstellt und die Bestellung dem Einkauf übermittelt.

Werden die vorhandenen Lagerbestände berücksichtigt, wird zwischen Netto- und Bruttobedarf unterschieden. Die benötigte Menge an Primär-, Sekundär- und Tertiärbedarf innerhalb einer Periode wird als Bruttobedarf bezeichnet. Aus der Differenz zwischen Bruttobedarf und dem in der Periode vorhandenen Lagerbestand wird der Nettobedarf ermittelt. Dabei müssen die bereitgestellten und reservierten Bestände dementsprechend berücksichtigt werden, denn diese sind nicht mehr verfügbar, aber physisch noch am Lager. Gleiches gilt auch für Bestellungen, die noch nicht am Lager sind, aber für die ein Liefertermin feststeht.

Materialbedarfsarten					
Ansatz:	erzeugnisorientiert		verfahrens-orientiert	bestandsorientiert	
Begriff:	Primär-bedarf	Sekundär-bedarf	Tertiär-bedarf	Brutto-bedarf	Netto-bedarf
Beschreibung:	markt- und verkehrs-fähige Produkte	Material zur Herstellung des Primär-bedarfs	verbrauchs-abhängige Betriebs-mittel und Hilfsstoffe	Material-bedarf ohne Berücksich-tigung von Vorräten und Bestellungen	Materialbedarf nach Abzug von Vorräten und Bestellungen
Beispiele:	Erzeugnisse Zubehör Ersatzteile Handels-waren	Rohstoffe Halbzeuge Komponenten Baugruppen Systeme	Verschleiß-werkzeuge Verbrauchs-material Schmier-mittel	Rohstoffe Halbzeuge Komponenten Baugruppen Systeme	Rohstoffe Halbzeuge Komponenten Baugruppen Systeme
Erfassung:	aus Pro-grammen und Auf-trägen	aus Stück-listen oder Rezepturen	aus Ferti-gungsvor-schriften und -verfahren	aus Sekun-därbedarf	aus Sekundär-bedarf Materialbe-stand Bestellbestand

Tabelle 46: Materialbedarfsarten[291]

4.3 Stücklistenarten

Zu den wichtigsten Stammdaten zählen die technischen Zeichnungen gemäß DIN 199 Teil 1 und die Stücklisten. Leider konnten sich die Industrie und Normungsausschüsse nicht auf einen einheitlichen Standard für die Stücklistenerstellung einigen.

Analog zu den technischen Zeichnungen, bezeichnet als Zeichnungssatz, werden die Stücklisten als Stücklistensatz bezeichnet[292]. Je nachdem, ob die Stückliste auf der Zeichnung oder auf einem separaten Dokument, in der Regel ein DIN A4 Format, untergebracht ist, wird von einer zeichnungsgebundenen Stückliste bzw. von einer ungebundenen oder losen Stückliste gesprochen. Wegen der eindeutigen Vorteile wird heute die ungebundene Version bevorzugt. Bei kleinen bis mittelgroßen Baugruppen eignet sich die zeichnungsgebundene Ausführung für die Fertigung sehr gut. In der Produktion braucht nicht zwischen den Dokumenten, Stücklisten und Zeichnungen gewechselt werden.

Moderne EDV-Systeme ermöglichen eine redundante Bereitstellung der Stücklisten-Daten. Sowohl im PPS-System als auch im CAD-System können die Stücklisten-Daten bearbeitet und verwendet werden. Die Vorgehensweise ist sinnvoll, da die Neuerstellung der Listen in der Konstruktionsabteilung des Unternehmens durchgeführt wird.

---

[291] Vgl. Hirschsteiner, Einkaufs und Beschaffungsmanagement, 2002, S. 52.
[292] Vgl. Wiendahl, Betriebsorganisation für Ingenieure, 1997, S. 156ff.

Die erwähnten modernen CAD-Systeme arbeiten mit einem 3D-Kern, der die virtuellen Modelle darstellt. Altbekannte 2D-Ansichten werden lediglich abgeleitet. Vielfach werden zur Veranschaulichung, speziell für die Kunden oder den Einkauf, 3D-Ansichten erstellt und im PPS-System hinterlegt. Eine Identifikation der Bauteile ist nun auch für wenig technisch ausgebildetes Personal möglich.

4.3.1 Aufgaben von Stücklisten

Die wichtigsten Aufgaben der Stückliste lassen sich wie folgt beschreiben:[293]

- Eine Stückliste muss zumindest die Identnummer (Sachnummer) und Benennung des mit ihr beschriebenen Gegenstandes sowie die Benennung, Identnummern, Mengen und Einheiten der zu diesem Gegenstand gehörenden Teile enthalten.
- Die Stückliste zeigt die Erzeugnisstruktur für die am Auftragsdurchlauf beteiligten Abteilungen, beginnend mit der Konstruktion über die Arbeitsplanung und Terminsteuerung bis hin zur Montage, zum Versand und zum Rechnungswesen.
- Sie ist Grundlage zur Mengenbestimmung der Teile und Baugruppen und zur Festlegung der zugehörigen Termine.
- Aus der Stückliste entstehen die Kopfzeilen für die Arbeitspläne bzw. Bestellunterlagen für eine Bestellung der Zukaufteile.
- Mit Stücklisten wird der Auslieferungszustand eines Auftrages dokumentiert.
- Aus Stücklisten lassen sich weitere Listen erzeugen, wie z.B. Fertigungsstücklisten, Montagestücklisten, Versandstücklisten, Materialbedarfsstücklisten, Einkaufsstücklisten, Verwendungsnachweise und Mengengerüste für die Vor-, Zwischen- und Nachkalkulation. Somit sind die Konstruktionszeichnungen und die zugehörigen Stücklisten als Primärdokumente anzusehen, während alle aus diesen Primärdokumenten abzuleitenden Dokumente, wie z.B. Arbeitspläne, NC-Programme etc., Sekundärdokumente darstellen.

Wenn auch die Optik der Stücklisten nicht genormt ist, so ist der Inhalt doch vielfach gleich. Jede Stückliste enthält grundlegende Stammdaten. Unterschiede ergeben sich nur aus der Komplexität der Produkte, für simple Erzeugnisse sind auch nur einfache Stücklisten nötig.

---

[293] Vgl. Wiendahl, Betriebsorganisation für Ingenieure, 1997, S. 156 ff.

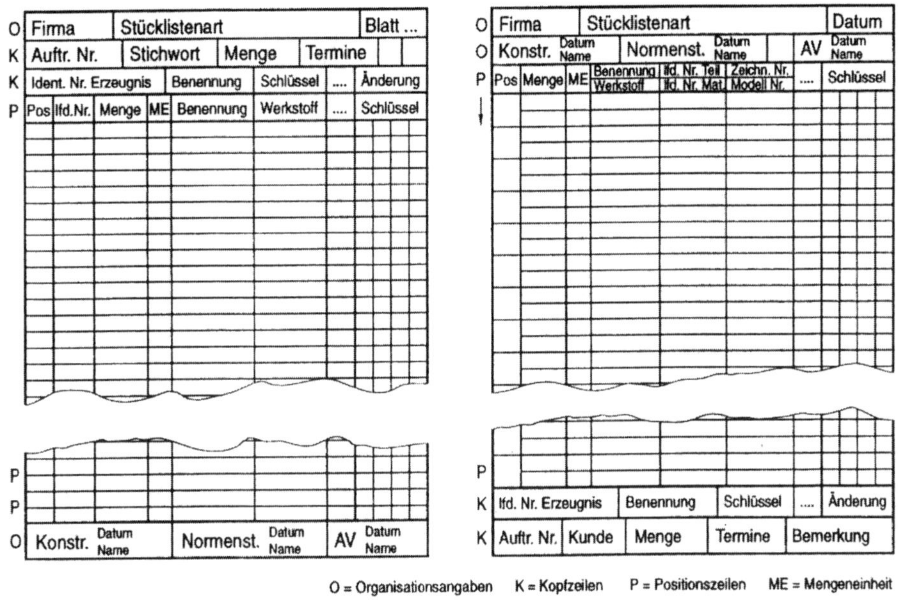

Abbildung 45: Beispiel für den Stücklistenaufbau[294]

Anders sieht es bei sehr komplex aufgebauten Maschinen oder Produkten mit einigen hundert möglichen Varianten aus. Hier müssen schon allein aus Identifikationszwecken detaillierte Angaben gemacht werden, um die Qualität zu sichern. Besonders unter der Berücksichtigung von Just-in-Time Konzepten ist der Aufbau von Stücklisten mit auftragsspezifischen Daten empfehlenswert. Die Daten der ABC-Klassifizierung, Terminangaben sowie Lieferzeit und Verfügbarkeit sind hierfür besonders geeignet. Zusätzlich sollten Stücklisten für auftragsgebundene Bestellungen die Möglichkeit bieten, folgende Daten einzubinden:[295]

- Kostenträger,
- Auftragsnummer (Ident- und evtl. Klassifikationsnummer, spezielle Klassifikationen),
- Auftragsangaben (Terminangaben, Gütevorschriften),
- Auftragsmenge,
- Menge je Los (optimale Losgröße),
- Losnummer (notwendig bei einer Aufteilung der Auftragsmenge in Lose),
- Auftragsart (z.B. Vorratsauftrag, Ersatzauftrag, Betriebs- oder Werksauftrag),
- weitere auftragsabhängige Informationen (z.B. Prüf- und Liefervorschriften).

---

[294] Vgl. Wiendahl, Betriebsorganisation für Ingenieure,1997, S. 157ff.
[295] Vgl. ebenda.

4.3.2 Strukturen der Stücklisten

Von besonderer Bedeutung ist die Stücklistenstruktur. Es gibt vielfältige Möglichkeiten, die Informationen aufzubereiten. In der Praxis haben sich für jede spezielle Anwendung unterschiedliche Ausprägungen entwickelt, die mit Hilfe von EDV-Systemen schnell und komfortabel erstellt werden können. Als noch keine leistungsstarken Systeme existierten, war die Adaption der unterschiedlichen Stücklistenaufbauten sehr arbeitsintensiv.

Übersicht der Stücklistenstrukturen:

- Mengenstückliste,
- Strukturstückliste,
- Baukastenstückliste.

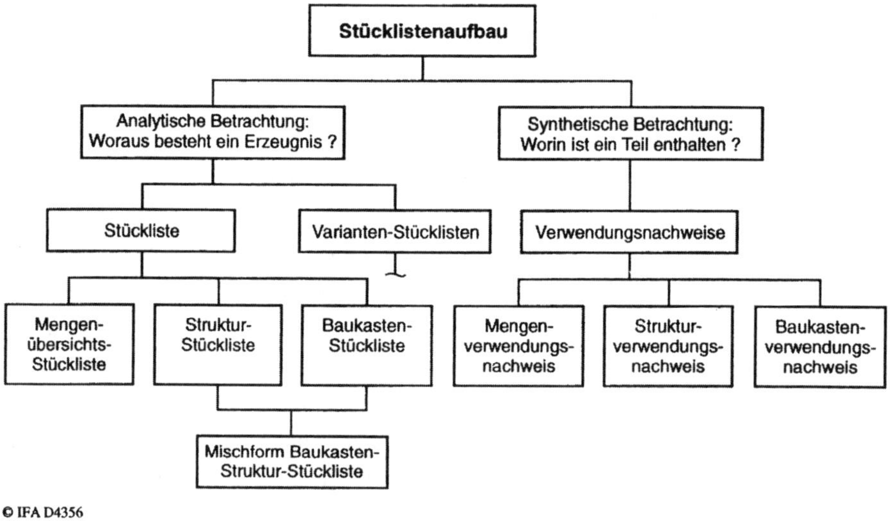

Abbildung 46: Ableitung der Stücklistenformen[296]

4.3.3 Mengenstückliste

Die Mengenstückliste nach DIN 199, auch Mengenübersichtsstückliste genannt, führt jede Position nur einmal auf und gibt so Auskunft über die gesamte Anzahl des jeweiligen Artikels im Gesamtprodukt. Dieser Aufbau ist geeignet, um z.B. die Waren zusammenzustellen oder Bestellungen auszulösen. Mühsames zusammenaddieren der einzelnen Positionen entfällt somit. Leider gibt die Mengenstückliste keine Auskunft über die Struktur und den Aufbau eines Produktes, sondern nur eine quantitative Übersicht.

---

[296] Vgl. Wiendahl, Betriebsorganisation für Ingenieure, 1997, S. 159

Einsatzzwecke der Mengenstückliste:

- Einkauf,
- Bereitstellung von Waren,
- Wareneingang,
- Kalkulation,
- Lagerwesen.

Weiterhin kann die Mengenstückliste überall dort eingesetzt werden, wo die genaue Anzahl der Positionen benötigt wird. Eine kurze Mengenstückliste wird in der folgenden Abbildung gezeigt.

Mengenübersichts-Stückliste für Erzeugnis E1		
Lfd. Nr.	Benennung Ident-Nr.	Menge
1	A	1
2	B	3
3	C	1
4	1	12
5	2	15
6	4	2
7	5	6
8	6	2
9	8	1
10	9	1
11	10	3
12	11	4
13	12	1
14	13	1

a) mit Baugruppen

Mengenübersichts-Stückliste für Erzeugnis E1		
Lfd. Nr.	Benennung Ident-Nr.	Menge
1	1	12
2	2	15
3	4	2
4	5	6
5	6	2
6	8	1
7	9	1
8	10	3
9	11	4
10	12	1
11	13	1

b) ohne Baugruppen

© IFA D4436

Abbildung 47: Schema eine Mengenstückliste (DIN 199)[297]

[297] Vgl. Wiendahl, Betriebsorganisation für Ingenieure, 1997, S. 160.

4.3.4 Strukturstückliste

Die Strukturstückliste stellt die gesamte Struktur eines Produktes oder einer Baugruppe dar[298]. Dabei kann genau gezeigt werden, in welche Unterbaugruppe die jeweiligen Bauteile oder auch Einzelteile einfließen. Die Strukturstückliste ist aufgebaut wie ein virtuelles Abbild des Produktes, in dem jedes Bauelement enthalten ist.

Der Vorteil, dass alle Bauteile enthalten sind, stellt aber auch den größten Nachteil der Strukturstückliste dar, da bei komplexen Listen es kaum möglich den Überblick zu bewahren.

Ein weiterer Vorteil der Strukturstückliste besteht für den Fall, dass eine komplette Übersicht über die gesamte Erzeugnisstruktur benötigt wird. So kann in der Fertigung oder Montage jedes einzelne Detail angezeigt und die genaue Verwendung im Zusammenhang mit den Baugruppen dargestellt werden.

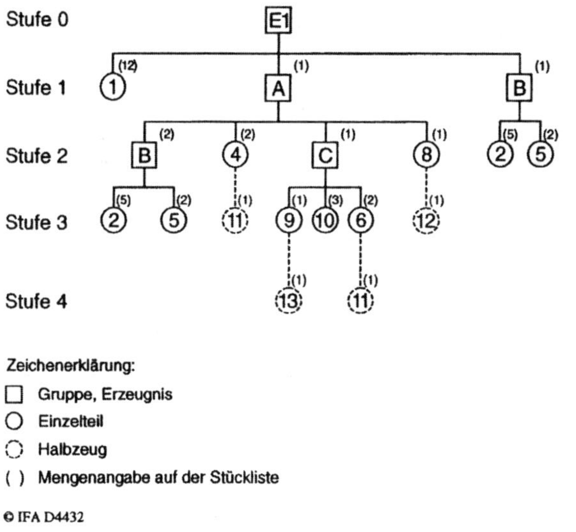

Erzeugnis E1 besteht aus					
Stufe 1	Stufe 2	Stufe 3	Stufe 4	Sach-Nr	Menge
x				1	12
x				A	1
	x			B	2
		x		2	10
		x		5	4
	x			4	2
		x		11¹⁾	2
	x			C	1
		x		9	1
			x	13¹⁾	1
		x		10	3
		x		6	2
			x	11¹⁾	2
	x			8	1
		x		12¹⁾	1
x				B	1
	x			2	5
	x			5	2

¹⁾ Halbzeug, Rohteil

Abbildung 48: Schema einer Strukturstückliste (DIN 199)[299]

4.3.5 Baukastenstückliste

Wird die Strukturstückliste auf zwei Ebenen beschränkt und werden die Komponenten gegliedert, so entsteht die Baukastenstückliste. Die beiden Ebenen setzen sich

---

[298] Vgl. Wöhe, Einführung in die Allgemeine Betriebswirtschaftslehre, 2000, S. 427ff.

[299] Vgl. Wiendahl, Betriebsorganisation für Ingenieure, 1997, S. 161.

beispielsweise aus einer Baugruppe und den darin enthaltenen Einzelteilen und Unterbaugruppen zusammen. Strukturen, die in den untergeordneten Ebenen enthalten sind, werden nicht in dem Baukastensegment dargestellt. Die Untersegmente werden separat behandelt.

Das Entscheidende bei der Baukastenstückliste ist, dass die Strukturtiefe für jeden Baukasten nur eine Ebene beträgt. Jede weitere Baugruppe wird analog aufgebaut, bis die gesamte Fertigungsstruktur abgebildet ist.

Der Vorteil der Baukastenstruktur besteht in der Möglichkeit, unterschiedliche Baugruppen zu kombinieren und in verschiedene Produkte einzusetzen, ohne die komplette Stückliste neu zu generieren. Ein weiterer Vorteil liegt wiederum in der Struktur, die in gleicher Weise bei relationalen Datenbanken zum Einsatz kommt. Für die Verarbeitung in der EDV ist die Baukastenstückliste daher hervorragend geeignet.

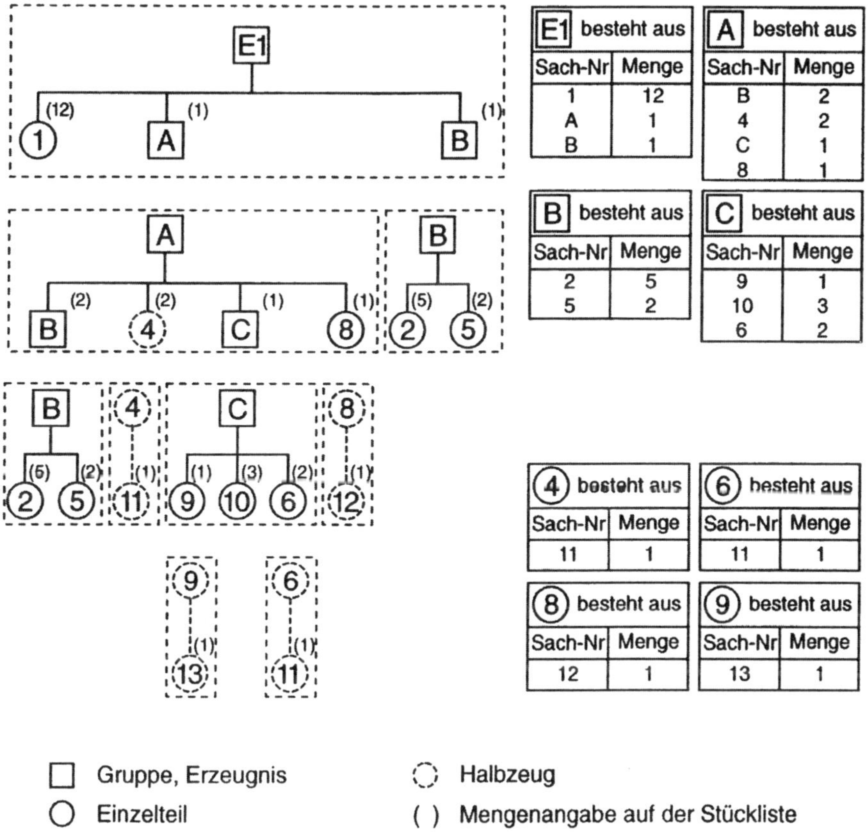

© IFA D4429

Abbildung 49: Schema einer Baukastenstückliste (DIN 199)[300]

[300] Wiendahl, Betriebsorganisation für Ingenieure, 1997, S. 162.

4.3.6 Plus-Minus-Stückliste

Eine immer größer werdende Bedeutung nehmen Varianten der verschiedenen Produkte ein. So werden z.B. in der Automobilindustrie Produkte in unzähligen Varianten angeboten. Dabei besteht die Möglichkeit, dass der Kunde sein verlangtes Produkt aus den unterschiedlichen Komponenten zusammenstellen kann.

In diesem Zusammenhang werden Plus-Minus-Stücklisten (nach DIN 77, Refa 91) verwendet. Jedes denkbare Konzept wird infolgedessen möglich. Die einzelnen Baugruppen werden mit Plus (enthalten) oder Minus (nicht enthalten) gekennzeichnet. Es entsteht die spezielle Variantenstückliste in Verbindung mit den jeweiligen Baukastenstücklisten.

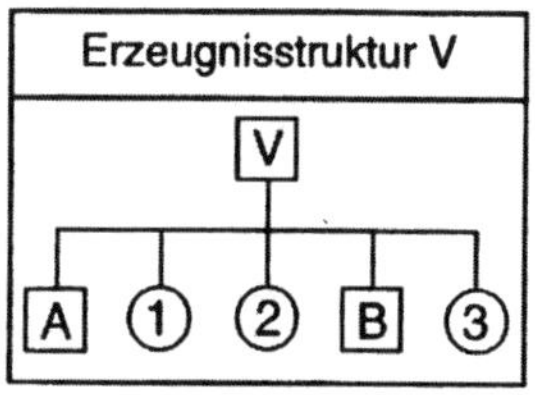

Variantenliste Erzeugnis V			
lfd. Nr.	Ident-Nr.	Var. B	Var. 3
1	V1	1 x B1	2 x 31
2	V2	1 x B1	1 x 32
3	V3	1 x B2	1 x 32
4	V4	2 x B1	1 x 32

Varianten- oder Typenstückliste Erzeugnis V			Mengen für Variante			
lfd. Nr.	Pos.	Ident Nr.	V1	V2	V3	V4
1	1	A	1	1	1	1
2	2	1	4	4	4	4
3	3	2	4	4	4	4
4	4	B1	1	1	-	2
5	4	B2	-	-	1	-
6	5	31	2	-	-	-
7	5	32	-	1	1	1

Abbildung 50: Schema einer Variantenstückliste (REFA 91)[301]

Häufig ist auch die Kombination von mehreren Stücklistenarten sinnvoll. Diese Mischformen sollen für den vornehmlichen Verwendungszweck (z.B. Lagerhaltung) die Nachteile reduzieren. Spezielle Stücklisten werden auch für einzelne Abteilungen erstellt, wie z.B.:

- Konstruktionsstücklisten,
- Dispositionsstücklisten,
- Einkaufsstücklisten,
- Bereitstellungsstücklisten,
- Ersatzteilstücklisten,
- Kalkulationsstücklisten etc.

---

[301] Vgl. Wiendahl, Betriebsorganisation für Ingenieure, 1997, S. 164.

4.3.7 Verwendungsnachweis

Eine weitere Art der Stückliste ist der Verwendungsnachweis. Hierbei wird nicht danach gefragt, was in dem Produkt enthalten ist, sondern in welchen Produkten der gesuchte Artikel oder die benötigte Baugruppe enthalten ist. Der Verwendungsnachweis ist also eine Rückwärtsrecherche nach der Verwendung. Benötigt wird der Verwendungsnachweis immer dann, wenn z.B. ein Einzelteil durch ein anderes ersetzt werden soll oder muss.

4.4 Bedarfsermittlung

Die Bedarfsermittlung lässt sich grundsätzlich in drei verschiedene Methoden unterteilen:

- programmorientierte (oder deterministische) Bedarfsermittlung,
- verbrauchsorientierte (oder stochastische) Bedarfsermittlung,
- heuristische Bedarfsermittlung.

4.4.1 Programmorientierte Bedarfsermittlung

Bei der programmorientierten Bedarfsermittlung wird, ausgehend von den Daten aus dem Produktionsplanungs- und Steuerungssystem (PPS- oder ERP-System), die Materialplanung durchgeführt. Voraussetzungen hierfür sind eine aktuelle und gepflegte Datenbasis im PPS-System.

Übersicht der benötigten Daten:

- Primärbedarf,
- Stücklisten,
- Verwendungsnachweise,
- Arbeitspläne,
- Lagerbestände,
- Reservierungen,
- Fertigungsauslastung,
- Kapazitäten,
- Lieferzeiten.

Aufgrund dieser Datenbasis kann das PPS-System eine genaue Bedarfsübersicht erstellen. Wichtig ist dabei die Pflege und Aktualität der Daten. Ohne genaue Bedarfsangaben werden falsche Bestellungen ausgelöst und es besteht die Gefahr, dass Engpässe oder Materialüberschüsse entstehen.

4.4.2 Verbrauchsorientierte Bedarfsermittlung

Die verbrauchsorientierte Bedarfsermittlung wird mit Daten aus vergangenen Perioden durchgeführt. Hierbei werden die Bedarfe dem Verbrauch gleichgesetzt und die Liefertermine werden historisch festgestellt. Verfeinerte Verfahren ziehen noch Marktwachstumsprognosen heran, um auf etwaige Schwankungen reagieren zu können. Es ist ersichtlich, dass mit diesem Verfahren keine genauen Aussagen über den Bedarf gemacht werden können. Jedoch ist diese Methode einfach und bei gleichbleibender Auftragslage sehr effektiv.

4.4.3 Heuristische Bedarfsermittlung

Bei der heuristischen Bedarfsermittlung wird geschätzt, welcher Bedarf gedeckt werden muss. Als Anhaltspunkt werden ähnliche Produkte als Basis zugrunde gelegt und ausgehend von den Daten, werden Schätzungen für kommende Aufträge angefertigt. Oft werden nur Erfahrungswerte herangezogen, auf deren Grundlagen die intuitiven Schätzungen durchgeführt werden. Das Verfahren kommt ursprünglich aus dem Bereich des Handwerks und wurde dort sehr effektiv und kostengünstig eingesetzt. Für moderne Industrieunternehmen ist diese Methode jedoch nicht ausreichend.

Verfahren der Materialbedarfs-ermittlung	Zu beschaffende Güter
Programmorientierte Bedarfsermittlung (deterministisch)	In der Regel Güter des Sekundärbedarfs (außer Ersatzteile) als A-Güter und B-Güter
Verbrauchsorientierte Bedarfsermittlung (stochastisch)	In der Regel Güter des Tertiärbedarfs als C-Güter und Ersatzteile
Schätzung des Materialbedarfs	Bei Gütern mit sehr geringem Wert

Tabelle 47: Verfahren der Bedarfsermittlung[302]

4.5 Beschaffungsplanung

Die Beschaffungsplanung ist die Festlegung von Zielen, Maßnahmen und Ressourcen zur kostenoptimalen Bereitstellung der für eine bestimmte Planungsperiode erforderlichen Inputfaktoren aus den Beschaffungsmärkten. Objekte sind alle für die

---

302 Vgl. Ehrmann, Logistik, 2001, S. 252.

Leistungserstellungsprozess benötigten Produktionsfaktoren. Ziele der Beschaffungsplanung sind Optimierung der Beschaffungskosten, Verminderung der Versorgungsrisiken, Verbesserung der Steuerung und Kontrolle der Beschaffungsdurchführung und Einhaltung der Qualitätsstandards. Die Beschaffungsplanung ist in meherere Teilbereiche untergliedert:

- Beschaffungsmengenplanung mit den Komponenten Mengen, Zeit, Kosten, um so die optimale Beschaffungsmenge zu erzielen.
- Beschaffungsvollzugsplanung, die sich mit den Beschaffungswegen, Lieferanten und Beschaffungszeiten beschäftigt[303].

4.5.1 Modell zur Ermittlung der optimalen Bestellmenge

Im Rahmen der Beschaffungsplanung von Materialien, die bevorratet werden sollen, stellt sich die Frage, ob die Gesamtmenge auf einmal oder in Teilieferungen beschafft wird. Um eine Optimierung dieser Bestellmenge vornehmen zu können, wird zunächst einmal eine Gesamtstückkostenfunktion formuliert, die sich aus den Teilbereichen bestellmengenfixe Kosten und Lager- sowie Zinskosten zusammensetzt. Von dieser Stückkostenfunktion wird dann das Minimum berechnet. Da es sich bei diesem Modell um ein vereinfachtes Abbild der Realität handelt, müssen zunächst einige Annahmen genannt werden:[304]

- Jahresbedarf der Materialart ist bekannt,
- Preise und Qualität sind konstant,
- Lagerabgang erfolgt kontinuierlich und in gleichen Raten,
- Verbundbeziehungen zu anderen Bestellungen sind nicht vorhanden,
- Finanzierungsengpässe liegen nicht vor,
- Lieferungen sind sofort verfügbar,
- Fehlmengen existieren nicht,
- Schwund wird nicht berücksichtigt,
- Lagerengpässe liegen nicht vor,
- Sicherheitsbestand ist nicht vorhanden,
- Lagerbestand ist vor der nächsten Bestellung gleich null,
- Wiederauffüllung erfolgt ohne „time lag".

---

[303] Vgl. Gabler Wirtschaftslexikon, 1995, S.424.
[304] Vgl. Grochla, Grundlagen der Materialwirtschaft, 1986, S. 81ff.

Daraus ergeben sich folgende Lagerbestandsbewegungen:

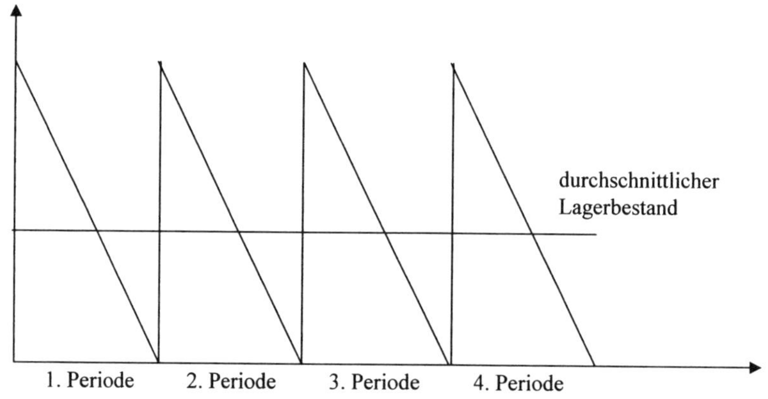

Abbildung 51: Durchschnittlicher Lagerbestand[305]

Zur Herleitung der optimalen Bestellmenge werden folgende Symbole benötigt:[306]

B	=	Gesamtbedarf der Periode (p.a.)
p	=	Einstandspreis pro Stück
F	=	bestellmengenfixe Kosten
i	=	Zinskostensatz in % p.a.
l	=	Lagerkostensatz in % p.a.
n	=	Anzahl der Bestellungen
t	=	Lagerzeit
x	=	Bestellmenge
k_g	=	Stückkosten
k_i	=	Stückkosten für die Zinsen
k_l	=	Stückkosten für die Lagerung
k_f	=	Stückkosten für die bestellmengenfixe Kosten

Die Gesamtkostenfunktion pro Stück setzt sich aus folgenden Bereichen zusammen:

$k_g = p + k_l + k_i + k_f$

---

305 Vgl. Vossebein, Materialwirtschaft und Produktionstheorie, 2001, S. 27.
306 Vgl. Jehle, Produktionswirtschaft, 1999, S. 51ff.

Bestimmung der Lagerkostenfunktion

1) Durchschnittlicher mengenmäßiger Lagerbestand: $\frac{x+0}{2} = \frac{x}{2}$ (ME)

2) Lagerbestandswert: $L_W = \frac{x}{2} \cdot p$ (GE)

3) Lagerkosten pro Jahr: $L_J = \frac{x \cdot p \cdot l}{2 \cdot 100}$

4) Lagerkosten pro Bestellung: $L_B = \frac{L_J}{n} = \frac{x \cdot p \cdot l}{200 \cdot n}$

Durch die Beziehung n = B/x kann die Funktion wie folgt umformuliert werden:

$$L_B = \frac{x^{2} \cdot p \cdot l}{200 \cdot B}$$

5) Lagerkosten pro Stück:

$$k_l = \frac{L_B}{x} = \frac{x \cdot p \cdot l}{200 \cdot B}$$

Bestimmung der Zinskostenfunktion

Die Herleitung der Zinskostenfunktion erfolgt analog der Schritte 1) - 5) zur Ermittlung der Lagerkostenfunktion. Die Änderung ergibt sich nur aus dem Zinskostensatz i. Somit lautet die Zinskostenfunktion pro Stück:

$$k_i = \frac{x \cdot p \cdot i}{200 \cdot B}$$

Bestimmung der bestellmengenfixe Kosten pro Stück

Durch die Division der gesamten bestellmengenfixe Kosten durch die Bestellmenge x ergibt sich die Stückkostenfunktion für den Fixkostenbereich:

$$k_f = \frac{F}{x}$$

Nach Addition der einzelnen Stückkostenbereiche ergibt sich folgende Gesamtkostenfunktion pro Stück:

$$k_g = p + k_l + k_i + K_f$$

Der Einstandspreis wird als konstante Größe im folgenden nicht weiter mitgeführt. Daraus ergibt sich die detaillierte Stückkostenfunktion:

$$k_g = \frac{F}{x} + \frac{x \cdot p \cdot l}{200 \cdot B} + \frac{x \cdot p \cdot i}{200 \cdot B}$$

oder

$$k_g = \frac{F}{x} + \frac{x \cdot p \cdot (l + i)}{200 \cdot B}$$

Um das Minimum der Stückosten berechnen zu können, wird von der Stückkostenfunktion die erste Ableitung gebildet. Die Ableitung wird im folgenden gleich null gesetzt und nach x aufgelöst:

$$k`_g = \frac{dk_g}{dx} = -\frac{F}{x^2} + \frac{p \cdot (l + i)}{200 \cdot B} = 0$$

$$x^2 = \frac{200 \cdot B \cdot F}{p \cdot (l + i)}$$

Für die optimale Bestellmenge gilt:

$$x_{opt} = \sqrt{\frac{200 \cdot B \cdot F}{p \cdot (l + i)}}$$

Nach Erfüllung der notwendigen Bedingung muss im nächsten Schritt die hinreichende Bedingung geprüft werden. Die Prüfung erfolgt unter der Voraussetzung, dass $x > 0$ und $F > 0$ sind.

$$kg`` = \frac{dk'_g}{dx} = + \frac{2 \cdot F}{x^3} > 0$$

Die Ermittlung der optimalen Bestellhäufigkeit erfolgt durch die Beziehung $n = B/x$:

$$n_{opt} = \frac{B}{x_{opt}}$$

Die optimale Lagerzeit läßt sich durch folgende Gleichung bestimmen:

$$t_{opt} = \frac{x_{opt}}{B}$$

Grafisch kann der Sachverhalt der optimalen Bestellmenge wie folgt dargestellt werden:[307]

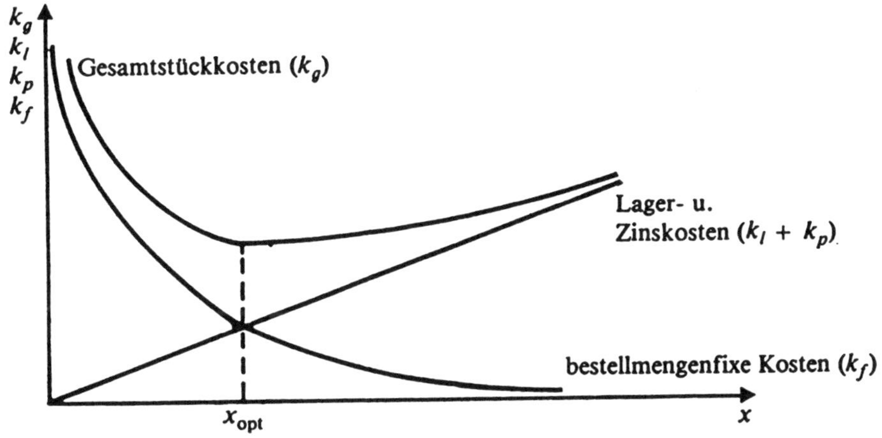

Abbildung 52: Darstellung der optimalen Bestellmenge

4.5.2 Bestellrhythmusverfahren

Zur der Ermittlung des Beschaffungstermins wird eine Unterscheidung in das Bestellrhythmus- und Bestellpunktverfahren vorgenommen. Bei dem Bestellrhythmusverfahren werden Bestellungen in festgelegten Rhythmen durchgeführt. Dabei kann in festgelegten Zeitabständen eine zuvor festgelegte Menge geordert werden. Bei ungleichmäßigem Lagerabgang führt diese Vorgehensweise jedoch zu stark schwankenden Lagerbeständen. In einer weiteren Form kann in festgelegten Zeitabständen jeweils die Menge beschafft werden, die den Lagerbestand auf den festgelegten Sollbestand auffüllt.

4.5.3 Bestellpunktverfahren

Ausgangspunkt für das Bestellpunktverfahren ist der verfügbare Bestand. Eine Bestellung wird immer dann ausgelöst, wenn der auf Lager befindliche Bestand eine festgelegte Höhe (Meldebestand) erreicht hat. Bemessungsgrundlage hierbei ist die Menge, die zur Abdeckung des Bedarfs zwischen der Auslösung der Bestellung bis zur Bereitstellung der ergänzenden Lieferung im Lager benötigt wird.

---

307 Vgl. Jehle, Produktionswirtschaft, 1999, S. 55.

Zur Ermittlung des Bestellzeitpunktes werden zwei Verfahren unterschieden[308].

Beim Verfahren des festen Bestellpunktes werden die Bestellpunkte am Anfang der Rechenperiode festgelegt. Während dieser Zeit wird die Bestellnotwendigkeit nicht weiter überprüft. Wegen der Unterstellung, dass ein konstanter Bedarf und konstante Wiederbeschaffungszeiten vorliegen, kommt dieses Verfahren selten zur Anwendung.

Beim gleitenden Bestellpunkt-Verfahren wird der Lagerbestand kontinuierlich bei jedem Abgang per EDV kontrolliert. Dieses Verfahren gestattet eine Anpassung an Veränderungen des Bedarfs und der Wiederbeschaffungszeit. Eine umgehende Berücksichtigung der Lagerbewegung ermöglicht sofortige Reaktionen auf kritische Bestandssituationen mit dem Vorteil des Haltens niedriger Sicherheitsbestände.

4.6 Beschaffungsformen

Es gibt viele verschiedene Möglichkeiten, Material zu beschaffen. Entscheidend für die Leistungserstellung ist aber nur, dass die richtigen Waren zum benötigten Zeitpunkt, am richtigen Ort, in der geforderten Menge, zum richtigen Preis und in der entsprechenden Qualität vorhanden sind. Bei der Bedarfsdeckung ohne Vorratshaltung (Lagerhaltung) ist zu unterscheiden, ob die Beschaffung unmittelbar durch das Auftreten eines Bedarfs ausgelöst wird oder eine weitgehende Synchronisation von Verbrauchsrhythmus und Bereitstellungsrhythmus durch zweckentsprechende Lieferverträge erreicht wird.

4.6.1 Einzelbeschaffung

Bei der Anwendung dieses Prinzips wird der Beschaffungsvorgang erst dann ausgelöst, wenn ein individueller, mit einem bestimmten Auftrag verbundener Bedarf vorliegt. Das bedeutet, dass

- ein Lagerrisiko nicht gegeben ist,
- Kapital kaum gebunden wird,
- Zins- und Lagerkosten nicht ins Gewicht fallen.

Problematisch bei der Einzelbeschaffung ist die Terminierung, da sie zwei Risiken unterliegt:

- Risiko der verspäteten oder Nichtlieferung des Materials,
- Risiko der Lieferung quantitativer oder qualitativer Fehlmengen.

In beiden Fällen besteht die Gefahr, dass die eigenen Lieferbereitschaft nicht mehr gewährleistet bleibt. Außerdem ist bei der Einzelbeschaffung im Bedarfsfall in der

[308] Vgl. Ehrmann, Logistik, 2001, S. 301

Regel mit dem Bezug von kleineren Mengen und daraus resultierend höheren Preisen und Transportkosten zu rechnen.

Zur Anwendung kommt dieses Prinzip bei auftragsorientierter Einzel- oder Kleinserienfertigung. Dabei kann sich die Einzelbeschaffung auf Produkte beziehen, die nur für einen speziellen Kundenauftrag Verwendung finden. Zu beachten ist, dass die Bestellkosten je Bezugseinheit wegen der fehlenden Losgrößendegression bei der Einzelbeschaffung am größten sind. Es müssen daher in der Praxis die kostenmäßige Mehr- und Minderbelastung verrechnet werden. Wenn sich günstigere Lagerhaltungs- und Bestellkosten ergeben, kann zur Vorratsbeschaffung übergegangen werden. Voraussetzung ist, dass die Materialien im Rahmen der Einzelfertigung mehrfach verwendbar sind. Dies trifft in der Regel bei Normteilen und Kleinmaterial zu[309].

4.6.2 Vorratsbeschaffung

Die Beschaffung auf Vorrat mit zwangsläufiger Lagerhaltung sorgt zumindest kurzfristig bei der Materialbeschaffung vom Auftragseingang und Fertigungsablauf für unabhängig. Bei Anwendung dieses Bereitstellungsprinzips stehen die Materialien im eigenen Betrieb zur Verfügung. Bei Bedarf können sie sofort vom Lager abgerufen werden. Damit wird dem Risiko verminderter Lieferbereitschaft weitgehend Rechnung getragen.

Die Vorratsbeschaffung ist in der Regel mit dem Bezug größerer Mengen verbunden und stellt die größten Anforderungen an die Materialbedarfsplanung dar, da sich der Verbrauch der Fertigung unperiodisch verhalten kann. Auch sind an die Bestandsüberwachung besonders hohe Anforderungen zu stellen[310].

Als Vorteile der Vorratsbeschaffung sind zu nennen:

- Verbesserung der Marktposition durch große Abnahmemengen und dadurch Chancen zur aktiven Preispolitik und Erschließung neuer Märkte,
- Ausnutzung von Preisvorteilen (Mengenrabatte, Transportstaffelungen) durch den Bezug großer Mengen,
- Sicherung der Kontinuität des Fertigungsvollzuges für eine begrenzte Zeitspanne durch Abschirmung gegenüber Marktschwankungen.

Nachteile sind hingegen:

- hohe Lagerrisiken,
- hohe Lager- und Zinskosten sowie
- eine hohe Kapitalbindung[311].

---

[309] Vgl. Hartmann, Materialwirtschaft, 1993, S. 193.
[310] Vgl. Bichler, Beschaffung und Lagerwirtschaft, 2001, S. 12.
[311] Vgl. Hartmann, Materialwirtschaft, 1993, S. 204ff.

4.6.3 Direkter Bezug

Der direkte Bezug vom Hersteller führt zu Preisvorteilen, da durch die Verkürzung der Beschaffungskette Transport-, Umlade- und Zwischenlagerungskosten entfallen. Informationen werden in diesem Fall über die speziellen Eigenschaften eines Artikels besonders intensiv sein.

Zweckmäßig ist der direkte Beschaffungsweg besonders dann, wenn das beschaffende Unternehmen eine Belieferung von bestimmten Materialien in stets gleich bleibender Qualität sicherstellen muss.

Bei nahem Standort des Herstellers oder einem seiner Nebenlager wird die Beschaffungszeit von Standardartikeln nicht (wesentlich) hinter der des Handels zurückstehen.

Zu prüfen ist, ob nicht die Preisvorteile durch zusätzliche Kosten aufgewogen werden. Diese können vor allem durch den Zwang zur Abnahme und Einlagerung von Mindestabnahmemengen, die über den tatsächlich benötigten Mengen liegen, oder durch Mindermengenzuschläge entstehen[312].

4.6.4 Indirekter Bezug

Erfolgt die Materialbeschaffung über einen Handelsbetrieb, so ist zu beachten, dass dieser und nicht etwa dessen Einkaufsquelle als Vertragspartner zu betrachten ist. Er muss also zuverlässig und leistungsfähig sein und zudem auch für Qualität und Liefertermine haften und für etwaigen Schadenersatz selbst einstehen.

Zugunsten der Beschaffung über den Handel lässt sich die Übernahme von Bereitstellungsaufgaben und Risiken durch den Handel anführen. Beim Bezug von kleineren Mengen können die Preise des Handelsbetriebes niedriger sein als die Gesamtkosten beim Direktbezug, obwohl der Handelsbetrieb mit der Handelsspanne sämtliche Handlungskosten zuzüglich eines Gewinnanteils im Verkaufspreis weiterberechnet. Die Handelsspanne muss sich aber nicht kostenerhöhend auswirken, weil der Handel die Güter in großen Mengen vom Produzenten bezieht und damit Preisvorteile und - durch größere Transporteinheiten - günstigere Transportkosten erzielt. Zudem erlauben die über den Handel möglichen kurzfristigen Lieferungen in kleinen Mengen eine geringe Vorratshaltung; sie verursachen entsprechend niedrige Lagerhaltungskosten und verringern die mit der Vorratshaltung verbundenen Risiken.

Ein weiterer Vorteil ergibt sich auch daraus, dass der Handel ein breites Sortiment führt. Damit wird eine gewisse Markttransparenz möglich. Die Beratung bezüglich der

[312] Vgl. Vry, Beschaffung und Lagerhaltung, 1998, S. 65.

einzelnen Materialien wird nicht so intensiv sein, dafür wird aber eine größere Anzahl von Vergleichsmöglichkeiten geboten[313].

4.6.5 Kooperationen und Genossenschaften

Bei der Gründung von Genossenschaften, Handelsketten und Kooperationen von Unternehmen im Beschaffungsbereich steht immer der Aspekt der Bündelung von Beschaffungskompetenzen im Vordergrund, um die Waren kostengünstig beziehen zu können. Der rechtliche Aufbau von Genossenschaften und kooperierenden Partnern ist sehr unterschiedlich, aber für die Beschaffungsziele ist dieser Aspekt nur von untergeordneter Bedeutung. Wichtiger ist das Prinzip, bei dem die Marktmacht eingesetzt wird, um bessere Konditionen zu erhalten.

Durch spezielle Strukturen ergeben sich auch Vorteile hinsichtlich der Kosten für den Verwaltungsapparat. Eine zentrale Beschaffungsabteilung führt die Verhandlungen mit den Lieferanten. Spezialisten aus den verschiedenen Bereichen wie z.B. Recht, Marketing oder Logistik treten als Einheit auf und ermöglichen so einen optimalen Verlauf der Verhandlungen für die kooperierenden Partner[314].

Die wichtigsten Vorteile sind:

- Bündelung der Beschaffungskompetenzen,
- kostengünstiger Konzerneinkauf,
- Bestellkostenreduktion,
- einheitliches Auftreten beim Lieferanten,
- besondere Konzernrabatte für weitere Produkte,
- Zentrallager und Auslieferungslager ermöglichen Just-in-Time durch tägliche oder wöchentliche Anlieferung,
- Versand direkt an Filialen,
- eigene Produktgestaltung.

Daraus ergeben sich folgende Nachteile:

- kleine Händler können die Preise nicht halten,
- unflexible komplexe Strukturen,
- kleine Lose sind nur schwer verfügbar,
- Beratungsdefizite.

4.6.6 Just-in-Time

In der Literatur wird Just-in-Time definiert als ein Organisationsprinzip, das die verschwendungsfreie und bedarfsgenaue Realisation unternehmensinterner und

---

313 Vgl. Vry, Beschaffung und Lagerhaltung, 1998, S. 65.

314 Vgl. Wöhe, Einführung in die Allgemeine Betriebswirtschaftslehre, 2000, S. 292ff.

übergreifender Güteraustauschprozesse zum Ziel hat[315]. Das Prinzip der Just-in-Time Fertigung ist Teil einer auf dezentralisierter Planung und Steuerung beruhenden Produktion, die in allen Fertigungsbereichen und Produktionsebenen auf Abruf erfolgt. Das gilt für die Zulieferung des benötigten Materials, beispielsweise von Rohmaterialien oder vorproduzierten Teilen, bis hin zur Ablieferung der Endprodukte. Dieses System ermöglicht die kurzfristige Kapazitäts- und Materialplanung stets dem jeweiligen Fertigungsstand und der aktuellen Auftragslage anzupassen. Ziel ist es, auf diese Weise die Lagerbestände niedrig halten zu können und die Zeitspanne der gesamten Fertigung eines Produkts zu verkürzen. Angewendet wird diese Fertigungsform vor allem bei Serien- oder Massenproduktionen, wo diese Methode neben kürzeren Durchlaufzeiten der Auftragserledigung eine deutliche Reduzierung der Lagerkosten bewirkt. Bei der Just-in-Time Fertigung wird zwischen zwei Varianten unterschieden. Die erste Variante ist die synchrone Produktion, die von einer bedarfsorientierten Planung ausgeht. Hierbei wird entsprechend dem Bedarf des folgenden Tages vorproduziert[316]. Bei der zweiten Variante der Just-in-Time Fertigung wird dagegen gemäß dem in Japan entwickelten Kanban-System das produziert, was zuvor verbraucht wurde.

Diese Definition bezieht sich primär auf die Produktion und die Herstellung von Gütern. In der Beschaffung und auch in der Logistik werden Just-in-Time Konzepte aber eher als rollende Lager gesehen. Lagerfläche ist sehr teuer und erzielt keinen wirtschaftlichen Vorteil für das Unternehmen. Kosten entstehen auch durch die Herstellung von Waren, deren Absatz noch nicht gesichert ist. Diesen Ansatz greifen die Just-in-Time Konzepte auf. Könnte das Unternehmen die soeben abgesetzte Ware direkt aus der Produktion oder vom Lieferanten an den Kunden ausliefern, so würden die zusätzlichen Lagerkosten oder auch Fertigungskosten für nicht verkaufte Erzeugnisse entfallen. In der Praxis ist die Umsetzung des Ansatzes aber nicht so einfach, da die beteiligten Teilsysteme nur bedingt verlässlich sind. Es kann nicht genau vorhergesagt werden, welche Produkte der Kunde zu einem bestimmten Termin bestellt. Auch die Verfügbarkeit der Rohstoffe ist nicht immer gewährleistet. Es gibt noch weitere große und kleine Einflüsse auf die komplexen Zusammenhänge, die systembedingte Probleme hervorrufen.

Der prinzipielle Ansatz wird aber immer häufiger in der Wirtschaft genutzt, vor allem durch die großen Unternehmen der Automobilindustrie, die eine starke Marktposition gegenüber den Lieferanten haben. Detaillierte Lieferantenverträge regeln die genaue Menge, den genauen Liefertermin und die geforderte Qualität, die der Lieferant zu liefern hat. Sollte ein Kriterium nicht eingehalten werden, so drohen Konventionalstrafen bis hin zur Auflösung des Lieferantenvertrages. Die Unternehmen

---

[315] Vgl. Gabler Wirtschaftslexikon, 1993, S. 1760.

[316] Vgl. Microsoft®, Encarta® Enzyklopädie Professional, 2003.

der Automobilindustrie sichern sich somit ab und reduzieren gleichzeitig ihre Lagerkosten.

Speziell unter dem beschaffungslogistischen Ansatz kann Just-in-Time als ein Konzept gesehen werden, das

- die Senkung der Bestände innerhalb der gesamten logistischen Kette zum Ziel hat und sie möglichst an den Anfang der Wertschöpfung platzieren will,
- eine enge Anbindung des Lieferanten an das Unternehmen erreichen will und eine Gewinnpartnerschaft mit den Lieferanten anstrebt,
- das Hol- durch das Bringprinzip ablöst,
- die Qualitätskontrolle nicht auf den Materialeingang und Warenausgang beschränkt, sondern die Qualitätskontrolle auf dem gesamten Leistungserstellungsprozess ausdehnt, vom Zulieferer bis zum Endabnehmer,
- die Transaktionskostensenkung zum Ziel hat[317].

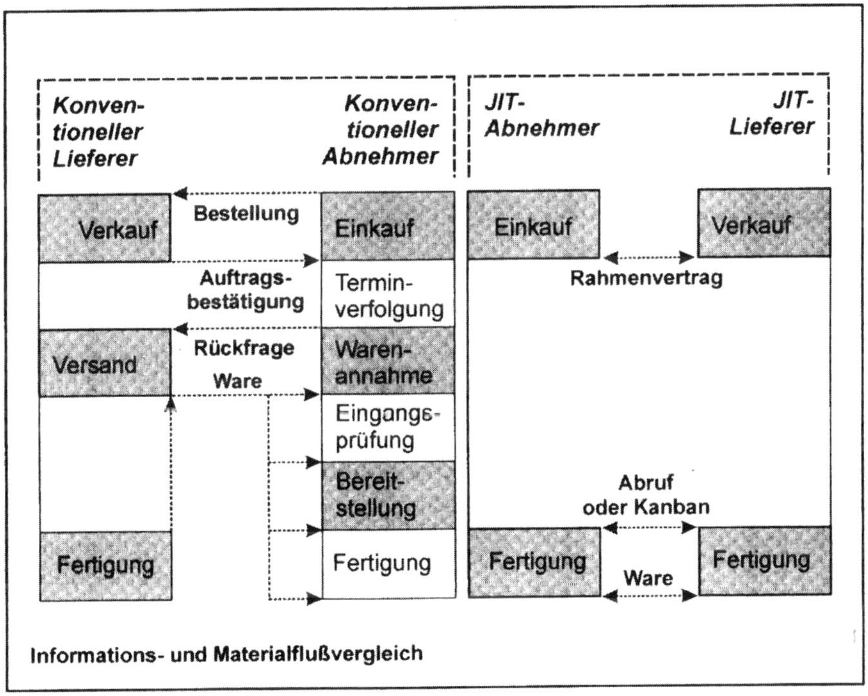

Abbildung 53: Just-in-Time (JIT) Abhängigkeiten[318]

Eine unerlässliche Voraussetzung für die Nutzung der Just-in-Time Konzepte ist eine leistungsfähige EDV-Anbindung von Lieferant und Abnehmer. Im Idealfall sollten die

[317] Vgl. Ehrmann, Logistik, 2001, S. 288.
[318] Vgl. Hirschsteiner, Einkaufs und Beschaffungsmanagement, 2002, S. 404.

benötigten Daten online und zeitgleich in den beteiligten Systemen zur Verfügung stehen. Moderne PPS- oder ERP-Systeme können diese Funktionen aber in der Regel anbieten.

Um einen reibungslosen Ablauf zu gewährleisten, müssen folgende Hauptkriterien erfüllt sein:[319]

- Bereitschaft zu einer vertrauenswürdigen, sehr engen Zusammenarbeit über einen längenen Zeitraum zwischen beiden Partnern,
- höchste Qualitätssicherheit des Lieferanten,
- hoher Lieferbereitschaftsgrad (Servicegrad) des Lieferenten,
- Abstimmung von Strategien des Lieferanten und Abnehmers,
- Abstimmung der Informationssysteme,
- möglichst gemeinsame Bestandsführung,
- Zugriffsmöglichkeiten des Abnehmers auf die PPS-Systeme des Lieferanten,
- ablauforientierte Gestaltung der Fertigung,
- Informations- und Materialflussorientierung,
- Fertigung kleiner Losgrößen,
- Schaffung von Kapazitätsreserven,
- hohe Prognosesicherheit,
- gute Verkehrsinfrastruktur,
- gutes Management,
- gutes Logistik-Know-how von Lieferant und Abnehmer,
- die entsprechende Markmacht des Bestellers,
- Bereitschaft des Lieferanten, sich in Werksnähe anzusiedeln.

4.6.7 Kanban

Das Kanban-Prinzip wird unter dem Punkt 6.3.5 näher erläutert. Daher werden an dieser Stelle nur die wichtigsten Zusammenhänge von Kanban und Just-in-Time Lieferung verdeutlicht. Bei Kanban wird das eingesetzte „Push"-Prinzip, bei dem für jede Fertigungsstufe das Material bereitgestellt wird, durch das aus den Kaufhäusern bekannte „Pull"-Prinzip abgelöst. In der Fertigung werden die Produkte bedarfsgerecht „gezogen". Ist eine bestimmte Menge (Mindestmenge) unterschritten, wird durch den Kanban eine neue Bestellung ausgelöst.

Der Kanban ist eine Karte, die Informationen über das Teil, die Anliefermenge und den Anlieferort enthält. Diese Karte pendelt zwischen (internem) Lieferant und (internem) Kunden: Der Lieferant legt den Kanban seiner Lieferung bei; mit der

[319] Vgl. Ehrmann, Logistik, 1997, S. 281ff.

Rücksendung des Kanban an den Lieferanten bestellt der Kunde das beschriebene Teil in der beschriebenen Menge[320].

Die Zielsetzung bei der Entwicklung von Kanban war die maximale Vereinfachung des Produktionsprozesses:

- Jede Fertigungsstufe hat nur einen Kunden und einen Lieferanten direkt benachbarter Fertigungsstufen.
- Es enthält nur die bestandsgesteuerte Materialplanung.
- Es gibt keine zentrale Fertigungssteuerung, sondern dezentrale Regelkreise.

4.6.8 Make-or-Buy

Die strategische Bedeutung des Beschaffungsmanagement im Rahmen der Logistik gewinnt immer mehr an Bedeutung. Durch den Abbau der Fertigungstiefe im Herstellungsprozess werden immer komplexere Versorgungsketten nötig. Die Fertigungstiefe liegt in der Bundesrepublik Deutschland mit einer hohen arbeitsteiligen Wirtschaft bei einem Wert von 40%[321].

Dabei geht der Trend zu einer noch geringeren Fertigungstiefe, bei gleichzeitigem Ausbau der Beschaffungsfunktion. Stellt ein Unternehmen Make-or-Buy Überlegungen an, sind zwei Bereiche davon betroffen:[322]

- Eigenfertigung oder Fremdbezug von fertigen Produkten und Teilen,
- Ausführung von Logistikleistungen durch das eigene Unternehmen oder durch fremde Unternehmen.

Für den Fremdbezug ist die Verbindung zum Lieferanten und deren Kontrolle besonders wichtig. Die Zulieferer müssen in Hinblick auf Qualität, Termin und Kosten besser positioniert sein als das eigene Unternehmen, erst dann rechnet sich das Zukaufen von Produktionsleistungen. Der Unterschied zwischen Make-or Buy Überlegungen und dem üblichen Zukauf von Handelswaren oder Produkten besteht darin, dass die eigenen Erzeugnisse nunmehr bei den marktansässigen Lieferanten angefragt und ggf. produziert werden.

Die Entscheidung für oder gegen das „Make“ oder das „Buy“ können aus verschieden Gründen wie z.B. Qualitätsaspekten getroffen werden.

Ein entscheidendes Kriterium bei der Make-or-Buy Überlegung ist jedoch der Kostenaspekt. Dabei wird zwischen kurzfristigen und langfristigen Alternativen unterschieden.

Bei den kurzfristigen Kriterien sind häufig Kapazitätsengpässe oder Kapazitätsüberangebot das Motiv für Make-or-Buy Überlegungen. Ein Unternehmen

---

[320] Vgl. Wollenberger, Taschenbuch der BWL, 2000, S. 194.
[321] Vgl. Bichler, Beschaffungs- und Lagerwirtschaft, 2001, S. 116.
[322] Vgl. Ehrmann, Logistik, 2001, S. 274.

kann durch die kurzfristige Vergabe von Fertigungsaufträgen an Dritte Produktionsengpässe partiell ausgleichen, ohne dabei neue Maschinen und neues Personal zu beschaffen.

Der umgekehrte Fall, also das „Make“ anstatt dem „Buy“, kann eintreten, wenn durch konjunkturelle oder saisonale Schwankungen Aufträge ausbleiben. Die Fertigungsaufträge, die sonst vergeben wurden, werden in dem Fall wieder im eigenen Unternehmen hergestellt. Häufig rückt bei diesen Überlegungen der Kostenaspekt in den Hintergrund.

Langfristige Make-or-Buy Entscheidungen setzten in der Regel eine enge Zusammenarbeit von Unternehmen und Lieferanten voraus. Vielfach wird bei diesen Kooperationen gemeinsam an der Entwicklung gearbeitet. Die jeweiligen individuellen Kernkompetenzen werden genutzt, um ein optimales Produkt zu günstigen Konditionen zu entwickeln.

Demzufolge werden auch gelegentlich Investitionen für Fertigungstraßen oder Logistiksysteme getätigt. Für den Einsatz der Just-in-Time Fertigung ist die enge Partnerschaft von Vorteil.

Einen Nachteil stellt die langfristige Bindung an ein Unternehmen dar. Auch die Abhängigkeiten untereinander sind prinzipiell problematisch zu betrachten. Deshalb gliedern Unternehmen nur selten Teile der eigentlichen Kernkompetenzen aus[323].

4.7 Lieferantenstrukturpolitik

Bei der Lieferantenstrukturauswahl des Unternehmens sind zahlreiche Problembereiche und Fragestellungen gegeneinander abzuwägen. Dabei muss geprüft werden, welche Lieferanten für das abnehmende Unternehmen am besten geeignet sind, um die unternehmens- und beschaffungspolitischen Ziele zu erreichen. Im Folgenden werden zahlreiche Problembereiche beleuchtet.

4.7.1 Standort der Lieferanten

Die Überlegung, an welchem geografischen Standort ein Zulieferer angesiedelt ist, spielt eine entscheidende Rolle bei der Endscheidungsfindung für oder gegen einen potenziellen Lieferanten. Gerade im Zusammenhang mit der Just-in-Time Anlieferung ist der Standortaspekt von enormer Bedeutung – kurze Wege bedeuten weniger Risiko und mehr Zuverlässigkeit im Logistiksegment. Im Weiteren soll genauer auf diese Zusammenhänge eingegangen werden:

323 Vgl. Oeldorf, Materialwirtschaft, 2002, S. 91.

4.7.1.1 Local Sourcing

Local sourcing[324] bedeutet Wahl eines Lieferanten in der möglichst unmittelbaren Nähe des Abnehmers. Nähe bedeutet dabei die gleiche Region oder der gleiche Wirtschaftsraum. Für diese Strategie sprechen logistische Vorteile, da lange Transportwege gespart werden und somit Fracht- und Transportkosten minimiert werden können. Besonders wichtig ist, dass das Risiko von Lieferproblemen, die sich aus Fehllieferungen ergeben, praktisch kaum vorhanden ist. Daneben ist bei lokalen Lieferanten die Abstimmung jederzeit flexibel möglich. Häufig können bei lokalen Partnern auch kleinere Mengen eingekauft werden, was zur Optimierung des Bestellzyklus beiträgt. Gerade für Just-in-Time-Lieferung ist örtliche Nähe wichtig.

Allerdings muss erkannt werden, dass die Reduzierung auf lokale Anbieter häufig die Auswahl auf sehr wenige Anbieter beschränkt. Häufig sind weiter entfernte Anbieter trotz Transportkosten günstiger und besser[325].

4.7.1.2 National Sourcing

National sourcing[326] bedeutet Einkauf im gleichen Land, in dem der Abnehmer ansässig ist. Hierbei wird der grenzüberschreitende Warenverkehr eingeschränkt. Währungsrisiken sind nicht vorhanden. Beim Einkauf im Heimatland spielen vielfach auch Emotionen eine große Rolle: Nach wie vor vertrauen deutsche Unternehmen, häufig im Einkauf stärker auf Unternehmen im eigenen Land, da teilweise die Meinung vorherrscht, dass dort Zuverlässigkeit und Qualität besser realisiert werden. Im Gegensatz zum Local sourcing müssen in der Regel größere Mengen eingekauft werden. Dies führt zur zeitlichen Ausdehnung des Bestellzyklus, was möglicherweise zu einer erhöhten Kapitalbindung im Lager führen kann. Mit der Währungsunion und dem Euro kann auch das nahe europäische „Ausland" als national bezeichnet werden, zumal die Entfernungen in den grenznahen Gebieten diesen Umstand begünstigen.

4.7.1.3 International Sourcing

Von International Sourcing wird gesprochen, wenn der Ort der Beschaffung im Ausland liegt. Dies kann auch ein ausländisches Werk eines deutschen Unternehmens sein. In jedem Fall müssen die bezogenen Güter die Grenze überschreiten. Das International Sourcing hat insbesondere durch den zunehmenden Kostendruck zugenommen, da im Ausland oftmals Kostenvorteile durch niedrigere Einkaufspreise zu generieren sind. Dies liegt insbesondere an der hohen Differenz zwischen Löhnen in Deutschland und im Ausland (speziell Osteuropa).

---

[324] Vgl. Arnolds, Materialwirtschaft und Einkauf, 1998, S. 269ff.
[325] Vgl. ebenda.
[326] Vgl. ebenda.

Viele Produkte sind nur im Ausland zu beziehen. Jedoch müssen auch zahlreiche Risiken des Auslandseinkaufs gesehen werden:

- Logistische Probleme,
- Rechtliche Fragen,
- Qualitätsprobleme.

Aufgrund der großen Entfernung sind viele Unsicherheitsfaktoren auf dem Transportweg vorhanden, die entsprechend einzukalkulieren sind. In einigen Ländern kann die Transportzeit wegen der schlechten Infrastruktur nur schwer vorher kalkuliert werden. Das Problem erhöht sich noch, wenn mehrere Transitländer passiert werden müssen.

Gelegentlich muss der Abnehmer beim Einkauf als Vertragsgrundlage die Währung des Landes des Lieferanten akzeptieren. Dies kann bei Wechselkursschwankungen zu erheblichen Unsicherheiten bei der Kostenkalkulation führen; ggf. muss der Abnehmer prüfen, ob ein Einkauf auf nationaler Ebene trotz leicht höherer Kosten sinnvoller ist, wenn hierdurch sicherer kalkuliert werden kann. Auslandsgeschäfte werden teilweise auf Dollar-Basis vorgenommen, was gerade in der jüngsten Vergangenheit zu Unwägbarkeiten in der Kalkulation geführt hat. Abhilfe kann mit Devisentermingeschäften oder Devisenoptionen geschaffen werden.

Viele Länder haben Probleme, eine gleichbleibende, gute Qualität zu gewährleisten. Diese Schwankungen sind für den Abnehmer nicht hinnehmbar. Außerdem verlangt dies eine sehr umfangreiche Wareneingangskontrolle. In der Praxis versuchen Abnehmer diese Probleme zu beheben, indem sie die Lieferanten im Qualitätsbereich schulen.

Bei grenzüberschreitenden Geschäften ist nicht klar, welche Rechtsnormen gelten. Besonders problematisch ist eine gerichtliche Auseinandersetzung bei Nichtzahlung, Nichtlieferung und Streit bei Qualitätsmängeln. Diese Probleme können aber durch klare Vereinbarungen im Kaufvertrag begrenzt werden.

In Europa, dem Gebiet der EU, wird das Risiko in der Zukunft geringer, da die rechtlichen Rahmenbedingungen der EU und die Vereinheitlichung der Kaufverträge vollzogen werden. Dazu kommt die EU-Osterweiterung, die in der rechtlichen Frage sehr wünschenswert ist.

4.7.1.4 Global Sourcing

Global Sourcing bedeutet, dass der Abnehmer die Beschaffung weltweit vornimmt. Dies beinhaltet auch das National und International Sourcing. Zunehmend drückt das Global Sourcing auch den internationalen Anspruch der Abnehmer - Unternehmen/Konzerne aus. Die oben beschriebenen Probleme des National Sourcing treten hier noch stärker in den Vordergrund. Dazu kommen noch interkulturelle

Probleme beim weltweiten Einkauf. Jedoch ermöglicht das weltweite Einkaufen das optimale Ausnutzen lokaler Stärken einzelner Länder in qualitativer und preislicher Hinsicht. Die Abwicklung des Einkaufs erfordert jedoch ein sehr umfangreiches Beschaffungsmanagement. Die zeitgerechte Sicherstellung der Beschaffung ist hier ständig zu überwachen.

Gleichzeitig ergeben sich neue Chancen, die sich zusammen mit der Globalisierung und der Verbreitung des Internets ergeben. Gerade der weltweite Preisvergleich ermöglicht eine hohe Kostenersparnis in der Beschaffung. Dazu werden notwendigerweise die Logistiksysteme und Kommunikationssysteme benötigt. Die Risiken beim Transport der Ware und die Termineinhaltung, zumindest bei kleinen bis mittelgroßen Produkten, werden durch die international tätigen Transport- bzw. Logistikdienstleister verringert. Die Deutsche Post, UPS etc. ermöglichen eine weltweite Sendungsverfolgung, was die Beschaffungsplanung erheblich vereinfacht.

Probleme und Verzögerungen können rechtzeitig erkannt werden und der Spielraum zum Handeln bleibt gewährt.

Das Ausmaß der Standortpolitik mit seinen Beschaffungsrisiken auf die strategischen Überlegungen zur Wahl des Beschaffungsweges, unter Berücksichtigung des relativen Anteils des Gutes am Beschaffungsumsatz, lässt sich anhand einer Portfolio-Analyse verdeutlichen.

4.7.2 Lieferantenauswahl

Nach der strategischen Überlegung des Standortes, an dem der denkbare Lieferant ansässig ist, folgt nun die spezielle Auswahl mit weiteren Kriterien.

Größe des Lieferanten

Die Größe des Lieferanten spielt bei der Auswahl eine entscheidende Rolle. Dabei wirkt sich die Größe auf fast alle Bereiche in Beschaffung und auch Logistik aus. Daher erfolgt im folgenden eine Unterscheidung in Großlieferanten und Kleinlieferanten. Sicherlich treffen nicht alle Aspekte auf jedes Unternehmen einer bestimmten Größe zu, dennoch ist eine Tendenz zu erkennen, die im Einzelfall überprüft werden muß.

Großunternehmen sind hinsichtlich ihrer Kapazität flexibler und können, wenn nötig, auch kurzfristig größere Mengenschwankungen umsetzen. Daneben muss davon ausgegangen werden, dass sich Großunternehmen aufgrund von wirtschaftlicher Stärke länger am Markt halten und somit das Risiko, dass der Lieferant wegen Insolvenz ausfällt, eher geringer ist.

Nicht übersehen werden darf jedoch, dass größere Lieferanten eine stärkere Marktmacht haben und damit größere preisliche Zugeständnisse kaum zu erwarten sind.

Dem gegenüber bieten Großunternehmen den beachtlichen Vorteil eigene F&E-Bereiche zu unterhalten, was zur Realisierung permanenter technologischer Verbesserungen genutzt werden kann.

Wichtigstes Argument zugunsten eines eher kleinen Lieferanten ist bei überschaubaren Bestellmengen die stärkere Beeinflussbarkeit der Preise. Nicht zuletzt durch geringere Gemeinkostenblöcke können Kleinunternehmen den Abnehmern günstigere Preise ermöglichen. Problematisch ist jedoch, geeignete Kleinunternehmen am Markt zu finden. Hier ist deshalb eine intensive Beschaffungsmarktforschung notwendig, um zu gewährleisten, dass auch Kleinunternehmen dauerhaft die Lieferung sicherstellen können. Kleinunternehmen sind häufig flexibler und schneller in der Reaktion auf Veränderungswünsche und Marktveränderungen, da die Unternehmenshierarchien und Entscheidungswege kürzer sind.

Bei den Überlegungen zur Unternehmensgröße der Lieferanten müssen die Argumente gegeneinander abgewogen werden. Letztlich muss das beschaffende Unternehmen diese Fragen auch an der gewählten Unternehmenspolitik ausrichten.

Stammlieferanten

Wenn ein ständiger Bedarf an ähnlichen Materialien und Produkten vorliegt und grundsätzlich mehrere Lieferanten aufgrund von Qualität, Preis und Leistung in Frage kommen, stellt sich die Frage, ob der Bedarf immer beim gleichen Unternehmen gedeckt wird oder ob von Zeit zu Zeit der Lieferant gewechselt werden sollte[327].

Die Analyse dieser Fragestellung ist entscheidend abhängig vom jeweils zu beschaffenden Produkt, der jeweiligen Marktsituation und der Organisation der Zusammenarbeit und Kommunikation. In jedem Einzelfall müssen die Vor- und Nachteile für den Einkauf beim Stammlieferant abgewogen werden.

Zentrales Argument für den Einkauf beim Stammlieferanten ist die Sicherstellung einer gleichbleibenden Qualität des eingekauften Gutes. Jeder Lieferantenwechsel bringt die Gefahr von Qualitätsschwankungen mit sich.

Weiterer Vorteil der Zusammenarbeit mit einem festen Partner sind die reibungslosen und eingespielten Abläufe, so dass die Abwicklung unproblematisch und zuverlässig erfolgt. Daneben kann ein Stammkunde von seinem Lieferanten eine größere Kulanz bei Reklamationen und Problemen erwarten.

Nicht übersehen werden dürfen jedoch die zahlreichen Nachteile des Bezuges bei einem Stammlieferanten. Bei längerer fester Zusammenarbeit mit einem Lieferanten kann der Bezug zum Markt und zum Marktgeschehen insgesamt verloren gehen. Dies kann zu nicht mehr marktgerechten Preisen führen. Weiterhin ist fraglich, ob

[327] Vgl. Arnolds, Materialwirtschaft und Einkauf, 1998, S. 286.

Lieferanten mit vielen Stammkunden sich noch wirklich in preislicher und qualitätsmäßiger Beziehung anstrengen oder sich nicht vielmehr auf ihren „sicheren" Absatz verlassen.

Um den Nachteilen entgegenzuwirken, muss das beschaffende Unternehmen zumindest einmal im Jahr alle Stammlieferanten überprüfen. Daneben sollte überlegt werden, zumindest einen kleinen Teil der Beschaffung bei anderen Lieferanten vorzunehmen, um jederzeit auch den Zugriff auf andere Lieferanten zu haben und den Bezug zum Markt zu behalten.

Zusammenfassend kann festgestellt werden, dass eine Ausrichtung auf einen oder wenige Stammlieferanten dann eine sinnvolle unternehmenspolitische Entscheidung ist, wenn eine ständige Kontrolle der Stammlieferanten stattfindet und ein sicherer Materialfluss wichtig ist. In jedem Fall sollte vermieden werden, nur aus Routine immer den gleichen Lieferanten zu bevorzugen.

Lieferantenanzahl

Die Ermittlung der optimalen Anzahl von Lieferanten hängt von vielen Faktoren und unternehmenspolitischen Entscheidungen ab. So muss zunächst geklärt werden, wie groß der Betriebsbedarf ist und welchen Schwankungen dieser unterliegt. Schwankt der Bedarf stark, ist es in jedem Fall angeraten, auf mehrere Lieferanten zurückgreifen zu können.

In vielen Fällen wird die Fragestellung nach der Zahl der Lieferanten durch die benötigte Menge tendenziell schon beantwortet, da ein oder zwei Lieferanten die Menge nicht liefern können.

In risikoreichen Beschaffungssituationen muss zur Begrenzung des Risikos die Beschaffung auf mehrere Lieferanten verteilt werden. Bei technisch hochwertigen Produkten wird sich die Zahl der infrage kommenden Unternehmen stark reduzieren.

Eine Just-in-Time-Belieferung ist vielfach nur bei der Konzentration auf wenige Lieferanten möglich, da die organisatorische und zeitliche Abstimmung des Lieferanten und des Abnehmers eng verknüpft sein müssen. Eine solch enge Verzahnung wird mit vielen Lieferanten organisatorisch nicht praktikabel sein.

Grundsätzlich sprechen folgende Argumente für die Beschränkung auf wenige Lieferanten:

- Die Abwicklung des Auftrages bzw. der Aufträge ist organisatorisch einfacher.
- Es können aufgrund der großen Menge günstigere Preise durch Mengenrabatte erzielt werden.
- Die Qualität wird in der Regel gleichmäßiger sein.

- Ein starker Lieferant wird sich wesentlich stärker für den Abnehmer verantwortlich fühlen als bei Verteilung des Auftrages auf viele Lieferanten.
- Der Informationsaustausch hinsichtlich der Logistik und Produktion ist unkompliziert, da nur ein Ansprechpartner auf der Liefererseite existiert.
- In der Regel wird der Auftrag an den günstigsten Anbieter vergeben. Deshalb sprechen aus preislicher Hinsicht keine Argumente dafür, Teile des Auftrages zu einem höheren Preis an andere Lieferanten zu vergeben.

Gegen die Vergabe an nur einen oder wenige Lieferanten und damit für eine größere Anzahl von Lieferanten sprechen insbesondere folgende Argumente:

- Bei größeren Bedarfsschwankungen ist (bei Verteilung auf mehrere Lieferanten) eine größere Beweglichkeit vorhanden.
- Bei Verteilung auf mehrere Lieferanten wird die Abhängigkeit von nur einem Lieferanten verhindert. Hierdurch wird auch die Verbindung zum Marktgeschehen besser gewahrt.
- Risiko von Lieferstörungen bei einem Lieferanten. Sicherheitsgründe sprechen deshalb für eine Streuung des Auftrages.

Wenn sich die Unternehmensleitung in Abwägung obiger Argumente für die Verteilung der Beschaffung auf mehrere Lieferanten entschieden hat, ist noch zu überlegen, wie die Mengen auf die ausgewählten Lieferanten verteilt werden sollen. Für eine gleichmäßige Aufteilung auf die Lieferanten spricht wenig; vielmehr sollten leistungsfähigere Lieferanten größere Gesamtmengen erhalten. Alle Lieferanten sollten bewusst angespornt werden, besser und servicefreundlicher als ihre Mitbewerber zu sein.

Die Qualität der Produkte eines Unternehmens hängt in hohem Maße von derjenigen der zugekauften Waren ab. Daher muss die Qualitätsfähigkeit der Lieferanten regelmäßig überprüft und bewertet werden[328].

Weitere Teilziele sind:

- Sicherungsziel, also die Bereitstellung der gemäß des Produktsortiments erforderlichen Produktionsfaktoren in qualitativer, quantitativer, räumlicher und zeitlicher Hinsicht[329].
- Wirtschaftlichkeitsziel, also die Kostensenkung durch optimale Auswahl von Zulieferern nach Analyse der zu beschaffenden Wirtschaftsgüter nach ihrer Kostenstruktur.
- Analyse von Schwachstellen beim Lieferanten, welche durch entsprechende Kommunikation mit dem Lieferanten abgestellt werden können, um so die Lieferqualität und -beziehung entscheidend zu verbessern.

---

[328] Vgl. Hartmann, Materialwirtschaft, 1993, S. 204ff.
[329] Vgl. ebenda.

Diese Teilziele können je nach Unternehmensstrategie bzw. Lieferantenstrukturpolitik[330] mit unterschiedlicher Gewichtung in die Lieferantenwahl eingehen, nicht immer werden alle Ziele gleich angesprochen. So lassen sich durch eine zwar kostenintensive aber qualitativ hochwertige Lieferung höhere Umsatzerlöse erzielen. Sind also Faktorqualitäten mit Auswirkungen auf den Produktions- und Absatzbereich nicht entscheidend, so sind meist die relevanten Kosten der Lieferantenwahl zu berücksichtigen.

4.7.3 Lieferantenanalyse

Die Lieferantenanalyse wird bei potenziellen Lieferanten angewandt, wobei meist die Situation eines neuen Analysevorgangs unterstellt wird. Die Analyse soll durch die Klärung der allgemeinen Daten des Unternehmens, der fertigungsbezogenen Daten, der preispolitischen Bedingungen und der Beziehungen zu den anderen Unternehmen die Auswahl des Lieferanten unterstützen. Die Aufgabe wird dabei in der Grobanalyse der potenziellen Lieferanten, im Sinne einer Prüfung genereller Vorgaben an das liefernde Unternehmen, gesehen.

Die Lieferantenanalyse ist an die Erfüllung bestimmter Bedingungen geknüpft. Es müssen mehrere Anbieter ein gleichwertiges Wirtschaftsgut liefern können. Des Weiteren müssen möglichst alle Faktoren, die bei der Lieferantenauswahl von Bedeutung sein können, betrachtet werden. Unter diesen Bedingungen ist eine darauf aufbauende Auswahlentscheidung zu treffen.

Die Analysebereiche sind folgende:[331]

- Allgemeine Unternehmensdaten
    - Rechtsform und Inhaberverhältnisse
    - Größe des Unternehmens
    - Umsatzentwicklung
    - organisatorische Gliederung
    - Beschaffungs-, Fertigungs- und Absatzprogramm
    - finanzielle Lage und Gewinnsituation
    - betriebliche Personalpolitik
    - Qualifikation des Managements
    - Zugehörigkeit zur Gewerkschaft
    - Feststellung des Tarifgebietes
- Spezielle Produktbezogene Daten
    - Fertigungskapazität
    - Produktqualität
    - Know-how

[330] Vgl. Hartmann, Materialwirtschaft, 1993, S. 204ff.
[331] Vgl. Arnolds, Materialwirtschaft und Einkauf, 1998, S. 131ff.

  - Produktionsverfahren
- Spezielle Beziehungen zu Lieferanten
  - Abhängigkeit der beiden Beteiligten (Lieferant und Abnehmer) voneinander
  - Grad der Verflechtung der Lieferanten mit der Konkurrenz
  - Dauer der Geschäftsbeziehung
  - Chancen für Gegengeschäfte
  - Fragen der Imagewirkung oder des Imagetransfers durch den Bezug
  - räumliche Distanz
- Konditionen und Service
  - Zahlungs- und Lieferungsbedingungen
  - Rabatt- und Bonusmöglichkeiten
  - preispolitische Zugeständnisse anderer Art
  - Kunden- und Beratungsdienste
  - Garantie- und Kulanzleistungen
- Beschaffungspreise
  - Preisstrukturanalyse (Differenzierung nach Kosten- und Gewinnanteilen)
  - Preisvergleich (mit konkurrierenden Lieferanten unter Berücksichtigung der Qualität)
  - Preisbeobachtung, Preisentwicklung

Diese Informationen können durch die Beschaffungsmarktforschung ermittelt werden. Generell wird die Informationsbeschaffung als Problem gesehen, da die Unternehmen diese Daten meist nicht veröffentlichen.

Dennoch ist erkennbar, wie wichtig spezifische Gegebenheiten des Lieferanten in Bezug auf die Analyse und Auswahl sind. Als generelle Forderung gilt die Übereinstimmung der Daten (qualitative und quantitative) in möglichst vielen Bereichen mit denen des eigenen Unternehmens bzw. der gestellten Anforderungen an den Lieferanten.

Den Abschluss der Lieferantenanalyse bildet die Zusammenstellung der Informationen über potenzielle Lieferanten. Hierbei ist eine gewisse Relativierung notwendig.

4.7.3.1 Lieferantenbeurteilung

An die Lieferantenanalyse im Sinne einer Grobanalyse schließt sich die Feinanalyse der Lieferanten an. Hierzu wird geprüft, ob die Lieferanten für das beschaffende Unternehmen und dessen spezifische Anforderungen (meistens an das Produkt) geeignet sind. Am Endpunkt der Feinanalyse steht die Auswahl der Lieferanten.[332]

Die Lieferantenbeurteilung stützt sich im Wesentlichen auf drei Punkte:

- Beschaffungsmarktforschung (z.B. Lieferantenaudit oder Befragungen mittels Fragebogen),

[332] Vgl. Arnolds, Materialwirtschaft und Einkauf, 1998, S. 131ff.

- kaufmännische Beurteilung und
- Produktbeurteilung.

Sofern es sich um hochwertige A-Teile außerhalb der handelsüblichen Standards, also um Teile nach firmeninterner Spezifikation handelt, ist eine systematische Befragung vor Ort im Dialog mit dem potenziellen Lieferanten erforderlich. In der Regel ist es jedoch nicht notwendig, alle erwähnten Auswahlkriterien[333] zu berücksichtigen.

In der Praxis wird unterschieden in:[334]

- Einfaktorenvergleiche, bei denen nur ein Beurteilungskriterium herangezogen wird, und
- Mehrfaktorenvergleiche, bei denen mehrere Faktoren berücksichtigt werden.

Wird nur ein Kriterium zugrunde gelegt, ist eine Lieferantenauswahl schnell getätigt. Daher sind Einfaktorenvergleiche in Form von

- Preisvergleichen,
- Lieferzeitvergleichen,
- Qualitätsvergleichen,

weit verbreitet.

Diese sind aber nur vertretbar, wenn das Leistungsniveau der Anbieter bei allen aufgeführten Kriterien in etwa übereinstimmt. Es muss sicher gestellt sein, dass die Mindestanforderungen an den Zulieferer erfüllt werden. Wird also nur ein Kriterium in den Vordergrund gerückt, kann ein vorteilhafter Einkauf stark gefährdet sein z.B. gewinnt in dringenden Bedarfsfällen und beim Auftreten von Beschaffungsengpässen die Frage der kürzesten Lieferzeit als Kriterium an Gewicht. Es wird hier unter dem Druck drohender Fehlmengenkosten gehandelt und der Einkäufer wird zu Preiszugeständnissen verleitet.

Grundsätzlich muss vermieden werden, dass der Beschaffungsbereich vom Bedarfsfall überrascht wird und so die bedarfsgerechte Abwicklung unter Zeitdruck gerät, was erfahrungsgemäß Kosten verursacht. Eine funktionierende Lagerhaltung sowie ein Informations- und Kommunikationsmanagement sind also unbedingte Voraussetzung.

In der Praxis sind daher Mehrfaktorenvergleiche die Regel. Dies schließt allerdings nicht aus, dass einzelne Auswahlkriterien Ausschlusscharakter haben können. Grundsätzlich stellen sich dabei zwei Probleme:

- Nicht quantifizierbare Kriterien wie Service, Standort oder auch Image sind schwer zu bewerten bzw. zu vergleichen. Dasselbe gilt für Faktoren, welche auf Erfahrungswerte basieren (z.B. die Lieferzuverlässigkeit).

---

[333] Vgl. Arnolds, Materialwirtschaft und Einkauf, 1998, S. 131ff.
[334] Vgl. ebenda.

- Darüber hinaus wird sich bei der Gegenüberstellung der Angebote (bzw. der Informationen) herausstellen, dass diese in ihren Vorzügen nicht überein stimmen.

So kann ein Angebot im Preis am günstigsten liegen, ein weiteres Angebot dagegen, bei gleicher Lieferzeit, hinsichtlich der Qualität von Vorteil sein. Das Problem besteht also darin, die einzelnen Kriterien hinsichtlich ihrer Bedeutung auf die Bestellentscheidung vergleichbar zu machen und zu bewerten. Eine derartige Bewertungsmethode ist bereits mit der Nutzwertanalyse im Kapitel 2.1.2.3 vorgestellt worden.

4.8 Wandel in der Beschaffung durch die Weiterentwicklung von Informations- und Kommunikationssystemen

Der Einkauf hat sich im Verlauf der vergangenen 30 Jahre kontinuierlich weiterentwickelt. Der Wandel war zunächst eher unbedeutend und nicht mit dem in anderen Unternehmensbereichen vergleichbar. In den 70er und 80er Jahren scheiterten Umsetzungen innovativer Konzepte und Informationstechnologien, da der Beschaffung, anders als dem Vertrieb oder der Produktion, keine strategische Bedeutung zugesprochen wurde. Grundlegende Veränderungen wurden erst Ende der 80er Jahre herbeigeführt, als neue Konzepte, wie Lean Management oder Just-in-Time, für einen Abbau der Fertigungstiefe und eine Verlagerung der Wertschöpfung zur Beschaffungsseite sorgten. Die Einkaufsabteilung entwickelte sich zu einer Servicefunktion, die nicht mehr lediglich für das Schreiben von Bestellungen oder die Überwachung von Terminen zuständig war. Es entstanden die ersten Enterprise Resource Planning (ERP)-Systeme (wie z.B. SAP R/3), die eine elektronische Vernetzung der unternehmensinternen Geschäftsprozesse möglich macht. Die ERP-Systeme, sollten den Einkäufer bei seiner Tätigkeit unterstützen, boten aber keine Hilfe bei der Automatisierung unregelmäßig anfallender Beschaffungen. Seit Mitte der 90er Jahre, als die Internet-Technologie als Plattform für die Beschaffung entdeckt wurde, ist der Einkauf in den Mittelpunkt vieler Unternehmensplanungen gerückt und befindet sich in einer Umbruchsituation. Der Einkauf bietet aufgrund der Versäumnisse der vergangenen Jahre ein erhebliches Verbesserungspotenzial. Studien decken Einsparungspotenziale im zweistelligen Prozentbereich auf [335].

Erste Erfahrungen mit Internettechnologien zur Unterstützung interner und unternehmensübergreifender Prozesse wurden auf der Beschaffungs- und Vertriebsseite in Form von e-Procurement und e-Sales gemacht. Speziell auf der Einkaufseite hat sich seitdem die Verbreitung von elektronischen Marktplätzen (e-Marktplätzen), Internet-Auktionen und Katalogmanagersysteme, so genannten Desktop Purchasing Systemen (DPS), signifikant zugenommen. Die Darstellung des

---

[335] Vgl. Strub, Der Internet-Guide für Einkaufs- und Beschaffungsmanager, 1999, S. 125ff.

Beschaffungsprozesses dient der Verdeutlichung der Probleme in der traditionellen Beschaffung. Zu diesem Zweck werden Sachverhalte dargestellt, die für Unternehmen, die ihre Beschaffung auf traditionellem Weg durchführen, typisch sind. Das Hauptaugenmerk der Betrachtung liegt auf Produkten, die selten oder nur einmalig beschafft werden müssen. Sie unterscheiden sich teilweise im Ablauf des Beschaffungsprozesses und bieten speziell aus diesem Grund einen Hauptansatzpunkt bei der Konzeption von Electronic-Procurement-Lösungen.

In Unternehmen sind meist mehrere Personen in die Abwicklung eines Beschaffungsprozesses involviert. Die Beschaffung ist ein abteilungsübergreifender Prozess, der jeden Mitarbeiter eines Unternehmens betrifft und von verschiedenen funktionalen Organisationseinheiten abgewickelt wird. Bisher war es üblich, dass die Rollen des Bedarfsträgers, des Bestellanforderers und des Einkäufers innerhalb eines Geschäftsvorfalls von Mitarbeitern wahrgenommen wurden, die verschiedenen Organisationseinheiten angehörten. Jeder dieser Mitarbeiter hatte eine andere Aufgabe und war nur teilweise in die Abwicklung des gesamten Geschäftsvorgangs einbezogen. Die Interessen der Mitarbeiter waren bei der Beschaffung, abhängig von Ihren Aufgaben, auf unterschiedliche Aspekte gerichtet. Einige Abteilungen stellten den Preis in den Mittelpunkt ihrer Betrachtungen, während für andere Merkmale, wie Qualität oder Liefertreue, die Grundlage für eine Geschäftsbeziehung mit einem Lieferanten bildeten[336].

Der traditionelle Beschaffungsprozess lässt sich generell in verschiedene Phasen einteilen, wobei üblicherweise die Bedarfsermittlung am Anfang steht. Der Bedarf kann, abhängig von der Bedarfsquelle, unterschiedlichste Ursachen haben. Beispielsweise kann das Unterschreiten einer Mindestlagermenge im Rahmen einer Lagerhaltungs- und Bestellpolitik den Bedarf auslösen, und so eine Bestellung nach sich ziehen. In diesem Fall generiert das Enterprise Resource Planning - System (ERP-System) automatisch eine Bestellung der benötigten Güter. Es gibt auch eine Reihe von Produkten, die nicht im ERP-System erfasst werden und deren Bedarf einmalig oder unregelmäßig anfällt. Hierzu gehören u.a. Büromaterialien für den administrativen Bereich oder Materialien für die Instandhaltung von Maschinen. Über neue oder unbekannte Materialien müssen jeweils Informationen eingeholt werden. Diese finden sich traditionell in Katalogen und in der Fachliteratur in gedruckter Form. Oftmals liegt das Informationsmaterial jedoch nicht im Unternehmen vor und muss zunächst ebenfalls bestellt werden. Daher vergehen häufig einige Tage, ehe die Unterlagen dem Bestellanforderer zur Verfügung stehen[337].

Nach der Auswahl eines adäquaten Produkts beginnt mit der Autorisierung die nächste Phase des Beschaffungsprozesses. Die generelle Notwendigkeit einer Autorisierung

---

[336] Vgl. Dolmentsch, eProcurement – Einsparungspotentiale im Einkauf, 2000, S. 46.
[337] Vgl. Bogaschewsky, Elektronischer Einkauf, 1999, S.46.

bzw. die Festlegung von Genehmigungsinstanzen ist in Beschaffungsrichtlinien definiert. Die Genehmigungsregeln sind meist abhängig vom jeweiligen Produktsegment, dessen Preis und dem Bedarfsträger. Sie bestimmen, wer berechtigt ist, Autorisierungen zu erteilen und wie viele Autorisierungsinstanzen eine Bestellung durchlaufen muss. Instanzen können Vorgesetzte, der Facheinkauf oder das Beschaffungs-Controlling sein. Sind die Autorisierungsvorschriften restriktiv, müssen selbst geringwertige Produkte, wie z.B. einfache Büromaterialien, vor Ihrer Bestellung zunächst vom zuständigen Abteilungsleiter genehmigt werden. Autorisierung erfolgt durch Unterzeichnung der Bedarfsmeldung durch die jeweilige Autorisierungsinstanz[338].

Zur Ermittlung der Bezugsquelle, der nächsten Phase im Beschaffungsprozess, werden anhand der Produktspezifikationen potenzielle Lieferanten identifiziert. Die erforderlichen Informationsquellen, die zu diesem Zweck genutzt werden, sind vielfältig und den Mitarbeitern des Einkaufs zugänglich. Bevor Lieferanten angefragt werden, kommen u.a. folgende Organisationsmittel zum Einsatz:

- Das Bezugsquellenverzeichnis enthält Informationen über alle in Frage kommenden Lieferquellen und besteht in erster Linie aus Angaben aus Adressbüchern, Messekatalogen oder Berichten und Anzeigen in Fachzeitschriften.
- Im Anfrageregister werden alle Anbieter erfasst, die bei zurückliegenden Anfrageaktionen vielversprechende Angebote abgegeben haben.
- Die Lieferantenkartei enthält alle wichtigen Daten über Lieferanten, mit denen das Unternehmen in Geschäftsbeziehung steht.

Der Einkauf zeigt sich dafür verantwortlich, Daten möglicher Lieferquellen zu sammeln, zu bewerten und zu archivieren. Nach Auswertung der Lieferanteninformationen werden auf dem Postweg, per Telefax oder telefonisch Anfragen an in Frage kommende Lieferanten gerichtet. Für schriftliche Anfragen werden aus Vereinfachungsgründen Vordrucke verwendet, die einen standardisierten Text und offene Felder für zu ergänzende Angaben enthalten. Diese Felder werden teils automatisiert, teils manuell ergänzt[339].

Auf Basis der Anfragen erfolgt die Phase der Lieferantenauswahl, die zuvor schon näher beschrieben worden ist. Der Einkauf überprüft die eingegangenen Angebote in Abstimmung mit dem Bedarfsträger auf die Leistungsfähigkeit der Lieferanten. Diese wird neben dem Preis des Bezugsobjektes auch durch Qualitätsmerkmale und Lieferbedingungen bestimmt. Die Auswahl der Lieferanten kann von strategischer oder operativer Natur sein, was bedeutet, dass die Geschäftsbeziehungen sowohl zur Begründung einer längerfristigen Zusammenarbeit wie auch ad hoc als Reaktion auf plötzlich aufgetretene Bedarfsänderungen entstehen. Bei Materialien mit Wert werden

---

[338] Vgl. Dolmentsch, eProcurement – Einsparungspotentiale im Einkauf, 2000, S. 131ff.
[339] Vgl. Hartmann, Materialwirtschaft, 1993, S. 427ff.

Lieferanten einer intensiveren Auswahlprozedur unterzogen als bei mittel- und geringwertigen Wirtschaftsgütern. Grund für die unzureichende Beachtung dieser Güter ist häufig die Überlastung der Einkaufsmitarbeiter mit administrativen Aufgaben[340].

Bei der Bestellabwicklung gibt der zuständige Einkaufssachbearbeiter die Daten des Bestellauftrags manuell in das ERP-System ein, verbucht die Bestellung und übermittelt die Bestellunterlagen per Post oder Fax an den Lieferanten. Ist der Auftrag erteilt, ist es Aufgabe des Einkäufers dafür zu sorgen, dass die Bestellung vereinbarungsgemäß Geltung erlangt. Dazu muss die vom Lieferanten übermittelte Auftragsbestätigung sorgfältig auf Fehler überprüft werden. Ziel der Bestellüberwachung ist die Gewährleistung, dass Anbieter die vereinbarten Liefertermine fristgerecht einhalten. Abweichungen müssen frühzeitig erkannt werden, damit genug Zeit besteht, neue Dispositionen vornehmen zu können. Die Terminüberwachung erfolgt unter Zuhilfenahme von Bestellkarteien und Beleg- oder Bestellkopien und hat vorwiegend Routinecharakter. Die administrativen Tätigkeiten werden daher auch häufig einer zentralen Terminüberwachungsstelle übertragen.

Der Wareneingang ist in der Regel zentral organisiert, d.h. für die Bearbeitung sämtlicher Wareneingänge im Unternehmen verantwortlich. Seine Aufgabe ist es, die Richtigkeit aller Lieferungen und Leistungen zu überprüfen und unverzüglich über alle Wareneingänge zu berichten. Diese Meldung erfolgt über die Verbuchung der Materialien im ERP-System. Die Rechnungsprüfung bildet die anschließende Phase des Beschaffungsprozesses. Die Bearbeitung der Rechnungen muss unverzüglich erfolgen, da dies Voraussetzung für eine fristgerechte Skontierung ist. Eine Prüfstelle kontrolliert alle notwendigen Unterlagen auf rechnerische Korrektheit. Ordnungsgemäße Unterlagen werden zur Zahlungsabwicklung freigegeben, während fehlerhafte Dokumente zur weiteren Überprüfung zum Bestellanforderer gesendet werden. Der Ablauf der Rechnungsprüfung stellt einen sehr hohen manuellen Arbeitsaufwand dar und zwingt Unternehmen häufig dazu, Vereinfachungen in Form von Sammelrechnungen oder stichprobenartigen Kontrollen durchzuführen[341].

Der traditionelle Beschaffungsprozess birgt eine Reihe von offensichtlichen Problemen in sich, die hier zusammengefasst dargestellt werden sollen. Die aufgezählten Schwierigkeiten tauchen in vielen Unternehmen auf, die ihre Beschaffung auf herkömmliche Art und Weise durchführen.

Der Beschaffungsprozess nimmt zu viel Zeit in Anspruch.

Mitarbeiter, die in den Prozess involviert sind, verbringen einen Großteil ihrer Arbeitszeit mit manuellen Routinetätigkeiten. Unternehmen haben festgestellt, dass

---

340 Vgl. Dolmentsch, eProcurement – Einsparungspotentiale im Einkauf, 2000, S. 11ff.
341 Vgl. Hartmann, Materialwirtschaft, 1993, S. 463ff.

Mitarbeiter der Einkaufsabteilung im Durchschnitt 35% ihrer Arbeitszeit mit Routinearbeiten und der Auswertung von Papierformularen verbringen. Ein anderer, bestimmender Zeitfaktor in der Beschaffung ist der externe Informationsfluss durch konventionelle Kommunikationsmittel. Für Unternehmen besteht die Notwendigkeit, mit ihren Lieferanten Dokumente, wie Kataloge, Anfragen, Angebote, Bestellungen, Bestellbestätigungen und Rechnungen, auszutauschen. Ein Postversand dieser Unterlagen ist sehr zeitaufwendig und benötigt mehrere Tage. Auch Telefonate und Telefaxe nehmen viel Zeit der Mitarbeiter in Anspruch[342].

Lange und unsichere Lieferzeiten verursachen hohe Lagerkosten.

Die lange Beschaffungsdauer sorgt für Unsicherheit im Unternehmen. Häufig befürchten Mitarbeiter eine lange Wartezeit bis zur Lieferung der gewünschten Artikel und horten daher Produkte, wie z.B. Büromaterialien, als eigene Sicherheitsreserven, auf die sie im Notfall zurückgreifen können. Diese ungenutzten Bestände werden als Verbrauch erfasst und lösen hohe Lagerkosten und Mehrfachbestellungen aus. Höherwertige Materialien, die eine hohe Kapitalbindung mit sich bringen, müssen unverhältnismäßig lange gelagert werden, da der Einkauf aufgrund der langen Beschaffungszeit nur unflexibel auf Bestandsveränderungen reagieren kann[343].

Der Einkauf verwendet zu viel Zeit für administrative Routinearbeiten, anstatt taktische oder strategische Aufgaben wahrzunehmen.

Die administrativen Tätigkeiten der Bestellabwicklung sind für alle Beschaffungsobjekte, unabhängig von deren Wert oder Bedeutung für das Unternehmen, in der traditionellen Beschaffung gleich. Statt sich mit taktischen Aufgaben, wie der Durchführung von Ausschreibungen oder der Auswahl von Anbietern zu beschäftigen, müssen redundante manuelle Tätigkeiten durchgeführt werden. Als Beispiel dafür können das manuelle Verbuchen von Formularen und Beschaffungsanträgen sowie die Rechnungsprüfung angeführt werden[344].

Die Beschaffung erfolgt außerhalb verhandelter Kontrakte.

Es kann einen Zeitraum von einigen Monaten in Anspruch nehmen, ehe neue Papierkataloge verteilt oder Informationen über einen neuen Volumenvertrag in den Fachabteilungen bekannt sind. Statt Produkte mit ausgehandelten Preisen zu bestellen, geben Bedarfsträger oftmals Bestellungen bei Lieferanten auf, mit denen keine Preisabsprachen bestehen. Die bewusste Ignoranz der vereinbarten Präferenzen erfolgt häufig, weil Bedarfsträger sofortige Verfügbarkeit oder bestimmte Markenartikel als wichtigstes Beschaffungskriterium ansehen. Nach einer Intersearch-Umfrage zahlen

[342] Vgl. Dolmentsch, eProcurement – Einsparungspotentiale im Einkauf, 2000, S. 11ff.
[343] Vgl. o.V.: Angefangen hat es mit Büromaterial, in Beschaffung Aktuell, 6/2000, S. 64.
[344] Vgl. Dolmentsch, eProcurement – Einsparungspotentiale im Einkauf, 2000, S. 11.

Unternehmen beim Einkauf nicht verhandelter Produkte im Durchschnitt um 16% höhere Preise[345].

Produktkataloge veralten schnell und weisen statt des ausgehandelten Preises lediglich den Listenpreis aus.

Personen, die in den Beschaffungsprozess involviert sind, arbeiten oftmals mit veralteten Produktkatalogen. Informationen, die über Produkte mit kurzen Lebenszyklen eingeholt werden müssen, können nur aus Katalogen und Preislisten entnommen werden, die bereits ungültige Daten enthalten. Um aktuelle Produktinformationen oder verhandelte Preise zu ermitteln, muss der Bedarfsträger die Informationen telefonisch einholen oder aufwendig im Informationssystem nachsehen[346].

Fehlinformationen verursachen hohe Kosten und Verzögerungen.

Da manuelle Bestellanforderungen sehr fehleranfällig sind und unvollständige Angaben oder falsche Materialnummern enthalten können, sind zur Behebung dieser Fehler oft zeitaufwendige Telefonate zwischen Einkauf, den Fachabteilungen und den Lieferanten notwendig. Abklärungen dieser Art sind arbeitsintensiv, und Formulare können bis zur Genehmigung wochenlang im Umlauf sein, ehe die Bestellung ausgeführt werden kann. Ferner lösen unzureichend oder missverständlich ausgefüllte Bestellformulare bei ungenügender Prüfung Falschlieferungen des Lieferanten aus[347].

Der konventionelle Informationsaustausch verursacht hohe Kosten.

Papier-, Porto- und Telefonkosten für Anfragen und Bestellungen sind häufig sehr hoch. Auch unternehmensinterner Verwaltungsaufwand führt zu hohen Kosten, beispielsweise für Ausdrucke, Fotokopien und Verteilung der Unterlagen.

Ein Einkaufs-Controlling ist gar nicht oder nur eingeschränkt möglich.

Der Bereich Controlling ist im Wesentlichen eine Managementaufgabe, zu der auch das Controlling des Einkaufs gehört. Die Dokumentation des Einkaufsverhaltens gewinnt seine Bedeutung dadurch, dass es sich mit dem wichtigsten Kostenblock vieler Unternehmen befasst. Durchschnittlich fallen 50% aller Kosten eines Unternehmens im Einkauf an. Betriebswirtschaftliche Anwendungslösungen, wie sie bisher im Einkauf eingesetzt werden, bieten keine Möglichkeit einer adäquaten Zielkontrolle. Einkaufsstatistiken und Beschaffungserfolge oder -misserfolge können damit gar nicht oder nur eingeschränkt und unter großem Aufwand dargestellt werden[348].

---

[345] Vgl. Dolmentsch, eProcurement – Einsparungspotentiale im Einkauf, 2000, S. 12ff.
[346] Vgl. ebenda.
[347] Vgl. ebenda.
[348] Vgl. http://www.its-unternehmensberatung.de/ind_angebot.htm, Stand 28.10.2000.

Manuelle Abklärungen und Genehmigungen führen zu hohen Kosten.

Die Beschaffung geringwertiger Materialien ist unverhältnismäßig teuer. Selbst einfache Artikel mit einem Wert von 10,- € ziehen Beschaffungskosten von mehr als 100,- € nach sich.[349] Die hohen Kosten sind insbesondere auf die abstimmungsintensiven und wenig automatisierten Prozesse, die zur Genehmigung des Beschaffungsvorgangs notwendig sind, zurückzuführen[350]. Die tatsächlich sehr hohen Transaktionskosten, die durch einen ausgelösten Beschaffungsprozess kumuliert auftreten, werden vom einzelnen Mitarbeiter häufig unterschätzt.

Der Beschaffungsprozess weist Medienbrüche auf.

Bei einer Bestellung stellen Formulare, Faxe und Telefonate die bevorzugten Medien zum Austausch von Informationen dar. Dies hat zahlreiche Medienbrüche zur Folge. Ein Unternehmen gibt beispielsweise die Rechnung oder Bestellung, die bei dem Unternehmen elektronisch vorliegt, in Papierform nach außen weiter. Dies zieht diverse unproduktive oder zumindest häufig wiederkehrende manuelle Arbeiten nach sich, die wiederum ein erhebliches Fehlerpotenzial in sich bergen.

Die Aufzählung der Probleme erhebt keinen Anspruch auf Vollständigkeit, und es gibt noch eine Reihe weiterer Unzulänglichkeiten, die der traditionelle Beschaffungsprozess mit sich bringt. Es wird aber deutlich, dass erheblicher Verbesserungsbedarf innerhalb der Beschaffung vorhanden sind. Wie es der moderne Einkauf mit Hilfe des Electronic-Procurement ermöglicht, diese Potenziale zu realisieren, wird Bestandteil der folgenden Kapitel sein.

4.8.1 Verbesserungsansätze der modernen Beschaffung

Der Einkauf wird in immer stärkerem Maße in Kostensenkungs- und Qualitätsverbesserungsprogramme einbezogen. Er ist verantwortlich für die Identifikation von Potenzialen entlang der gesamten Wertschöpfungskette, d.h. von der Entwicklung neuer Produkte bis hin zur Auslieferung der Endprodukte. Der Einkauf fördert damit den Wettbewerb zwischen Eigenfertigung und den Fremdanbietern. Er zeigt die Möglichkeiten der Substitution von bisher verwendeten Materialien auf und hilft so bei der Realisierung von Qualitätsverbesserungs- und Einsparungspotenzialen[351].

Durch Teamorientierung der Funktionsbereiche eines Unternehmens kann eine erhebliche Verbesserung des Beschaffungsprozesses erzielt werden. Die isolierte Aufgabenerfüllung des Einkaufs muss zu diesem Zweck aufgegeben werden. Mitarbeiter des Einkaufs werden Teil eines interdisziplinären Teams. In

---

[349] Vgl. o.V.: Kurzer Prozess, http://www.manager-magazin.de/prtversion/0,1119,60476,00.html, Stand: 05.10.2000.

[350] Vgl. Dolmentsch, eProcurement – Einsparungspotentiale im Einkauf, 2000, S. 12.

[351] Vgl. Fieten, Integrierte Materialwirtschaft, 1994, S. 65ff.

abteilungsübergreifenden Arbeitsgruppen müssen folgende Ansatzpunkte untersucht und geklärt werden:

- Ist es für das beschaffende Unternehmen realisierbar bzw. sinnvoll, bestimmte Beschaffungsobjekte zu standardisieren? Eine Standardisierung ermöglicht es, Kostenvorteile durch höhere Bestellmengen und kürzere Lagerzeiten zu erzielen.
- Kann zugunsten von Zukaufsmaterialien auf eigengefertigte Teile verzichtet werden? Zu diesem Zweck wird in Arbeitsgruppen eine sogenannte Make-or-buy-Analyse (vgl. Kapitel 4.1.4.8) durchgeführt, in der die Ressourcen des eigenen Unternehmens mit den Möglichkeiten des Beschaffungsmarktes verglichen werden.

Segmentierung der Einkaufsmaterialien

Die Segmentierung der zu beschaffenden Materialien stellt einen wichtigen Ansatz zur Verbesserung der Beschaffung dar und soll wegen seiner Bedeutung für Electronic-Procurement an dieser Stelle ausführlicher behandelt werden.

Ziel der Beschaffung muss es sein, den Bedarf des Unternehmens einer Analyse zu unterziehen. Als Grundlage zur Rationalisierung von zu aufwendigen Beschaffungsprozessen dienen dazu die Ergebnisse der im 2. Kapitel beschriebenen ABC-Analyse. Sie ermöglicht es, die Aktivitäten des Einkaufs auf Bereiche mit hoher wirtschaftlicher Bedeutung zu lenken und gleichzeitig den Aufwand für die übrigen Gebiete durch Vereinfachungsmaßnahmen zu reduzieren.

Einkäufer beanspruchen heute bis zu 80% aller Verhandlungszeiten mit Lieferanten für Aushandeln von Kontrakten hochwertiger A-Artikel. Die Folge ist, dass geringwertigen Materialien, den B- und C-Materialien, häufig zu wenig Beachtung geschenkt wird.

Die Beschaffung standardisierter, relativ geringwertiger und mit geringem Beschaffungsrisiko verbundener Artikel ist daher besonders verbesserungswürdig. Derartige Produkte machen in der Summe einen erheblichen Anteil des administrativen Arbeitsaufwands aus und sind aufgrund der oftmals hohen Bestellfrequenz typische Kostentreiber[352]. Dies führt oftmals dazu, dass selbst ein produzierendes Unternehmen mehr Geld für die Beschaffung von indirekten Gütern und Dienstleistungen ausgibt als für die Beschaffung von Produktionsmaterialien. Das US Bureau of the Census hat ermittelt, dass durchschnittlich 57% des Umsatzes von produzierenden Unternehmen für Güter und Dienstleistungen verwendet werden. Von diesen Ausgaben entfallen lediglich 39% auf direkte Güter, während die restlichen 61% für indirekte Güter und Dienstleistungen ausgegeben werden[353].

---

[352] Vgl. Brenner, Die Beschaffungsmanager entdecken den Reiz des Internet, in: Blick durch die Wirtschaft, 1998, S. 3.

[353] Vgl. Renner, in Strub, Manfred: a.a.O., S.158ff.

Bei der ABC-Analyse werden laut Hartmann vornehmlich folgende Größen und Abhängigkeiten untersucht:

- Anzahl und Wert der beschafften Materialien bzw. Materialgruppen,
- Anzahl und Wert der verbrauchten Materialien bzw. Materialgruppen,
- Anzahl und Wert aller Bestellungen,
- Anzahl und Wert der Lieferantenrechnungen,
- Anzahl und Umsatzwert der Lieferanten,
- Anzahl und Wert der Reklamationen,
- Bestandswerte,
- Entnahmehäufigkeit[354].

Für eine erste Bewertung der strategischen Bedeutung von Gütergruppen kann auf die ABC-Klassifizierung zurückgegriffen werden. Güter mit hohen Verbesserungspotenzialen für die Beschaffung haben häufig eine Schnittmenge mit C-Gütern[355].

Um Beschaffungsmaterialien tiefgründiger daraufhin zu untersuchen, ob sie sich für einen elektronisch unterstützten Beschaffungsvorgang anbieten, muss als zweites Bewertungskriterium das Automatisierungspotenzial der Gütergruppen betrachtet werden. Dieses leitet sich aus den spezifischen Beschaffungsprozessen ab. Für diese Gütergruppen sollte eine Verlagerung im Unternehmen durchgeführt werden. Warum sollten Bestellungen von Gütern, die der Instandhaltung, Reparatur oder dem operativen Geschäft dienen, erst umständlich über die Einkaufsabteilung beschafft werden? Zur Beantwortung dieser Frage müssen vor allem C-Güter genauer untersucht werden. Die SAP AG bezeichnet C-Materialien als Synonyme für nicht fertigungsbezogene Güter, Hilfs- und Betriebsstoffe und MRO-Materialien[356]. Im Zusammenhang mit Electronic-Procurement sind diese Maintenance-Repair and Operations-Goods bzw. indirekten Güter von besonderer Bedeutung. „Die eingeführte Differenzierung zwischen direkten und indirekten/MRO-Gütern ist maßgebliches Kriterium bei der Ausgestaltung der Beschaffungsprozesse und der informationstechnischen Unterstützung in großen Unternehmen“[357].

Direkte Güter sind Güter, die in das Kerngeschäft des Unternehmens eingehen und für den Weiterverkauf oder die Weiterverarbeitung bestimmt sind. Die Bezeichnung indirekte/MRO-Güter dient als Überbegriff für Dienstleistungen, MRO-Güter und typische Produkte des administrativen Bereichs, unabhängig von deren Kaufpreis. Der Einfachheit halber werden sie im folgenden als MRO-Güter bezeichnet. MRO-Güter

---

354 Vgl. Hartmann, Materialwirtschaft, 1993, S. 142ff.

355 Vgl. Brenner, Die Beschaffungsmanager entdecken den Reiz des Internet, in: Blick durch die Wirtschaft, 1998, S. 3.

356 Vgl. Hoepfner, SAP B-2-B Procurement für den optimierten Einkauf, www.sap-ag.de:80/germany/events/viag/pdf/bbp.pdf, S. 9, Stand 11.09.2000.

357 Vgl. Dolmentsch, eProcurement – Einsparungspotentiale im Einkauf, 2000, S. 51.

gehen nicht direkt in das Endprodukt ein bzw. sind im Falle von Handelsunternehmen nicht direkt für den Weiterverkauf bestimmt. Ihre Bestimmung liegt stattdessen in der Nutzung oder dem Konsum innerhalb des Unternehmens. Der Bedarf an MRO-Gütern kann bei jedem einzelnen Mitarbeiter im Unternehmen anfallen. Bei der Beschaffung direkter Güter gehen Unternehmen häufig langfristige Partnerschaften oder Allianzen ein. Die Entscheidung für einen Anbieter wird im Unternehmen tendenziell langfristig getroffen[358].

Die nachfolgende Übersicht stellt die Unterscheidungsmerkmale direkter und MRO-Güter zusammenfassend dar.

Beschaffung indirekter/MRO-Produkte	Beschaffung direkter Produkte
• Verschiedenste Produkte • Handelswaren oder Standardprodukte • Keine Planung der Bedarfsmengen möglich • Bedarfsträger ist prinzipiell jeder Mitarbeiter • Teilweise Genehmigung notwendig • Katalogeinkauf • Bestellfrequenz hoch, aber unregelmäßig	• Fest definiertes Material für die Produktion • Häufig speziell entwickeltes Material • Vorherige Planung von Bedarfsmengen möglich • Beschaffungsanforderung von dediziertem Planer bzw. Beschaffenden • Keine Genehmigungen notwendig • Stücklistenauflösung • Bestellfrequenz hoch und regelmäßig

Tabelle 48: Charakteristika der Beschaffung direkter und indirekter/MRO-Produkte [359]

Die differenzierte Betrachtung von MRO-Gütern lässt sich damit begründen, dass direkte Produkte meist mit einem Materialstamm im ERP-System hinterlegt sind. Grundsätzlich ist die Erfassung von Dienstleistungen und physischen Gütern im ERP-System möglich. Produkte mit einer Materialstamm-Nummer bezeichnet man auch als kodierte Produkte. MRO-Produkte erhalten häufig keine Materialstammnummer und werden daher auch als unkodierte Produkte bezeichnet.

Die Differenzierung kodierter und unkodierter Produkte ist notwendig, da sich der Beschaffungsprozess dieser Produkte unterscheidet.

Bei der Verwendung kodierter Produkte ergeben sich folgende Vorteile:

- Ohne manuelle Eingaben kann ein Bestellvorgang vollkommen automatisch durch das ERP-System generiert werden.
- Aus dem Materialstamm kann abgeleitet werden, auf welches Sachkonto ein Material verbucht werden muss.
- Material kann in Lagern bewirtschaftet werden. Die Kodierung bildet die Voraussetzung für eine strukturierte Lagerorganisation.

---

[358] Vgl. Dolmentsch, eProcurement – Einsparungspotentiale im Einkauf, 2000, S. 51ff.
[359] Vgl. ebenda.

- Die Warenlogistik, beispielsweise der Warenempfang, wird durch die Zuordnung von sogenannten EA-Nummern, Basismengen usw. vereinfacht.

Die nachfolgende Grafik stellt einen Überblick über die Unterteilung der zu beschaffenden Güterarten dar:

GÜTER

Kodierte Güter

- Werden systematisch mit Materialstammnummer erfasst und gepflegt
- Bestellung kann automatisch generiert werden
- Können in Lagern bewirtschaftet werden

Unkodierte Güter

- Selten beschaffte oder geringwertige Wirtschaftsgüter
- Keine Materialstammsätze vorhanden
- Lagerung oft in Handlagern beim Bedarfsträger

Direkte Güter

- Rohstoffe, Vor oder Zwischenprodukte
- Unverändert, bearbeitet und / oder verarbeitet
- Gehen direkt in das Kerngeschäft (erstellte Produkte) ein

Indirekte Güter

- Gebrauchs- und Verbrauchsgüter
- Dienen der Aufrechterhaltung der Produktion
- Werden vom Unternehmen „konsumiert“

MRO-Güter i.e.S.

Maintenance, Repair und Operations Güter

- Produkte zur Instandhaltung, Wartung, Reparatur oder den Betrieb von Maschinen
- Produktionsanlagen
- Güter zur Forschung und Entwicklung
- Büromöbel, Computer Equipment, Software
- IT-Dienstleistungen, Transportservice
- ...

MRO-Güter i.w.S.

Administrative Güter

- Büromaterial
- Magazine, Bücher, Zeitungen
- Schulungen
- Werbegeschenke, -material
- Bankdienstleistungen, Recruiting
- ...

Abbildung 54: Arten von Beschaffungsgütern

Der hohe Aufwand für die Erfassung, Aktualisierung und Pflege der Materialstammsätze stellt einen wesentlichen Nachteil der kodierten Produkte dar. Nichtkodierte Produkte erfordern lediglich zum Zeitpunkt der Datenerfassung einen höheren manuellen Datenerfassungsaufwand. Kodierte Produkte hingegen bedürfen eines (einmaligen) Erfassungs- und Pflegeaufwandes zur Aktualisierung der Stammdatenveränderungen. Als Konsequenz daraus reduzieren einige Unternehmen den manuellen Pflegeaufwand, indem sie selten zu beschaffende und/oder geringwertige MRO-Produkte erst gar nicht als Materialstamm im ERP-System erfassen. Stattdessen setzen sie elektronische Produktkataloge, sogenannte Purchasing-Cards und monatliche Sammelrechnungen ein. Dadurch ist weder ein Materialstamm notwendig, noch wird eine Bestellung im ERP-System angelegt. Die Posten der Sammelrechnungen werden am Monatsende direkt auf die Kostenart bzw. die entsprechende Kostenstelle verbucht.

Nachfolgend ist die von Roland/Kleefeld beschriebene Einteilung der Beschaffungsobjekte direkt übernommen worden:[360]

Lange Zeit standen nur die C-Artikel im Mittelpunkt der Betrachtung. Ein großer Anteil dieser C-Teile – zumeist nicht produktbezogene Objekte oder Hilfsstoffe mit geringem Einstandspreis und geringem Beschaffungsrisiko (wie z.B. Büromaterial, Werkzeuge oder EDV-Zubehör) - lässt sich den Kategorien „standardisierte administratives Verbrauchsmaterial“ sowie „Instandhaltung“, „Reparaturen“ und „Betrieb“ (Maintenance/Repair/-Operations (MRO)) zuordnen. Für diese Beschaffungsobjekte ist vornehmlich die Senkung der mit dem Beschaffungsprozess verbundenen Durchlaufzeiten und Kosten von großer Bedeutung, die laut verschiedenen Studien durchschnittlich ca. 80 € betragen. Zu diesem Zweck werden katalogbasierte Beschaffungssysteme, häufig im Rahmen von Desktop Purchasing Systemen eingeführt, bei denen die Mitarbeiter, die die Objekte benötigen, diese in einem elektronischen Katalog dezentral ausgewählt und bestellen können. Die Lieferung erfolgt durch wenige Lieferanten direkt an den Arbeitsplatz der Bedarfsträger, die weitere Abwicklung (Abbuchungen vom Budget, Bezahlung) erfolgt automatisch. Durch die Bedarfsbündelung wird auch eine Senkung der Einstandspreise angestrebt.

Für Produktionsteile (programmgesteuert zu disponierende Objekte, die in die zu fertigenden Produkte eingehen - wie z. B. Radios und Navigationssysteme in der Automobilindustrie) ist der regelmäßige Austausch von Bedarfs- und Kapazitätsinformationen zwischen den Gliedern der Wertschöpfungskette von besonderer Wichtigkeit. Dieser Datenaustausch, der in der Vergangenheit aufwendig von Punkt zu Punkt mit EDI-Verbindungen durchgeführt wurde, erfolgt zunehmend mit Internettechnologien, z. B. auf Basis der eXtensible Markup Language (XML) .

Bei Zeichnungsteilen, d. h. in die Produkte eingehende Objekte mit mittlerer Komplexität, die häufig auf der Basis von durch den Abnehmer erstellten Zeichnungen durch die Lieferanten produziert werden (in der Automobilindustrie z. B. Drehteile,

[360] Vgl. Roland, Strategisches Beschaffungsmarketing, 2002, S. 306f.

Stanzteile, Gussteile), konzentriert sich das Interesse auf den Prozess der Lieferantenauswahl. Ziele sind hierbei niedrige Kosten und die Beschleunigung des Auswahlprozesses. In den Wettbewerb einbezogen werden nur Anbieter, die das Potenzial zur Erfüllung der gestellten Anforderungen, z. B. im Hinblick auf Qualität und Liefertreue, nachgewiesen haben. Dabei wird der gesamte Prozess (Anfrage durch den Abnehmer, Angebot durch die (potenziellen) Lieferanten sowie Lieferantenauswahl) durch Internettechnologien unterstützt. Die endgültige Lieferantenauswahl kann auf der Basis von Internet-Auktionen erfolgen (der Lieferant, der das günstigste Angebot abgibt, erhält den Zuschlag), wenn der Abnehmer mit einem Vertragsabschluss mit allen an der Auktion teilnehmenden Unternehmen grundsätzlich einverstanden ist. Existiert keine ausreichende Zahl freigegebener potenzieller Anbieter, können über das Internet weitere Lieferanten identifiziert werden. Vor einer Teilnahme an Ausschreibungen ist aber zunächst häufig ein Verfahren zu durchlaufen, an dessen Ende die Freigabe als potenzieller Lieferant steht.

Für strategisch besonders wichtigen Beschaffungsobjekten (komplexe Module/Systeme) oder entscheidende Betriebsmittel (Anlagen/Maschinen) besteht zwischen dem Zulieferer und dem Abnehmer häufig eine langjährige Wertschöpfungspartnerschaft. Da sich der Lieferant aktiv am Entwicklungsprozess des Beschaffungsobjektes und teilweise an der Definition seiner Schnittstellen beteiligt, hat der Wettbewerb um die besten Konzepte eine entscheidende Bedeutung, falls mehrere potenzielle Entwicklungspartner zur Verfügung stehen. Hierbei wird auf sicheren und reibungslosen Austausch der Konstruktionsdateien mit Hilfe von Internettechnologien auf der Basis kollaborativer Systeme großen Wert gelegt. Wie bei allen Formen der Projektarbeit können Intra- und Extranetlösungen dafür sorgen, dass allen Beteiligten sämtliche benötigten Informationen aktuell zur Verfügung stehen.

4.8.2 Elektronische Beschaffung über das Internet

Im elektronischen Handel gibt es verschiedene Arten der Nutzung des Electronic-Procurement, die neben dem Gebrauch der Internet-Technologie eines gemeinsam haben: Die Verwendung elektronischer Produktkataloge. Diese bilden eine der Grundvoraussetzungen für die elektronische Beschaffung und werden aus diesem Grund zunächst ausführlicher behandelt werden.

4.8.2.1 Elektronische Produktkataloge

In der Beschaffung spielt die Bereitstellung der Produktinformationen eine elementare Rolle. Der Zugang zu den Informationen war bislang nur über ERP-Systeme möglich. Die Bedienung dieser Systeme erforderte ein fundiertes Wissen und war ohne vorherige Schulung der Mitarbeiter unmöglich. Ein weiteres Problem bei einer

Bestellung lag in der manuellen Bestellabwicklung von MRO-Gütern aufgrund fehlender Materialstamm-Nummern. Mit steigender Verbreitung der Internet-Technologien wurden Möglichkeiten entwickelt, um Beschaffungsprobleme umfassend zu lösen. Die Beschaffung von Produkten aus elektronischen Katalogen bildet die Basis dieser Lösungen.

Rein technisch gesehen bilden Produktkataloge eine Datenbank mit verschiedenen Funktionen. So verfügt die Datenbank über eine Suchfunktion zum einfachen und schnellen Auffinden von Beschaffungsmaterialien. Der gesamte Aufbau der Datenbank erfolgt nach einem hierarchischem Kategoriensystem. Dies bedeutet, dass Produkte sowohl direkt über genaue Spezifikation als auch über unpräzise Angaben und Annäherungen durch zunehmend genauere Vorgaben der Datenbank gesucht werden können. Produktkataloge erlauben es auch, Produkte nach verschiedenen Klassifizierungsmöglichkeiten zu suchen, wobei z.B. auch der Preis als Suchkriterium eines Produktes einbezogen werden kann.

Aus betriebswirtschaftlicher Sicht begreift man elektronische Kataloge als internes Werkzeug zur Systematisierung der Beschaffung. Ferner dienen sie als Steuerungsinstrument für die Lieferantenbeziehungen, da sie als effiziente Schnittstelle zwischen Anbieter und Nachfrager dienen. Eine weitere betriebswirtschaftliche Aufgabe der Kataloge ist die Steuerung der internen Beschaffung. Mitarbeiter können nur auf Beschaffungsmaterialien und Lieferanten zugreifen, die Bestandteil der Datenbank sind. Off-Contract-Beschaffungen, d.h. Beschaffungen außerhalb vorverhandelter Verträge, sind somit von vornherein ausgeschlossen[361].

Elektronische Produktkataloge eröffnen die Möglichkeit, die in einem Unternehmen zu beschaffenden Produkte elektronisch abzubilden und allen (berechtigten) Bedarfsträgern eines Unternehmens zugänglich zu machen. Ein Mitarbeiter ist somit in der Lage, in Eigenregie die benötigten Produkte innerhalb des Kataloges zu suchen, auszuwählen und in einem sogenannten elektronischen Einkaufskorb abzulegen.

Dieser simple Ablauf darf aber nicht darüber hinwegtäuschen, dass zur Realisierung eines elektronischen Produktkataloges komplexe Technologie- und Prozessentscheidungen zu treffen sind. Dies stellt vor allem dann ein Problem dar, wenn Einkäufer und Verkäufer mit unterschiedlichen Katalogstandards arbeiten. Allein im Internet-Bereich gibt es 160 unterschiedliche Katalogsprachen. Nur einheitliche Standards ermöglichen es, Kataloge von mehreren Anbietern ohne Anpassungen im System zu verwenden. Diese Standards sind ebenso für das Suchen und Finden von Artikeln in Katalogen verantwortlich. Vor allem große Unternehmen mit vielen Lieferanten stoßen bei der Katalogeinbindung schnell an ihre Grenzen,

[361] Vgl. Hoepfner, SAP B-2-B Procurement für den optimierten Einkauf, http://www.sap-ag.de/germany/events/viag/pdf/bbp.pdf, Stand 12.11.2000.

wenn sie einen Großteil der Kataloge ihrer Lieferanten zunächst aufwendig dem eigenen Standard anpassen müssen. Bei Lieferanten können dieselben Schwierigkeiten auftreten. Sie müssen Kunden Katalogdaten in verschiedenen Formaten bereitstellen können. Der Bundesverband Materialwirtschaft, Einkauf und Logistik (BME) hat dieses Problem aufgegriffen und in Zusammenarbeit mit namhaften Unternehmen den Katalog-Standard BMEcat entwickelt und zur Anwendung gebracht hat. Er schafft die Möglichkeit zur einfachen Übernahme von Katalogdaten aus den unterschiedlichsten Formaten und bildet somit die Voraussetzung zum Austausch von Katalogdaten im Einheitsformat[362].

Die Bedeutung eines elektronischen Produktkataloges steht außer Zweifel. Es drängt sich jedoch die Frage auf, warum ein Katalogsystem allein nicht einen effizienten Beitrag zur elektronischen Abwicklung der Beschaffung leisten kann und zusätzlich noch andere Systeme, wie z.B. Desktop Purchasing-Systeme, genutzt werden müssen.

Gründe hierfür können sein:

- Elektronischen Katalogsystemen fehlt die Integration in das ERP-System. Dadurch ist beispielsweise keine Belegerstellung und -verfolgung möglich. Informationen bereits bestehender Kontrakte können nicht über den Produktkatalog abgefragt werden.
- Katalogsysteme verfügen über keine Funktion betriebswirtschaftliche Abläufe, wie sie in den Modulen der ERP-Systeme berücksichtigt werden, zu bearbeiten.
- Das Einbinden von Genehmigungsverfahren innerhalb des Beschaffungsprozesses ist mit Katalogen nicht realisierbar.
- Prozessschritte, wie z.B. Statusverfolgung, Wareneingang oder Zahlung, fehlen[363].

Aufgrund der unterschiedlichen Einbindungsmöglichkeiten von Katalogsystemen lassen sich verschiedene Beschaffungsmöglichkeiten auf Basis des Internet unterscheiden. In diesem Zusammenhang wird unterschieden zwischen Shop-Systemen, Broker-Plattformen und Desktop Purchasing-Systemen (DPS).

4.8.2.2 Shop-Systeme

Viele Lieferanten und Hersteller sind mittlerweile dazu übergegangen, für Ihre Geschäftskunden spezielle Shop-Systeme anzubieten. Hierbei wird auf einer Webpage ein differenziertes Angebot für Privatkunden, Firmenkunden oder Großkunden zur Verfügung gestellt. Großkunden kann dabei ein individueller, passwortgeschützter Zugang angeboten werden. Auf diesem Weg können auf der Webpage des Shops kundenspezifische Preise und Rabatte angezeigt werden. Auch die Unterstützung von

[362] Vgl. o.V.: „BMEcat“ Führende Unternehmen einigen sich auf einen Standard für den elektronischen Handel, http://www.b2b-initiative.de/seiten/bme1.htm, Stand 14.12.2000.

[363] Vgl. Hoepfner, SAP B-2-B Procurement für den optimierten Einkauf, http://www.sap-ag.de/germany/events/viag/pdf/bbp.pdf, Stand 12.11.2000.

firmeneigenen Beschaffungsrichtlinien, in denen beispielsweise nur die Beschaffung von ausgewählten Geräten mit vorverhandelten Preisen festgelegt sind, ist so realisiert worden.[364] Shop-Systeme ermöglichen somit den Bedarfsträgern innerhalb eines Unternehmens, über das Internet Zugriff auf die elektronischen Produktkataloge ihrer Lieferanten zu nehmen. Der Anbieter zeigt sich selbst für die Pflege und den Aufbau seines Produktkataloges verantwortlich. Um Kontakt mit dem Lieferanten aufzunehmen, muss der Bedarfsträger lediglich über das Internet auf dessen Webseite Zugriff nehmen. Die Bedienung erfolgt dabei über einen normalen Web-Browser sowie vordefinierte Eingabefenster und gestaltet sich somit sehr einfach. Es ist zu beachten, dass die Kataloge der verschiedenen Shop-Anbieter nicht konsolidiert sind, d.h. der Bedarfsträger muss die Kataloge einzelner Anbieter nacheinander aufrufen, um deren Angebote vergleichen zu können. Automatische Übersichten oder Zusammenfassungen mehrerer konkurrierender Anbieter sind nicht realisierbar. Statt dessen werden häufig andere Services, wie Anzeigen von Bestellhistorien eines Kunden oder die Abfrage des Bestellstatus, angeboten.

Die nachfolgende Abbildung verdeutlicht die Funktionsweise eines Shop-Systems. Das beschaffende Unternehmen hat die Möglichkeit, zwischen verschiedenen Anbietern zu wählen. Zu diesem Zweck nimmt es über das Internet Zugriff auf die Kataloganwendungen der Shop-Anbieter und vergleicht ihre Angebote. Der Zugriff auf die Kataloge kann nur nacheinander geschehen.

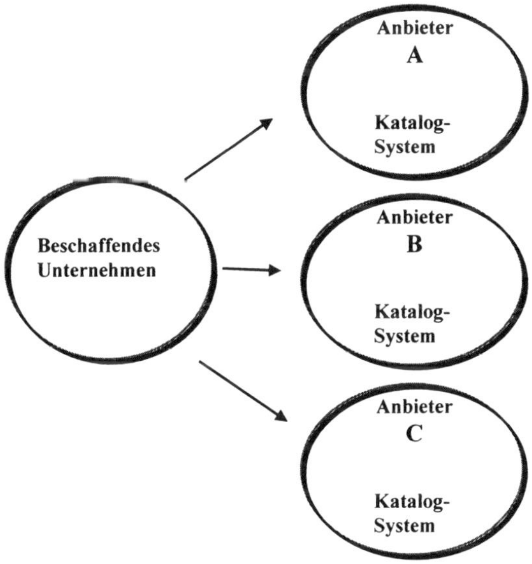

Abbildung 55: Konzept von Shop-Systemen

[364] Siehe http://www.euro.dell.com/countries/de/deu/gen/default.htm

Für das beschaffende Unternehmen ergeben sich folgende Vorteile aus einem Shop-System:

- Keine Kosten für ein zusätzliches Beschaffungssystem und für das Einrichten und die Pflege eines elektronischen Produktkataloges (Content-Management),
- Leichte Bedienbarkeit,
- Kürzere Lieferzeiten bedingt durch die direkte Eingabe der Bestellung in das System des Lieferanten,
- Ständig aktualisierte Daten (Preise, Verfügbarkeit, etc.).

Shop-Systeme beinhalten im Vergleich zu anderen Typen von Kataloganwendungen auch eine Reihe von Nachteilen:

- Es ist keine Übermittlung von Finanzinformationen (Anlagekonten, Materialstamm-Nummer, Kostenstelle etc.) zur elektronischen Weiterverarbeitung möglich. Stattdessen müssen die Daten manuell eingegeben werden.
- Es ist kein direkter Vergleich bzw. keine Suchabfrage mehrerer Anbieter möglich.
- Ein manueller Vergleich der Preise im Shop-System mit den Preisen des ERP-Systems ist erforderlich.
- Bestellungen müssen häufig zusätzlich ins eigene ERP-System eingegeben werden[365].

4.8.2.3 Broker-Plattformen

Das Internet bietet die Möglichkeit, über eine bisher ungeahnte Anzahl an Informationen zu verfügen. Genau darin liegt jedoch ein großes Problem der Internet-Nutzung begründet: Die immense Datenvielfalt ist unstrukturiert auf Webservern rund um die Welt verstreut. Eine Reihe von Werkzeugen, wie Search Engines[366] oder virtuelle Agenten, sollen bei der Hilfe nach adäquaten Daten im Internet behilflich sein. Die Identifikation geeigneter Anbieter und Produkte im Internet wird als Sourcing bezeichnet. Die mittels des Sourcings gewonnenen Ergebnisse sind häufig nicht sehr zufriedenstellend, da als Resultat eine unüberschaubare Menge unstrukturierter Daten ausgegeben wird. Diesem Problem nahmen sich eine Reihe von Internet-Unternehmen an, und es entstanden sogenannte elektronische Broker bzw. Broker-Plattformen. Sie haben es sich zum Ziel gemacht, Märkte zu untersuchen, Informationen über Angebot und Nachfrage zu sammeln und diese in speziellen Datenbanken zu erfassen, damit sie Ihren Kunden strukturiert zugänglich gemacht werden können.

---

[365] Vgl. Dolmentsch, eProcurement – Einsparungspotentiale im Einkauf, 2000, S. 303 ff.

[366] Search Engines sind Datenbanken, in denen Informationen über den Inhalt von Websites abgelegt sind. Gibt der User ein Stichwort ein, dann liefert die Suchmaschine alle Web-Adressen zu dem betreffenden Begriff

Broker bieten aufgrund ihrer spezifischen Kernkompetenzen Lieferanten und Käufern innerhalb des Internet einen Mehrwert in Form der Bereitstellung von Katalogen, Suchmöglichkeiten und Vergleichen sowie der Abwicklung von Bestellung und Zahlung. Auf der Absatzseite ist ein Unternehmen daran interessiert, über einen Broker einen größeren Kundenkreis zu erreichen.

Auf der Beschaffungsseite liegt der betriebliche Nutzen darin, einen exakt gefilterten Marktüberblick zu bekommen. Dazu zählt neben der Übersicht über potenzielle Anbieter auch die Möglichkeit, spezifische Informationen über Produkte bzw. Produktgruppen, technische Details, Preise etc. zu bekommen.

Die Bereitstellung dieser Daten durch den Broker kann auf unterschiedliche Art und Weise erfolgen. Es lassen sich dabei zwei Prinzipien zur Bereitstellung von Informationen unterscheiden: Das Pull- und das Push-Verfahren.

Beim Pull-Verfahren stellen Anbieter und Nachfrager dem Broker ihre Profile zur Verfügung damit, dieser sie nach Auswertung der Daten interessierten Dritten weiterleitet. Diese können daraufhin mit dem Anbieter/Nachfrager über die Broker-Plattform auf elektronischem Wege in Kontakt treten. Die Dienstleistung des Brokers besteht in der Sammlung von Informationen und der Aufarbeitung oder Bereitstellung von Angeboten und Nachfragen. Alle Daten werden in aggregierter Form zur Verfügung gestellt und verhelfen dem Kunden, einen schnellen Einblick in alle wichtigen Informationen zu bekommen. In der Praxis nutzt man im Rahmen des Pull-Verfahrens sogenannte White Pages und Yellow Pages.

In White Pages werden Interessengruppen bestimmter Branchen zusammengefasst. Der Broker konzentriert sich in seiner Arbeit darauf, Informationen zielgruppenspezifisch aufzuarbeiten und sie den bei ihm eingeschriebenen Unternehmen entsprechend deren Interessenprofilen anzubieten.

Yellow Pages spezialisieren sich auf den Handel mit MRO-Produkten. Es gibt zwar einige branchenspezifische Plattformen, z.B. für die chemische Industrie, doch sind die meisten Yellow Pages branchenübergreifend und bieten standardisierte Waren, wie Büromaterialien, an. Als Gegenwert für ihre Leistungen verlangen Broker der White oder Yellow Pages von Ihren Kunden einen Fixbetrag oder periodisch anfallende Gebühren.

Ein anderes Betätigungsfeld eines Brokers liegt darin, von seinen Kunden konkrete Angebote bzw. Anfragen entgegenzunehmen. Auf Basis der erhaltenen Daten greift der Broker nun auf seine Datenbanken zu, wertet die Daten aus und verschickt entsprechende Angebote/Anfragen. Diese Vorgehensweise wird auch als Push-Verfahren bezeichnet. Es handelt sich hierbei um einen dynamischen Broker-Dienst, denn eine Geschäftsbeziehung mit dem Bereitsteller der Information kommt immer zum Zeitpunkt der konkreten Nachfrage zustande. In der Praxis gibt es zwei Verfahren der dynamischen Preisbildung: Ausschreibungen und Auktionen.

Die nachfolgende Abbildung verdeutlicht die Funktionsweise eines Brokers. Der Broker erhält von Anbietern und Nachfragern Daten, die er aufarbeitet, aggregiert und seinen Kunden im konsolidierten Katalogsystem (anonym) zur Verfügung stellt.

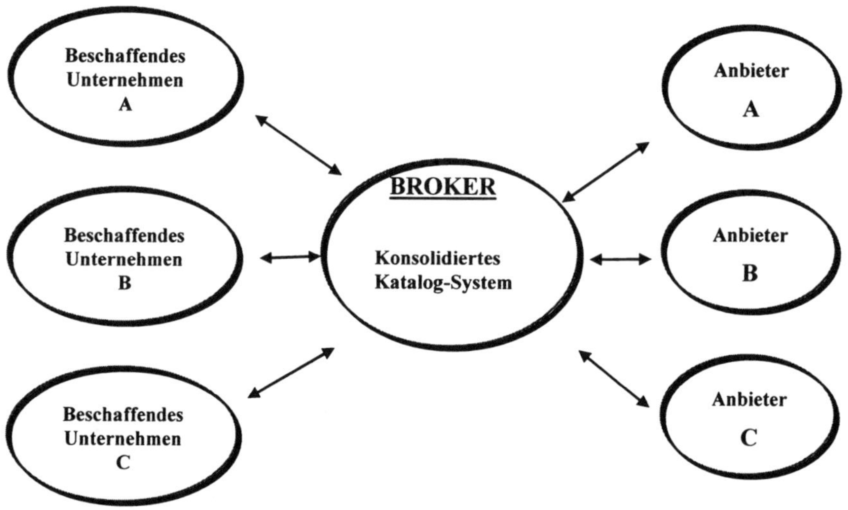

Abbildung 56: Konzept eines Brokers

Bei der Nutzung einer Broker-Plattform für die Beschaffung ergeben sich folgende Vorteile:

- Kürzere Suchzeiten und schnellere Vergleichsmöglichkeiten von Anbietern. Der Bedarfsträger muss nur die Internet-Adresse des Brokers aufrufen, seinen Bedarf über vorgegebene Eingabefenster definieren und erhält sofort einen aktuellen und detaillierten Marktüberblick. Dies erleichtert die schnelle Auswahl des günstigsten Angebotes.
- Für einige Unternehmen kann es von großer Bedeutung sein, dass es ihren jeweiligen Geschäftspartnern oder Dritten nicht möglich ist, ihre Identität zu erfahren. Gründe hierfür können beispielsweise sein, dass der Verkauf von kurzfristigen Lagerüberschüssen Konkurrenten und Kunden Einblick in die wirtschaftliche Situation eines Unternehmens ermöglicht und dies eventuell Preiszugeständnisse nach sich ziehen könnte.
- Über Bündelung von Nachfragen erzielen Broker oftmals günstigere Preise.
- Broker bieten die Möglichkeit, Ausschreibungen und Auktionen durchzuführen.

Das Einschalten von Broker-Plattformen kann aber auch mit einigen Nachteilen verbunden sein:

- Größere Unternehmen können ohne Zuhilfenahme eines Brokers oft bessere Preise erzielen, wenn sie direkt mit einem Anbieter in Kontakt treten.
- Das Produktangebot eines Brokers ist meist nur schmal und verfügt lediglich über eine ausreichende Tiefe.
- Viele Anbieter, die sich eines Brokers bedienen, sind kleine, ehemals regionale Unternehmen.
- Broker bieten keine Möglichkeit der elektronischen Unterstützung interner Beschaffungsprozesse, wie beispielsweise Genehmigungen, Eingangsbuchungen etc.
- Es existieren weiterhin Medienbrüche.

Obwohl die Bestellungen auf der Internet-Seite des Brokers konkretisiert und bestätigt werden, müssen sie zusätzlich manuell ins eigene ERP-System eingegeben werden[367].

4.8.2.4 Desktop Purchasing-Systeme

Die erfolgreiche Einführung von Electronic-Procurement und damit die maximale Ausschöpfung vorhandener Potenziale geht weit über die einfache Implementierung einer Software hinaus. Ein Unternehmen, das die Einführung von Electronic-Procurement plant, erhält damit die große Chance, Veränderungen in Beschaffungsstrategien, Prozessen und Strukturen herbeizuführen, die möglicherweise schon lange anstanden, jetzt aber so leicht wie nie zuvor realisierbar sind. Für MRO-Produkte ist es besonders sinnvoll, die Bestellung direkt vom Bedarfsträger durchführen zu lassen. Dies kann beim Electronic-Procurement mittels eines Desktop Purchasing-Systems bewerkstelligt werden. Mit diesem System kann jeder berechtigte Mitarbeiter die benötigten Artikel von seinem Arbeitsplatz aus schnell und ohne Umwege aus den elektronischen Produktkatalogen, der durch den Einkauf ausgewählten und freigegebenen Lieferanten, bestellen. Der Zugriff auf den Produktkatalog erfolgt über das Intranet des Unternehmens, wobei die Pflege und Organisation der Katalogdaten vom Lieferanten, dem beschaffenden Unternehmen oder einem Dritten erfolgen kann.

Desktop Purchasing-Systeme verfügen über eine derart leicht zu bedienende grafische Oberfläche, dass auch eine unregelmäßige Nutzung durch selten bestellende Mitarbeiter möglich ist. Die grafische Oberfläche ist der eines Internet-Browsers angeglichen und verfügt über eine Funktion, die dem User selbsterklärend bei Problemen Hilfe leistet. Das DPS erfordert somit nur einen geringen Schulungsbedarf der Mitarbeiter.

---

[367] Vgl. Dolmentsch, eProcurement – Einsparungspotentiale im Einkauf, 2000, S. 143ff.

Genehmigung, Durchführung, Kontrolle und Bezahlung der Bestellung erfolgen ebenfalls über das DPS. Weiterhin können sich Mitarbeiter im Rahmen ihrer Berechtigung auch über alle relevanten Produkte und Anbieter informieren.

Neben dem Generieren von Bestellungen ermöglicht das DPS auch das Übermitteln der Bestelldaten in ERP-Systeme, die Überwachung von Genehmigungs- und Bestellprozessen (Tracking), die elektronische Bestellung und Auftragsverfolgung beim Lieferanten, die Erfassung des Wareneingangs am Arbeitsplatz oder an einer anderen zentralen Stelle sowie die finanzielle Verbuchung der beschafften Produkte[368]. Die Abwicklung des Beschaffungsprozesses ist somit innerhalb eines vollkommen integrierten Systems möglich, d.h. innerhalb einer Umgebung, in der alle Daten elektronisch und ohne jegliche Medienbrüche verarbeitet werden können.

Das Procurement wird dezentral vom Arbeitsplatz des jeweiligen Mitarbeiters organisiert, wobei Berechtigungskonzepte und Work Flow zentral hinterlegt sind. Dies hat zur Folge, dass die Beschaffungsprozesse vorab transparent und effizient geplant werden können. Die standardisierten Beschaffungsprozesse eröffnen der Einkaufsabteilung die Möglichkeit, sich an zentraler Stelle auf strategische Aufgaben, wie die Auswahl der Lieferanten und die Aushandlung von Konditionen in Form von Rahmenverträgen, zu konzentrieren, statt redundante administrative Aufgaben wahrnehmen zu müssen.

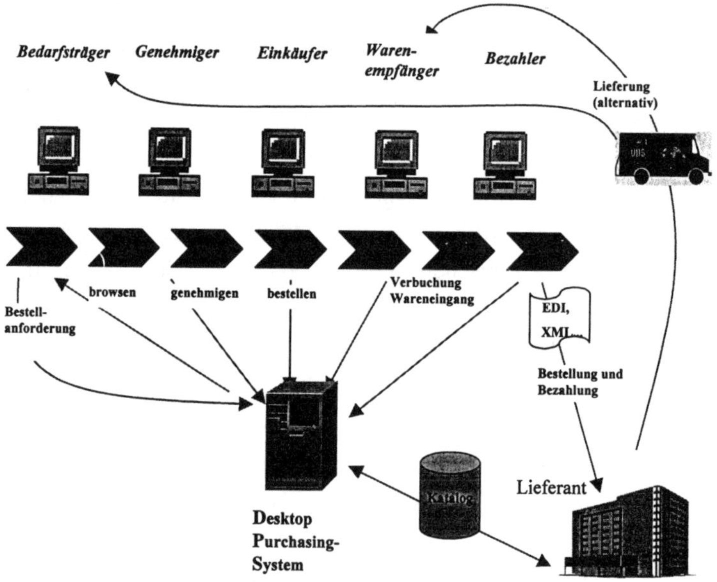

Abbildung 57: Beschaffungsprozess mit DPS[369]

[368] Vgl. Dolmentsch, eProcurement – Einsparungspotentiale im Einkauf, 2000, S. 155.
[369] Vgl. In Anlehnung an Dolmentsch, eProcurement – Einsparungspotentiale im Einkauf, 2000, S. 155.

4.8.2.5 Elektronische Marktplätze

Elektronische Marktplätze[370] lassen sich als Virtuelle Plätze definieren, auf denen eine (beliebige) Zahl von Käufern und Verkäufern Waren und Dienstleistungen (offen) handeln und Informationen tauschen. Dabei werden unterschiedliche Typen elektronischer Marktplätze identifiziert.

Erfolgt eine Unterscheidung nach Marktteilnehmern (Unternehmen (Business), Konsumenten (Consumer), staatliche Stellen (Administrationen)), werden u.a. Business to Consumer (B2C), Consumer to Consumer (C2C)-, Business to Business (B2B)- oder Business to Administration (B2A)-Marktplätze unterschieden.

Eine Einteilung nach dem Betreiber führt beispielsweise zu einer Unterscheidung von Buy-Side-, Sell-Side- oder offenen Marktplätzen. Buy-Side-Marktplätze werden von einem einzelnen oder wenigen großen Nachfragern betrieben. Bei Sell-Side-Marktplätzen stellen einzelne oder wenige große Anbieter gemeinsam ihre Produktangebote für einige oder alle Nachfrager auf eine Plattform. Offene Marktplätze werden von unabhängigen Dritten mit dem Ziel betrieben, unparteiisch Transaktionen zwischen Anbietern und Nachfragern zu ermöglichen und zu unterstützen (Beispiel: Portum, Econia).

Bei der Klassifizierung hinsichtlich der güterbezogenen Ausrichtung werden vertikale und horizontale Marktplätze unterschieden. Vertikale Marktplätze konzentrieren ihre Angebote auf eine Abnehmerbranche, während horizontale Marktplätze Güter für verschiedene Branchen anbieten. Eine Spezifikation nach der Breite des Produktangebotes führt zu einer Einteilung in Marktplätze mit engen oder breiten Sortimenten.

[370] Vgl. Roland, Strategisches Beschaffungsmarketing, 2002, S. 308.

5 Produktions- und Kostentheorie

Gutenberg definiert Produktion als eine Leistungserstellung, die außer Arbeitsleistung und Betriebsmittel auch den Faktor Werkstoffe enthält[371]. Diese Definition umfasst die wichtigsten der am Prozess der Leistungserstellung beteiligten Einsatzfaktoren, die auch Elementarfaktoren genannt werden: Menschliche Arbeit, Betriebsmittel und Werkstoffe. Hinzu kommt der dispositive Faktor, der die Elementarfaktoren zum Zweck der Leistungserstellung kombiniert. Der dispositive Faktor umfasst alle Planungs-, Entscheidungs-, und Organisationsaktivitäten. Die Elementarfaktoren werden hinsichtlich ihrer Verweildauer im Unternehmen in Potenzialfaktoren, die langfristig dem Unternehmen dienen und Verbrauchsfaktoren, die nur kurzfristig im Unternehmen verbleiben, unterschieden.

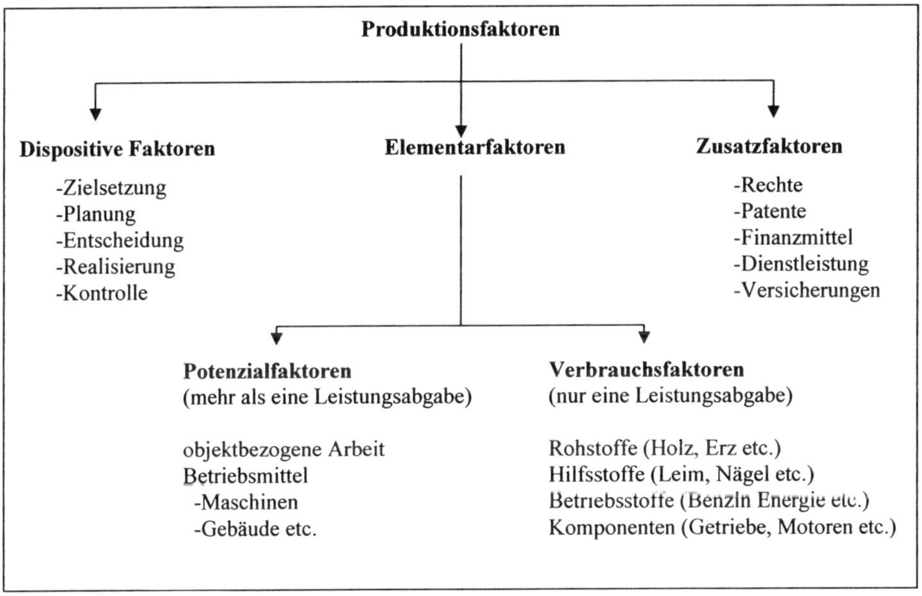

Abbildung 58: Gliederung der Produktionsfaktoren[372]

Eine der wichtigen Aufgaben der Produktionstheorie ist die Entwicklung von Modellen, mit deren Hilfe versucht wird, den Zusammenhang zwischen den Inputfaktoren (Rohstoffe, Betriebsstoffe etc.) und Outputfaktoren (Sachgüter, Dienstleistungen etc.) zu untersuchen. Dabei ist es wichtig, dass die Inputfaktoren zunächst vollständig erfasst sowie deren Verbrauch im Produktionsprozess analysiert werden. Auf die Fragen der Versorgung der Betriebe insbesondere mit den

[371] Vgl. Gutenberg, Grundlagen der Betriebswirtschaftslehre - Die Produktion, 1983, S. 1ff.
[372] Vgl. Vossebein, Materialwirtschaft und Produktionstheorie, 2001, S. 3.

Inputfaktoren Material ist schon in dem Kapitel Beschaffungslogistik näher eingegangen worden.

Die Erweiterung der rein mengenorientierten Betrachtungsweise erfolgt im Rahmen der Kostentheorie durch die wertmäßige Bewertung der Inputfaktoren. Dabei wird das Ziel verfolgt, die notwendigen Outputmengen mit minimalen Kosten zu produzieren.

Bei der Betrachtung der Produktionstheorie wird versucht, den Zusammenhang zwischen den Input- und Outputfaktoren zu beschreiben. Dies geschieht mathematisch mit Hilfe von Produktionsfunktionen, die den funktionalen Zusammenhang zwischen den zur Leistungserstellung einzusetzenden Produktionsfaktoreinsatzmengen (r_1, r_2, r_3,......,r_n) und der Ausbringungsmenge x angibt. So lässt sich folgende Funktion

$$x = f(r_1, r_2, \ldots\ldots, r_n)$$

aufstellen, bei der der Faktorverbrauch die unabhängige und die Ertragsmenge die abhängige Variable darstellt. Wird nur ein Inputfaktor variabel und die anderen Faktoren konstant gehalten, wird von einer partiellen Faktorvariation gesprochen[373]. Es gilt: $x = f(r_v, r_{const})$

Sind jedoch alle Inputfaktoren variable wird von einer totalen Faktorvariation gesprochen: $x = f(r_1, r_2, \ldots\ldots, r_n)$

Hinsichtlich der Faktorbeziehung lassen sich substitutionale und limitationale Produktionsfunktionen unterscheiden. Bei einer substitionalen Faktorbeziehung können die Inputfaktoren bei konstantem Ertrag gegeneinander ausgetauscht werden. Bei einer vollständigen Substitution wird auch von einer alternativen oder totalen Substitution gesprochen. Erfolgt die Substitution nur in bestimmten Grenzen, so handelt es sich um eine periphere Substitution. Dieser Sachverhalt wird in folgender Abbildung verdeutlicht.

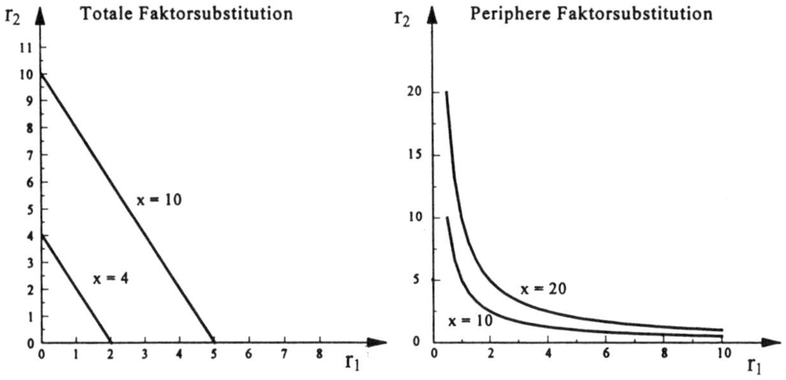

Abbildung 59: Vollständige und periphere Faktorsubstittion[374]

[373] Vgl. Bloech, Einführung in die Produktion, 2001, S. 22.
[374] Vgl. Vossebein, Materialwirtschaft und Produktionstheorie, 2001, S. 67.

Im Gegensatz hierzu stehen die Faktoren bei limitationalen Produktionsfunktionen in einer technisch determinierten Relation zur geplanten Produktionsmenge. Um eine bestimmte geplante Produktionsmenge erstellen zu können, wird eine genau festgelegte Einsatzmenge benötigt. Hierbei wird unterschieden in linear limitationale und nicht-linear limitationale Produktionsfunktionen. Die Unterscheidung wird durch die jeweiligen Produktionskoeffizienten, die angeben, wieviel Mengeneinheiten eines Produktionsfaktors r_i für die Herstellung einer Einheit von x erforderlich sind, festgelegt. Bei konstantem Koeffizienten wird von linear-limitationalen Produktionsfunktionen gesprochen[375].

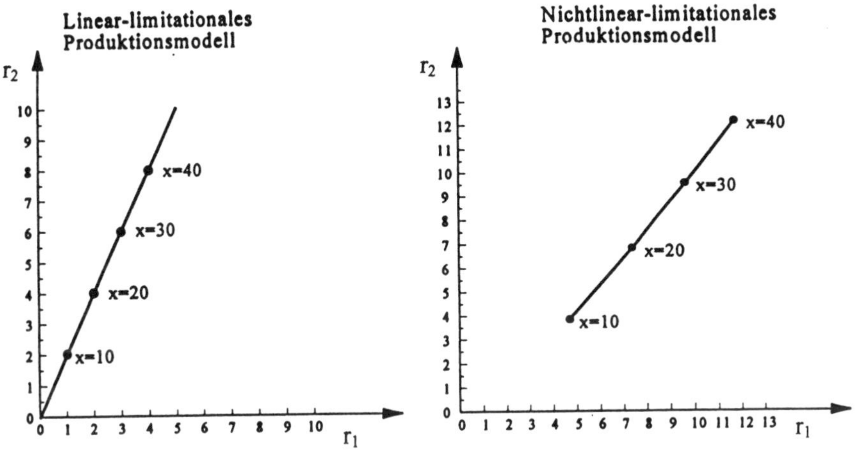

Abbildung 60: Linear limitationale und nicht linear-limitationale Produktionsmodelle[376]

Nach der im Rahmen der Produktionstheorie durchgeführten mengenmäßigen Analyse erfolgt bei der Kostentheorie die Bewertung der Inputfaktoren mit den dazugehörigen Preisen. Aufsummiert ergeben sich dann die Gesamtkosten.

Unter Kosten versteht man in der Praxis den bewerteten leistungsbezogenen Güterverbrauch[377].

Dabei haben u.a. Faktorpreise, technische Daten der Betriebsmittel, Betriebsgröße, Faktorqualitäten, Produktionsprogramm und externe Faktoren wie z.B. Gesetze, Umweltschutz usw. Einfluss auf diese Kostenstruktur.

Bei den Kosten kann eine Unterscheidung in fixe (beschäftigungsgradunabhängige) und variable (beschäftigungsgradabhängige) Kosten vorgenommen werden. Fixe Kosten setzen sich aus den Bereichen Leer- und Nutzkosten zusammen. Leerkosten

[375] Vgl. Jehle, Produktionswirtschaft, 1999, S. 119ff.
[376] Vgl. Vossebein, Materialwirtschaft und Produktionstheorie, 2001, S. 68.
[377] Vgl. Jehle, Produktionswirtschaft, 1999, S. 149.

sind dabei Kosten, die für nicht genutzte Kapazitäten entstehen. Nutzkosten sind dagegen diejenigen Fixkosten, die auf die genutzte Kapazität entfallen. In der Summe ergeben Nutz- und Leerkosten die gesamten anfallenden Fixkosten.

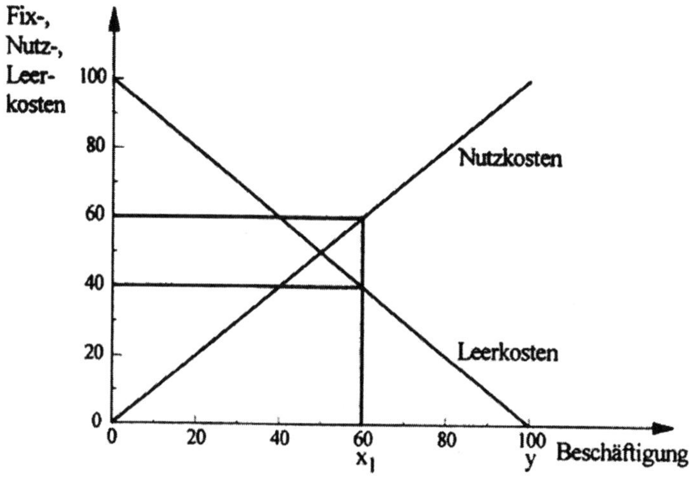

Abbildung 61: Nutz- und Leerkosten[378]

Die variablen Kosten sind abhängig vom Beschäftigungsgrad. Die Beziehung zwischen der Kostenentwicklung und der Änderung des Beschäftigungsgrades wird mit Hilfe des Reagibiltätsgrades erstellt. Dieser beschreibt folgenden Zusammenhang:

$$\text{Reagibilitätsgrad (R)} = \frac{\text{prozentuale Kostenänderung}}{\text{prozentuale Beschäftigungsänderung}}$$

Die fixen Kosten weisen demnach einen Reagibilitätsgrad von Null auf. Die variablen Kosten können im Verhältnis zur Beschäftigungsänderung proportional, degressiv, progressiv oder regressiv verlaufen.

5.1 Produktionsfunktion vom Typ A

Die am häufigsten beschriebene substitutionale Produktionsfunktion ist das Ertragsgesetz (Gesetz vom abnehmenden Ertragszuwachs), das 1766 von Turgot entwickelt wurde und als erster Versuch anzusehen ist, produktive Zusammenhänge funktional darzustellen.

---

[378] Vgl. Vossebein, Materialwirtschaft und Produktionstheorie, 2001, S. 119.

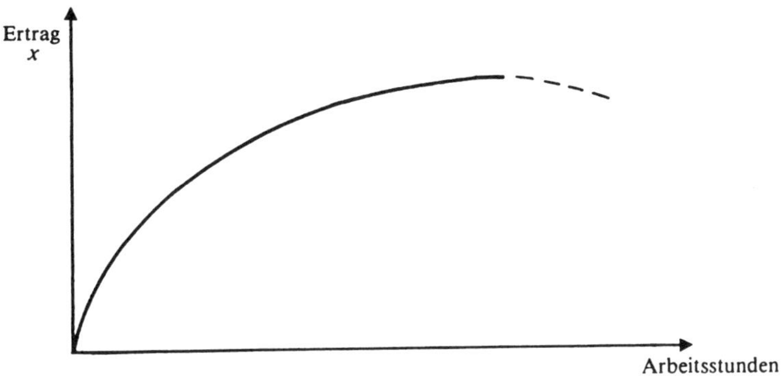

Abbildung 62: Graphische Darstellung der Produktionsfunktion vom Typ A[379]

5.1.1 Partielle Faktorvariation

Allgemein gilt für das Ertragsgesetz folgender Sachverhalt: Wird zunächst die Einsatzmenge eines variablen Faktors bei Konstanz der anderen Faktoren erhöht, so steigt der Gesamtertrag progressiv an. Bei einer weiteren Erhöhung der Einsatzmenge liegen dann nur noch degressive Zuwächse vor, bis die Gesamtertragsfunktion ihr Maximum erreicht und danach abfällt. Grafisch ergibt sich daraus ein s-förmiger Ertragsverlauf.

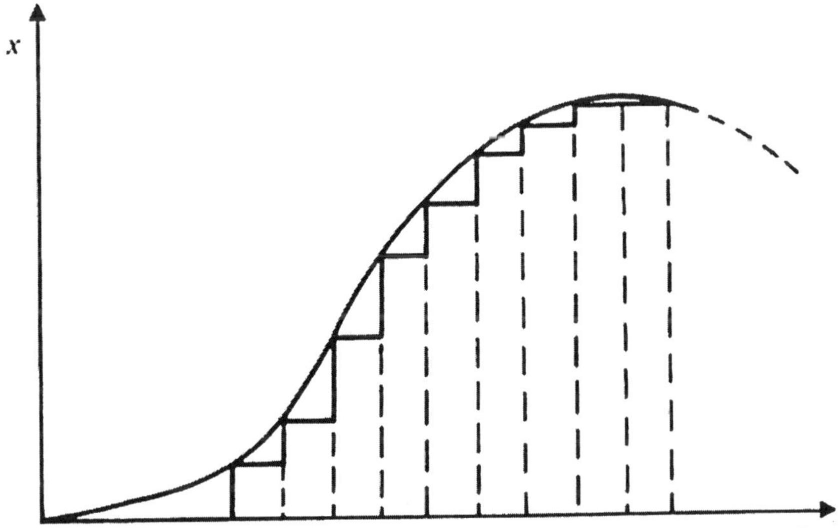

Abbildung 63: Produktionsfunktion vom Typ A[380]

[379] Vgl. Jehle, Produktionswirtschaft, 1999, S.122.

[380] Vgl. ebenda, S. 124.

Für die Produktionsfunktion vom Typ A gelten u.a. folgende Annahmen:

- substitutionale Faktorbeziehung,
- es gilt $x = f(r_v; r_{const})$,
- Black-Box-Analyse,
- konstante Qualität der Einsatzgüter,
- Einproduktbetrieb,
- unveränderliche Produktionstechnik.

Die Gesamtertragsfunktion kann durch die Grenzertrags- bzw. Durchschnittsertragsfunktion näher beschrieben werden. Einen Maßstab für die Veränderung des Gesamtertrages bei infinitesimal kleiner Veränderung des Inputfaktors bildet die Grenzproduktivität des variablen Faktors. Mathematisch lässt sich die Grenzproduktivität als die erste Ableitung der Gesamtertragsfunktion nach dem variablen Faktor definieren. Grafisch erfolgt die Herleitung durch die jeweiligen Tangentensteigungen. Für die Grenzproduktivitätskurve

$$x' = \frac{\partial x}{\partial r_v}$$

wird im folgenden der Begriff Grenzertragskurve verwendet, da der Grenzertrag

$$dx = \frac{\partial x}{\partial r_v} \, dr_v$$

für $dr_v = 1$ in die Gesamtproduktivität übergeht.[381]

Der Durchschnittsertrag, der auch als Produktivität eines Faktors bezeichnet wird, gibt an, wie viele Mengeneinheiten des Outputs pro eingesetzter Inputeinheit produziert werden können.

$$d = \frac{x}{r_v}$$

Die grafische Herleitung erfolgt hierbei durch die jeweiligen Sekantensteigungen. Hieraus ergibt sich folgendes 4-Phasen-Schema:

[381] Vgl. Jehle, Produktionswirtschaft, 1990, S. 125.

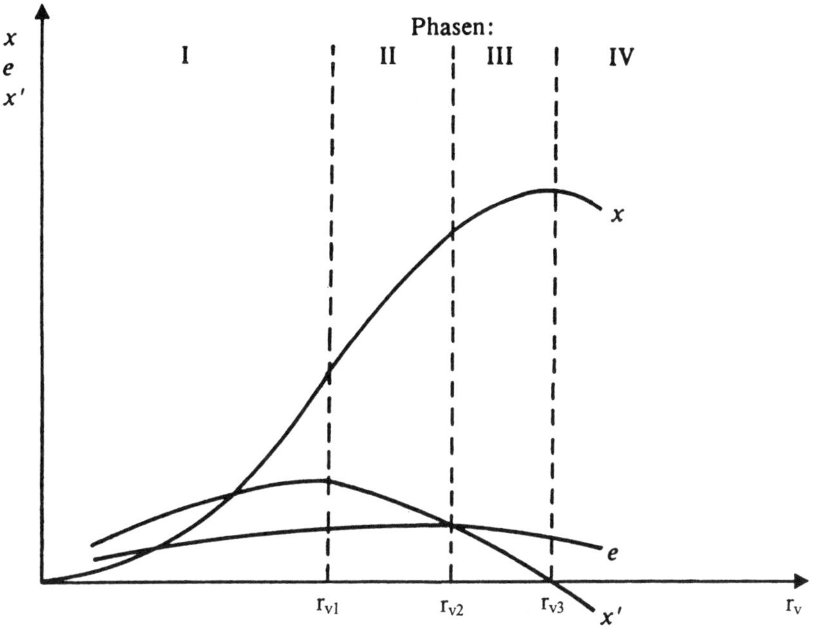

Ertrag / Phase	Gesamtertrag x	Durchschnittsertrag e	Grenzertrag x'	Endpunkte
Phase I	positiv steigend	positiv steigend	positiv steigend	Wendepunkt $x' = \max$
Phase II	positiv steigend	positiv steigend bis Maximum	positiv fallend, aber $x' > e$	Durchschnittsertragsmaximum; $e = x'$
Phase III	positiv steigend	positiv fallend	positiv fallend bis Null; $x' < e$	Gesamtertragsmaximum; $x' = 0$
Phase IV	positiv fallend	positiv fallend	negativ fallend	

Abbildung 64: Beziehungen zwischen den Ertragskurven[382]

5.1.2 Kostenverlauf bei partieller Faktorvariation

Zur Berechnung der Kosten werden alle Inputfaktoren mit den jeweiligen Preisen bewertet. Ausgangspunkt bei der partiellen Faktorvariation ist, dass ein Faktor variabel und die anderen Faktoren konstant gehalten werden. Daraus ergibt sich folgender Sachverhalt:

[382] Vgl. Jehle, Produktionswirtschaft, 1999, S. 127

$$x = f(r_v) \qquad r_c = \text{konst.}$$

Sind die Voraussetzungen des Ertragsgesetzes erfüllt, existiert eine stetige Umkehrfunktion

$$r_v = f^{-1}(x)$$

Durch die Bewertung mit den Preisen ergibt sich folgende Kostenfunktion:

$$K(x) = f^{-1}(x) \cdot p_1 + r_c \cdot p_c$$

Dieser Zusammenhang kann grafisch wie folgt dargestellt werden, wobei unterstellt wird: p_1=1:

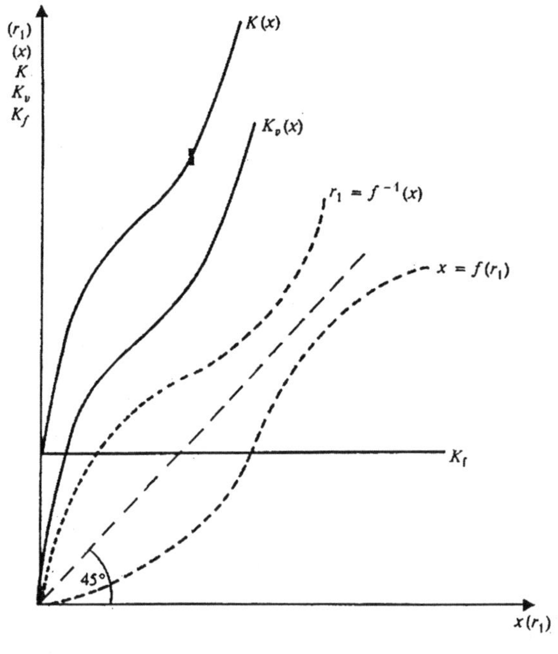

Abbildung 65: Kostenverlauf bei partieller Faktorvariation[383]

Durch die Herleitung der Grenzkostenfunktion, Durchschnittskosten bzw. Stückkostenfunktion für die variablen und gesamten Kosten ergibt sich erneut ein 4-Phasen-Schema. Hierbei wird die Grenzkostenfunktion durch die 1. Ableitung der Gesamtkostenfunktion hergeleitet und die Durchschnittskosten bzw. Stückkosten lassen sich durch die Division der Gesamtkosten durch die jeweilige Menge (x) ermitteln. Die grafische Herleitung ergibt sich durch die jeweiligen Tangenten- und Sekantensteigungen.

[383] Gutenberg, Grundlagen der Betriebswirtschaftslehre, 1983, S. 358ff.

Grenzkostenfunktion: $K' = \frac{dK}{dx}$

Gesamtstückkostenfunktion: $k_g = \frac{K_g}{x}$

Variable Stückkostenfunktion: $k_v = \frac{K_v}{x}$

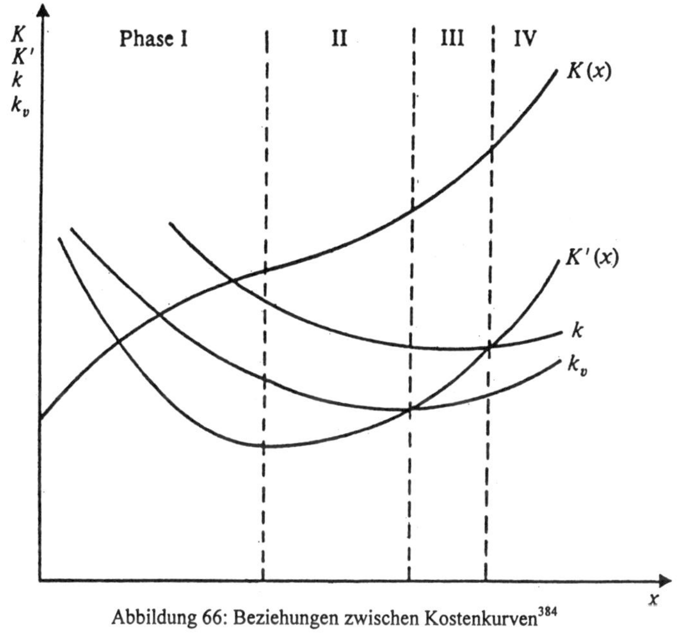

Abbildung 66: Beziehungen zwischen Kostenkurven[384]

Phase	K	K`	k_v	K	Endpunkt
I	positiv steigend	positiv fallend	positiv fallend	positiv fallend	Minimum von K`
II	positiv steigend	Positiv steigend	positiv fallend	positiv fallend	Minimum von k_v
III	positiv steigend	Positiv steigend	positiv steigend	positiv fallend	Minimum von k_v
IV	positiv steigend	Positiv steigend	positiv steigend	Positiv steigend	

Tabelle 59: Einteilung ertragsgesetzlicher Kostenverläufe[385]

[384] Vgl. Jehle, Produktionswirtschaft, 1999, S. 159.
[385] Vgl. Vossebein, Materialwirtschaft und Produktionstheorie, 2001, S. 126.

5.1.3 Totale Faktorvariation

Bei der totalen Faktorvariation sind im Vergleich zur partiellen Faktorvariation alle Einsatzfaktoren frei variierbar.

$$x = f(r_1, r_2, \ldots, r_n)$$

Der Einfachheit halber wird nun im Folgenden davon ausgegangen, dass nur zwei Einsatzfaktoren variiert werden. Für diesen Fall gilt

$$x = f(r_1, r_2)$$

Zeichnerisch ergibt sich daraus ein Ertragsgebirge:

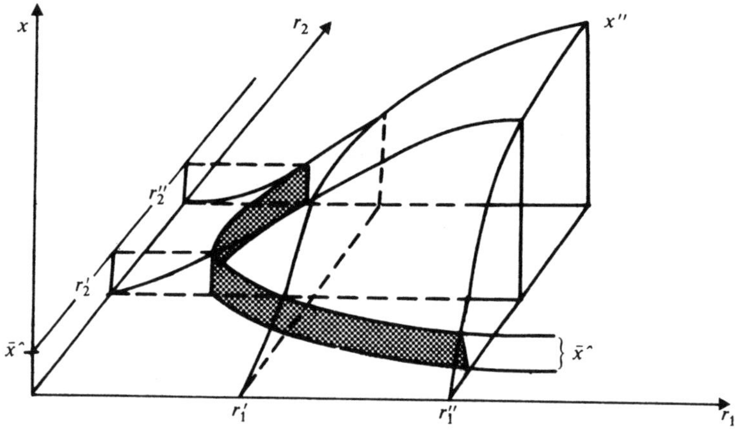

Abbildung 67: Ertragsgebirge[386]

Wird nun ein Schnitt durch das Ertragsgebirge bei einem bestimmten Ausbringungsniveau gelegt, so erhält man eine Ertragsisoquante. Unter einer Isoquante versteht man den geometrischen Ort aller Inputkombinationen, die zur gleichen Produktionsmenge führen. Bei Erhöhung des Ausbringungsniveaus verschieben sich die Ertragsisoquanten von x_1 nach x_5.

---

[386] Vgl. Dondrup, Produktion, 1999, S. 14.

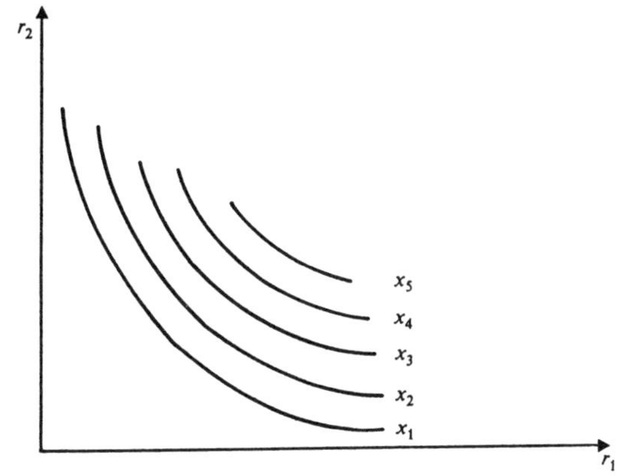

Abbildung 68: Ertragsisoquanten[387]

Die Austauschbarkeit der Einsatzfaktoren auf einer Isoquanten wird zunächst durch eine Sekante beschrieben, die als Durchschnittsrate der Substitution bezeichnet wird. Hierfür gilt:

$$\text{Durchschnittsrate der Substitution} = \frac{\triangle r_2}{\triangle r_1}$$

Durch Drehung in Pfeilrichtung werden die Änderungen der Einsatzmengen immer geringer, so dass die Sekantensteigung an einem Punkt in eine Tangentensteigung übergeht. Die Tangente wird als Grenzrate der Substitution bezeichnet.

$$\text{Grenzrate der Substitution} = \frac{dr_2}{dr_1}$$

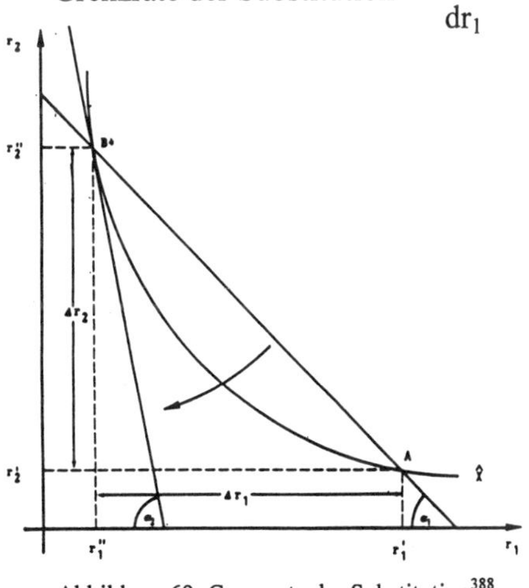

Abbildung 69: Grenzrate der Substitution[388]

[387] Vgl. Jehle, Produktionswirtschaft, 1999, S. 129.
[388] Vgl. Bloech, Einführung in die Produktion, 2001, S. 37.

Die Grenzrate der Substitution gibt an, inwieweit ein Inputfaktor bei Konstanz der Ausbringungsmenge erhöht werden muss bzw. vermindert werden kann, wenn der andere Inputfaktor um eine infinitesimale kleine Einheit reduziert bzw. erhöht wird.

Ausgehend von dem totalen Differential mit der Gleichung

$$dx = \frac{\partial x}{\partial r_1} \cdot dr_1 + \frac{\partial x}{\partial r_2} \cdot dr_2 = 0$$

kann dann folgender Zusammenhang hergestellt werden:

$$\frac{dr_2}{dr_1} = -\frac{\partial x}{\partial r_1} : \frac{\partial x}{\partial r_2} = -\frac{GP_1}{GP_2}$$

5.1.4 Minimalkostenkombination

Auf einer Ertragsisoquante liegen eine Vielzahl von Inputkombinationsmöglichkeiten, um eine konstante Menge zu produzieren. Im folgenden wird nun die Kombinationsmöglichkeit gesucht, bei dem die geringsten Kosten vorliegen. Daher wird zunächst eine allgemeine Kostenfunktion formuliert:

$$K = \sum_{i=1}^{n} r_i \cdot p_i$$

Da in dem vorliegenden Fall nur zwei Einsatzfaktoren vorliegen gilt für die Kosten K:

$$K = r_1 p_1 + r_2 p_2$$

Daraus lässt sich folgende Geradengleichung herleiten, die auch als Isokostenlinie bezeichnet wird:

$$r_2 = -\frac{p_1}{p_2} \cdot r_1 + \frac{\overline{K}}{p_2}$$

Wenn die Isokostenlinie die Ertragsisoquante an einem Punkt berührt, wird von einer Minimalkostenkombination (MMK) gesprochen. An diesem Kombinationspunkt der Inputfakoren liegen die geringsten Kosten vor, um die konstante Ausbringungsmenge auf der Ertragsisoquante zu erhalten. Die Minimalkostenkombination liegt also dort, wo die Isokostenlinie zur Tangente an der Ertragsisoquanten wird. An dieser Stelle gilt folgender Zusammenhang:

$$\frac{GP_1}{GP_2} = \frac{p_1}{p_2}$$

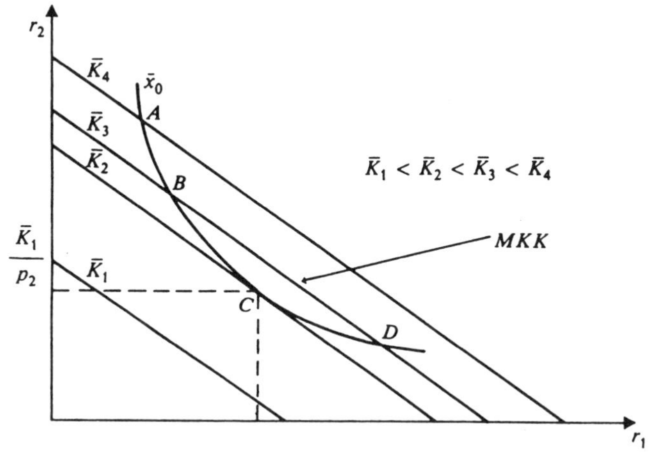

Abbildung 70: Minimalkostenkombination[389]

Ermittelt man nun für jede beliebige Ausbringungsmenge bei Konstanz aller übrigen Einflussfakoren die Minimalkostenkombination und verbindet diese im Isoquantensystem, so ergibt sich der Expansionspfad als geometrischer Ort aller Minimalkostenkombinationen.

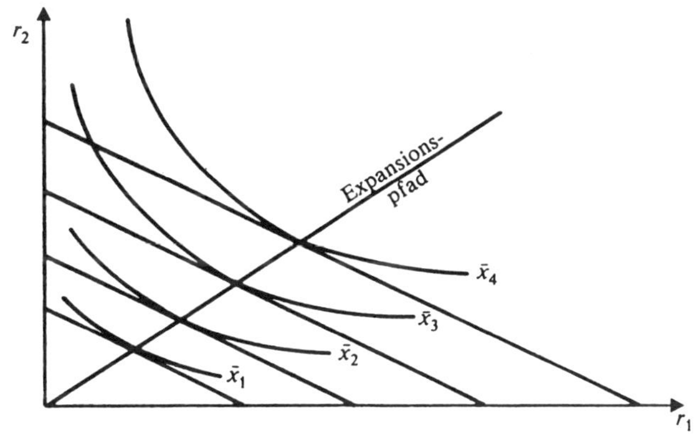

Abbildung 71: Expansionspfad in einem Isoquantensystem[390]

[389] Vgl. Jehle, Produktionswirtschaft, 1999, S. 133.
[390] Vgl. ebenda, S. 160.

5.2 Produktionsfunktion vom Typ B

Da die Produktionsfunktion vom Typ A als Erklärungsmodell für industrielle Prozesse auf Grund der Annahmen nur wenig geeignet ist, wurde von Gutenberg eine Weiterentwicklung zur Produktionsfunktion B durchgeführt. Der Unterschied der Produktionsfunktion vom Typ B liegt in folgenden Bereichen:

- Limitationale Faktorbeziehungen,
- Technische Orientierung,
- Mehrstufigkeit,
- Unterscheidung zwischen Potenzialfaktoren und Verbrauchsfaktoren.

Die Potenzialfaktoren werden einzeln oder gruppenweise zusammengefasst und als Aggregate oder betriebliche Teilbereiche definiert. Jeder dieser Teilbereiche verbraucht Inputstoffe, die einzeln erfasst und mathematisch beschrieben werden können. Hieraus resultieren im folgenden einzelne Verbrauchsfunktionen, die später auch monetär bewertet werden können. Folgende Verbrauchsfunktionen (VF) können unterschieden werden:

- Technische VF: Verbrauch bezogen auf eine technische Leistungseinheit,
- Ökonomische VF: Verbrauch bezogen auf die Ausbringungsmenge,
- Zeitverbrauchsfunktion: Verbrauch bezogen auf eine Zeiteinheit,
- Gesamtverbrauch: Verbrauch bezogen auf einen Zeitabschnitt.

Die Herleitung kann an folgender Abbildung veranschaulicht werden:

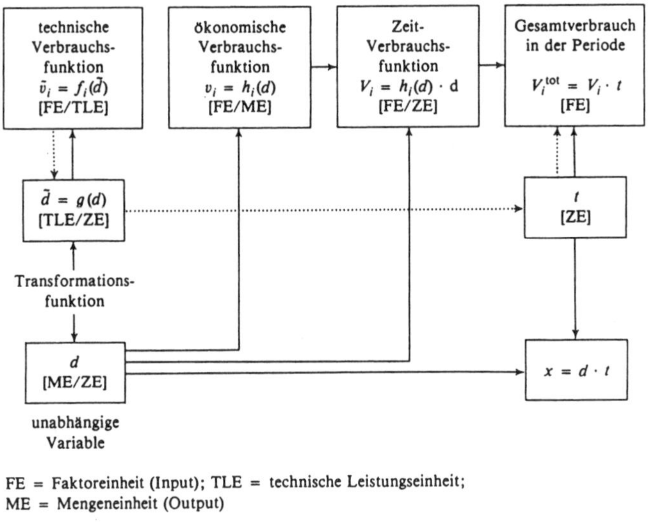

Abbildung 72: Zusammenhang zwischen den einzelnen Verbrauchsfunktionen[391]

[391] Vgl. Adam, Produktionspolitik, 1980, S. 332.

Das Produktionsvolumen wird also bestimmt durch die Zeit (t) und die Intensität (d). Zusätzlich spielt die Anzahl der Betriebsmittel (n) eine entscheidende Rolle. Daraus resultiert folgende Beziehung:

$$x = t \cdot d \cdot n$$

Um auf Nachfrageänderungen reagieren zu können, besteht die Möglichkeit der

- zeitlichen Anpassung (t), d.h. die Aggregate werden kürzer oder länger betrieben,
- intensitätsmäßigen Anpassung (d), d.h. die Aggregate werden innerhalb der minimalen und maximalen Intensität schneller oder langsamer betrieben,
- quantitativen Anpassung (n), d.h. es werden Aggregate an- oder abgeschafft.

5.3 Weiterentwicklung der Produktionsfunktion

Die von Edmund Heinen vorgeschlagene Produktionsfunktion vom Typ C ist eine Weiterentwicklung des Ansatzes von Gutenberg. Heinen untersucht insbesondere die Probleme der Abgrenzung von Partialprozessen und der Umrechnung technisch-physikalischer Leistungsgrößen. Die Produktionsfunktion vom Typ C wird für limitationale und für substitutionale Produktionsprozesse sowie für Ein- und Mehrproduktfertigung formuliert. Ferner wird bei Heinen in stärkerem Maße als bei Gutenberg der Einfluss der Produktionsstruktur auf die Produktionsfunktion berücksichtigt[392].

Klock ging mit seiner Produktionsfunktion vom Typ D noch weiter. Er schlug – wie bereits Gutenberg und Heinen – eine Zerlegung des Betriebes in Teilbereiche vor und stellte die Lieferbeziehungen mit Hilfe der von Leontief entwickelten Input/Output dar. Hierbei berücksichtigte er nichtlinieare Transformationsfunktion auf der Basis Gutenberg'scher Verbrauchsfunktion innerhalb der Teilbereiche. Durch Anwendung dieser Technik wurde es möglich, die gesamte Produktionsstruktur (Mehrstufig, Eingangs-, Zwischen- und Endlagerung) mit ihren Beziehungen in Form einer Produktionsfunktion abzubilden.

Zur Entwicklung der Produktionsfunktion vom Typ E wurde von Küpper die Funktion vom Typ D aufgegriffen und durch Berücksichtigung der zeitlichen Beziehungen der Produktion in den verschiedenen Teilbereichen dynamisiert. Hierbei fanden insbesondere Lagerbestandsveränderungen und Verweilzeiten Berücksichtigung[393].

---

[392] Vgl. Schweitzer, Produktions- und Kostentheorie, 1997, S. 132.
[393] Vgl. Bloech, Einführung in die Produktion, 2001, S. 102.

6 Produktionslogistik

Die Produktionslogistik umfasst alle Aktivitäten, die im Zusammenhang mit dem Material- und Informationsfluss von Roh-, Hilfs- und Betriebsstoffen vom Rohmateriallager zur Produktion sowie von Halbfabrikaten und Zukaufteilen durch die Stufen des Produktionsprozesses stehen[394]. Hierzu gehören auch alle Zwischenlagerungen und die Abgabe der Halbfertig- und Fertigerzeugnisse an das Fertigprodukte- bzw. Absatzlager.

Als grundsätzliche Zielsetzung der Produktionslogistik kann die Minimierung der Logistikkosten unter Einhaltung eines angestrebten Serviceniveaus formuliert werden. Logistikkosten sind in diesem Kontext Bestands- und Lagerkosten, Handlingkosten, Transportkosten sowie Steuerungs- und Systemkosten.

Die Produktionslogistik soll mit dazu beitragen, dass eine Reihe von Verbesserungen, Vereinfachungen und Einsparungen im Produktionsbereich erzielt werden[395]. Hierzu werden Partialziele wie beispielsweise die Erhöhung des logistischen Servicegrades, die Verkürzung der Durchlaufzeiten, die kundenauftragsgesteuerte Produktion und die Reduzierung der komplexitätstreibenden Faktoren in Produktion, Organisation und Auftragsabwicklung verfolgt[396]. Voraussetzung für die zielgerichtete Planung und Realisation einer effektiven Produktionslogistik ist eine Konzeptplanung, die als ganzheitlicher Prozess im Sinne der übergeordneten Unternehmenslogistik zu verstehen ist. Demzufolge zählen zu den Gestaltungsfeldern der Produktionslogistik Fragen der logistikorientierten Produkt- und Variantengestaltung ebenso wie Maßnahmen zur Schaffung einer flussgerechten und zeiteffizienten Struktur des Wertschöpfungsprozesses.

Demgegenüber obliegt der operativen Produktionslogistik die Aufgabe der Koordination der Materialflüsse in und zwischen den einzelnen Produktionsstellen, das heißt, sie hat die Aufgabe, auf Basis der prognostizierten oder faktisch vorliegenden Kundenaufträge den Materialfluss nach Art, Menge und Termin festzulegen. Ferner muss sie die Auftragsabwicklung überwachen, um bei auftretenden Abweichungen gegensteuernde Maßnahmen einleiten zu können. Damit übernimmt sie sowohl planende als auch steuernde Funktionen zur Gewährleistung einer mengen- und termingerechten Abwicklung des Produktionsprozesses[397].

---

394 Vgl. Pfohl, Logistiksysteme, 2000, S. 193.
395 Vgl. Ehrmann, Logistik, 2001, S. 383.
396 Vgl. Pawellek, Produktionslogistik, 1998, S. 384.
397 Vgl. Corsten, Produktionslogistik, 1997, S. 818f.

6.1 Einflussgrößen und Aufgaben der Produktionslogistik

Die Leistungsfähigkeit und das Erfolgspotenzial der Produktionslogistik wird im Wesentlichen von den Wechselwirkungen zwischen Material- und Informationsfluss einerseits und dem Organisationstyp und dem Produktaufbau andererseits bestimmt. Folglich zählen zu den Gestaltungsfeldern der Produktionslogistik alle Fragen der logistikorientierten Produkt- und Variantengestaltung genauso wie Maßnahmen zur Schaffung einer flussgerechten und zeiteffizienten Struktur des betrieblichen Wertschöpfungsprozesses[398]. Mit den Einflussgrößen und strategischen Aufgaben werden nachfolgend die wesentlichen Entscheidungsfelder der Produktionslogistik betrachtet.

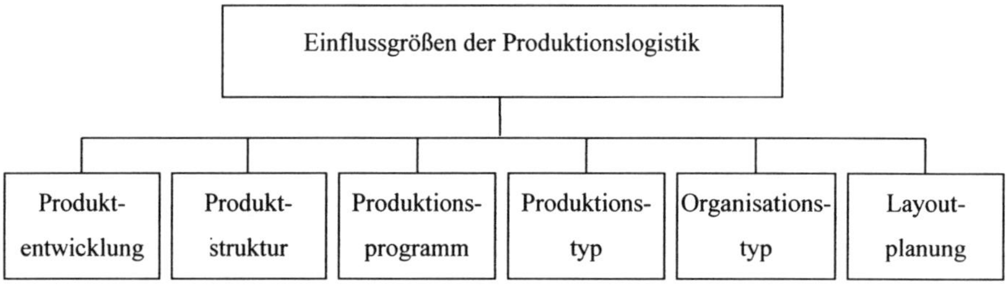

Abbildung 73: Einflussnehmende Bereiche der Produktionslogistik

6.1.1 Produktentwicklung

Der in vielen Unternehmen gebräuchliche, zeitlich sequentielle und arbeitsteilige Ablauf der Produkt- und Prozessentwicklung führt zu einem ständigen Koordinationsaufwand sowohl in der Entwicklungs- als auch in der Produktionsanlaufphase[399]. Der größte Nachteil dieser herkömmlichen Methode liegt in den Abteilungsschnittstellen, die charakteristisch für funktionsspezialisierte und arbeitsteilige Organisationsstrukturen sind. Diese Abteilungsschnittstellen verursachen Unterbrechungen des Arbeitsflusses und Reibungsverluste in Form von Doppelarbeit, Liege- und Transportzeiten. Der Wechsel des Bearbeiters zieht geistige Rüstzeiten zur Einarbeitung, Nachfragen aufgrund mangelnder oder fehlender Informationen sowie Prozessschleifen nach sich[400]. Mittels einer zweckmäßigen Gestaltung aller im Entwicklungsprozess involvierten Phasen, eines effizienteren Schnittstellenmanagements und einer konsequenten Prozessorientierung, ließen sich entscheidende Verbesserungen erreichen.

Würden die Bedingungen der späteren Produktion bereits in der Phase von Produktneuentwicklungen bzw. Produktinnovationen aktiv einbezogen, könnten im

[398] Vgl. Wildemann, Produktionslogistik, 1996, Kap. 15, S. 52.
[399] Vgl. Ehrmann, Logistik, 2001, S. 385.
[400] Vgl. Wildemann, Logistik Prozessmanagement, 2001, S. 163.

Rahmen eines integrierten Organisations- und Prozessmanagements große Optimierungspotenziale erschlossen werden. Beispielhaft für eine Strategie zur Verbesserung der Organisation während der Produktentwicklungsphase ist Simultaneous Engineering. Ziel von Simultaneous Engineering ist es, sämtliche an der Produktentwicklung beteiligten Funktionsbereiche inkl. Zulieferer und Entwicklungspartner als eigenverantwortliches Projektteam zusammenzufassen und in den Entwicklungsprozess zu integrieren[401]. Eine Parallelisierung sequentiell ablaufender Prozesse erschließt bereits, ohne signifikante Veränderung der Prozessschritte, Potenziale zur Steigerung der Qualität auf Produkt- und Prozessebene und trägt zur Verkürzung der Gesamtdurchlaufzeit bei[402]. Das hohe Ausmaß an Prozessfähigkeit verkürzt die Zeit bis zum Markteintritt (time-to-market) und verbessert durch Kostensenkung gleichzeitig die Erfolgspotenziale neuer Produkte. Simultaneous Engineering findet häufig bei der Entwicklung variantenreicher und komplexer Produkte Anwendung, um den Abstimmungs- und Koordinationsaufwand gering zu halten. Die Auswirkungen einer konsequenten Anwendung von Simultaneous Engineering, insbesondere bei der Entwicklung variantenreicher Erzeugnisse, werden in der nachfolgenden Abbildung dargestellt.

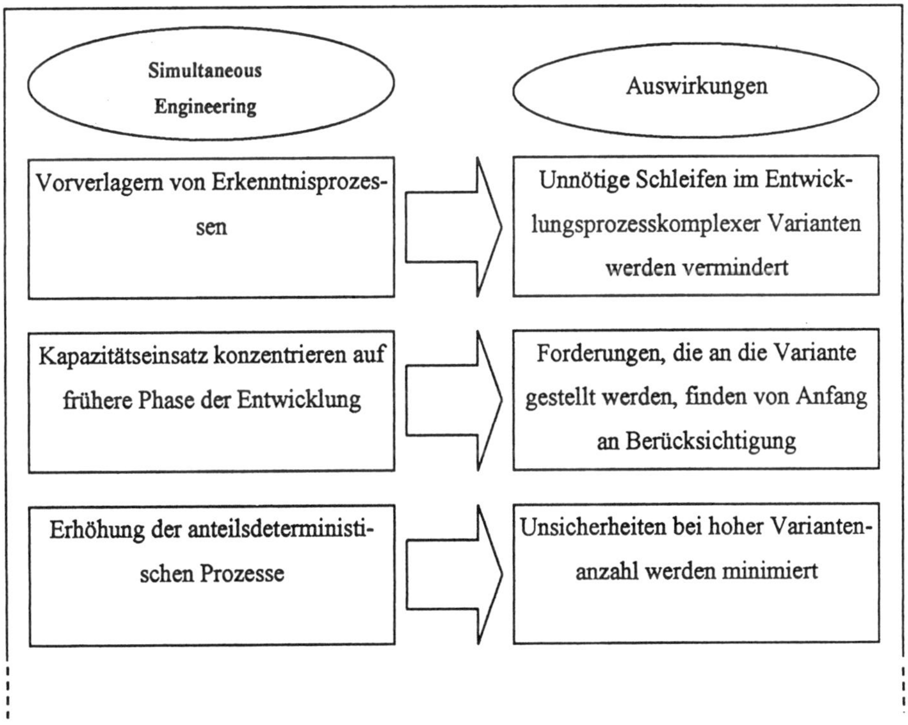

[401] Vgl. Heiserich, Logistik, 2000, S. 91.
[402] Vgl. Westkämper, Strategisches Qualitätsmanagement, 1999, Kap. 13, S. 8.

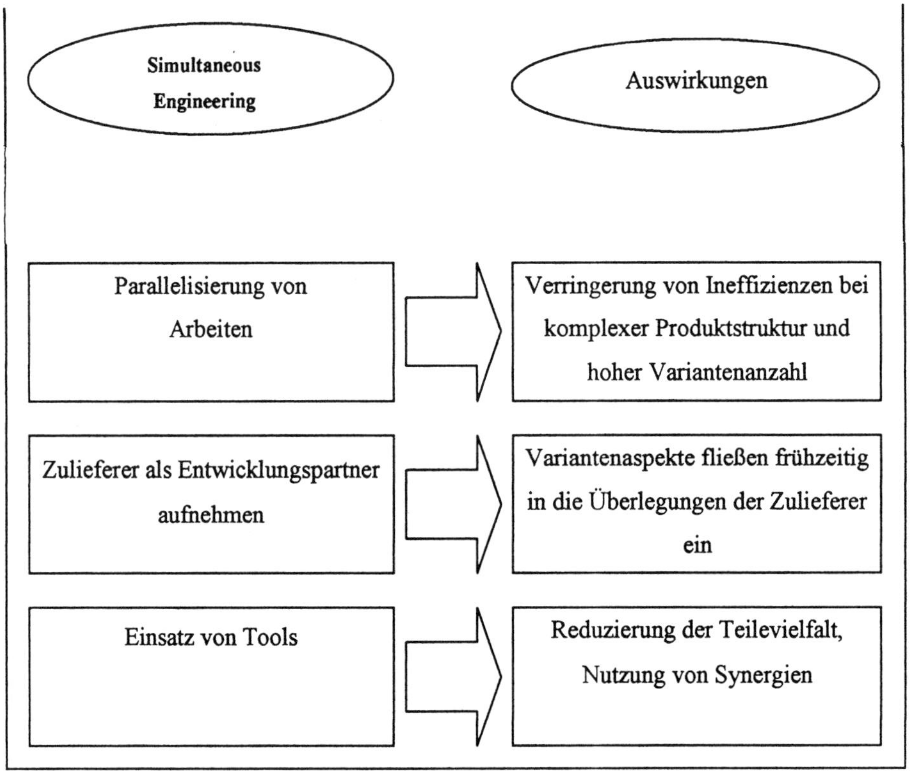

Abbildung 74: Positive Auswirkungen von Simultaneous Engineering [403]

6.1.2 Produktstruktur

Die Produktstruktur kann als hierarchische Gliederung des Produkts in seine Komponenten (Einzelteile, Baugruppen) definiert werden[404]. Sie ist Ausgangspunkt und bedeutende Eingangsgröße für alle weiteren Prozessgestaltungsüberlegungen eines Unternehmens und determiniert eine Vielzahl von Logistikleistungen und Logistikkosten. Die Kombination der Einzelteile und Baugruppen bestimmt die

[403] Vgl. Wildemann, Produktionslogistik, 1996, S. 55.
[404] Vgl. Pawellek, Produktionslogistik, 1998, S. 384.

Komplexität des Produktes und setzt den produktionslogistischen Aufwand fest. Modulare und nach fertigungs- und montagegerechten Aspekten aufgebaute Produktstrukturen forcieren den Auftragsdurchlauf. Sie sind charakteristisch für einen logistikgerechten Produktaufbau. Weitere Merkmale einer effizienten Produktgestaltung sind ein Grunddatenaufbau mit einheitlichen Datenstrukturen, ein EDV-angepasstes Nummernsystem und die konsequente Anwendung der Variantenkonstruktion mit Normung, Typisierung und Standardisierung[405].

Zur Einstufung der logistisch bedeutsamsten Produktionsprogrammelemente haben Weber/Kummer folgende Vorgehensweise vorgestellt[406].

Im ersten Schritt wird die Teilevielfalt und der Grad an singulären Teilen für das gesamte Produktprogramm bestimmt. Ein Bauteil wird als singulär bezeichnet, wenn es nur für die Fertigung eines Produktes bzw. einer Produktgruppe verwendet wird. Begründet ist dieser Ansatz in der Überlegung, dass der logistische Aufwand bei der Produktion eines Erzeugnisses mit zunehmender Anzahl verschiedener Einzelteile wächst. Ursache hierfür kann eine mangelnde Standardisierung und Normung der in die Fertigung einfließenden Bauteile sein. Die Produkte werden entsprechend ihrer Teilevielfalt und ihres Grades an singulären Teilen in eine Vierfeld-Matrix eingetragen. Dabei werden im ersten Schritt vier Produkte unterschieden, die hinsichtlich ihrer Logistikintensität voneinander abweichen.

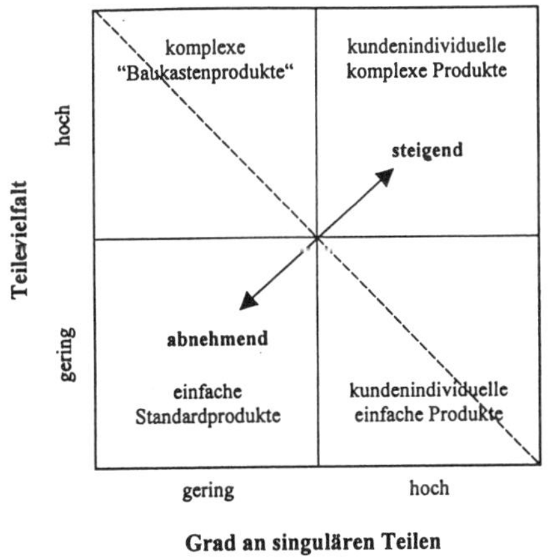

Abbildung 75: Bestimmung des Logistikintensitätsgrades der Produkte [407]

[405] Vgl. Binner, Gestaltungskomponenten des ganzheitlichen Logistikansatzes, 1997, S. 4/5.
[406] Vgl. Weber, Logistikmanagement, 1994, S. 151ff.
[407] Vgl. ebenda

- einfache Standardprodukte
  Produkte mit einer geringen Teilevielfalt und einem geringen Grad an singulären Teilen stellen einfache Standardprodukte dar, die nur einen niedrigen Logistikaufwand verursachen.
- komplexe Baukastenprodukte
  Produkte mit einer hohen Teilevielfalt und einem geringen Anteil an singulären Teilen bergen ein mittleres Optimierungspotenzial in sich. Hierbei handelt es sich um komplexe Erzeugnisse, die nach dem Baukastenprinzip erstellt werden. Der in der großen Teilevielfalt begründete hohe Koordinationsaufwand ist bei diesen Produkten bereits durch den Einsatz standardisierter Teile reduziert worden.
- kundenindividuelle einfache Produkte
  Produkte mit einer geringen Teilevielfalt, deren Kundenindividualisierung (noch) nicht auf dem Einsatz des Baukastenprinzips beruhen, verursachen wie die komplexen Baukastenprodukte mittleren Koordinationsaufwand. Ansätze zur Verringerung des Logistikaufwandes ergeben sich durch den vermehrten Einsatz standardisierter Teile und die Verwendung von Baugruppen.
- kundenindividuelle komplexe Produkte

Die größte Logistikleistung ist für diejenigen Erzeugnisse aufzubringen, die eine hohe Teilevielfalt und einen hohen Grad singulärer Teile aufweisen. Die kundenindividuellen komplexen Produkte sollten als Ansatzpunkt für Effektivitäts- und Effizienzverbesserungen dienen, da von ihnen das größte Optimierungspotenzial ausgeht[408].

Zu beachten ist, dass neben der Veränderung der Produktstruktur auch ablauforganisatorische Modifikationen zur Verringerung des Logistikaufwandes bei den o.g. vier Produkten führen können.

Im zweiten Schritt wird die eingangs ermittelte Logistikintensität der Produkte der erwarteten Produktionsmenge gegenübergestellt. Es wird postuliert, dass die logistische Relevanz eines Produktes mit steigender Ausbringungsmenge zunimmt. In grafischer Darstellung ergibt dieses erneut eine Vierfeld-Matrix, in der die Produkte im Sinne einer ABC-Analyse klassifiziert werden. Analog zur Rangfolge der logistikintensiven Produkte im ersten Schritt werden diejenigen Erzeugnisse als logistische "A-Produkte" bezeichnet, für die zum einen die höchste Logistikintensität bestimmt und zum anderen die höchste Produktionsmenge vordeterminiert wurde[409]. Die folgende Abbildung stellt den Zusammenhang dar.

---

[408] Vgl. Weber, Logistikmanagement, 1994, S. 151ff.
[409] Vgl. ebenda.

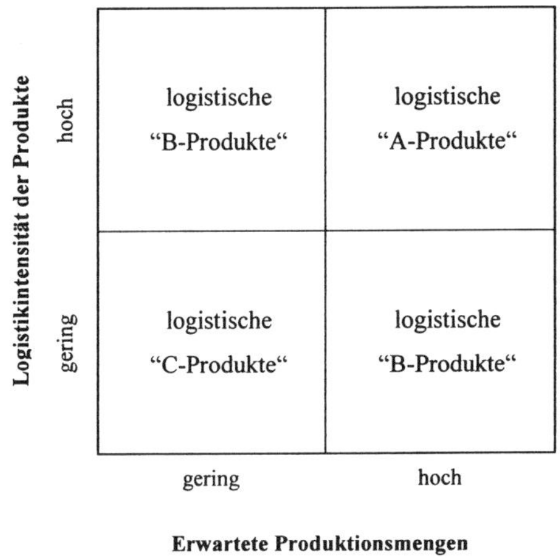

Abbildung 76: Logistische Klassifizierung der Produkte [410]

Bei den vorangegangenen Ausführungen ist zu berücksichtigen, dass sich der logistische Aufwand eines Produktes nicht direkt proportional zur Ausbringungsmenge der Produktion verhält. Es ist nachvollziehbar, dass ein gewisser Anteil am Gesamtaufwand auf die übrigen Teilbereiche der Unternehmenslogistik (Beschaffungs-, Distributions- und Entsorgungslogistik) entfällt. Die hier beschriebene Methode von Weber/Kummer darf nicht als zwingende Anweisung zur Neustrukturierung der Produkte verstanden werden. Es soll hierdurch vielmehr ein Teil der komplexitätstreibenden Faktoren des gesamten Wertschöpfungsprozesses identifiziert werden, um als Anhaltspunkt und Wegweiser weiterer Optimierungsmaßnahmen im Rahmen eines logistischen Gesamtkonzeptes zu dienen.

6.1.2 Produktionsprogrammplanung

Grundsätzlich beinhaltet die Produktionsprogrammplanung die zielorientierte Festlegung der in künftigen Perioden zu fertigenden Produkte, und zwar nach Art, Menge und zeitlicher Verteilung[411]. Entsprechend dem zeitlichen Entscheidungshorizont wird zwischen langfristiger (strategischer) und kurzfristiger (operativer) Programmplanung unterschieden.

6.1.2.1 Strategische Produktionsprogrammplanung

Die sukzessive Produktionsplanung beginnt üblicherweise mit der langfristigen Produktionsprogrammplanung. Dabei getroffene Entscheidungen sind Ausgangspunkt

[410] Vgl. Weber, Logistikmanagement, 1994, S. 153ff.
[411] Vgl. Kern, Industrielle Produktionswirtschaft, 1992, S. 142.

weiterer Teilplanungen im Produktionsbereich. Da die meisten Unternehmen auf einem Käufermarkt aktiv sind, basiert die langfristige Produktionsprogrammplanung in der Regel auf der strategischen Absatzplanung. Im Rahmen der langfristigen Produktionsprogrammplanung hat das Unternehmen im Einzelnen folgende Entscheidungen zu treffen:

- Festlegung der Produktfelder
  Die strategische Produktionsprogrammplanung definiert die prinzipiell zu fertigenden Produktfelder auf Grundlage der Entscheidungen über das Betätigungsfeld des Unternehmens und die daraus resultierenden Wert-, Sach- und Humanziele[412]. Das Produktfeld schließt alle Produkte ein, die in verwendungs- und technologiebezogener Verwandtschaft zu einem Grundprodukt stehen. Die Spezifizierung ist lediglich qualitativ und weist noch keine quantitative Ausrichtung auf[413].
- Breite des Produktionsprogramms
  Mit der Breite des Produktionsprogramms wird die Anzahl der verschiedenen Produkte erfasst, die im Unternehmen gefertigt werden sollen. Die Produktionsprogrammbreite umfasst sowohl die Menge der verschiedenen Grundprodukte als auch die Anzahl der Varianten der Grundprodukte. Die Entscheidung über die Breite des Produktionsprogramms wird u.a. von Aspekten wie der Produktions-, Material-, Absatz- sowie Forschungs- und Entwicklungsverwandtschaft geprägt[414].
- Tiefe des Produktionsprogramms
  Die Produktionsprogrammtiefe gibt Aufschluss über die Anzahl der verschiedenen Produktionsstufen, die bei der Herstellung eines Erzeugnisses im Unternehmen zu durchlaufen sind. Hierdurch lässt sich der Umfang des Wertschöpfungsprozesses, der sich im Unternehmen im Verhältnis zum Bezug externer Leistungen für den Produktionsprozess vollzieht, ermessen. Die Festlegung der Programmtiefe ist eine bedeutende logistische Entscheidung mit langfristigen Auswirkungen. So stellt ein vielstufiger Fertigungsprozess ein wesentliches Hemmnis für den Übergang zu einer objektorientierten Organisationsform dar. Weiterer Nachteil einer ansteigenden bzw. großen Produktionsprogrammtiefe ist der variierende Umfang der Bestände in den Zwischenlagern und der hohe Produktionsplanungs- und Steuerungsaufwand[415].
- Make-or-Buy-Entscheidung
  Die Reduzierung der eigenen Fertigungstiefe, als Schritt zur Optimierung der Produktkomplexität, ist häufig mit einer sogenannten Make-or-Buy Analyse

[412] Vgl. Pawellek, Produktionsprogrammplanung, 1998, S. 389.
[413] Vgl. Corsten, Produktionswirtschaft, 1992, S. 190ff.
[414] Vgl. ebenda.
[415] Vgl. ebenda.

verbunden. Bei der Festlegung der Grenze zwischen Eigenerstellung von Komponenten und deren Fremdbezug von Zulieferern müssen divergierende Kriterien einbezogen werden, die sich in drei Kategorien einteilen lassen. Zu den Entscheidungskriterien erster Ordnung zählen sogenannte K.o.-Kriterien, die eine Eigen- bzw. Fremdfertigung völlig ausschließen[416]. Bei den Entscheidungskriterien zweiter Ordnung stehen die wirtschaftlichen Aspekte im Mittelpunkt der Betrachtung. Daneben müssen bei der Make-or-Buy Diskussion auch qualitative und schwer quantifizierbare Größen, die sogenannten Entscheidungskriterien dritter Ordnung, berücksichtigt werden.

Make-or-Buy Analyse	
Für die Eigenfertigung	Für die Fremdfertigung
Entscheidungskriterien 1. Ordnung (Ausschlusskriterien)	
• Geheimhaltung • Unmöglichkeit der Beschaffung -Fehlen von Lieferanten -Keine Transportmöglichkeiten • Qualitätsanforderungen nicht erfüllbar	• Bestehende Schutzrechte • Know-how • Engpässe -Finanzen -Mitarbeiter -Fertigungstechnologie
Entscheidungskriterien 2. Ordnung (Wirtschaftliche Kriterien)	
• Kostenvorteile • Rentabilitätsvorteile • Fertigungszeit • Betriebsmittelauslastung	• Kostenvorteile • Rentabilitätsvorteile • Lieferzeit • Liefertreue
Entscheidungskriterien 3. Ordnung (Schwer quantifizierbare Kriterien)	
• Unabhängigkeit und Sicherheit -Termine -Produktgestaltung -Preisgestaltung • Prestige • Nutzung des Lernkurveneffekts • Nutzung vorhandener Kapazitäten	• Geschäftspolitische Vorteile -Gegengeschäfte -Sortimentsgestaltung • Risikominderung • Lagerhaltung • Erfüllung gesetzlicher Vorschriften • Nutzung vorhandener Kapazitäten

Tabelle 60: Übersicht der Entscheidungskriterien der Make-or-Buy Analyse [417]

[416] Vgl. Lebefromm, Produktionsmanagement, 1999, S. 64.
[417] Vgl. Steinbuch, Logistik, 2001, S. 255.

Üblicherweise erfolgt die Make-or-Buy Analyse mit den in der Betriebswirtschaftslehre bekannten Techniken. Während das Kostenvergleichsverfahren die wirtschaftlichen Aspekte einbezieht, beruht die Bewertung bei der Nutzwertanalyse (Punktbewertungsverfahren, Scoring-Modell etc.) auf qualitativen Kriterien.

Die Make-or-Buy Frage ist regelmäßig zum Bedarfsbeginn, vor Aufnahme der eigentlichen Produktion, zu klären. Um die Risiken einer falschen Produktionsprogrammgestaltung einzugrenzen, ist die Erwägung der Eigen- oder Fremdfertigung immer dann zu wiederholen, wenn sich erhebliche Veränderungen im Produktionsumfeld ergeben haben.

6.1.2.2 Operative Produktionsprogrammplanung

Im Rahmen der operativen Programmplanung werden die strategischen Vorgaben sowie die Kapazitätsausstattung als konstant angenommen und können somit kurzfristig nicht geändert werden. Da die fixen Kosten von Entscheidungen der operativen Programmplanung nicht beeinflusst werden, führt die Maximierung der Deckungsbeiträge in einer Planungsperiode zugleich zu einer kurzfristigen Maximierung des Unternehmensgewinns. Die Summe der Deckungsbeiträge aller Erzeugnisarten dient zur Deckung der Fixkosten; der Überschuss über die Fixkosten stellt den Gewinn dar[418].

Probleme können dann auftauchen, wenn nicht genug Kapazitäten zur Verfügung stehen, um alle Aufträge erfüllen zu können. Die einzelnen Fälle der kurzfristigen Produktionsprogrammplanung sollen im folgenden an Hand von Beispielen näher dargestellt werden. Begonnen wird mit dem Fall, das keine Engpässe gegeben sind. Es wird von konstanten Preisen ausgegangen.

Es liegen keine Engpässe vor

Da kurzfristig kein Einfluss auf die Fixkosten genommen werden können, findet eine deckungsbeitragsorientierte Betrachtung statt. Der Deckungsbeitrag wird wie folgt berechnet:

$DB = p - k_v$

Produkt	max. Absatzmenge	Absatzpreis/Stück (p)	variable Stückkosten (k_v)	DB
1	800	30	12	18
2	900	25	10	15
3	500	38	13	25
4	600	24	27	- 3

[418] Vgl. Jehle, Produktionswirtschaft, 1999, S. 81.

Die Fixkosten liegen bei 10.400 €

Die Berechnung findet wie folgt statt:

DB = 800 · (30-12) + 900 · (25-10) + 500 · (38-13) = 14.400 + 13.500 + 12.500

DB = 40.400 €

Der Gewinn liegt bei 40.400 – 10.400 = 30.000 €

Das Produkt 4 wird nicht erstellt, da dort ein negativer Deckungsbeitrag vorliegt.

Es liegt ein Engpass vor

Bei einem Engpass erfolgt die Berechnung mit Hilfe der engpassbezogenen bzw. relativen Deckungsbeitragsrechnung. Dieser wird ermittelt, in dem man den absoluten Deckungsbeitrag durch die Engpasseinheit dividiert.

In dem folgenden Beispiel stehen nur 4.000 Kapazitätsstunden p.a. an einer Maschine zur Verfügung. Um die gesamte Menge herstellen zu können werden jedoch 5.000 Kapazitätsstunden p.a. benötigt.

Produkt	DB absolut	Rangfolge	Engpasseinheit (Std./Stück)	Menge (Stück p.a.)	Kapazität (Std. p.a.)
1	18	2	2	800	1600
2	15	3	1	900	900
3	25	1	5	500	2500
					5000

Da wegen der Kapazitätsbeschränkung auf 4.000 Std p.a. nicht alle Produkte gefertigt werden können, muss durch die relative Deckungsbeitragsrechnung die Rangfolge neu festgelegt werden:

Produkt	DB relativ	Rangfolge	Kapazitätsinanspruch-nahme	Produktionsmenge
1	9	2	1600	800
2	15	1	900	900
3	5	3	1500	300
			4.000 Std. p.a.	

Somit können von dem Produkt 3 statt der angestrebten 500 Stück p.a. nur 300 Stück p.a. produziert werden.

Es liegen mehrere Engpässe vor

In diesem Fall kann eine Lösung mit Hilfe des grafischen Verfahrens bzw. des Simplex-Verfahrens erzielt werden. Im folgenden wird nur auf das grafische Verfahren eingegangen. Hierzu soll folgendes Beispiel dienen[419].

Im vorliegenden Fall werden zwei Produkte hergestellt, die auf zwei unterschiedlichen Maschinen bearbeitet werden müssen. Zur Fertigung werden die in der nachstehenden Matrix aufgeführten Zeiteinheiten benötigt. Jedoch stehen an den beiden Maschinen maximal 180 bzw. 200 Stunden pro Monat zur Verfügung.

Daraus ergibt sich folgende Kapazitätsmatrix:

Maschine	Produkt 1	Produkt 2	Kapazität (Std./Monat)
A	2	3	180
B	4	2	200

Von Erzeugnis 2 können maximal 50 ME/Monat abgesetzt werden.

Für das Produkt 1 kann ein DB von 80,- € und für Produkt 2 ein DB von 60,- € erzielt werden.

Daraus ergeben sich folgende Funktionen:

Restriktionen aus der Matrix:

(1) $2x_1 + 3x_2 \leq 180$

(2) $4x_1 + 2x_2 \leq 200$

(3) $x_2 \leq 50$

Nichtnegativitätsbedingungen:

$x_1 \geq 0$

$x_2 \geq 0$

Zielfunktion: Maximierung der Deckungsbeiträge

$DB = 80x_1 + 60x_2 \rightarrow \text{Max!}$

Daraus ergibt sich folgende grafische Darstellung mit folgender Lösung:

$X_1 = 30$ ME

$X_2 = 40$ ME

$DB_{Ges} = 80 \cdot 30 + 60 \cdot 40 = 4.800$ €

[419] Vgl. Jehle, Produktionswirtschaft, 1999, S. 84ff.

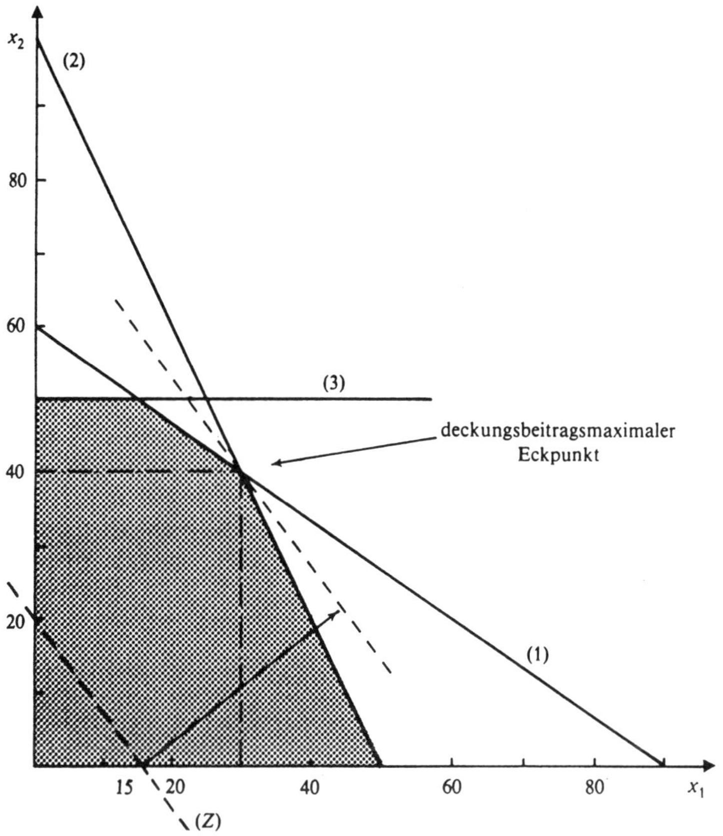

Abbildung 77: Grafische Lösung des optimalen Produktionsprogramms[420]

6.1.3 Produktionstyp

Der Produktionstyp teilt die Mengenleistung der Produktion ein und charakterisiert somit das Ausmaß der betrieblichen Leistungswiederholung[421]. Für diese Definition werden in der Fachliteratur gelegentlich auch die Begriffe Leistungstyp oder Fertigungsart gewählt. Mit dem Produktionstyp variiert, neben der Auflagengröße der Erzeugniseinheiten, auch der produktionslogistische Aufwand. Die Planung der Auftragsgrößen, der Produktionsreihenfolge und -termine bei möglichst hoher Kapazitätsauslastung und gleichzeitiger Minimierung der Rüst-, Leer- und Lagerhaltungskosten stellt dabei die größte Herausforderung für die Produktionslogistik dar. Im Allgemeinen werden die folgenden Typen unterschieden:

- Massenproduktion

  Eine Massenproduktion zeichnet sich durch den hohen Grad an Leistungswiederholung und die quasi ununterbrochene Herstellung großer Mengen

[420] Vgl. Jehle, Produktionswirtschaft, 1999, S. 85.
[421] Vgl. Bloech, Einführung in die Produktion, 2001, S. 258.

(Massen) gleicher Produkte auf gleichen Maschinen in gleicher Abfolge aus[422]. In der Massenproduktion können Mechanisierung und Automatisierung am leichtesten realisiert werden. Die Produktionsfaktoren zeichnen sich hier in der Regel durch eine hohe Verrichtungsspezialisierung aus. In der Praxis kommt es daraufhin häufig zu negativen Effekten in Bezug auf die angestrebten Sozialziele (Monotonie etc.). Aufgrund des kontinuierlichen Fertigungsprozesses ist bei diesem Produktionstypen der Einsatz von produktangepassten Stetigförderern zweckmäßig.

- Sortenproduktion
  Die Sortenfertigung ist eine spezielle Erscheinungsform der Massenproduktion, bei der verschiedene Varianten eines Grundprodukts auf derselben Produktionsanlage in zeitlicher Folge hergestellt werden. Entscheidend ist, dass sich die unterschiedlichen Produkte bezüglich ihrer Merkmale und Ausprägungen nur geringfügig voneinander unterscheiden. Vor einem Sortenwechsel muss die Produktionsanlage gewöhnlich auf die neue Sorte umgerüstet werden. In manchen Fällen kann die Umstellung auch während des laufenden Produktionsprozesses erfolgen, wobei es zur Ausschussproduktion kommen kann. Kritischer Punkt bei dieser Sortenfertigung ist die Planung der Auftragsgröße sowie die Festlegung der Sortenreihenfolge[423].
- Serienproduktion
  Bei der Serienproduktion werden gleiche Produkte in der für ein Los erforderlichen Menge hergestellt. Im Anschluss an die Umrüstung der Produktionsanlage wird jeweils ein anderes Erzeugnis fabriziert[424]. Die Produktionsanlagen müssen bei diesem Produktionstypen wesentlich flexibler als bei der Sortenproduktion sein, da neben der Erzeugnisausprägung auch die gesamte Erzeugnisstruktur variieren kann. Neben dem regelmäßigen Umrüsten sind als weitere Probleme der Serienproduktion die Planung der Auftragsgrößen und die Festlegung der Produktionstermine aufzuzählen.
- Einzelproduktion
  Neben den kleinen Stückzahlen ist die Einzelproduktion durch die Gebundenheit an einen Kundenauftrag geprägt. Über den individuellen Auftrag hinaus erfolgt in der Regel keine Leistungswiederholung. Die Produktionsanlagen und Arbeitskräfte weisen bei diesem Produktionstyp einen sehr hohen Grad an Flexibilität auf. Typisch ist die Einzelproduktion bei der Erstellung großer komplexer Objekte (Schiffe, Großmaschinen), Maßanfertigungen (z.B. Aufzüge, Klimaanlagen) und Sonderanfertigungen[425]. Kernproblem dieses Produktionstyps ist die schlechte

---

[422] Vgl. Dangelmeier, Fertigungsplanung, 1999, S. 312.
[423] Vgl. Günther, Produktion und Logistik, 2000, S. 12.
[424] Vgl. Weber, Logistikmanagement, 1994, S. 258.
[425] Vgl. Bloech, Einführung in die Produktion, 2001, S. 258.

Prognostizierbarkeit des Auftragseingangs. Zudem kann es bei der Einzelfertigung zu langen Lieferzeiten kommen, wenn keine Produktion von Einzelteilen und Bauteilen auf Vorrat erfolgt[426].

Die hier aufgezählten Produktionstypen können nicht immer streng voneinander abgegrenzt werden. So lässt sich zwischen der Kleinserien- und der wiederholten Einzelfertigung oder der Großserien- und der Massenfertigung kaum eine klare Trennung vornehmen.

6.1.4 Organisationstyp

Der Organisationstyp kennzeichnet die am Fertigungsprozess orientierte Art der Zusammenführung von Betriebsmitteln zu organisatorischen Einheiten[427]. Dieser Begriff ist in der Fachliteratur nicht vereinheitlicht, es sind hierfür auch andere äquivalente Begriffe wie z.B. Produktionsstruktur, Fertigungsprinzip, Funktionsprinzip oder Fertigungsstruktur gebräuchlich. Der Organisationstyp ist eine beherrschende Einflussgröße der Produktionslogistik. Da die Entscheidung für ein Fertigungsprinzip weitreichende logistische Konsequenzen nach sich zieht, ist er nach den jeweiligen Unternehmensgegebenheiten und der individuellen Erzeugnisstruktur auszuwählen. Besonders beeinflusst wird davon die Durchlaufzeit und der Koordinationsaufwand zur Sicherstellung eines reibungslosen und optimalen Produktionsablaufs[428]. Prinzipiell ist der Organisationstyp immer dann festzulegen, wenn der Übergang zu neuen Produkten, Produktvarianten oder zu einer neuen Quantitätsstufe geplant bzw. vollzogen werden muss[429]. Die Einrichtung neuer Fertigungseinheiten oder gar eine Erweiterung der Produktionsstufen macht ebenfalls eine erneute Abwägung der verschiedenen Alternativen notwendig.

---

[426] Vgl. Günther, Produktion und Logistik, 2000, S. 13.
[427] Vgl. Dangelmeier, Fertigungsplanung, 1999, S. 313.
[428] Vgl. Schulte, Logistik, 1995, S. 190.
[429] Vgl. Weber, Logistikmanagement, 1994, S. 157.

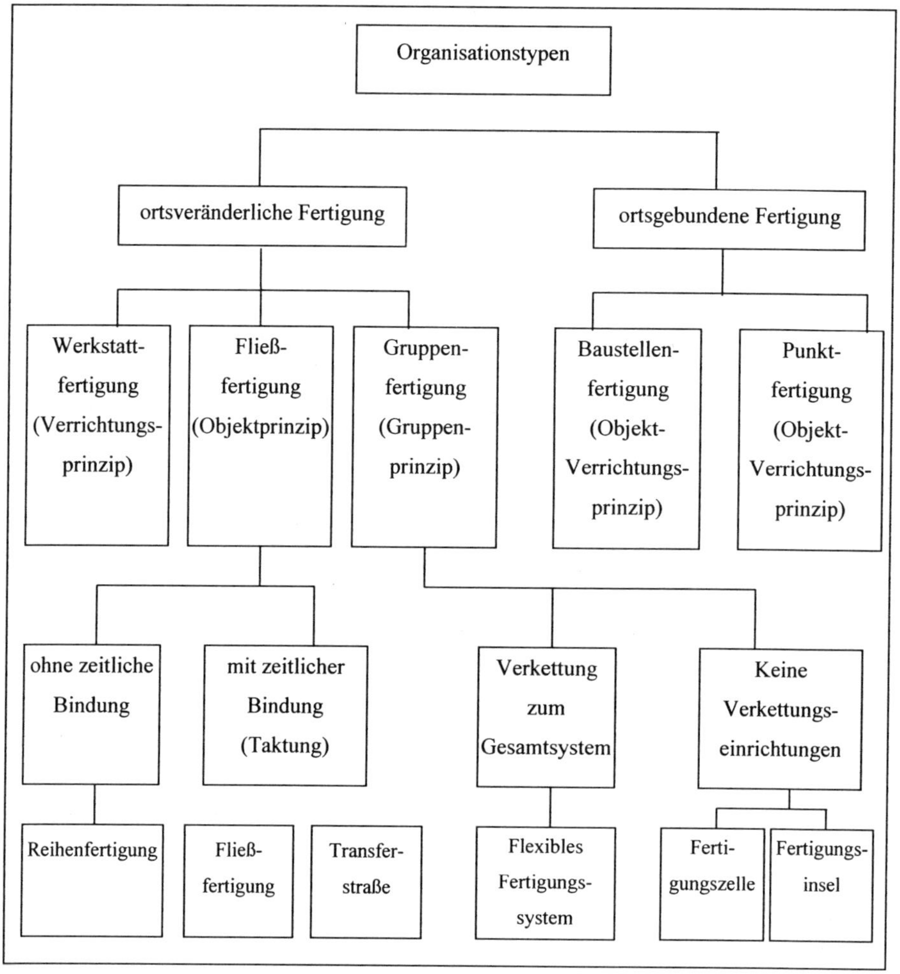

Abbildung 78: Organisationstypen in der Produktion [430].

Bei der Gestaltung der räumlichen und zeitlichen Struktur der Fertigungs- und Montagearbeitsplätze der Produktion stehen grundsätzlich die in der oben aufgeführten Abbildung dargestellten konventionellen Organisationstypen in den jeweiligen Ausprägungsformen zur Verfügung. Gemäß den für die Ablauforganisation der Produktion angewendeten Prinzipien zur Zusammenfassung der (durch die Arbeitsteilung entstandenen) Funktionsteilbereiche lassen sich folgende Hauptgruppen unterscheiden: [431]

- Verrichtungs- oder Funktionsprinzip (Werkstattfertigung),

---

[430] Vgl. Luczak, Arbeitsorganisation, 1996, Kap. 12, S. 48.

[431] Vgl. Schulte, Logistik, 1995, S. 190.

- Objekt- oder Flussprinzip (Fließfertigung),
- Gruppenprinzip als Hybrid beider Prinzipien (Gruppenfertigung).

In diesem Kontext wird in der Fachliteratur auch von der sogenannten ortsgebundenen und ortsveränderlichen Produktion gesprochen. Die ortsgebundene Fertigung ist dadurch charakterisiert, dass sich der an einem Erzeugnis vollziehende Prozess der betrieblichen Leistungserstellung auf einen einzigen geographischen Ort konzentriert (Baustellen- bzw. Punktfertigung). Bei der ortsveränderlichen Fertigung hingegen erfolgt der betriebliche Leistungsprozess an mehreren geografischen Orten (Werkstatt- Fließ- und Gruppenfertigung)[432].

6.1.4.1 Werkstattfertigung

Kennzeichnend für die Ablauforganisation bei der Werkstattfertigung ist die Anordnung der wesentlichen Betriebsmittel nach dem Verrichtungsprinzip[433]. Bei Anwendung dieses Funktionsprinzips werden die Arbeitssysteme gleichartiger Funktionen räumlich und organisatorisch zu einer Werkstatt zusammengefasst[434]. In Bezug auf die räumliche Anordnung lassen sich zwei Untertypen der Werkstattfertigung unterscheiden: [435]

- Auftragsungebundene Werkstattfertigung
  Für die auftragsungebundene Werkstattfertigung lässt sich keine eindeutige Reihenfolge angeben, in der die Mehrzahl der Aufträge die Produktionsstellen durchläuft. Unterscheidet sich die Bearbeitungsfolge von Auftrag zu Auftrag, wird von "Different Routing"[436] gesprochen.
- Ablaufgebundene Werkstattfertigung
  Hierbei durchläuft die Mehrzahl der Aufträge die Produktionsstellen in gleicher oder ähnlicher Reihenfolge, so dass eine Anordnung der Werkstätten innerhalb des Betriebs nach dem Prozessfolgeprinzip zweckmäßig ist. Diese Bearbeitungsfolge, die sich nicht von Auftrag zu Auftrag ändert, wird als "Identical Routing" bezeichnet. Überspringen einzelne Aufträge bzw. Produkte eine oder mehrere Bearbeitungsstufen, so wird dies mit dem Begriff "Identical Routing Passing" [437] umschrieben.

Bei der Werkstattfertigung muss jeder Fertigungsauftrag entsprechend der im Arbeitsplan festgelegten Bearbeitungsreihenfolge zu den einzelnen Bearbeitungsstätten transportiert werden. Aus verfahrenstechnischen Gründen kann es in der Praxis durchaus erforderlich sein, dass ein Auftrag wiederholt zu derselben

---

[432] Vgl. Dangelmeier, Fertigungsplanung, 1999, S. 313f.
[433] Vgl. Pfohl, Logistiksysteme, 2000, S. 197.
[434] Vgl. Günther, Produktion und Logistik, 2000, S. 14.
[435] Vgl. Corsten, Produktionswirtschaft, 1992, S. 32f.
[436] Vgl. Adam, Produktions-Management, 1997, S. 16f.
[437] Vgl. ebenda.

Werkstatt befördert werden muss. Charakteristisch ist dabei der diskontinuierliche Transport des Materials in Losen unterschiedlicher Größe, woraus die Notwendigkeit zur Einrichtung von Zwischenlagern resultiert[438]. Dieses Erfordernis ergibt sich zudem aus der schwierigen zeitlichen und kapazitiven Koordination der Bearbeitungs- und Transportvorgänge der einzelnen Aufträge.

Das schematische Layout einer Produktionshalle mit mehreren Werkstätten (Schleiferei, Dreherei, Fräserei, Bohrerei), jeweils einem Lager für Material und Fertigerzeugnisse sowie den Routen zweier unterschiedlicher Produkte bis zum Versand, zeigt die nachfolgende Abbildung.

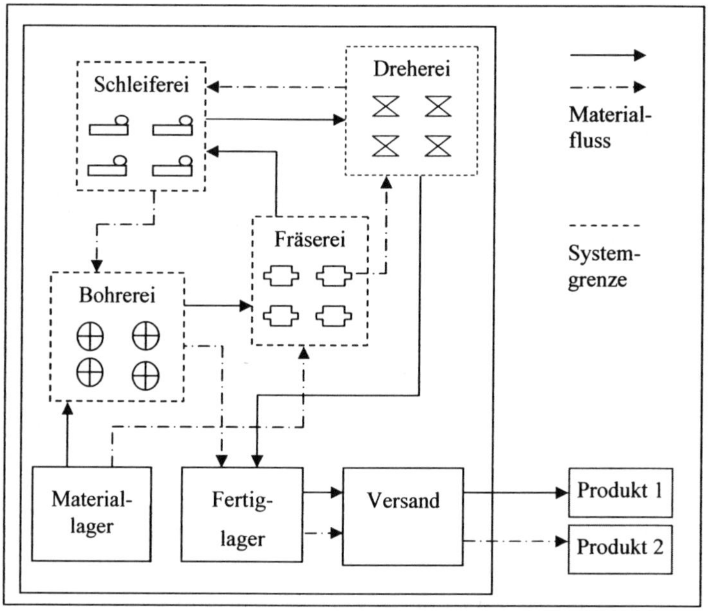

Abbildung 79: Beispielhafte Werkstattfertigung für zwei Produkte

Da eine exakte Abstimmung der Bearbeitungs- und Transportvorgänge bei der Werkstattfertigung mit erheblichen Schwierigkeiten verbunden ist, können die Fertigungsaufträge den Produktionsprozess nur selten ohne Wartezeiten durchlaufen. Ein Manko dieser Organisationsform ist somit einerseits die Bindung des Umlaufvermögens in den Zwischenlagern, auf der anderen Seite die infolge von Engpässen und Überkapazitäten resultierende Stillstandzeit der Betriebsmittel [439]. Eine weitere Problematik ergibt sich bei dem Versuch, die Maschinen entsprechend der chronologischen Bearbeitungsabfolge anzuordnen. Diesem Optimierungsansatz stehen Fertigungsaufträge mit sogenanntem Different Routing entgegen, bei denen aufgrund

[438] Vgl. Pfohl, Logistiksysteme, 2000, S. 198.
[439] Vgl. Bloech, Einführung in die Produktion, 2001, S. 256.

der von Auftrag zu Auftrag variierenden, erzeugnisspezifischen Bearbeitungsabfolge keine einheitliche Materialflussrichtung existiert.

Die unterschiedlichen Produktarten und der hohe Individualitätsgrad der Fertigungsaufträge beanspruchen die Produktionskapazitäten in unterschiedlichster Weise. Bedingt durch die allgemein schlecht zu prognostizierende Auftragsdurchlaufzeit erzielt die Werkstattfertigung gegenüber anderen Organisationsformen tendenziell eine geringere Termintreue[440]. Angesichts der dargelegten Probleme gestalten sich die Produktionsplanungs- und Steuerungserfordernisse gerade bei der Werkstattfertigung sehr komplex.

Die Vorteile der Werkstattfertigung bestehen in der großen Anpassungsfähigkeit, sich auf wechselnde Produkte einstellen zu können und dem hohen Qualifikationsniveau der Mitarbeiter[441]. Da die Arbeitssysteme nicht fest in einem Produktionsprozess verkettet sind, ist die Störanfälligkeit des Produktionsablaufes bei einer Werkstattfertigung gering. Bei eventuellen Störungen, wie dem Ausfall einer Maschine oder einer kurzfristigen Änderung im Produktprogramm, kann schnell und effizient reagiert werden[442]. Durch elastischen Personaleinsatz (Umsetzungen, Überstunden etc.) kann auch die Kapazität flexibel und relativ kurzfristig umgestellt werden. Verglichen mit anderen Produktionsstrukturen ist der Kapitalbedarf bei der Einrichtung einer Werkstattfertigung gering. Anwendung findet die Werkstattfertigung immer dort, wo stark variierende Produktarten in kleinen Serien mit unterschiedlichen Arbeitsgängen gefertigt werden müssen.

6.1.4.2 Fließfertigung

Die Fließfertigung zeichnet sich durch die Aneinanderreihung der Arbeitssysteme aus, wobei sich ihre Reihenfolge nach dem Objektprinzip, also der Abfolge der an den Erzeugnissen zu vollziehenden Bearbeitungsvorgängen, bestimmt[443]. In der nachfolgenden Abbildung ist exemplarisch der Produktionsprozess einer Fließfertigung dargestellt. Er ist charakterisiert durch einen einheitlichen Materialfluss und beinhaltet als wichtigste logistische Aufgabe die permanente Disponibilität aller Einsatzgüter[444].

440 Vgl. Pfohl, Logistiksysteme, 2000, S. 198.
441 Vgl. Vahrenkamp, Produktionsmanagement, 1998, S. 53.
442 Vgl. Bloech, Einführung in die Produktion, 2001, S. 256.
443 Vgl. Wäscher, Layoutplanung für Produktionssysteme, 1998, S. 326.
444 Vgl. Wildemann, Logistik Prozessmanagement, 2001, S. 35.

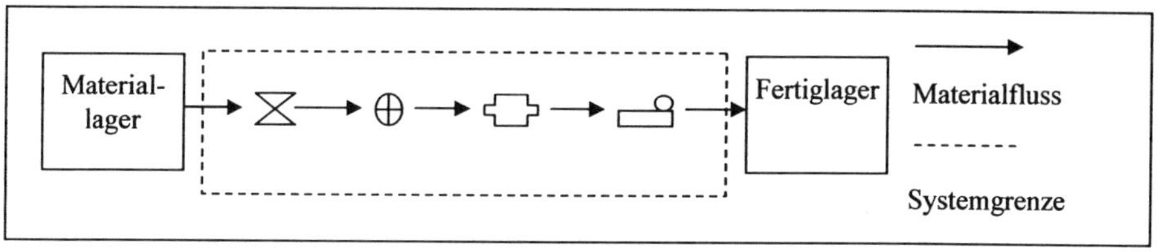

Abbildung 80: Beispielhafter Materialfluss bei der Fließfertigung

Die Fließfertigung stellt bei Berücksichtigung der wesentlichen Kriterien keinen homogenen Organisationstyp dar, sondern kommt in unterschiedlichen Ausprägungen vor.

Es können zwei Ausprägungsvarianten der Fließfertigung unterschieden werden:

- Die produktionstechnisch bedingte (naturgebundene) Fließfertigung wird auch als Zwangslauffertigung bezeichnet und muss in ihrer Anordnung technologischen oder chemischen Restriktionen im Produktionsprozess folgen[445].
- Die organisationsbedingte (künstliche) Fließfertigung; resultiert hingegen aus organisatorischen und betriebswirtschaftlichen Entscheidungen, die vor dem Hintergrund der Produktionsprozessoptimierung getroffen wurden[446].

Ein weiteres Unterscheidungsmerkmal der Fließfertigung ist die zeitliche Abstimmung bzw. Bindung der Arbeitssysteme untereinander. Es kann zwischen folgenden Typen differenziert werden: [447]

- Bei der Fließfertigung ohne zeitliche Bindung sind die aufeinanderfolgenden Arbeitsplätze zeitlich entkoppelt. Diese Ausprägung des Flussprinzips wird in der Fachliteratur auch als Reihenproduktion definiert. Hierbei können einzelne Arbeitsstationen zwar übersprungen werden, Rücksprünge sind in der Regel jedoch nicht möglich. Nachteil dieser Variante ist der Aufbau von Zwischenlagern, welcher aus dem Asynchronismus der Produktionsschritte resultiert.
- Die Fließfertigung mit zeitlicher Bindung ist charakterisiert durch eine zeitliche Koppelung der einzelnen Arbeitsstationen. Hierbei wird differenziert zwischen der Fließfertigung im eigentlichen Sinne, bei der eine Verknüpfung der Arbeitseinheiten durch selbständige Fördereinrichtungen vorliegt, und der sogenannten Transferstrasse, bei der die Arbeitsstationen mit einem automatisierten Gesamtsystem verkettet sind.

Besonderer Vorzug der Fließfertigung ist die aus der Arbeitsteilung und Spezialisierung resultierende hohe Produktionsgeschwindigkeit. Da die Rüstzeiten größtenteils entfallen, wird ein hoher Produktivzeitanteil erreicht; gleichzeitig senken

[445] Vgl. Corsten, Produktionswirtschaft, 1992, S. 34.
[446] Vgl. Adam, Produktions-Management, 1997, S. 18.
[447] Vgl. Pfohl, Logistiksysteme, 2000, S. 198.

die kurzen Transportwege den Zeitbedarf für den innerbetrieblichen Transport. Die geringeren oder sogar fehlenden Zwischenlager und die niedrige Auftragsdurchlaufzeit reduzieren die Kapitalbindung im Umlaufvermögen und verringern den Platzbedarf. Infolge der erhöhten Transparenz in der Produktion sind die Prozesse häufig stabiler als bei der Werkstattfertigung. Dies kann sich in geringeren Qualitätsproblemen und einer niedrigeren Anzahl von Maschinenstörungen ausdrücken. Der gleichmäßige und übersichtliche Fertigungsprozess vereinfacht die Planung, Steuerung und Kontrolle der Produktion[448].

Ein spezifisches Planungsproblem der organisatorischen Fließfertigung ist die Taktung, da sie sich unmittelbar auf die Produktivität auswirkt. Ziel ist es, die Arbeitsinhalte der aufeinanderfolgenden Arbeitsstationen aufeinander abzustimmen und so Ineffizienzen zu vermeiden[449]. Fällt in der Fertigung eine Maschine oder ein Arbeitsplatz aus, muss die gesamte Produktion auf dieser Fließstraße eingestellt werden, wodurch im Betrieb hohe Kosten aufkommen können. Eine Aufspaltung der Fertigungsstraße in Blöcke und die parallele Einrichtung von Zwischenlagern kann den Stillstand des Gesamtsystems verhindern, da im Störungsfall nur ein Block betroffen wird. Diese Maßnahme stimmt wiederum nicht mit der Zielsetzung einer Umlaufvermögensreduktion überein. Die beiden konkurrierenden Ziele verdeutlichen, dass zur fundierten Entscheidungsfindung alle Vor- und Nachteile kritisch analysiert und gegeneinander abgewogen werden müssen.

Ein weiteres Kernproblem dieses Produktionstyps birgt die Dispositionsplanung der Montageteile in sich. Aufgrund der kostspieligen und platzaufwendigen Lagerhaltung empfiehlt es sich bei der Fließfertigung, die Bauteile nach dem Just-in-Time-Prinzip bereitzustellen und möglichst sequenzgenau in die Produktion einzusteuern.[450] Aus arbeitspsychologischen Aspekten stellt die Monotonie der Arbeitsabläufe einen Kritikpunkt der Fließfertigung dar. Regelmäßige Arbeitsplatzwechsel ("job rotation") können den Mitarbeitern allerdings Abwechslung bieten.

Zusammenfassend ist die Fließfertigung als sinnvoller Organisationstyp für konstruktiv ausgereifte, standardisierte Grundprodukte und Produkte mit einer begrenzten Anzahl an Varianten anzusehen, die jeweils in einer verhältnismäßig großen Menge (beispielsweise Massen-/ Großserienproduktion) hergestellt werden. [451]

6.1.4.3 Gruppenfertigung

Die Gruppenfertigung bezeichnet einen Produktionstyp, bei dem die wesentlichen Betriebsmittel objektorientiert und räumlich zu Organisationseinheiten ("Gruppen")

---

[448] Vgl. Adam, Produktions-Management, 1997, S. 19.
[449] Vgl. Vahrenkamp, Produktionsmanagement, 1998, S. 220.
[450] Vgl. Adam, Produktions-Management, 1997, S. 18.
[451] Vgl. Corsten, Produktionswirtschaft, 1992, S. 33.

konzentriert werden. In der nachfolgenden Abbildung wird zur Veranschaulichung ein exemplarischer Entwurf für diesen Fertigungstypen dargestellt, bei dem sich die Organisationseinheiten zu einem System ergänzen. Innerhalb der Gruppen gelten für die einzelnen Teile/Erzeugnisse gleiche, gleichartige oder einander ergänzende Abläufe. Die in einer Organisationseinheit zusammengefassten Arbeitssysteme sollen dabei eine effiziente Kapazitätsauslastung ermöglichen[452]. Die Gruppenfertigung ist eine hybride Organisationsform, welche die Vorteile der Werkstattfertigung (Auftragsbezogenheit und Flexibilität) mit denen der Fließfertigung (höhere Produktivität, kürzere Durchlaufzeiten etc.) vereinigt. Üblicherweise finden in der Gruppenfertigung Universalmaschinen Anwendung, zwischen denen in der Regel keine Abtaktung erfolgt[453].

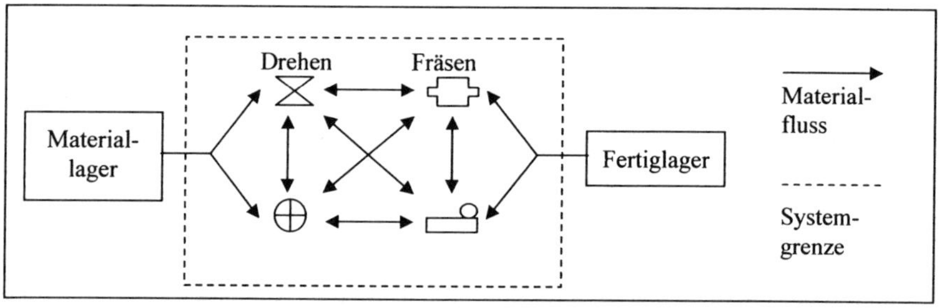

Abbildung 81: Exemplarisches Layout bei der Gruppenfertigung

Wie bei den vorangehend beschriebenen Produktionstypen (Werkstatt-/Fließfertigung) kommt auch die Gruppenfertigung in verschiedenen Ausprägungsformen vor. Varianten dieses Produktionstyps sind:

- Fertigungszellen (Flexible Fertigungszellen),
- Fertigungsinseln,
- Flexible Fertigungssysteme und
- Fertigungssegmente.

Als Flexible Fertigungszellen werden automatisierte, technologisch autonome Produktionsmittel verstanden, die durch unterstützende Zusatzeinrichtungen (Werkstückspeicher, automatischer Werkzeugwechsel) in die Lage versetzt werden, eine begrenzte Zeit bedienerlos zu arbeiten[454]. Sie zielt auf eine möglichst vollständige Bearbeitung auf einer Maschine bei weitreichender Aufteilung der Operationen ab[455]. Flexible Fertigungszellen decken in der Regel nur eine Stufe der logistischen Kette ab, nämlich die Teilefertigung. Fertigungszellen müssen so aufgebaut sein, dass durch ein Aneinanderreihen mehrerer Zellen ein Ausbau zu einem übergeordneten System

---

[452] Vgl. Dangelmeier, Fertigungsplanung, 1999, S. 315.
[453] Vgl. Weck, Produktionssysteme, 1996, Kap. 10, S. 12.
[454] Vgl. Dangelmeier, Fertigungsplanung, 1999, S. 314.
[455] Vgl. Heiserich, Logistik, 2000, S. 104.

möglich ist. Sie kommen hauptsächlich dort zum Einsatz, wo die Aufträge häufig wechseln, wie z.B. in der Einzel- und Kleinserienfertigung[456].

Fertigungsinseln zeichnen sich durch einen geringen Automatisierungsgrad aus, das heißt, es sind neben NC-Maschinen auch konventionelle Maschinen und Handarbeitsplätze anzutreffen. Markant für die Fertigungsinsel ist die Zusammenfassung von Werkstücken mit gleichen Bearbeitungsmerkmalen zu sogenannten Teilefamilien. Dabei ist die räumliche und ablauforganisatorische Konzentration möglichst aller zur Komplettbearbeitung notwendigen Maschinen anzustreben[457]. Die räumliche Zusammenfassung führt zur Verkürzung der Transportwege und trägt somit zur Verminderung des erforderlichen Transportaufwands bei. Potenzielle Vorteile der Fertigungsinsel liegen in der Vereinfachung der Materialtransporte, der verbesserten Transparenz des Produktionsgeschehens, der Reduzierung der Auftragswartezeiten und Zwischenlagerbestände sowie in der Verkürzung der Durchlaufzeit[458].

Die Übertragung aller direkten (Werkstückbearbeitung, Qualitätskontrolle) und möglichst vieler indirekter Funktionen (Arbeitsplanung, Fertigungssteuerung, Fördern, Instandhalten) auf die "Inselmitarbeiter" trägt zur Steigerung der Flexibilität in der Einsatzplanung, zum Anstieg des Qualifikationsgrades der Mitarbeiter und zur Verringerung der Fehlerraten bei. Der erweiterte Aufgabenbereich ("job enlargement") sowie der eigenverantwortliche Entscheidungsspielraum ("job enrichment") motivieren das "Inselteam" zum Erreichen gesteckter Ziele und zum kontinuierlichen Verbesserungsprozess.[459]. Aus Sicht der Produktionslogistik ist relevant, inwieweit die Fertigungsinsel bezüglich des Materialflusses Interdependenzen zu anderen Elementen der Unternehmens- bzw. Produktionslogistik aufweist[460]. Die Fertigungsinsel deckt üblicherweise die Teilefertigung, in einigen Fällen auch mehrere produktionslogistische Stufen ab.

Ein Flexibles Fertigungssystem umfasst eine Reihe numerisch gesteuerter Maschinen, die über ein gemeinsames Steuerungs- und Fördersystem so miteinander verbunden sind, dass eine gleichzeitige Bearbeitung unterschiedlicher Werkstücke/Aufträge im Gesamtsystem möglich ist[461]. Die Systemkonfiguration ist modular aufgebaut. Der Produktionsprozess ist hochautomatisiert; durch die automatische Werkstück- und Werkzeughandhabung ist die Produktion über einen gewissen Zeitraum ohne Beaufsichtigung möglich. Typisch für dieses Produktionssystem ist die Komplettbearbeitung sowie das automatische Fördern von Bearbeitungsstation zu

---

[456] Vgl. Wildemann, Die modulare Fabrik, 1994, S. 56.
[457] Vgl. Dangelmeier, Fertigungsplanung, 1999, S. 514.
[458] Vgl. Pfohl, Logistiksysteme, 2000, S. 199.
[459] Vgl. Vahrenkamp, Produktionsmanagement, 1998, S. 56.
[460] Vgl. Becker, Logistik und CIM, 1993, S. 272ff.
[461] Vgl. Schulte, Logistik, 1995, S. 192.

Bearbeitungsstation. Der Fördervorgang wird individuell gesteuert und unterliegt keiner Taktung. Wesentlicher Vorteil des Flexiblen Fertigungssystems ist, dass auch kleinere Losgrößen durch den hohen Automatisierungsgrad ähnlich kostengünstig wie bei der Großserienfertigung hergestellt werden können[462]. Nachteilig ist die hohe Kapitalintensität dieser Systeme, der hohe Steuerungsaufwand sowie eine überdurchschnittliche Störanfälligkeit. Je nach Erfordernis kann ein Flexibles Fertigungssystem für den Einsatz einer Einzel- bis Großserienfertigung ausgelegt werden[463].

Der Grundgedanke der Fertigungssegmentierung entspricht prinzipiell dem Konzept der Gruppenfertigung. Dabei verfolgt sie jedoch Ziele und Strategien, die über die Vereinigung der Kosten- und Produktivitätsvorteile der Fließfertigung und den hohen Flexibilitätsgrad der Werkstattfertigung hinausreichen. Dieser komplexe und ganzheitliche Ansatz der Segmentierung wird jedoch hier nicht eingehender diskutiert.

6.1.4.4 Baustellenfertigung

Bei der Baustellenfertigung handelt es sich um einen ortsgebundenen Fertigungstypen. Die wesentlichen Betriebsmittel sowie die Werker sind nicht ortsgebunden, sondern werden entsprechend der durchzuführenden, erzeugnisspezifischen Arbeitsvorgänge zum Ort der Leistungserstellung befördert. Für die Fertigung von großen und damit üblicherweise schwer beweglichen Produkten (Anlagen, Großmaschinen) wird synonym auch der Begriff der Punktfertigung verwendet. Der Leistungsvollzug kann bei der Baustellenfertigung nach Verrichtungs- und Objektgesichtspunkten durchgeführt werden, wobei der Grad der Arbeitsteilung variieren kann[464]. Kennzeichnend für die Baustellenfertigung (bzw. Punktfertigung) ist die gleichzeitige Verrichtung verschiedener Arbeitsinhalte.

6.1.5 Layoutplanung

Zur Sicherung und langfristigen Steigerung der Konkurrenz- und Wettbewerbsfähigkeit müssen produzierende Unternehmen laufend auf Änderungen der unternehmensspezifischen Randbedingungen reagieren. Neben kontinuierlichen Rationalisierungsmaßnahmen und Investitionen in Einzelbereichen existieren auch Planungsmaßnahmen, die nicht nur einzelne Abteilungen, sondern die ganze Fabrik oder zumindest erhebliche Bereiche betreffen[465].

Die generelle Aufgabe der Layoutplanung -auch innerbetriebliche Standortplanung- beinhaltet die Problematik, die räumliche Struktur des Produktionsprozesses zu

---

[462] Vgl. Schulte, Logistik, 1995, S. 192
[463] Vgl. Wildemann, Die modulare Fabrik, 1994, S. 57.
[464] Vgl. Dangelmeier, Fertigungsplanung, 1999, S. 313.
[465] Vgl. Brankamp, Zielplanung, 1996, Kap. 9, S. 31.

planen. Grundgedanke dabei ist es, eine gegebene Anzahl ortsgebundener Betriebsmittel wie z.B. Maschinen, Arbeitsplätze, Fertigungsanlagen, Lager, die im Weiteren als Organisationseinheiten (OE) bezeichnet werden, auf einer vordefinierten Fläche optimal zueinander anzuordnen. Optimal bedeutet in diesem Kontext, dass unter Berücksichtigung der Interdependenzen der Organisationseinheiten untereinander und verschiedener planerischer Restriktionen ein einwandfreier und wirtschaftlicher Ablauf des Produktionsprozesses geschaffen wird[466]. Die unmittelbar mit der innerbetrieblichen Standortplanung verbundene Entscheidung über gebäudetechnische Einrichtungen unterstreicht die Bedeutung dieser Planungstätigkeit, die durch die Langfristigkeit ihrer Auswirkungen noch zusätzlich unterstrichen wird [467]. Die Fabrikplanungsmaßnahmen sind meist von diskontinuierlicher Natur, so dass die Layoutplanung nur im Bedarfsfall durchgeführt wird. Insgesamt können sechs verschiedene Planungsfälle unterschieden werden: [468]

- Neuplanung,
- Erweiterungsplanung,
- Strukturerneuerungsplanung,
- Reduzierungsplanung,
- Verlagerungsplanung,
- Ausgliederungsplanung.

Als Auslöser der Layoutplanung kommt eine Vielzahl unternehmensinterner und -externer Impulse in Betracht. Da diese Gründe eindeutig nachvollziehbar sind, werden sie hier nur stichwortartig aufgeführt: [469]

- erhebliche Steigerung des Produktionsvolumens,
- erheblicher Rückgang des Produktionsvolumens,
- wesentliche Änderung der Zusammensetzung des Produktionsvolumens,
- strategische bzw. unternehmenspolitische Entscheidungen (beispielsweise Nutzung regionaler Standortvorteile),
- veränderte Marktanforderungen.

Die jeweiligen Planungsansätze, die sich durch den Grad der Neuheit und den Veränderungsgrad der verschiedenen layoutstimmenden Einflussgrößen voneinander abgrenzen lassen, zeigt in grafischer Aufbereitung die nachfolgende Abbildung.

---

[466] Vgl. Corsten, Produktionswirtschaft, 1992, S. 387.
[467] Vgl. Wäscher, Layoutplanung für Produktionssysteme, 1998, S.321.
[468] Vgl. Brankamp, Zielplanung, 1996, Kap. 9, S. 31.
[469] Vgl. ebenda, S. 32f.

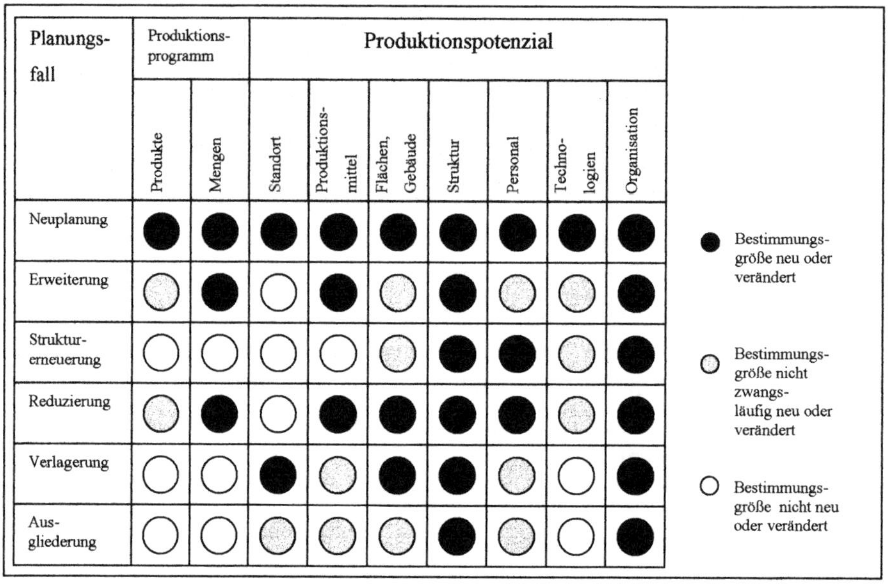

Abbildung 82: Abgrenzung der Layoutplanungsfälle [470]

6.1.5.1 Ziele der Layoutplanung

Zentrales, quantifizierbares Ziel der innerbetrieblichen Standortplanung ist die Minimierung der Materialflusskosten. Hierzu zählen die Transport-, Zwischenlagerungs-, Raum- und Standortwechselkosten: [471]

- Neben der Beförderung der Roh-, Hilfs-, und Betriebsstoffe sowie der unfertigen und fertigen Erzeugnisse erstrecken sich die Transportkosten auch auf die Verbringung von Abfällen, Produktionsausschuss und Personen[472]. Die innerbetrieblichen Transportkosten können reduziert bzw. ganzheitlich vermieden werden, wenn die Anordnung der Betriebsmittel eine direkte Weitergabe der Werkstücke erlaubt. Lässt sich eine derartige räumliche Konzentration der Organisationseinheiten nicht realisieren, sollten einerseits kurze Transportwege gewählt und andererseits effiziente Fördermittel eingesetzt werden.
- Bei den Zwischenlagern kann zwischen geplanten (ablaufbedingten) und ungeplanten (störungsbedingten) Lagern unterschieden werden. Eine erzeugnisorientierte Trennung der Kapazitäten kann zur Reduktion der ablauf- und störungsbedingten Zwischenlagerungskosten beitragen. Bei der Trennung der Kapazitäten ist die räumliche und ablauforganisatorische Zusammenfassung möglichst aller, zur Komplettbearbeitung einzelner Teile und Baugruppen

[470] Vgl. Bronkamp, Zielplanung, 1996, Kap. 9, S. 32.
[471] Vgl. Schulte, Logistik, 1995, S.178.
[472] Vgl. Ehrmann, Logistik, 2001, S. 395.

notwendigen Betriebsmittel, anzustreben. Die weiteren Vorteile eines solchen Layouts wurden bereits im Abschnitt zuvor erörtert.

- Die Ermittlung der Raumkosten ist immer dann durchzuführen, wenn Neu- und Erweiterungsplanungen anstehen. In die Berechnung sind insbesondere auch solche Raumkosten einzubeziehen, die aus der Rücksichtnahme auf konkurrierende Ziele resultieren. Beispielhaft hierfür ist die beabsichtigt "schlechtere" Raumnutzung, um durch die geschaffenen Reserve- und Ausweichflächen die Anpassungsflexibilität auf Veränderungen der sozialen, wirtschaftlichen und technischen Einflussgrößen zu erhöhen. Bei der Layoutentscheidung ist folglich sorgfältig abzuwägen zwischen den anfallenden Raumkosten und den Kosten, die infolge mangelnder Flexibilität entstehen können.
- Unter Standortwechselkosten werden alle Kosten subsumiert, die durch den Standortwechsel einer oder mehrerer Organisationseinheiten verursacht werden. Zielsetzung muss daher ein prospektiver Einbezug aller absehbaren und zu erwartenden Veränderungen in den Layoutentwurf sein.

Oftmals ist es nur schwer möglich zu beurteilen, in welchem Maße ein konkreter Layoutentwurf der Zielsetzung einer möglichst geringen Materialflusskostenverursachung gerecht wird. Dies liegt an der schlechten Prognostizierbarkeit der jeweiligen Materialflusskosten für den Zeitraum, in dem das Layout Bestand haben soll. Da in der Regel selbst die Kostenabschätzung für eine bestimmte Periode unbefriedigende Ergebnisse bringt, kann zur Beurteilung der Kostenwirkung alternativer Layouts die sogenannte Transportleistung (TL) als Hilfskriterium herangezogen werden[473].

Dieser Indikator wird auf eine charakteristische Basisperiode bezogen und wie folgt definiert: [474]

$$TL = \sum_{i \in I} \sum_{r \in I} \cdot d_{ir} \cdot e_{s(i)s(r)}$$

mit

I : Indexmenge der Anordnungsobjekte;

d_{ir} : auf ein bestimmtes Einheitstransportgut (z.B. Europalette) bezogene Gütermenge, die vom Anordnungsobjekt i zum Anordnungsobjekt r (i, ∈ I) zu transportieren ist (Transportintensität);

$e_{s(i)s(r)}$: Transportentfernung vom Standort s (i) des Anordnungsobjektes i zum Standort s (r) des Anordnungsobjektes r (i, ∈ I).

---

[473] Vgl. Wäscher, Layoutplanung für Produktionssysteme, 1998, S. 324.

[474] Vgl. ebenda.

Im Zusammenhang mit der Transportentfernung muss zwischen der euklidischen und der rechtwinkligen Entfernungsmessung unterschieden werden. Der euklidische Abstand gibt die geradlinige Entfernung zwischen den Anordnungsobjekten an. Die rechtwinklige Abstandmessung hingegen berücksichtigt die Entfernung, die durch Einhaltung rechtwinkliger Wegachsen beim Transport zurückzulegen ist.

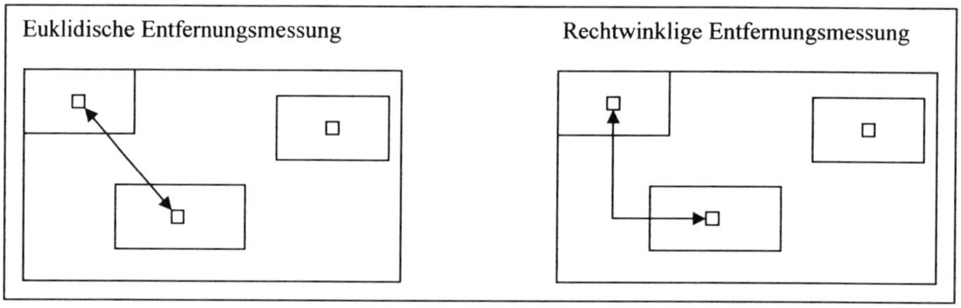

Abbildung 83: Euklidische und rechtwinklige Abstandsmessung

Neben der Kostenminimierung als Zielkriterium der Layoutplanung lassen sich die nachstehenden nicht oder nur schwer quantifizierbaren Gestaltungsziele nennen: [475]

- Minimierung der Durchlaufzeit,
- möglichst geringe Liquiditätsbelastung,
- hohes Ausmaß an Arbeitssicherheit,
- geringe Störanfälligkeit der Produktion,
- hohe Übersichtlichkeit der Produktionsstruktur (einhergehend mit leichterer Kontrolle des Produktionsablaufs),
- möglichst hoher Werbeeffekt,
- Realisation der angestrebten Flexibilität,
- humane und attraktive Arbeitsplätze.

6.1.5.2 Restriktionen der Layoutplanung

Bei der innerbetrieblichen Standortplanung hat der Planer Restriktionen zu beachten, wodurch die prinzipielle Freiheit der Anordnung stark eingeschränkt werden kann. Zudem sind in allen Plänen noch weitere Zielvorstellungen zu verwirklichen, die nur mittelbar durch das Ziel eines aufwandsminimalen Materialflusses abgedeckt werden und in einigen Fällen sogar konträr sein können. Die Standortanforderungen und Standortgegebenheiten stellen die beiden wesentlichen Restriktionen dar, die sich auf die relative und absolute Lage der anzuordnenden Organisationseinheiten auswirkt.

Folgende Parameter der Standortanforderung müssen berücksichtigt werden: [476]

---

[475] Vgl. Corsten, Produktionswirtschaft, 1992, S. 388

[476] Vgl. Schulte, Logistik, 1995, S. 177f.

- Die Werkstücke/Produkte determinieren durch Größe und Gewicht den für Bearbeitung, Transport und Lagerung notwendigen Flächenbedarf. Zudem beeinflussen sie durch ihren konstruktiven Aufbau die technologisch bedingte Bearbeitungsfolge.
- Vom Organisationstypen der Produktion hängt die Aufstellung bzw. Anordnung der Organisationseinheiten sowie die Auswahl des Fördermittels ab.
- Durch Größe, Gewicht und technologische Ausrichtung bestimmen die Betriebsmittel das betriebsinterne Layout. Die beiden erstgenannten Eigenschaften stellen insbesondere Anforderungen an den Flächenbedarf, die Raumhöhe, die Bodentragfähigkeit und die Niveauverhältnisse des Bestimmungsortes. Weiterhin sind transportgünstige Standorte in Betracht zu ziehen, die einerseits eine optimale Ver- und Entsorgung der jeweiligen Organisationseinheit garantieren und andererseits eine effiziente Verknüpfung zu eventuell vorhandenen Transportsystemen gestatten. Bei der Anordnung der Betriebsmittel sind ferner zentralisierende und dezentralisierende Beziehungen zu beachten. Anlass zur Zusammenlegung von Maschinen gäbe zum Beispiel die Zugehörigkeit zur gleichen Emissionsgruppe (Lärm, Abluft). Dezentralisierend können z.B. die von einer Maschine ausgehenden mechanischen Schwingungen wirken, die eine Nachbarschaft zu schwingungssensiblen Betriebsmitteln verbieten.
- Die Arbeitnehmer stellen Forderungen bezüglich einer humanen Gestaltung und Anordnung der Arbeitsplätze. Diese sollen die Arbeitszufriedenheit und das Wohlbefinden des Mitarbeiters fördern. Die Layoutplanung kann diesen Ansprüchen genügen, indem sie durch gezielte Anordnung der Betriebsmittel die Aufgabeninhalte ausweitet ("job enlargement"). Das Wohlbefinden der Arbeitnehmer wird durch Faktoren, wie beispielsweise Farbgebung, Beleuchtung, Klimatisierung, Lüftung, Lärmdämmung und die ergonomische Arbeitsplatzgestaltung geprägt.

Neben den dargelegten Standortanforderungen müssen bei der innerbetrieblichen Standortplanung auch die sogenannten Standortgegebenheiten als weitere Einschränkungen der Gestaltungsfreiheit bedacht werden:[477]

- Das Betriebsgelände kann die Gestaltungsfreiheit bei Neu- und Erweiterungsplanungen durch seine topographischen Eigenschaften und eventuell bestehende unveränderliche Bebauungen (beispielsweise versorgungstechnische Anlagen) einschränken.
- Häufig gehen von dem Gebäude Nutzungseinschränkungen aus, so dass der Entwurf eines optimalen Produktionslayouts an die faktisch vorliegenden innerbetrieblichen Verhältnisse anzupassen ist. So müssen neben den Restriktionsflächen beispielsweise auch die zur Verfügung stehenden Netto-

[477] Vgl. Schulte, Logistik, 1995, S. 180.

Raumhöhen (Raumhöhe abzüglich aller Installationen und einzuhaltenden Sicherheitsabstände), die zulässigen Verkehrslasten und Schwingbeiwerte, Stützenabstände sowie beleuchtungs- und klimatechnische Aspekte einkalkuliert werden.

- Bei der Layoutplanung sind überdies gesetzliche Bestimmungen einzubeziehen. Darin sind Regelungen und Vorschriften zur Bebauung des Betriebsgrundstückes, zur Gestaltung der Produktionsgebäude und zum Schutz von Gesundheit und Leben der Mitarbeiter enthalten, die zum Teil von Bundesland zu Bundesland variieren können wie z.B. die Brandschutzverordnung.

6.2 Planung und Steuerung der Produktion

Die Planungs- und Dispositionsaktivitäten innerhalb der logistischen Wertschöpfungskette werden in der überwiegenden Anzahl der Unternehmen von EDV-inhärenten Produktionsplanungs- und Steuerungssystemen (PPS-Systemen) vollzogen. Nachdem zuvor bereits die Einflussgrößen und strategischen Aufgaben der Produktionslogistik aufgezeigt wurden, thematisieren die folgenden Abschnitte zunächst die wesentlichen Entscheidungsfelder und Komponenten der operativen Produktionsplanung und -steuerung. Daran anschließend werden das Grundkonzept eines PPS-Systems sowie einige spezielle Strategien und Methoden erläutert.

Im Rahmen der operativen Produktionslogistik ist zwischen der Produktionsplanung auf der einen und der Produktionssteuerung auf der anderen Seite zu differenzieren. Beide sind engverknüpfte Hauptaufgaben im Rahmen der Zielsetzung eines leistungsfähigen Produktionssystems. Dabei lassen sich die folgenden Teilfunktionen subsumieren.[478]

Produktionsplanung mit:

- Produktionsprogrammplanung,
- Mengenplanung,
- Termin- und Kapazitätsplanung.

Produktionssteuerung mit:

- Auftragsveranlassung,
- Auftragsüberwachung.

Allen aufgezählten Teilgebieten der Produktionsplanung und -steuerung übergeordnet ist die Grunddatenverwaltung, in der sämtliche Planungsdaten gepflegt werden.

Mit dem Einsatz der Produktionsplanung und -steuerung und der Anwendung von PPS-Systemen werden insbesondere folgende Ziele verfolgt:[479]

---

[478] Vgl. Wöhe, Einführung in die Allgemeine Betriebswirtschaftslehre, 2000, S. 160.
[479] Vgl. Schulte, Logistik, 1995, S. 205.

- hohe Termintreue,
- kurze Durchlaufzeit,
- niedrige Lagerbestände,
- niedrige Werkstattbestände,
- hohe Lieferbereitschaft,
- hohe Auskunftsbereitschaft,
- hoher Grad an Flexibilität,
- niedrige Beschaffungskosten,
- hohe Materialverfügbarkeit,
- erhöhte Planungssicherheit.

6.2.1 Programmplanung

Die operative Programmplanung trifft auf Basis der strategischen Planung für einen bestimmten Zeitraum die Auswahl, welche Erzeugnisse in welchen Mengen und zu welchen Terminen produziert werden. Hierbei handelt es sich um den sogenannten Primärbedarf, der den voraussichtlichen Bedarf des Marktes an Endprodukten bzw. Ersatzteilen beinhaltet. Der Planungshorizont ist so zu wählen, dass alle Materialien bedarfsgerecht beschafft und die Potenzialfaktoren verbindlich geplant werden können[480].

Abhängig davon, ob in dem Unternehmen eine auftragsbezogene Produktion oder eine Massenfertigung erfolgt, wird das Produktionsprogramm aus den Daten der Kundenauftragsverwaltung, den Einschätzungen des Vertriebs, der Analyse von Marktreaktionen oder mathematischen Prognoseverfahren (Extrapolation, Regression etc.) generiert. Nach Verabschiedung der Produktionsprogrammplanung schließen sich die folgenden Planungs- und Steuerungsaktivitaten der Produktion an, die zugleich die Komponenten eines traditionellen PPS-Systems darstellen.

6.2.2 Mengenplanung

Nachdem die Inhalte der lang- und kurzfristigen Produktionsprogrammplanung dargelegt wurden, steht nun die Mengenplanung im Mittelpunkt. Bevor über die Bestellmenge bzw. die Losgröße entschieden werden kann, ist zunächst festzustellen, in welchen Mengen die verschiedenen Materialarten für die Planungsperiode benötigt werden.

Die Bedarfsermittlung ist bereits im Kapitel Beschaffungslogistik ausführlich beschrieben worden. Daher erfolgt an dieser Stelle nur eine kurze Übersicht. Im Rahmen der Materialbedarfsermittlung können drei Ausprägungen unterschieden

---

[480] Vgl. Dangelmeier, Fertigungsplanung, 1999, S. 69.

werden. Während der Primärbedarf die Enderzeugnisse und Ersatzteile beinhaltet, verkörpern alle Rohstoffe, Einzelteile und Baugruppen den zur Produktion notwendigen Sekundärbedarf. Als Drittes drückt der Tertiärbedarf den Bedarf an Hilfs- und Betriebstoffen aus.

Der erwartete Materialbedarf kann bestimmt werden durch: [481]

- programmorientierte (deterministische) Materialbedarfsermittlung,
- verbrauchsorientierte (stochastische) Materialbedarfsermittlung oder
- heuristische (abschätzende) Materialbedarfsermittlung.

Entgegen den deterministischen und stochastischen Verfahren findet der subjektive Ansatz immer dann Anwendung, wenn zur Prognose der Bedarfsmengen keine Datenbasis vorliegt. Da diese "Methode" schnell zu Fehleinschätzungen führen kann und generell nur für Erzeugnisse von geringem Wert eingesetzt werden sollte, wird sie in den weiteren Ausführungen vernachlässigt [482].

Programmorientierte Materialbedarfsermittlung

Aufgabe der programmgebundenen Verfahren ist die exakte Bestimmung des Materialbedarfs nach Menge und Termin. Ausgehend von einer limitationalen Produktionsfunktion, bei der feste Faktoreinsatzverhältnisse zu Grunde gelegt werden, lässt sich der Materialbedarf technisch-analytisch prognostizieren. Dabei stehen der Produktion in der Regel Baupläne oder, bei chemischen Prozessen und Lebensmitteln, Rezepturen zur Verfügung. Weitere Voraussetzung für die programmgebundene Bedarfsermittlung ist, dass das Verhältnis zwischen In- und Output der einzelnen Produktionsstufen eindeutig determiniert ist.

Gebräuchlichstes programmgebundenes Verfahren ist die analytische Bedarfsermittlung auf Basis von Stücklisten, wobei insbesondere die Strukturstücklisten, die Baukastenstücklisten und die Mengenübersichtsstücklisten von Bedeutung sind. Eine genaue Beschreibung von Stücklisten ist bereits in dem Kapitel Beschaffungslogistik vorgenommen worden.

Verbrauchsorientierte Materialbedarfsermittlung

Die stochastische oder verbrauchsgesteuerte Bedarfsermittlung wird eingesetzt, wenn sich die deterministischen Methoden als zu aufwendig erweisen. Eine Faustregel besagt, dass der Sekundärbedarf eher mit programmgebundenen, der Tertiärbedarf dagegen tendenziell mit verbrauchsgebundenen Methoden ermittelt werden sollte[483]. Es handelt sich somit um geringwertige Güter wie Hilfsstoffe, Betriebsstoffe und Verschleißwerkzeuge, bei denen es sich erfahrungsgemäß um C-Güter handelt. Weiterhin müssen diese Verfahren angewendet werden, wenn keine exakten In- und

[481] Vgl. Schulte, Logistik, 1995, S. 210.
[482] Vgl. ebenda, 224f.
[483] Vgl. Wöhe, Einführung in die Allgemeine Betriebswirtschaftslehre, 2000, S. 429.

Output-Beziehungen in den Fertigungsabläufen bestehen und somit programmorientierte Methoden nicht anwendbar sind.

Grundlage jeder verbrauchsgebundenen Bedarfsplanung sind Statistiken, die den Materialverbrauch abgeschlossener Perioden dokumentieren. Die stochastische Systematik fingiert somit eine Regelhaftigkeit zwischen dem Verbrauch der Vergangenheit und dem Bedarf der Zukunft. Um eine hohe Prognosegenauigkeit zu erreichen, müssen die Bestände in der Materialrechnung sorgfältig und lückenlos gepflegt werden. Gleichfalls sind ungeplante Abgänge wie Schwund, Diebstahl und Qualitätsminderungen ordnungsgemäß zu verbuchen. Durch die Hebelwirkung der mathematisch-statistischen Verfahren können selbst geringe Diskrepanzen (zwischen errechnetem und faktischem Verbrauch) größere Ungenauigkeiten in der Vorhersage bewirken[484].

Die Auswahl eines geeigneten Prognoseverfahrens muss sich an den Bedingungen der zugrunde liegenden Zeitreihe orientieren, die den chronologischen Verbrauchsverlauf darstellt. Dabei lassen sich drei übergeordnete Bedarfsverläufe festhalten:[485]

- Ein konstanter Bedarf beschreibt einen Verlauf, bei dem die einzelnen Periodenwerte nur geringfügig um ein stabiles Mittelmaß schwanken.
- Der trendförmige Bedarf wird durch eine Zeitreihe charakterisiert, bei dem die Verbrauchswerte über den Betrachtungszeitraum hinweg stetig steigen oder fallen. Der Trend kann dabei positiv linear, progressiv, degressiv oder negativ linear ausgeprägt sein.
- Ein saisonal schwankender Bedarf liegt vor, wenn die (periodischen) Abweichungen zum Durchschnittsbedarf nicht zufällig auftreten, sondern sich durch eine eindeutige Ursache manifestieren lassen.

Im folgenden werden zunächst die drei gängigsten Prognoseverfahren für einen konstanten Bedarfsverlauf beschrieben.

Das arithmetische Mittel erstellt die Bedarfsprognose, indem die summierten Verbrauchswerte einer Zeitreihe durch die Anzahl der entsprechenden Perioden dividiert werden. In folgender Formel bezeichnet x_n den Verbrauch in der n-ten Periode, $\bar{x}_n$ den neuen Verbrauchsmittelwert:[486]

$$x_{n+1} = \bar{x}_n = \frac{1}{n} \sum_{i=1}^{n} x_i$$

Dem Vorzug der einfachen Handhabung dieser Prognose stehen einige Nachteile gegenüber. Beispielsweise unterliegt diese Methodik der gedanklichen Voraussetzung, dass alle Schwankungen um den Mittelwert zufälliger Natur sind und deshalb durch

484 Vgl. Schulte, Logistik, 1995, S. 217ff.
485 Vgl. ebenda.
486 Vgl. ebenda.

die irreguläre Komponente abgebildet werden. Weiterhin haben alle Bedarfsgrößen die gleiche Bedeutung und werden gleich gewichtet; strukturelle Veränderungen werden nicht berücksichtigt[487].

Die gleitende Mittelwertbildung versucht die genannten Nachteile des arithmetischen Mittels zu beseitigen, indem die Anzahl der berücksichtigten Perioden und somit der Bedarfswerte konstant gehalten wird. Die Variable m der nachstehenden Gleichung beziffert die Anzahl der Betrachtungsperioden:[488]

$$x_{n+1} = \bar{x}_n = \frac{1}{m}\sum_{i=1}^{m} x_{n-m+i}$$

Da in die Berechnung des gleitenden Mittelwertes nur die zeitnahen m Perioden eingehen, kann auf Strukturbrüche im Bedarfsverlauf schneller reagiert werden, wobei die Reaktionsfähigkeit von der Auswahl der Periodenanzahl abhängt[489].

Die exponentielle Glättung erster Ordnung wird als drittes Verfahren ebenfalls zur Vorhersage bei weitestgehend konstanten Bedarfsverläufen eingesetzt. Hierbei rücken jedoch nunmehr die aktuelleren Werte in den Mittelpunkt der Betrachtung. Die größere Gewichtung aktuellerer Daten wird durch den Einbezug einer sogenannten Glättungskonstante α $(0 \leq \alpha \leq 1)$ in die Berechnung erreicht. Der Wert $\bar{x}_{n-1}$ gibt in der folgenden Gleichung den alten Verbrauchsmittelwert an.

$$x_{n+1} = \bar{x}_n = \bar{x}_{n-1} + \alpha\,(x_n - \bar{x}_{n-1}) \quad ^{(490)}$$

Je größer α gewählt wird, desto mehr nähert sich der Mittelwert $\bar{x}_n$ dem Verbrauch der vorangegangenen Perioden an. Wenn α auf null gesetzt wird, so hat der jüngste tatsächlich eingetretene Bedarf keinen Einfluss auf die Prognose. Wird α hingegen der Wert 1 zugewiesen, entspricht der neue Vorhersagewert dem letzten Beobachtungswert. In der Tendenz ist also davon auszugehen, dass ein zu kleiner Wert eine verspätete Angleichung an veränderte Zeitreihenstrukturen bewirkt, während ein zu groß gewählter Wert auch ein übereiltes Reagieren auf Zufallsschwankungen zur Folge haben kann[491].

Bei Zeitreihen, deren Verbrauchswerte einem Trend folgen, führen die bislang dargestellten Verfahren zu systematischen Prognosefehlern, da die Trendkomponente nicht in den Prognosemodellen abgebildet wird. Mit der exponentiellen Glättung zweiter Ordnung bietet sich die Möglichkeit, das Bedarfswachstum bzw. den Bedarfsrückgang von Periode zu Periode angemessen zu berücksichtigen. Neben der

[487] Vgl. Adam, Produktions-Management, 1997, S. 527.
[488] Vgl. Schulte, Logistik, 1995, S. 220.
[489] Vgl. Adam, Produktions-Management, 1997, S. 527.
[490] Vgl. Schulte, Logistik, 1995, S. 220.
[491] Vgl. Fandel, PPS- und integrierte betriebliche Softwaresysteme, 1997, S. 131.

schon bekannten Glättungskonstante zur Beeinflussung des Reaktivitätsgrades findet in diese Berechnung ein zusätzliches Steigungsmaß Eintritt[492].

Mit Hilfe anderer Verfahren (beispielsweise exponentielle Glättungsverfahren höheren Grades, Methode der kleinsten Quadrate bzw. Regressionsmodelle) können auch Prognosen für nicht lineare Bedarfsentwicklungen (beispielsweise saisonaler Verlauf mit/ohne Trendeinfluss) erstellt werden. Die genannten Verfahren werden an dieser Stelle jedoch nicht näher thematisiert. Es bleibt anzumerken, dass auch bei den verfeinerten Methoden die Grundproblematik der verbrauchsorientierten Bedarfsermittlung bestehen bleibt. Und zwar werden Vergangenheitswerte extrapoliert, bei denen die Signifikanz zwischen Ursache und Wirkung nicht vollständig analysiert ist. Soll vermieden werden, dass bestimmte Materialien aufgrund eines unerwartet hohen Verbrauchs bzw. Bedarfs plötzlich nicht mehr disponibel sind, müssen vernünftige Sicherheitsbestände vorrätig gehalten werden [493].

6.2.3 Terminplanung

Die Aufgabe der Terminplanung besteht im Wesentlichen darin, die Aufträge oder Arbeitsvorgänge terminlich auf die entsprechenden Produktiveinheiten zuzuordnen. Im Fokus der Terminplanung steht insbesondere die Werkstattfertigung, da bei diesen Organisationstypen permanent Zuordnungsentscheidungen für die Werkstücke zu den jeweiligen Bearbeitungsstationen getroffen werden müssen. Die Terminplanung untergliedert sich in die drei Teilbereiche Durchlaufterminierung, Kapazitätsterminierung und Reihenfolgeplanung. Sie werden innerhalb der nächsten Abschnitte weiter thematisiert.

6.2.3.1 Durchlaufterminierung

Aufgabe der Durchlaufterminierung ist es, die Bearbeitungszeit für jeden Arbeitsvorgang eines aktuellen Auftragsbestandes festzulegen. Unter Beachtung der technologischen Arbeitsabläufe lassen sich hieraus die Anfangs- und Endtermine eines jeden Auftrags ableiten. Die Durchlaufterminierung ist eine vorläufige Termingrobplanung. Eventuell auftretende Kapazitätsrestriktionen bleiben dabei zunächst unberücksichtigt[494].

Das zentrale Instrument der Durchlaufplanung ist der Arbeitsplan. So wie mit Hilfe der Stückliste der Sekundärbedarf ermittelt wird, so wird mit Hilfe des Arbeitsplans der Bedarf an Zeit und Kapazität ermittelt. Er legt fest, in welcher Reihenfolge die Einzelteile und Baugruppen an welcher Maschine mit wie viel Personal bearbeitet

---

[492] Vgl. Fandel, PPS- und integrierte betriebliche Softwaresystem, 1997, S. 131.
[493] Vgl. Wöhe, Einführung in die Allgemeine Betriebswirtschaftslehre, 2000, S. 430.
[494] Vgl. Vahrenkamp, Produktionsmanagement, 1998, S. 151f.

werden müssen und enthält für jeden Vorgang Vorgabezeiten nach der zuvor beschriebenen Einteilung. Arbeitspläne werden für jede Baugruppe und jedes Erzeugnis angelegt. Folgende Arbeitspläne ergeben sich, z. B. für einen Schrankhersteller:

Arbeitsplan für die Baugruppe Tür						
zeitliche Abfolge	Tätigkeit	benötigte Betriebsmittel	benötigtes Personal	Rüstzeit (min)	Bearbeitungs-zeit (min)	Übergangs-zeit (min)
1	Front bohren	Bohrautomat	1	2	2	3
2	Griff montieren		1		2	
3	Scharnier anbringen		1		2	

......

Arbeitsplan für das Erzeugnis Schrank						
zeitliche Abfolge	Tätigkeit	benötigte Betriebsmittel	benötigtes Personal	Rüstzeit (min)	Bearbeitungs-zeit (min)	Übergangs-zeit (min)
1	Schubkasten montieren		1		10	
2	Tür montieren		1		4	
3	Deckel aufsetzen		1		1	

Abbildung 84: Beispiel für einen Arbeitsplan [495]

In der Spalte „zeitliche Abfolge“ werden die zeitlichen Abhängigkeiten dokumentiert. Ein Bearbeitungsschritt kann erst begonnen werden, wenn alle vorherigen Arbeitsschritte abgearbeitet sind. In den folgenden drei Spalten wird die Tätigkeit beschrieben und das zur Bearbeitung benötigte Betriebsmittel und Personal aufgelistet. In den letzten drei Spalten ist die Rüstzeit, die Bearbeitungszeit und die Übergangszeit angegeben.

Zentraler Begriff der Durchlaufterminierung ist die Durchlaufzeit. Die Durchlaufzeit eines Auftrags setzt sich aus den Belegungszeiten der für den Auftrag benötigten Arbeitsplätze und Betriebsmittel und aus den Übergangszeiten zwischen den jeweiligen Arbeitsplätzen und Betriebsmitteln zusammen. Die Belegungszeit teilt sich in die beiden Komponenten Bearbeitungszeit und Rüstzeit auf. Als Übergangszeit wird die Summe aus Transportzeit, Kontrollzeit und Liege- und Wartezeit bezeichnet. Unter der Liege- und Wartezeit können wiederum die Lagerungszeit, die ablaufbedingte

[495] Vg. Adam, Produktions-Management, 1998, S. 541.

Liegezeit, die störungsbedingte Liegezeit und die personell bedingte Liegezeit subsumiert werden[496].

Ziel der Durchlaufterminierung ist die Optimierung des Auftragsdurchlaufs, was der Minimierung der Durchlaufszeit gleichkommt. Je schneller ein Auftrag die Produktion durchläuft, desto kürzer sind die Liegezeiten für Materialen und Halbfabrikate, die zwischen den einzelnen Fertigungsstationen lagern, und umso geringer kann die Gefahr der Terminüberschreitung sein. Zudem ist mit einem früheren Eingang der Veräußerungserlöse zu rechnen[497].

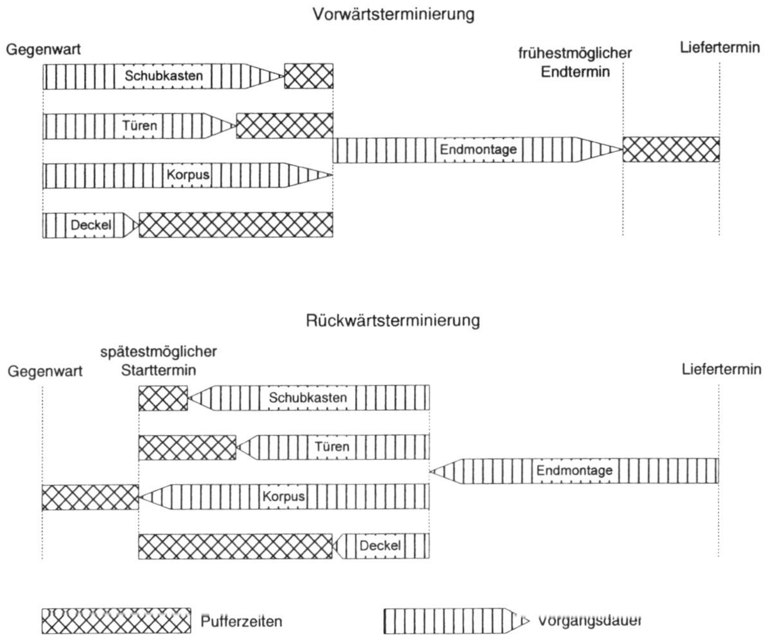

Abbildung 85: Terminplanung [498]

Als Methoden kommen bei der Durchlaufterminierung die Vorwärtsterminierung, Rückwärtsterminierung und Mittelpunktterminierung zur Anwendung. Von Interesse sind bei dieser Berechnung insbesondere der frühestmögliche End- bzw. Fertigstellungstermin wie auch der spätestmögliche Starttermin der jeweiligen Fertigungsaufträge.

- Bei der Vorwärtsterminierung werden, ausgehend vom geplanten Startzeitpunkt eines Auftrages für sämtliche Arbeitsgänge, die frühestmöglichen Start- und Endtermine ermittelt. Bei der Addition der Durchlaufzeiten, ist die in den

[496] Vgl. Corsten, Produktionswirtschaft, 1992, S. 401.
[497] Vgl. Wöhe, Einführung in die Allgemeine Betriebswirtschaftslehre, 2000, S. 430.
[498] Vgl. Günther, Produktion und Logistik, 2000, S. 216ff.

Arbeitplänen festgelegte technologische Bearbeitungsreihenfolge zu berücksichtigen.

- Die Rückwärtsterminierung errechnet, ausgehend von einem festgelegten Fertigstellungstermin, den Zeitpunkt, zu dem der Auftrag für eine termingerechte Lieferung spätestens gestartet werden muss. Die Vorgehensweise bei der Berechnung der Durchlaufzeit erfolgt analog der Vorwärtsterminierung, hier jedoch durch sukzessive Ermittlung der Starttermine der einzelnen Arbeitsgänge[499].
- Bei der Mittelpunktterminierung werden, ausgehend von einem Fixpunkt, sowohl eine Vorwärts- als auch eine Rückwärtsterminierung vorgenommen. Diese Vorgehensweise bietet sich insbesondere dann an, wenn eine Maschine innerhalb der Bearbeitungsgänge zum Engpass des Fertigungsablaufes wird[500].

Wird bei gleichzeitiger Anwendung von Vorwärts- und Rückwärtsterminierung die Differenz zwischen frühestem und spätestem Starttermin betrachtet, ergibt sich als Terminspielraum die jeweilige Pufferzeit eines Auftrages. Erfolgt eine Auftragseinlastung in die Produktion zu Beginn der Pufferzeit, so erhöht sich die Wahrscheinlichkeit der Termineinhaltung. Auf der anderen Seite können hierdurch jedoch Lagerkosten anfallen, da das Fertigerzeugnis bis zur Auslieferung eingelagert werden muss. Eine Auftragseinlastung zum Ende des Terminspielraums kann durch Minimierung der Lagerhaltungskosten und eventuelle Terminüberschreitungen, beispielsweise infolge von Produktionsstörungen, exakt das Gegenteil bewirken. Für die Kapazitätsterminierung und die Reihenfolgenplanung können Pufferzeiten vorteilhaft sein, um ungleichmäßige Kapazitätsbelastungen ausgleichen und über zeitliche Spielräume in der Maschinenbelegung verfügen zu können. Wird aus der Vorwärts- oder Rückwärtsterminierung ersichtlich, dass der frühestmögliche Endtermin eines Auftrages den avisierten Fertigstellungstermin überschreitet, sind Maßnahmen zur Verkürzung der Auftragsdurchlaufzeit zu ergreifen. Auf die gleiche Weise ist zu verfahren, wenn der spätestmögliche Anfangszeitpunkt bereits überschritten ist[501].

Um drohende Terminverzögerungen zu vermeiden und die Auftragsdurchlaufzeit zu reduzieren, stehen verschiedene Alternativen zur Auswahl. Unter anderem bieten sich die folgenden Methoden an, die auch in den meisten PPS-Systemen implementiert sind:

- Bei der Reduktion der Übergangszeit werden die Aufträge bevorzugt, bei denen eine Terminüberschreitung voraussehbar ist. Das bedeutet, dass die Priorität innerhalb der Warteschlange einer Arbeitsstation zugunsten des "Eilauftrages" geändert wird. Das Reduktionspotenzial dieser Handlungsweise hängt davon ab,

[499] Vgl. Vahrenkamp, Produktionsmanagement, 1998, S. 153.
[500] Vgl. Weber, Logistikmanagement, 1994, S. 185.
[501] Vgl. Fandel, PPS- und integrierte betriebliche Softwaresysteme, 1997, S. 281.

wie großzügig die Übergangszeiten in der Fertigung (insbesondere Liege- und Wartezeit) bemessen wurden und wie viele weitere Aufträge als eilig gekennzeichnet wurden[502].

- Beim Lossplitting wird ein bestimmter Arbeitsgang eines Produktionsauftrages zur weiteren Bearbeitung aufgeteilt und mehreren, gleichfunktionalen Arbeitsstationen zugeteilt. Diese Möglichkeit bietet sich selbstverständlich nur dann, wenn alternative Betriebsmittel bereitstehen. Darüber hinaus ist zu ermessen, ob die rechtzeitige Auftragsfertigstellung durch Splitten des Loses die gestiegene Rüstzeit rechtfertigt[503].
- Alternativarbeitspläne benennen für die bei einem Auftrag auszuführenden Fertigungsoperationen alternative Betriebsmittel und Arbeitsplätze, auf welche die Fertigung im Bedarfsfall zurückgreifen kann. Weiterhin enthalten die Alternativarbeitspläne alle entsprechenden Fertigungszeiten dieser "Ausweich-Betriebsmittel".
- Unter Überlappung versteht man die teilweise parallele Bearbeitung aufeinanderfolgender Arbeitsgänge. Nach Fertigstellung einer Teilmenge eines Arbeitganges wird dieses Losteil bereits an technologisch nachgeordnete Bearbeitungsstationen weitergeleitet. Die infolge der Überlappung angestiegenen Transportkosten sind den Termineinsparungen des Fertigungsauftrages gegenüberzustellen[504].

In der Praxis werden für die Planung komplexer Fertigungsprogramme zur Festlegung von Pufferzeiten, kritischen Wegen sowie möglichen Anfangs- und Endterminen überwiegend Netzpläne eingesetzt. Als bekannte Verfahren des sogenannten Projektmanagements mit Hilfe der Netzplantechnik sind beispielsweise CPM (Critical Path Method) oder PERT (Program Evaluation and Review Technique) zu nennen[505].

6.2.3.2 Kapazitätsterminierung

Im Zuge der Durchlaufterminierung wurde festgestellt, wie lang die Durchlaufzeiten für jeden Auftrag eines Planungszeitraums sind. Unter Berücksichtigung sämtlicher Fertigungsaufträge lässt sich daraus der periodenbezogene Kapazitätsbedarf für jede Bearbeitungsstelle beziehungsweise jedes Betriebsmittel generieren.

Aufgabe der Kapazitätsterminierung ist es,

- den notwendigen Kapazitätsbedarf (Soll-Kapazität) mit der verfügbaren Kapazität (Ist-Kapazität) zu vergleichen und

---

502 Vgl. Vahrenkamp, Produktionsmanagement, 1998, S. 155.
503 Vgl. Fandel, PPS- und integrierte betriebliche Softwaresysteme, 1997, S. 282.
504 Vgl. Corsten, Produktionswirtschaft, 1992, S. 402ff.
505 Vgl. ebenda.

- Maßnahmen zum Ausgleich von Soll- und Ist-Kapazität einzuleiten.

Die Ist-Kapazität wird üblicherweise auf Basis von Zeiteinheiten (Stunden, Minuten) ermittelt, wobei "normale" Produktionsverhältnisse vorausgesetzt werden. Mögliche Kapazitätsreserven (Überstunden, Zusatzschichten) bleiben hierbei zunächst unbeachtet. Bei der Gegenüberstellung der Soll- und Ist-Kapazität für dieselbe Planungsperiode können verschiedene Konstellationen entstehen:

- Idealzustand: Soll- und Ist-Kapazität sind kongruent.
- Unterbeschäftigung: Die Soll-Kapazität lastet die Betriebsmittel nicht aus,
- Überbeschäftigung: Die Ist-Kapazität kann die termingerechte Auftragsabwicklung nicht gewährleisten.

	Kapazitätsangebot	Kapazitätsbedarf
	Überbeschäftigung	
Langfristig	Personalverlagerung Personaleinstellungen Investitionen	Outsourcing
Kurzfristig	Überstunden Zusatzschichten Aushilfskräfte	Verschiebung von Fertigungsaufträgen Fremdbeschaffung
	Unterbeschäftigung	
Langfristig	Personalverlagerung Personalentlassungen Stilllegung/Verkauf von Betriebsteilen	Erweiterung des Produktfeldes
Kurzfristig	Kurzarbeit Freischichten Schichtabbau	Vorziehen von Fertigungsaufträgen

Abbildung 86: Möglichkeiten des Kapazitätsabgleichs [506]

Verhalten sich die Soll- und Ist-Kapazität divergent, so sind ausgleichende Maßnahmen zu ergreifen. Hierbei können kurzfristige Ausgleichsmaßnahmen auf der Grundlage vorhandener Kapazitäten und langfristige Ausgleichsmaßnahmen durch Erhöhung bzw. Reduzierung der vorliegenden Kapazitäten unterschieden werden. Nur durch Harmonisierung der nachgefragten und verfügbaren Kapazität kann dauerhaft eine wirtschaftliche Fertigung erfolgen[507].

Zum Ausgleich der Soll- und Ist-Kapazität stehen die folgenden Möglichkeiten zur Verfügung: [508]

---

[506] Vgl. Fandel, PPS- und integrierte betriebliche Softwaresysteme, 1997, S. 306 ff.
[507] Vgl. Wöhe, Einführung in die Allgemeine Betriebswirtschaftslehre, 2000, S. 448 f.
[508] Vgl. Schulte, Logistik, 1995, S. 234.

- Anpassung der Ist-Kapazität (Kapazitätsanpassung): Kapazitätserhöhung durch beispielsweise Überstunden, Zusatzschichten, Personalverlagerung, Personaleinstellung und Investitionen; Kapazitätsverminderung durch beispielsweise Kurzarbeit, Schichtabbau, Personalverlagerung, Personalabbau und Stilllegungen.
- Anpassung des Kapazitätsbedarfs (Belastungsanpassung): Belastungserhöhung durch beispielsweise Terminverlagerung, Ausweichen, Zusatzaufträge und Instandhaltung; Belastungsverminderung beispielsweise durch Terminverlagerung, Ausweichen und Auswärtsvergabe.
- Kombination beider Maßnahmen.

6.2.3.3 Reihenfolgeplanung

Die Aufgabe der Reihenfolgeplanung besteht darin, für die chronologisch geordnete Bearbeitung verschiedener Erzeugnisse die Auftragsreihenfolge an den jeweiligen Maschinen festzulegen. Dabei ist die Reihenfolge so zu gestalten, dass sie im Hinblick auf das definierte Unternehmensziel einen optimalen Ablauf des Produktionsprozesses gestattet. Da die vollen Konsequenzen einzelner Planungsentscheidungen auf das Kostengefüge in der Regel nicht eindeutig bestimmbar sind, werden bei der Reihenfolgeplanung anstelle von Kosten- zumeist Zeitziele verfolgt. Im Wesentlichen können folgende Zielsetzungen unterschieden werden: [509/510]

- Minimierung der Gesamtdurchlaufzeit der Aufträge,
- Minimierung der Gesamtbelegungszeit der Maschinen,
- konstante Auslastung der Maschinen im Zeitablauf,
- rüstzeitoptimale Auftragsfolge,
- Minimierung der Terminabweichungen und
- reduzierte Lagerzeiten bzw. Lagerbestände.

Diese genannten Unterziele stehen nicht immer im Einklang. Der Zielkonflikt zwischen Minimierung der Durchlaufzeit und Maximierung der Kapazitätsauslastung wurde von Gutenberg wegen seiner Unvereinbarkeit als Dilemma der Ablaufplanung formuliert[511].

Bei der Reihenfolgeplanung können sowohl “flow-shop“- als auch “job-shop“-Probleme auftreten. Liegt wie bei der Reihen- oder Fließfertigung eine für alle Aufträge identische Maschinenfolge vor, so wird dieses als flow-shop bezeichnet. Produziert das Unternehmen hingegen nach dem Prinzip der Werkstattfertigung, dann handelt es sich um einen job-shop. Der letztgenannte allgemeinere Fall, bei dem zur

[509] Vgl. Fandel, PPS- und integrierte betriebliche Softwaresysteme, 1997, S. 371.
[510] Vgl. Adam, Produktions-Management, 1997, S. 567.
[511] Vgl. Gutenberg, Grundlagen der Betriebswirtschaftslehre - Die Produktion, 1979, S. 216.

Bearbeitung der einzelnen Aufträge unterschiedliche Bearbeitungsstationen zu durchlaufen sind, stellt die Hauptproblematik der Reihenfolgeplanung dar[512].

Methodisch lassen sich eine Vielzahl von Instrumenten und Lösungsverfahren zur Reihenfolgeplanung unterscheiden. Im Folgenden wird ein kurzer Überblick über verschiedenartige Lösungsansätze gegeben. Maschinenbelegungs- oder Auftragsabfolgediagramme reflektieren als grafische Verfahren den einfachsten Lösungsansatz zur Reihenfolgeplanung. Ihr Vorteil besteht darin, schnell und einfach relativ gute Lösungen zu erbringen und flexibel auf neue Aufträge oder Auftragsstornierungen reagieren zu können. Komplexere Problemstellungen lassen diese Verfahren jedoch schnell an die Einsatzgrenzen stoßen[513].

Da die Problematik der Reihenfolgeplanung mit steigender Auftrags- und Maschinenanzahl schnell eine komplexe Struktur annimmt, wurden im Laufe der Zeit verschiedene Optimierungsverfahren herangezogen; u.a. auch aus dem Bereich des Operations Research.

Im Nachfolgenden werden verschiedene Methoden der Reihenfolgeplanung aufgelistet, die in einer Vielzahl von PPS-Systemen implementiert sind:

- Einfache Prioritätsregeln
- Simulation
- Kombinierte Prioritätsregeln
- Dynamische Optimierung
- Lineare Optimierung
- Expertensystem
- Branch-and-Bound
- Genetische Algorithmen
- Neuronale Netze[514]

Die Komplexität praktischer Reihenfolgeprobleme macht die Nutzung von Approximationsverfahren notwendig, mit deren Hilfe in akzeptabler Zeit befriedigende Näherungslösungen erzeugt werden können. Wie aus den Zahlen hervorgeht, basieren solche heuristischen Verfahren häufig auf Plausibilitätsüberlegungen, bei denen die Lösungsvorschläge aus einfachen und kombinierten Prioritätsregeln generiert werden.

Bei der Prioritätsregelsteuerung erhält jeder Fertigungsauftrag, der vor einer Bearbeitungsstation wartet, eine Prioritätsziffer. Wenn an der Bearbeitungsstation ein Auftrag abgearbeitet ist, wird als Nächstes jener Auftrag eingesteuert, der die höchste

---

[512] Vgl. Fandel, PPS- und integrierte betriebliche Softwaresysteme, 1997, S. 370.
[513] Vgl. Wöhe, Einführung in die Allgemeine Betriebswirtschaftslehre, 2000, S. 453.
[514] Vgl. Fandel, PPS- und integrierte betriebliche Softwaresysteme, 1997, S. 378ff.

Prioritätsziffer besitzt. Die Prioritätsziffer vereinigt dabei ein oder mehrere Optimierungsziele[515].

Nachfolgend wird ein Überblick über einige gebräuchliche Handlungsregeln gegeben. Größtes Vorzugsrecht hat dabei immer der Auftrag in der Warteschlange vor einer Maschine,

- der als erster im Produktionsbereich eingetroffen ist,
- der als erster an der Maschine eingetroffen ist,
- mit der kürzesten Operationszeit,
- mit der längsten Operationszeit,
- mit der kürzesten noch verbleibenden Restbearbeitungszeit,
- mit der größten Anzahl noch durchzuführender Operationen,
- mit der geringsten Anzahl noch durchzuführender Operationen,
- mit der größten Gesamtbearbeitungszeit auf allen Maschinen,
- mit der kürzesten Gesamtbearbeitungszeit auf allen Maschinen,
- mit dem frühesten Fertigstellungstermin,
- mit dem höchsten Produktendwert bzw. Produktwert vor Ausführung des jeweiligen Arbeitsganges (Wertregel bzw. dynamische Wertregel),
- mit der geringsten Differenz zwischen Liefertermin und verbleibender Bearbeitungszeit.

Aus den oben genannten Prioritätszahlen lassen sich eine Reihe von Kombinationen ableiten. Gemeinsames Ziel der kombinierten Prioritätsregeln ist es, die positiven Eigenschaften der einzelnen Grundsätze miteinander zu kombinieren bzw. negative Eigenschaften zu eliminieren. Die einfachste Form der Verknüpfung stellt die Addition zweier elementarer Prioritätszahlen dar. Um den Einfluss der Einzelregeln auf die wechselnden Produktionssituationen anzupassen, ist eine Gewichtung beider Prioritätsziffern vorzunehmen. Neben der additiven Kombination kann auch eine multiplikative Verknüpfung erfolgen. Hierbei kann eine Gewichtung jedoch nur durch den Ansatz unterschiedlicher Exponenten vorgenommen werden[516].

Welche Effekte die einfachen bzw. kombinierten Prioritätsziffern bezüglich ihrer Optimierungsziele tatsächlich erreichen, lässt sich nur schwer ermessen. Die Tauglichkeit der Prioritätszahlen wurde zwar in zahlreichen Arbeiten analysiert, jedoch wurden hierbei keine generell übereinstimmenden Ergebnisse erzielt. Beispielsweise wurde festgestellt, dass die "Kürzeste-Operationszeit-Regel" zu einem sehr niedrigen mittleren Durchlaufzeitwert und einem hohen Anteil früh

---

[515] Vgl. Wiendahl, Ausgewählte Strategien und Verfahren der PPS, Kap. 14, 1996, S. 40.
[516] Vgl. Schulte, Logistik, 1995, S. 237f.

fertiggestellter Aufträge führt, wobei die Durchlaufzeiten allerdings starken Streuungen unterliegen[517].

6.2.4 Auftragsveranlassung und Auftragsüberwachung

Nach der Durchführung der Mengen-, Termin- und Kapazitätsplanung endet in der Regel die Planungsarbeit der Produktion. Mit der nunmehr erfolgenden konkreten Erteilung von Fertigungsaufträgen beginnt als letzte Stufe der Produktionsplanung und -steuerung der Einsatz der Steuerungskomponente

Die Auftragsveranlassung nimmt die plangerechte Einsteuerung der Fertigungs- und Bestellaufträge in die Produktion vor. Eine Auftragsfreigabe kann nur erteilt werden, wenn alle zur Auftragserfüllung notwendigen Werkstoffe und Betriebsmittel disponibel sind. Zu diesem Zweck wird der Auftragsfreigabe eine Verfügbarkeitsprüfung vorgeschaltet, wodurch die Einlastung nicht ausführbarer Fertigungsaufträge vermieden werden soll. Während bei der statischen Auftragsfreigabe zum Zeitpunkt der Freigabe alle Materialien verfügbar sein müssen, berücksichtigt die dynamische Freigabe die Tatsache, dass vom Zeitpunkt der Auftragsfreigabe bis zum Eintreffen des Auftrages in einer bestimmten Fertigungsstufe in der Regel noch eine gewisse Zeit vergeht [518]. Die Voraussetzungen der dynamischen Auftragsfreigabe sind bereits erfüllt, wenn die Materialien erst zum Bedarfszeitpunkt disponibel sind.

Nach der Freigabe werden von der Arbeitsverteilung die Fertigungsaufträge den einzelnen Bearbeitungsstationen zugeordnet. Hierbei können prinzipiell zwei Organisationsformen unterschieden werden, die zentrale Arbeitsverteilung (z.B. Leitstand) und die dezentrale Arbeitsverteilung (Meistersystem)[519].

Nachdem durch die Arbeitsverteilung die Produktion angestoßen wurde, ist die Einhaltung der vorgegebenen Plandaten sicherzustellen. Die zentrale Aufgabe der Auftragsüberwachung besteht dabei in der Kontrolle des Auftragsfortschritts und dem Soll- und Ist-Vergleich der Produktionskennwerte. Durch die kontinuierliche Gegenüberstellung dieser Daten sollen störungsbedingte Planabweichungen frühzeitig erkannt werden. Überschreiten die Abweichungen die definierten Toleranzgrenzen, sind entsprechende Steuerungsmaßnahmen zu ergreifen.

Eine verlässliche Auftragsüberwachung ist nur dann garantiert, wenn permanent aktuelle, den Ist-Zustand ausreichend exakt beschreibende Rückmeldungen erfolgen. Zu den rückzuführenden Ist-Daten gehören beispielsweise: [520]

- auftragsbezogene Daten

---

[517] Vgl. Günther, Produktion und Logistik, 2000, S. 231.
[518] Vgl. Adam, Produktions-Management, 1997, S. 624.
[519] Vgl. Weber, Logistikmanagement, 1994, S. 187
[520] Vgl. Schulte, Logistik, 1995, S. 242.

(Anfangs- und Endtermine der Arbeitsgänge, produzierte Mengen, Ausschuss, Terminüberschreitungen, Pufferzeiten, Bearbeitungsstatus),

- personalbezogene Daten
  (geleistete Arbeitsstunden, Anwesenheitszeit, Krankheit),
- betriebsmittelbezogene Daten
  (Ausbringung, Auslastungsgrad, Rüst-, Lauf-, Leer- und Stillstandszeiten der Betriebsmittel),
- materialbezogene Daten
  (Bestands- und Verbrauchsmenge, Qualitätsfehler, Verbrauchsabweichungen, Verfügbarkeit).

Dieser Informationsrückfluss wird auch als Betriebsdatenerfassung (BDE) bezeichnet. Hierzu stehen oftmals eigene Rechnersysteme zur Verfügung, die den Aufwand einer manuellen Rückmeldung erheblich reduzieren. Bei Veränderungen gegenüber dem Produktionsplan werden die relevanten Daten der Betriebsdatenerfassung mit den entsprechenden Informationen aus dem Planungsbereich wieder an die kurzfristige Detailplanung des PPS-Systems übergeben[521].

Über die genannten Funktionen hinaus bieten einige PPS-Systeme die Möglichkeit, Daten über fertiggestellte Erzeugnisse direkt an die Vertriebssteuerung zu übergeben. Hier können beispielsweise Verpackungseinheiten und Touren optimal zusammengestellt werden[522].

6.3 Konzepte für PPS-Systeme

Die neue Informations- und Kommunikationstechnologie wird in zunehmenden Maße für die Unterstützung produktionswirtschaftlicher Entscheidungen genutzt. Während der Einsatz der betrieblichen Informationssysteme früher nur auf die DV-Unterstützung klar abgegrenzter und eindeutig definierter Probleme ausgerichtet war, steht heute die Integration verschiedener Bereiche im Mittelpunkt der Bemühungen. Das Produktionsplanungs- und -steuerungs-System (PPS-System) stellt eine derartige computerintegrierte Konzeption dar[523].

Die besonderen Stärken von PPS-Systemen liegen im Bereich der Verwaltung umfangreicher Datenmengen und der Lösung klar strukturierter, quantitativer Problemstellungen wie beispielsweise die Ermittlung der optimalen Losgröße. Zu diesem Zweck zerlegen PPS-Systeme die komplexen Probleme in modulartige Partialaufgaben, die dann rechnergestützt einem iterativen Lösungsprozess zur optimalen Gestaltung und gegenseitigen Abstimmung unterworfen werden. [524] Dabei

---

[521] Vgl. Wöhe, Einführung in die Allgemeine Betriebswirtschaftslehre, 2000, S. 463.
[522] Vgl. Scheer, CIM - Der computergesteuerte Industriebetrieb, 1990, S. 27.
[523] Vgl. Corsten, Produktionsplanung und -steuerung, 1997, S. 825.
[524] Vgl. Fandel, PPS- und integrierte betriebliche Softwaresysteme, 1997, S. 1.

weist ihre Grundstruktur im Allgemeinen die bereits dargestellten Module Produktionsprogrammplanung, Mengenplanung, Termin- und Kapazitätsplanung, Auftragsveranlassung sowie Auftragsüberwachung auf. Zur Bewältigung der einzelnen Teilaufgaben können durchaus unterschiedliche Planungsansätze, Lösungsverfahren und DV-Konzepte in Betracht kommen. Die einzelnen PPS-Systeme unterscheiden sich ferner in ihrer branchen-, betriebsgrößen- und organisationstypenbezogenen Ausprägung.

In Abhängigkeit vom Zentralisierungsgrad der zu treffenden Entscheidungen, lassen sich in der Produktionssteuerung drei Organisationsformen unterscheiden: [525]

- Zentrale Organisation:
  Die Termin- und Kapazitätsplanung erfolgt bereichsübergreifend in einer Steuerzentrale. Den einzelnen Produktionsbereichen kommt ausschließlich eine ausführende Funktion zu.
- Dezentrale Organisation mit vertikaler Kommunikation:
  Die Grobplanung erfolgt in der zentralen Produktionssteuerung, die kurzfristige Planung und Steuerung dagegen in den jeweiligen Produktionsbereichen. Kleinere Störungen können bereichsintern ausgeglichen werden, erst bei groben Planabweichungen greift die Steuerzentrale ein.
- Dezentrale Organisation mit horizontaler Kommunikation:
  Die Feinplanung erfolgt ebenfalls vor Ort. Bei Abweichungen von den Planwerten stimmen sich die Produktionsbereiche jedoch selbständig untereinander ab.

Aufgrund der engen Interdependenzen zwischen den Entscheidungsvariablen der Produktionsplanung und -steuerung auf der einen und den Kapazitäts- und Absatzrestriktionen auf der anderen Seite, wäre ein simultaner Planungsansatz am besten zur Lösung der PPS-Problematik geeignet. In einem Totalmodell könnten die Handlungsalternativen sämtlicher Teilbereiche erfasst und bei gleichzeitiger Bestimmung der optimalen Werte adäquat aufeinander abgestimmt werden. Ein solch monolithisches Modell scheitert jedoch an der eigenen Komplexität, die eine exakte numerische Lösung, zumindest für realistische Problemgrößen, ausschließt[526].

Im einleitenden Teil dieses Abschnitts wurde bereits erläutert, dass die PPS-Systeme in der Praxis zunächst mit dem Ziel entwickelt wurden, Planungsfehler aufgrund der Nutzung eines inkonsistenten Datengerüstes zu vermeiden. Durch die integrierte Datenverwaltung wurde zu diesem Zweck eine gemeinsame Datenbasis geschaffen. In den traditionellen PPS-Systemen wird das Konzept der schrittweisen Planung der einzelnen Teilbereiche jedoch weitestgehend beibehalten. In der Anwendungspraxis hat sich gezeigt, dass dieses sukzessive Vorgehen auch bei computergestützten Systemen zu unbefriedigenden Steuerungsergebnissen (hohe Lagerbestände, lange

---

525 Vgl. Bender, Produktionssystemsteuerung, 1996, Kap. 10, S. 91.
526 Vgl. Corsten, Hierarchische Produktionsplanung, 1997, S. 826.

Durchlaufzeiten, häufige Terminüberschreitungen) führen kann. Dies hat u.a. folgende Ursachen:

- Das Stufenkonzept (Partialisierung des Gesamtproblems) wird insbesondere den in Form von Werkstattfertigung existierenden Interdependenzen nicht gerecht. Getroffene Annahmen der einen Planungsstufe gehen als Datum in die darauffolgende Planungsstufe ein.
- Der Planungsprozess verläuft in der Regel ohne Rückkoppelung zwischen den einzelnen Modulen. Es erfolgt keine Nachbesserung der Planwerte, wenn die nächsten Stufen zeigen, dass die getroffenen Annahmen unrealistisch sind.
- Die faktischen Durchlaufzeiten weichen oftmals von den bei der Durchlaufterminierung zugrunde gelegten Durchlaufzeiten ab. Diese Abweichungen pflanzen sich in der Kapazitätsterminierung und der Reihenfolgeplanung fort und führen letztendlich zur Verlängerung der realen Durchlaufzeit (Durchlaufzeit-Syndrom).
- Statt aufwendigerer Verfahren werden für die Planung oftmals nur stark simplifizierende Heuristiken eingesetzt, wodurch üblicherweise nur suboptimale Ergebnisse erzielt werden.
- Die einzelnen Planungsstufen sind nicht konsequent auf das übergeordnete Unternehmensziel ausgerichtet. Es fehlt die Orientierung an ökonomischen Zielen[527].

Durch die Einführung herkömmlicher PPS-Systeme werden die verfolgten Ziele nicht immer im angestrebten Maße erreicht. Zur Bewältigung der Planungs-, Koordinations- und Kontrollaufgaben innerhalb der logistischen Kette wurden neue Steuerungskonzepte definiert. Obwohl die Sukzessivplanung dabei grundsätzlich beibehalten wird, versuchen diese Systeme den Zielerreichungsgrad durch eine engpass- und bestandsorientierte Konzeption zu erhöhen. Ziel der nachfolgenden Verfahren ist es, eine effiziente und auf die entsprechenden Betriebsbedingungen angepasste Lösung zu gestalten.

6.3.1 MRP II (Manufacturing Resource Planning)

Bevor auf das MRP II-Konzept eingegangen wird, erfolgt eine kurze Darstellung der Entwicklung der MRP-Systeme. Mit Hilfe des ursprünglichen Material Requirement Planning-Konzepts (MRP I) wurden PPS-Systeme entwickelt, die im Wesentlichen aus einem Modul zur Materialbedarfsplanung und teilweise auch zur Bestellmengen- und Losgrößenplanung bestanden. Da diese Systeme keine Komponenten für die Ableitung der Termin- und Kapazitätsplanung beinhalteten, fanden bestehende Kapazitätsrestriktionen keinen Eingang in den Lösungsprozess. Dieses hatte zur Folge, dass die vom

[527] Vgl. Adam, Produktions-Management, 1997, S. 628ff.

System errechneten "optimalen" Pläne häufig überhaupt nicht realisierbar waren[528]. Dadurch erfuhren die MRP I-Systeme eine starke Anwendungsbeschränkung, weshalb sie heute nur noch von mehr oder weniger historischer Bedeutung sind.

Das von Oliver Wight entwickelte MRP II-Modell (Manufacturing Resource Planning) stellt einen umfassenderen Ansatz als das MRP I-Modell dar. Dem hierarchischen Planungsansatz folgend, betrachtet es die gesamte logistische Kette von der strategischen bis zur operativen Ebene[529]. Jede Planungsebene beinhaltet dabei unterschiedliche Planungsfunktionen, deren Zielsetzungen auf das Gesamtunternehmensziel abgestimmt sind. Im Gegensatz zum MRP I-Konzept berücksichtigt es die Kapazitätsrestriktionen jeder einzelnen Planungsstufe. So wird bereits bei der Geschäftsplanung der Ressourcenbedarf für alle Produktgruppen grob abgeschätzt, bevor diese Planung über die Enderzeugnisse bis hin zur Planungsebene der Teile und Baugruppen verfeinert wird. Eine weitere Charakteristik des MRP II-Systems besteht in dem klar strukturierten Informationsfluss. Die implementierte Rückkoppelungsfunktion ermöglicht beispielsweise den Report von Engpasssituationen, Planungsabweichungen, Produktionsergebnissen und Ist-Beständen an die übergeordnete Hierarchieebene. Aus diesem Grund wird das MRP II-Konzept auch als geschlossenes Regelkreissystem bezeichnet[530].

6.3.2 MRP-Lauf am Beispiel von SAP R/3

In vielen PPS-Systemen läuft die Losgrößenplanung, die Materialbedarfsplanung und die Durchlaufterminierung in einem Stapelverarbeitungsbetrieb (Batch-Lauf) ab. Für jedes Produkt werden gemäß der Erzeugnisstruktur, den Stücklisten und Arbeitsplänen Fertigungsaufträge oder Bestellungen für Sekundärbedarfe ermittelt und terminiert. Dieser Batch-Lauf wird oftmals auch als MRP-Lauf (Material Requirements Planning) bezeichnet und soll nachfolgend am Beispiel des SAP R/3 Systems dargestellt werden.

Zunächst wird innerhalb der Materialbedarfsplanung dem Bruttoprimärbedarf der Lagerbestand gegenübergestellt. Reicht der Lagerbestand zur Deckung des Bedarfs nicht aus, ist ein Fertigungsauftrag zur Deckung des Primärbedarfs zu erzeugen. Nachfolgend ist innerhalb der Losgrößenplanung die Auftragsmenge zu ermitteln. Hier können auch Mindest- und Höchstproduktionsmengen sowie festgelegte Mengenintervalle Beachtung finden. Im nächsten Schritt kann die Terminplanung, ausgehend vom Fertigstellungstermin des Primärbedarfs, den Auftrag (Bestellung oder Fertigungsauftrag) mit Hilfe des Arbeitsplans oder definierter Vorlaufzeiten terminieren und seinen Starttermin bestimmen. Nun ist wiederum innerhalb der Materialbedarfsplanung die Stückliste des Erzeugnisses aufzulösen und zu ermitteln,

---

[528] Vgl. Wöhe, Einführung in die Allgemeine Betriebswirtschaftslehre, 2000, S. 464.
[529] Vgl. Scheer, CIM - Der computergesteuerte Industriebetrieb, 1990, S. 37.
[530] Vgl. Heße, Beruhigte Fertigung, 1992, S. 58.

welche Baugruppen und Teile für die Produktion benötigt werden. Im Anschluss ist der ermittelte Bruttosekundärbedarf mit den Lagerbeständen an Baugruppen, Teilen und Rohstoffen abzugleichen und der Nettosekundärbedarf zu berechnen. Mit Hilfe der Ergebnisse der vorangegangenen Terminierung können Bereitstellungszeitpunkte für die Sekundärbedarfe ermittelt werden. Nun wiederholt sich der Prozess: Zur Deckung dieser abgeleiteten Bedarfe werden durch die Losgrößenplanung wiederum Fertigungsaufträge oder Bestellungen erzeugt und die Aufträge terminiert. Sind die Materialien der letzten Fertigungsstufe terminiert, ist der Schleifenprozess durchlaufen. Anschließend folgt im letzten Schritt der Kapazitätsabgleich[531].

Die folgende Abbildung verdeutlicht den Phasenprozess des MRP-Laufs in einem SAP R/3 System.

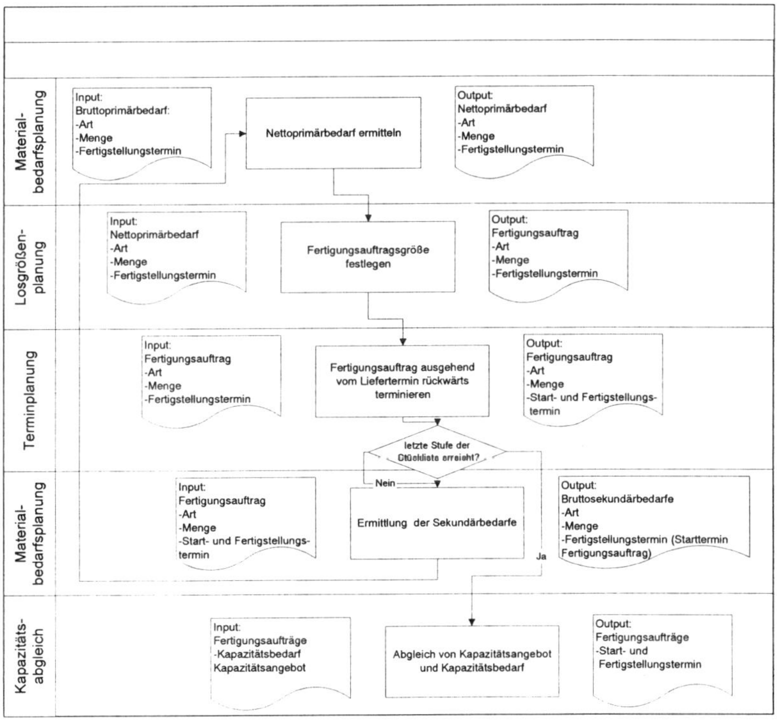

Abbildung 87: MRP-Lauf im SAP R/3 System[532]

[531] Vgl. Lebefromm, Produktionsmanagement - Einführung mit Beispielen aus SAP R/3, 1999, S. 127 ff.

[532] Vgl. Fandel, PPS- und integrierte betriebliche Softwaresysteme, 1997, S. 2 ff.

6.3.3 Advanced Planning Systems

Im Zuge der zunehmenden Kooperation und Vernetzung von Unternehmen und als Folge diverser Schwächen von traditionellen PPS-Systemen haben sich als neue Generation von Planungssystemen die Advanced Planning Systems (APS) entwickelt. Sie erlauben nicht nur eine Abbildung von Leistungsprozessen innerhalb eines Unternehmens, sondern auch zwischen verschiedenen Unternehmen und können so ein Supply Chain Management aktiv unterstützen.

Das Supply Chain Management lässt sich hinsichtlich der Zeit gliedern in die langfristige Gestaltung (SCD = Supply Chain Design) die mittel- und kurzfristige Planung (SCP = Supply Chain Planning) und die Ausführung (SCE = Supply Chain Execution)[533]. Die nachfolgende Tabelle zeigt, welche Aufgabe in welchem Bereich liegt.

SCD	SCP	SCE
strategische Netzwerkplanung	Bedarfsplanung Beschaffungsplanung Produktionsplanung Produktionsfeinplanung Distributionsplanung Distributionsfeinplanung Verfügbarkeitsprüfung Machbarkeitsprüfung	Auftragsabwicklung Lagerabwicklung Produktionsabwicklung Transportabwicklung

Tabelle 61: Aufgabenverteilung im SCM

Die Abkürzung APS findet in der Literatur sowohl für Advanced Planning System als auch für Advanced Planning and Scheduling Verwendung. Wird die Abkürzung APS im Sinne von Advanced Planning System verwendet, ist damit meistens ein System gemeint, welches die Bereiche des SCD und SCP also der lang-, mittel- und kurzfristigen Planung abdeckt[534]. Es ist damit Bestandteil eines Supply Chain Management (SCM) Systems, welches alle Bereiche des SCM, d. h. sowohl die Aufgaben des SCD und SCP als auch des SCE, unterstützt[535]. Ist mit der Abkürzung APS dagegen Advanced Planning and Scheduling gemeint, wird hiermit ein System assoziiert, welches lediglich eine Komponente eines Advanced Planning System darstellt und zwar jene Komponente, die sich mit der Produktionsplanung im engeren Sinn befasst und im Wesentlichen die Aufgaben eines PPS-Systems übernimmt.[536]

---

[533] Vgl. Kuhn, Supply Chain Management, 2002, S. 142.
[534] Vgl. Knolmayer, Advanced Planning and Scheduling Systems, 2001, S. 140
[535] Vgl. Günther, Produktion und Logistik, 2000, S. 338.
[536] Vgl. Corsten, Advanced Planning Systems –Anspruch und Wirklichkeit, 6/2001, S. 32

Ein APS benötigt zur Erledigung seiner Aufgaben eine Datengrundlage. Diese Datengrundlage bieten ERP-Systeme, da in ihnen die operativen Transaktionen eines Unternehmens abgewickelt werden. APS werden oftmals als Add-On von ERP-Systemen implementiert, sie können so auf die planungsrelevanten Daten, die im ERP-System ohnehin vorhanden sind, zurückgreifen. Demnach sind ein APS und ein ERP-System technisch zwei über eine Schnittstelle verbundene Komponenten, im Gegensatz zum PPS-System, das in ein ERP-System integriert ist.[537].

Zur Darstellung des internen Aufbaus eines APS werden die verschiedenen Planungsaufgaben auf einzelne Planungsmodule verteilt und ihr Zusammenhang dargestellt. Die sogenannte Supply Chain Planning Matrix stellt unabhängig von einem bestimmten Softwaresystem die Aufgaben und Module dar. In der Matrix findet einerseits die Fristigkeit der Planung und andererseits der Gegenstand der Planung Berücksichtigung. Es ergibt sich folgender schematischer Aufbau:

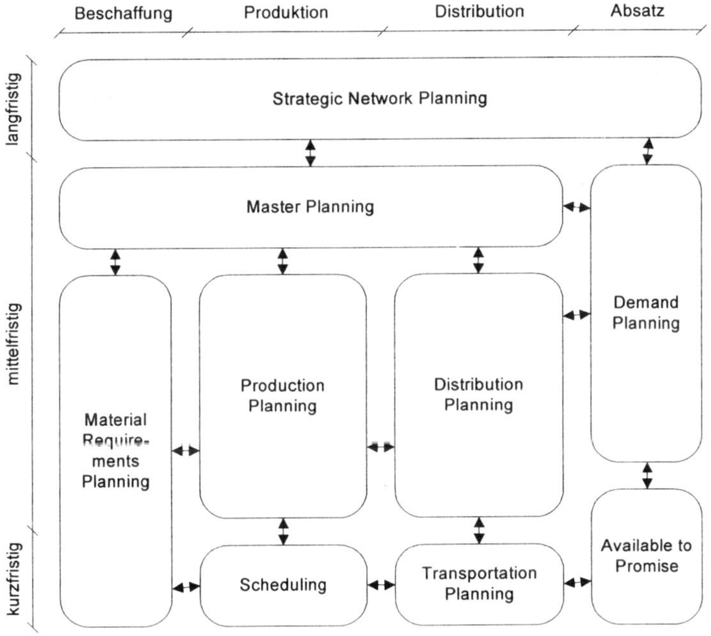

Abbildung 88: Supply-Chain-Planning Matrix[538]

Innerhalb des Strategic Network Planning wird die Wertschöpfungskette von der Beschaffung über Produktion und Distribution bis zum Absatz auf strategischer Ebene geplant. Die Qualität dieser Planung hat wesentlichen Einfluss auf die Qualität der Ergebnisse der mittel- und kurzfristigen Planung, da sie die Rahmenbedingungen

[537] Vgl. Corsten, Advanced Planning Systems – Anspruch und Wirklichkeit, 2001, S. 37.
[538] Vgl. Rohde, Die Supply Chain Planning Matrix, in: PPS-Management, 5/2000, S. 14.

festlegt. Die Gestaltung des Netzwerks umfasst beispielsweise den Auf- und Abbau von Lager- und Produktionskapazitäten, Auswahl der Beschaffungs- und Distributionskanäle oder die strategische Auswahl und Bewertung der wichtigsten Kunden und Zulieferer[539].

Das Demand Planning hat die Aufgabe, lang- bis mittelfristig die Nachfrage zu prognostizieren und bedient sich hierbei statistischer Verfahren, Lebenszykluskonzepten oder What-if-Analysen. Im Modul Available To Promise können kurzfristige Aussagen zur Verfügbarkeit von Erzeugnissen über alle Lagerorte getroffen werden. Zudem können in diesem Modul die Auswirkungen von zusätzlichen kurzfristigen Aufträgen zur Deckung von Kundenbedarfen auf die Kapazitätsauslastung geprüft werden. Diese Funktion wird auch als Capable to Promise bezeichnet. Available to Promise und Capable to Promise erlauben eine genaue Aussage über Liefertermine[540].

Innerhalb des Master Planning werden aufgrund der Daten des Demand Planning aufeinander abgestimmte Beschaffungs-, Produktions- und Distributionspläne ermittelt. Sowohl bei der Planung des Produktionsprogramms als auch bei der Planung der Beschaffungsmengen und Distributionsmengen steht die Minimierung der Gesamtkosten unter Berücksichtigung der verfügbaren Kapazitäten im Vordergrund. Um diese komplexe Aufgabe lösen zu können, werden Daten aggregiert, bis das Modell mit Methoden der linearen Programmierung zu lösen ist. Die Aggregation der Daten wird nach und nach in den darunter befindlichen Planungsmodulen aufgehoben und so der erforderliche Detaillierungsgrad erreicht. Es kommt bei der Modellbildung insbesondere darauf an, den Grad der Aggregation zu optimieren, so dass einerseits ein verwaltbares Datenvolumen gesichert ist und andererseits alle für die nachfolgenden Planungen zwingend erforderlichen Daten beachtet werden[541].

Das Modul Material Requirements Planning ermittelt auf der Grundlage der Vorgaben des Master Planning die zu beschaffenden Rohstoffe, Einzelteile und Baugruppen. Hierzu stehen diverse Methoden wie die verbrauchsbezogene oder programmbezogene Materialbedarfsermittlung oder die Ermittlung der optimalen Bestellmenge zur Verfügung[542].

In den Modulen Production Planning und Scheduling steht die Ermittlung eines Produktionsplanes nach der Vorgabe des Master Planning im Vordergrund. Die Aufgabenteilung der zwei Module entspricht prinzipiell der Aufteilung in traditionellen PPS-Systemen, wonach im Production Planning zunächst die Losgrößenermittlung und Terminierung im Vordergrund steht und im Scheduling die

---

[539] Vgl. Rohde, Die Supply Chain Planning Matrix, in: PPS-Management, 5/2000, S. 10.
[540] Vgl. ebenda S. 10 f.
[541] Vgl. ebenda S. 12 f.
[542] Vgl. Rohde, Die Supply Chain Planning Matrix. In: PPS-Management, 5/2000, S. 14.

Ablaufplanung Gegenstand der Planung ist. Der Detaillierungsgrad der Planung steigt vom Production Planning zum Scheduling an. Für diese beiden Module wird auch oft der eingangs erwähnte Begriff des Advanced Planning and Scheduling System (APS-System) verwendet[543].

Aufgabe des Moduls Distribution und Transportation Planning ist es, die Distribution der Erzeugnisse zu planen und die Summe aus Lager- und Transportkosten zu minimieren. Der Grad der Detaillierung nimmt vom Modul Distribution zum Modul Transportation Planning zu, wobei der Planungshorizont sinkt[544].

Obwohl die SCM-Matrix die Aufgaben des Supply Chain Management nur allgemein darstellt, orientieren sich viele Softwareanbieter an dieser Gliederung der Planungsaufgaben und teilen das Gesamtsystem nach dem Prinzip der SCM-Matrix in verschiedene Module[545].

Aus dieser Darstellung lassen sich wesentliche Unterschiede im Vergleich zum Aufbau von traditionellen PPS-Systemen erkennen. Ein APS

- unterstützt neben der kurzfristigen Planung auch die mittel- bis langfristige Planung,
- bildet neben den internen Leistungsprozessen auch die externen ab und berücksichtigt die gesamte Supply Chain,
- betrachtet die Bereiche Beschaffung, Produktion und Distribution im Modul Master Planning auf aggregierter Ebene ganzheitlich.

Ein APS ermöglicht es, auf langfristiger Ebene die Logistikkette zu planen. So können optimale Standorte für Werke oder Lager bei gegebenen Lieferanten-, und Kundenstrukturen geplant oder Auswirkungen bei sich ändernden Strukturen mit Hilfe von Simulationen geprüft werden.

Während sich traditionelle PPS-Systeme mit dem innerbetrieblichen Prozess der Leistungserstellung befassen, berücksichtigen APS auch die mittlerweile engen Netzwerkbeziehungen zu Lieferanten und Kunden. So kann im Rahmen der Produktionsplanung nicht nur die Produktionskapazität eines Werkes, sondern auch die anderer Werke oder die der Lieferanten einbezogen werden. Dies erlaubt auch kurzfristig eine Aussage darüber, ob es kostengünstiger ist, Produktionen fremd zu vergeben oder Personalengpässe durch Überstunden aufzulösen.

Ein weiterer wesentlicher Unterschied besteht in der Art der Planung. Während bei traditionellen PPS-Systemen das Sukzessivplanungskonzept von der Absatzplanung bis zur Feinplanung zu Grunde liegt, verwenden APS das Konzept der hierarchischen

---

543 Vgl. Rohde, Die Supply Chain Planning Matrix. in: PPS-Management, 5/2000, S. 12 f.
544 ebenda S. 13.
545 ebenda S. 14.

Produktionsplanung[546]. Die hierarchische Produktionsplanung reduziert die Komplexität des Gesamtplanungsproblems, indem sie sinnvoll zusammenwirkende Problemvereinfachungsverfahren anwendet. Auf dieser aggregierten Ebene kann das Gesamtplanungsproblem - aufgrund der Reduktion der Daten - simultan gelöst werden. Im nächsten Schritt werden die Ergebnisse an die untergeordnete Planungsebene weitergegeben. In der untergeordneten Ebene wird das Gesamtplanungsproblem in mehrere Teilprobleme geteilt und disaggregiert. Das bedeutet, dass die zunächst erforderliche Vereinfachung des Problems durch Reduktion der Daten, nun auf der unteren Planungsebene unter Berücksichtigung der Vorgaben aus der oberen Planungsebene wieder aufgehoben wird[547]. Dieses Prinzip findet sich auch in der Supply Chain Planning Matrix wieder: Das Modul Master Planning löst das Problem auf aggregierter Ebene und leitet die Ergebnisse an die Module Material Requirement Planning, Production Planning und Distribution Planning weiter. Hier liegt ein entscheidender Unterschied zu traditionellen PPS-Systemen in der Planungslogik vor, da bereits mittelfristig Kapazitäten auf der Beschaffungsseite, in der Produktion und der Distribution Beachtung finden. Traditionelle PPS-Systeme dagegen berücksichtigen die Kapazitäten erst am Ende des Planungsprozesses.

Neben dem unterschiedlichen Aufbau von APS und traditionellen PPS-Systemen, verfügen APS über Funktionen, über die traditionelle PPS-Systeme nicht verfügen, es handelt sich hierbei um:

- Heuristiken,
- Optimierungsverfahren,
- Integration von Produkt- und Prozessstruktur,
- simultane Planung von Teilproblemen
- hohe Performance,
- Simulationsmöglichkeiten,
- Transparenz.

Ein APS ermöglicht eine Unterstützung der Planung durch den Einsatz von sogenannten Heuristiken und erleichtert so den Problemlösungsprozess ohne den Anspruch, eine optimale Lösung herbeizuführen. Heuristiken stellen prinzipielle Regeln dar, nach denen eine Aufgabe zu lösen ist und beruhen auf Erfahrung und Intuition statt auf einem Optimierungsprozess[548].

Darüber hinaus ist es möglich, alternative Produktionsprozesse im System abzubilden, mit betriebswirtschaftlichen Kriterien zu bewerten und anschließend mit Hilfe von Optimierungsmethoden einen Plan zu generieren, der bestimmten Ansprüchen genügt.

---

546 Vgl. Corsten, Advanced Planning Systems –Anspruch und Wirklichkeit-, In: PPS-Management, 6/2001, S.37.
547 Vgl. Kistner, Produktionsplanung, Heidelberg 2001, S 209 ff.
548 Vgl. Bartsch, Supply Chain Management mit SAP APO, Bonn 2002, S. 144.

Ist z. B. eine kostenminimale Planung gefordert, kann das System anhand der bewerteten Produktionsprozesse den kostengünstigsten Ablauf planen. Ebenso kann eine Planung auf die Verkürzung der Durchlaufzeit abzielen, auch hier beachtet das System bei der Planung die vorhandenen Kapazitäten und verkürzt im Rahmen der Möglichkeiten die Durchlaufzeit[549].

In einem APS ist im Gegensatz zum traditionellen PPS-System die Trennung von Produktstruktur (Stückliste) und Prozessstruktur (Arbeitsplan) aufgehoben. Die Integration von Produkt- und Prozessstruktur wird auch als prozessorientierte Basisstruktur bezeichnet und in einem sogenannten Produkt-Prozess-Modell (PPM) abgebildet. Das PPM erlaubt eine parallele Betrachtung von Material und Betriebsmitteln und hebt so die getrennte, sequenzielle Betrachtungsweise traditioneller PPS-Systeme auf. In einem PPM werden Prozesse in Vorgänge unterteilt, diese Vorgänge können wiederum verschiedene Aktivitäten beinhalten. Diesen Aktivitäten ist nun ein Betriebsmittel und/oder ein Material zuzuordnen. Alle Vorgänge können anschließend miteinander verknüpft und so der Produktionsprozess modelliert werden. Die folgende Abbildung stellt ein PPM dar.

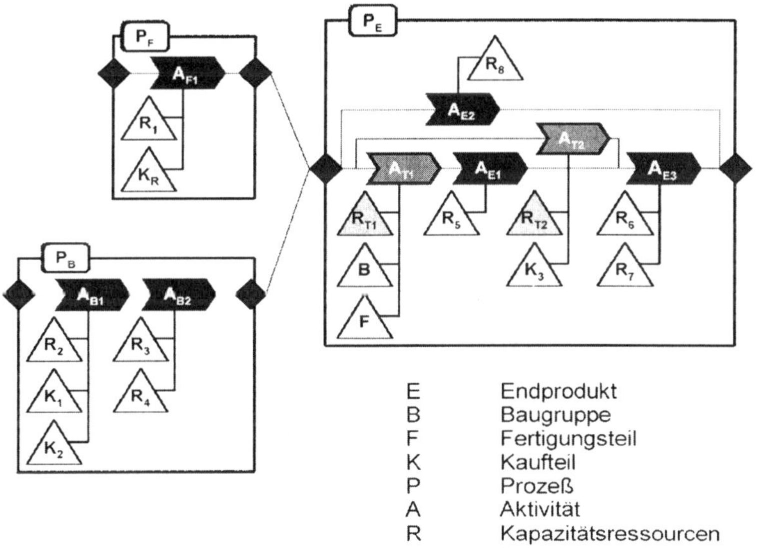

Abbildung 89: Beispiel für ein Produktionsprozessmodell[550]

Durch diese Modellierung des Produktionsablaufs ist eine simultane Planung von Betriebsmittelkapazitäten und Materialverfügbarkeit möglich. Diese Vorgehensweise erleichtert die Synchronisation der Ressourcenverfügbarkeit in dem Sinne, dass

[549] Vgl. Günther, Produktion und Logistik, 2000, S. 340.
[550] Vgl. Grunow, APS-Systeme auf dem Prüfstand, in: PPS-Management, 7/2002, S. 15.

Materialien erst zur Verarbeitung bereitgestellt werden, sobald die Maschine frei ist und eine Maschine erst dann zur Verfügung stehen muss, wenn Material verarbeitet werden soll. So werden Warteschlangen und Leerzeiten vermieden[551].

Häufig wird in Verbindung mit APS von einer Simultanplanung gesprochen. Diese Darstellung entspricht bei exakter Beachtung der Definition von Simultanplanung nicht der Realität. In der Theorie wird dann von einer Simultanplanung gesprochen, wenn über alle Entscheidungsvariablen eines Problems gleichzeitig entschieden wird. Das bedeutet auch, dass auf eine Dekomposition des Problems verzichtet wird. Dies ist in einem APS nicht der Fall. Dennoch ist ein Fortschritt in Richtung einer simultanen (Partial-) Planung erkennbar, da es nun im Gegensatz zu traditionellen PPS-Systemen möglich ist, innerhalb eines Moduls eine ganzheitliche Planung durchzuführen. So betrachtet das Modul Master Planning alle Ressourcen entlang der Supply Chain, die in dieser Planungsebene als relevant definiert wurden. Es handelt sich hierbei in der Regel nur um wenige Schlüsselressourcen (Engpässe), um die Datenflut zu reduzieren. Ebenso wird im Modul Production Planning eine ganzheitliche Planung von Material und Betriebsmitteln durch Produktionsprozessmodelle ermöglicht[552].

Ein APS basiert auf neuester Hardwaretechnologie und erlaubt so eine hohe Geschwindigkeit bei der Planung. Im Gegensatz zu traditionellen PPS-Systemen, die batch- und transaktionsorientiert Daten auf einer Datenbank verwalten, arbeiten APS speicherresident, d. h. die nötigen Daten werden einmalig von einer Datenbank in den Hauptspeicher gelesen und dort verwaltet. Diese Technologie wurde erst durch die großen Fortschritte im Bereich der Hardware möglich, die es nun erlaubt, Hauptspeicher im Gigabytebereich zur Verfügung zu stellen. Diese Schnelligkeit bei der Datenverarbeitung erlaubt es, Planungen in kürzester Zeit zu simulieren. Es stellt im Allgemeinen kein Problem dar, in einem APS Einflussgrößen der Produktionsplanung zu ändern und deren Auswirkungen sofort erkennen zu können[553].

Die zuvor beschriebenen Funktionen von APS führen alle zu einer Verbesserung der Transparenz der Planungsprozesse. Sowohl die Modellierung des Produktionsprozesses mit Hilfe von Heuristiken und PPM als auch die hohe Performance in Verbindung mit Simulationsmöglichkeiten verdeutlichen dem verantwortlichen Planer die Zusammenhänge von Ursache und Wirkung. Sind Auswirkungen von Planänderungen in traditionellen PPS-Systemen schwer abzusehen, können ihre Auswirkungen in einem APS schnell abgeschätzt werden[554].

---

[551] Vgl. Grunow, APS-Systeme auf dem Prüfstand, in: PPS-Management, 7/2002, S. 15.

[552] Vgl. Corsten, Advanced Planning Systems – Anspruch und Wirklichkeit, 2001, S. 35 ff.

[553] Vgl. Kuhn, Supply Chain Management – optimierte Zusammenarbeit in der Wertschöpfungskette, 2002, S. 136.

[554] Vgl. Interview der NetSkill AG mit Stadler, H.; Kilger, C.; Müller, A.: Supply Chain Management – gestern, heute, morgen, http://www.competence-site.de/pps.nsf/EInterviewView, Stand 01.11.2003.

6.3.4 Belastungsorientierte Auftragsfreigabe (BOA)

Wird die Produktion über den gesamten Ablauf eines Unternehmens betrachtet, stellt sie keinen deterministischen, sondern einen stochastischen Prozess dar [555]. Daraus folgt, dass die tatsächliche Produktionsdurchlaufzeit oftmals von der in der Durchlaufterminierung prognostizierten durchschnittlichen Durchlaufzeit abweicht. Zudem berücksichtigen die konventionellen Systeme die kapazitive Situation nur unzureichend, woraus Überlastungen der Fertigung, überhöhte Zwischenlagerbestände und verlängerte Durchlaufzeiten resultieren. Diese Problematik versucht man mit Hilfe der belastungsorientierten Auftragsfreigabe (BOA) zu lösen. Die belastungsorientierte Auftragsfreigabe soll als implementierte Methode der Auftragsfreigabe die konventionellen PPS-Module Durchlaufterminierung, Kapazitätsabgleich, Auftragsfreigabe und Reihenfolgeplanung ersetzen[556]. Ziel dieser Steuerungsmethode ist es, den Auftragsbestand periodisch so zu dimensionieren, dass eine Verringerung der Durchlaufzeit bei gleichzeitig erhöhter Termineinhaltung erreicht wird.

Die Grundidee der belastungsorientierten Auftragsfreigabe besteht darin, die einzelnen Kapazitätseinheiten als einen Trichter aufzufassen. An dieser Stelle sei darauf hingewiesen, dass die nachfolgende Abbildung nur eine isolierte Bearbeitungsstation eines komplexen Produktionssystem darstellt. Hierbei symbolisiert die Füllhöhe des Trichters den jeweils vorhandenen Auftragsbestand, die Weite des Trichterauslasses die disponible Kapazität des Arbeitssystems.

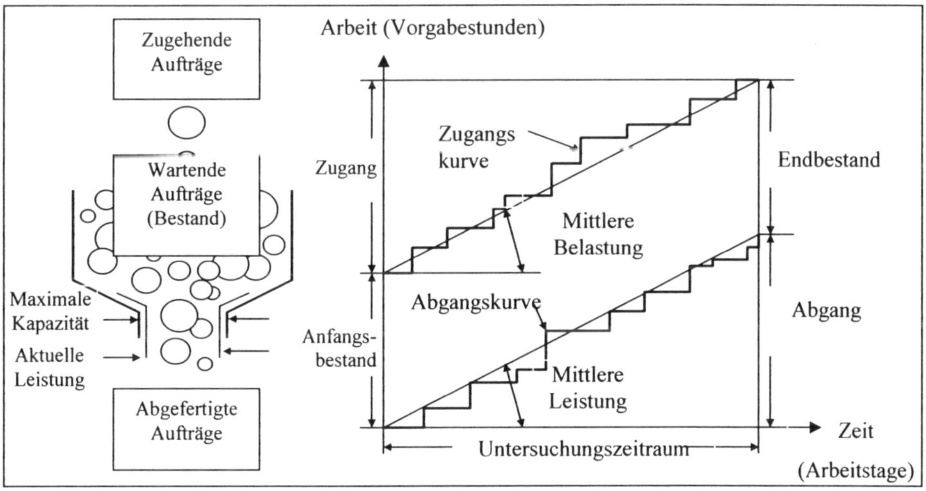

Abbildung 90: Trichtermodell und Durchlaufdiagramm der BOA [557]

[555] Vgl. Schulte, Logistik, 1995, S. 250.
[556] Vgl. Fandel, PPS- und integrierte betriebliche Softwaresysteme, 1997, S. 341.
[557] Vgl. Wiendahl, Belastungsorientierte Auftragsfreigabe (BOA), 1999, S. 440.

Die Auftragsabläufe am Trichter können in einem Durchlaufdiagramm visualisiert werden. Beginnend an dem im System befindlichen Anfangsbestand, werden zur Darstellung der Zugangskurve alle Auftragzugänge entsprechend ihres Arbeitsinhaltes (in Stunden) und Zugangszeitpunktes kumulativ aufgetragen. Die fertiggestellten Aufträge werden analog eingezeichnet, wobei die Abgangskurve dem Koordinatennullpunkt entspringt. Die durchschnittliche Steigung der Zugangskurve drückt die mittlere Belastung, die Neigung der Abgangskurve die mittlere Leistung des Systems aus[558].

Aus dem abgebildeten Durchlaufdiagramm ergibt sich für die gewichtete mittlere Durchlaufzeit folgende Formel: [559]

$$\text{Mittlere Durchlaufzeit (Tage)} = \frac{\text{Mittlerer Bestand (Stunden)}}{\text{Mittlere Leistung (Stunden/Tag)}}$$

Zur Steuerung der Produktionsaufträge dienen folgende Parameter: [560]

- Terminschranke
  Hiermit werden die Fertigungsaufträge nach ihrer Dringlichkeit geordnet. Dabei ist die Terminschranke so zu wählen, dass der Fertigung ein größeres Arbeitspensum zugewiesen wird, als in der Betrachtungsperiode tatsächlich bearbeitet werden kann. Nicht erledigte Aufträge werden als Anfangsbestand in die nächste Planungsperiode geschoben.
- Belastungsschranke
  Sie fixiert die maximale Belastung des Arbeitssystems, wodurch die synchrone Einlastung aller Aufträge gleicher Dringlichkeit vermieden werden soll. Darauf basierend werden die Fertigungsaufträge nur dann freigegeben, wenn die Belastungsschranke an keiner der für die Produktion notwendigen Bearbeitungsstationen überschritten wird.

Für die Anwendung bzw. Durchführung der belastungsorientierten Auftragsfreigabe müssen folgende Voraussetzungen erfüllt sein: [561]

- Die Abliefertermine der Produktionsaufträge steht fest.
- Alle Materialien, Werkzeuge und Vorrichtungen zur Auftragsbearbeitung sind vorhanden.
- Die Kapazitäten (Maschinen und Personal) der anstehenden Planperiode sind bekannt.

---

[558] Vgl. Wiendahl, Belastungsorientierte Auftragsfreigabe (BOA), 1999, S. 440f.
[559] Vgl. Schulte, Logistik, 1995, S. 252.
[560] Vgl. Corsten, Produktionswirtschaft, 1992, S. 451f.
[561] Vgl. Fandel, PPS- und integrierte betriebliche Softwaresysteme, 1997, S. 344.

- Die vorhandene Belastung durch bereits freigegebene und angearbeitete Aufträge ist bekannt.

Angewendet wird die belastungsorientierte Auftragsfreigabe immer dort, wo unterschiedliche, diskontinuierliche Produktionsaufträge vorherrschen. Dabei kann sowohl die Anzahl der Produktionsstufen als auch die Auftragsdurchlaufzeit variieren. Charakteristisches Einsatzgebiet ist somit die nach dem Werkstattprinzip organisierte Einzel- und Kleinserienfertigung. Das beschriebene Verfahren ist als ein pragmatischer Planungsansatz zu bewerten. Mit relativ geringem Planungsaufwand kann eine ausreichende Planungsgenauigkeit und eine hohe Planungssicherheit erzielt werden[562].

6.3.5 Kanban-Konzept

Das von Taiichi Ohno entwickelte und erstmals bei der Toyota Motor Company umgesetzte Kanban-Verfahren zielt auf eine effiziente Ablaufgestaltung in der Produktion und eine termingerechte, am Mindestbestand orientierte Fertigungsdisposition ab.

Der bedeutendste Unterschied des Kanban-Verfahrens zum traditionellen PPS-System besteht in der Umkehr der Fertigungssteuerung vom Bring- zum Holprinzip. Dies bedeutet, dass die Werkstücke nicht entsprechend dem Produktionsfluss vor der nächsten Bearbeitungsstation auf die Weiterverarbeitung warten, sondern dass der Impuls zur Produktion von der weiterverarbeitenden Produktionsstufe ausgeht. Der für die Produktion notwendige Informationsfluss wird bei diesem Holprinzip eng mit dem gegenläufigen Materialfluss verknüpft und verläuft auf der gleichen Ebene. Für jede Produktionsstufe und jedes dort bearbeitete Erzeugnis besitzt das System einen eigenen selbststeuernden Kanban-Regelkreis. Mittels eines an die Behälter gekoppelten Kanbans (japanisch für Karte) wird der Produktionsauftrag von der verbrauchenden an die produzierende Stelle weitergegeben[563].

Die Kaban-Steuerung muss nicht notwendigerweise Belege verwenden; möglich ist auch die Nutzung elektronischer Medien sowie optischer oder akustischer Signale. Zwischen den aufeinanderfolgenden Bearbeitungsstufen sind Pufferlager angeordnet, die den Mindestbestand des nachfolgenden Bereiches enthalten. Der Kanban-Regelkreis setzt sich folglich aus der materialverbrauchenden Stelle (Senke), der materialbereitstellenden bzw. produzierenden Stelle (Quelle) und dem zwischen Senke und Quelle angeordneten Pufferlager zusammen.

---

[562] Vgl. Fandel, PPS- und integrierte betriebliche Softwaresysteme, 1997, S. 346.
[563] Vgl. Wildemann, Das Just-in-Time Konzept, 1990, S. 54f.

Die Realisierung des beschriebenen Regelkreises ist von der Einhaltung folgender Grundsätze abhängig: [564]

- Jede Senke holt die von ihr benötigten Teile im vorgelagerten Pufferlager ab.
- Die Senke darf nur soviel Material entnehmen, wie für den aktuellen Fertigungsprozess erforderlich ist.
- Eine Quelle darf nur auf Abruf produzieren.
- Die Quelle produziert exakt die auf dem Kanban spezifizierte Menge.
- Es werden nur einwandfreie Teile ins Pufferlager weitergegeben.

In der theoretischen Auseinandersetzung mit dem Kanban-Mechanismus werden regelmäßig sehr enge Grenzen der Einsetzbarkeit herausgearbeitet. Neben der materialflussorientierten Produktionsorganisation bedingt die erfolgreiche Anwendung des Kanban-Verfahrens weitere Voraussetzungen, wie:

- Harmonisierung des Produktionsprogramms und der Kapazitätsquerschnitte,
- hohe Verfügbarkeit und geringe Umrüstzeiten der Betriebseinrichtungen,
- hohe Qualifikation und Motivation der Mitarbeiter und
- niedrige Ausschussraten[565].

Der wesentliche Unterschied zu den übrigen Planungs- und Steuerungskonzepten besteht darin, dass das Kanban-System die reale Komplexität zu reduzieren und nicht die gegebene Realität in einem Planungs- und Steuerungsmodell abzubilden versucht[566]. Kritisch diskutiert wird am Kanban-Verfahren vor allem die Ausrichtung an nur einer einzigen Zielgröße, den Lagerkosten. So wird der Vorzug einer hohen Zielerreichung häufig mit Einbußen in den anderen Planungsbereichen der Produktionslogistik bezahlt. Bei unvollkommener Abstimmung der Kapazitätsquerschnitte kommt es beispielsweise nahezu zwingend zu einer geringeren Kapazitätsauslastung. Ferner werden die Anfälligkeit für größere Störungen und die erheblichen Planungsschwierigkeiten bei der Einführung der Kanban-Systematik bemängelt[567].

[564] Vgl. Görgens, Kanban-Steuerung, 1999, S. 451.
[565] Vgl. Schulte, Logistik, 1995, S. 257ff.
[566] Vgl. Corsten, Produktionswirtschaft, 1992, S. 463
[567] Vgl. Wöhe, Einführung in die Allgemeine Betriebswirtschaftslehre, 2000, S. 469.

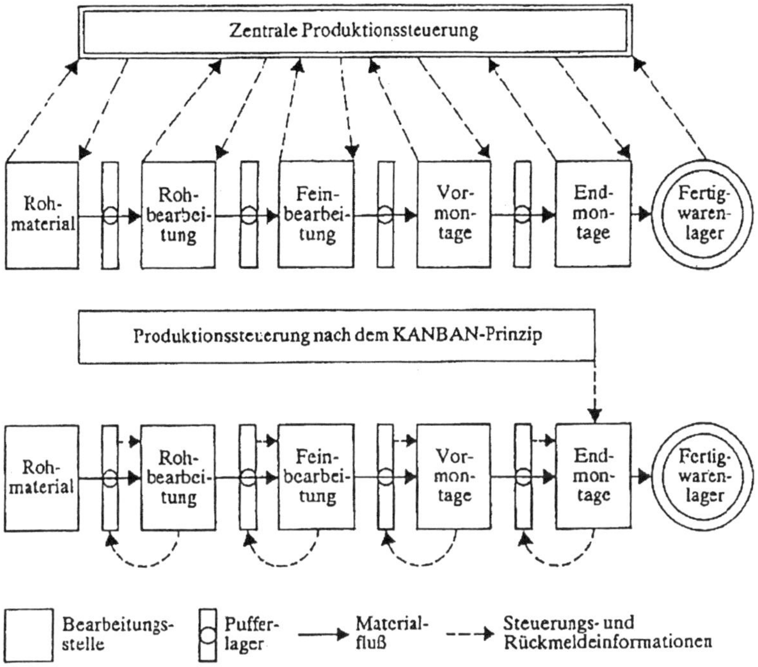

Abbildung 91: Gegenüberstellung des Informations- und Materialflusses bei einer zentralen Produktionssteuerung und einer Produktionssteuerung nach KANBAN-Prinzipien[568]

6.3.6 Fortschrittszahlenkonzept

Das Fortschrittszahlenkonzept stellt ein weiteres integriertes Planungs- und Kontrollverfahren dar, das in erster Linie in solchen Unternehmen eingesetzt wird, in denen eine Serien bzw. Massenfertigung von Standardprodukten mit Varianten erfolgt. Das Haupteinsatzgebiet des Fortschrittszahlenkonzepts liegt in der Automobilindustrie, wo sich das System insbesondere für die Materialwirtschaft und Produktionsverbundsteuerung von unterschiedlichen Herstellerwerken bewährt hat.

Im Rahmen der Fortschrittszahlenkonzeption wird der gesamte Beschaffungs- und Produktionsbereich in einzelne Kontrollblöcke untergliedert. Diese dürfen nicht wahllos definiert werden, sondern müssen die organisatorischen Strukturen des Unternehmens reflektieren. So kann beispielsweise eine Fertigungsstraße oder auch eine einzelne Maschine einen Kontrollblock bilden. Der Ansatz des Fortschrittszahlenkonzeptes basiert auf der Tatsache, dass jede Organisationseinheit innerhalb eines Unternehmens durch eine spezifische Input- und Output-Menge gekennzeichnet ist[569].

[568] Vgl. Schulz, Logistik, München , S. 257
[569] Vgl. Glaser, Verfahren der Produktionsplanung und -kontrolle, 1999, S. 432.

Mit Hilfe der Fortschrittszahl (FZ) werden die Materialbewegungen (In- und Output) der einzelnen Kontrollblöcke kumulativ und zeitbezogen erfasst. Die Ist-Fortschrittszahl gibt hierbei diejenige kumulierte Menge eines Erzeugnisses an, die zu einem bestimmten Termin tatsächlich produziert bzw. bereitgestellt wird. Dagegen handelt es sich bei der Soll-Fortschrittszahl um die summierte Menge eines Erzeugnisses, die zur Realisation des vorgegebenen Produktionsprogramms bereitzustellen ist. Die einzelnen Subsysteme können nach Vorgabe aufeinander abgestimmter Soll-Werte autonom gesteuert und kontrolliert werden. Somit haben die jeweiligen Kontrollblöcke die Möglichkeit, innerhalb der durch die Soll-Fortschrittzahlen vorgegebenen Grenzen selbständig zu disponieren. Anhand der grafischen Gegenüberstellung der Mengen-Zeit-Relationen der Soll- und Ist-Fortschrittszahlen können weitere Erkenntnisse über den Status des Produktionsprozesses abgeleitet werden. Verläuft die Ist-Kurve oberhalb der Soll-Kurve, so befindet sich die Produktion in einer Vorlauf-Situation. Unterschreitet die Ist-Kurve dagegen die Soll-Kurve, so besteht gegenüber der Planung ein Rückstand. Die Differenz der Abszissenwerte informiert über die zeitliche Diskrepanz (Lieferpuffer) der jeweiligen Fertigungsstufen[570].

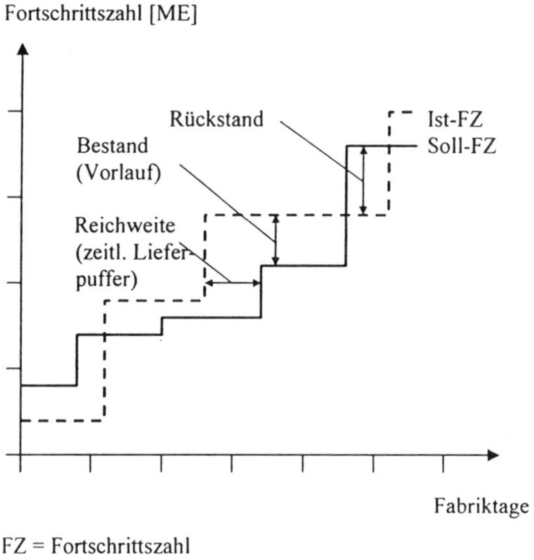

Abbildung 92: Beispielhafter Verlauf von Ist- und Soll-Fortschrittszahlen [571]

[570] Vgl. Corsten, Produktionswirtschaft, 1992, S. 447ff.
[571] Vgl. Wildemann, Logistik Prozessmanagement, 2001, S. 141.

Bei dem Fortschrittszahlen-System handelt es sich um ein Informationssystem, mit dem sich die verfahrensrelevanten Daten aus Stücklisten, Arbeitsplänen und dem Produktionsprogramm für die einzelnen Kontrollblöcke sinnvoll aufbereiten lassen. Dabei werden die Daten zu einer Informationsbasis aggregiert, die sowohl bezüglich der Menge einen eindeutigen Aussagewert besitzt als auch den jederzeitigen Soll-Ist-Vergleich ermöglicht. Ferner wird die Koordination und Kontrolle der Produktionsprozesse durch die Nutzung einer einheitlichen Datenbasis wesentlich erleichtert[572].

[572] Vgl. Schulte, Logistik, 1995, S. 262.

7 Distributionslogistik

Im folgenden Kapitel stehen wesentliche Entscheidungsfelder der Distributionslogistik im Mittelpunkt der Betrachtung. Es wird dabei zwischen Komponenten mit strategischem bzw. operativem Charakter unterschieden. Abschließend wird mit der Bestimmung der Absatzwege/-formen auch die Kernproblematik der Absatzkanalpolitik kurz behandelt.

Die Distributionslogistik umfasst die Planung, Steuerung, Durchführung und Kontrolle aller Güterströme vom Unternehmen zum Empfänger. Die Güterströme setzen sich aus Endprodukten oder Handelswaren zusammen. Die Distributionslogistik ist das Bindeglied zwischen der Produktion und dem Absatzmarkt. Ziel der Distributionslogistik ist es, gemachte Lieferzusagen einzuhalten oder erwartete Nachfrage befriedigen zu können.[573]

7.1 Komponenten der Distributionslogistik auf strategischer Ebene

Mit der Bestimmung von Lagerstandorten und der schon zuvor thematisierten Make-or-Buy-Diskussion werden im Rahmen der Distributionslogistik zwei bedeutende Entscheidungen mit strategischer Bedeutung behandelt. Beide spielen speziell unter Kosten- und Zeitaspekten im Hinblick auf das zu erreichende Lieferserviceniveau eine entscheidende Rolle.

7.1.1 Bestimmung der Lagerstandorte

Bei der Bestimmung der Lagerstandorte stehen die Aufgaben der Distributionslager, die vertikale und horizontale Distributionsstruktur sowie die Verfahren zur Standortbestimmung inhaltlich in engem Zusammenhang und sind, auch hinsichtlich der Chronologie ihrer Bearbeitung, eine wesentliche Voraussetzung für das Verständnis dieser wichtigen Komponente der Distributionslogistik.

7.1.1.1 Aufgaben der Lager in der Distributionsstruktur

Immer wieder wird die Frage nach der Notwendigkeit von Lagern gestellt. Bereits beim Bau sind sie mit immensen finanziellen Anstrengungen verbunden, und auch ihr Betrieb stellt einen außerordentlichen Kostenfaktor dar. Darüber hinaus widersprechen Lager hinsichtlich ihrer Funktion den allgemeinen Vorstellungen eines dynamischen Materialflusses[574]. Lagerhaltung erfüllt jedoch divergierende Funktionen. Allgemein können hier u.a. Größendegressionseffekte bei Einkauf, Transport oder Produktion, die Erleichterung einer Spezialisierung der Produktion innerhalb verschiedener Werke

[573] Vgl. Mau, Logistik, 2002, S.6
[574] Vgl. Heidenblut, Sind Lager noch zeitgemäß?, 1999, S. 711.

eines Unternehmens bzw. der Arbeitsteilung in einer Volkswirtschaft, Spekulationseffekte sowie der Schutz vor Unsicherheiten hinsichtlich des Verlaufes von Input- und Outputflüssen genannt werden[575]. Die bezogen auf die Güterdistribution wohl entscheidende Funktion besteht in einem zeitlich-mengenmäßigen Ausgleich zwischen Anlieferung der produzierten Ware und Auslieferung der abgerufenen Ware. Je besser die Abstimmung von Zu- und Abflusssteuerung, desto niedriger ist der erforderliche Lagerbestand. Fakt ist jedoch, dass bei einem vorherrschenden Käufermarkt mit steigender Artikelvielfalt und schwankenden Absatzmengen ein Lager zum Mengenausgleich unumgänglich erscheint. Auch Maßnahmen wie genaue Marktprognosen, Efficient Consumer Response oder eine flexible Fertigungssteuerung vermögen hier nicht endgültig Abhilfe zu schaffen. Zwar kann, beispielsweise in der Automobilindustrie durch kundenbezogene Fertigung und die Bereitschaft des Käufers, Zeit zwischen Bestellung, Produktion und Anlieferung verstreichen zu lassen, das Erfordernis für ein Fertigwarenlager erlöschen, doch universell anwendbar ist eine solche Vorgehensweise sicher nicht.

7.1.1.2 Vertikale Distributionsstruktur

Die vertikale Warenverteilungsstruktur gibt an, wie viele unterschiedliche Lagerstufen von einem Warenverteilungssystem umfasst werden. Dabei wird unterschieden zwischen:

- Werkslager
  Werkslager, auch Fertigwarenlager genannt, sind räumlich unmittelbar den Produktionsstandorten zugeordnet, nehmen den jeweiligen Fertigwarenausstoß auf und enthalten entsprechend nur die vor Ort hergestellten Güter[576].
- Zentrallager
  In Zentrallagern werden alle das Vertriebsprogramm ausmachenden Güter gesammelt. Zumeist ist dort die gesamte Breite des Sortimentes vorhanden. In großen, kontinentalen Distributionssystemen können mehrere Zentrallager bestehen. Die wesentliche Funktion einer solchen Einrichtung besteht im Vorhalten des Vertriebsprogramms und in der Belieferung nachgeordneter Lagerstufen[577]. Bei einer zentralisierten Distributionsstruktur werden im Zentrallager die Waren kundenauftragsgerecht zusammengestellt und zur Ablieferung vorbereitet.
- Regionallager
  Aufgabe dieser Lager ist es, innerhalb einer aus mehreren Verkaufsgebieten bestehenden Absatzregion einen Puffer zwischen Produktion und Absatzmarkt zu

[575] Vgl. Pfohl, Logistiksysteme, 2000, S. 99f.
[576] Vgl. Piontek, Internationale Logistik, 1994, S. 102.
[577] Vgl. Vahrenkamp, Logistikmanagement, 1998, S. 29.

schaffen und damit durch Bestandshaltung eine Entlastung vor- und nachgeordneter Lagerstufen zu erreichen. Regionallager beinhalten in der Regel nur Teile des Sortiments[578].

- Auslieferungslager
  Diese Lager bilden die unterste Stufe der Hierarchie und sind dezentral im gesamten Verkaufsgebiet angeordnet. Mit ihrem regional unterschiedlichen, auf absatzstarke Produkte beschränktem Sortiment, sind sie bestimmten Verkaufsbezirken und den dort ansässigen Kunden zugeordnet. Die Kernaufgabe der Auslieferungslager besteht in der Kommissionierung der Mengen zu den von den Abnehmern bestellten Einheiten und in deren Bereitstellung zur Belieferung.

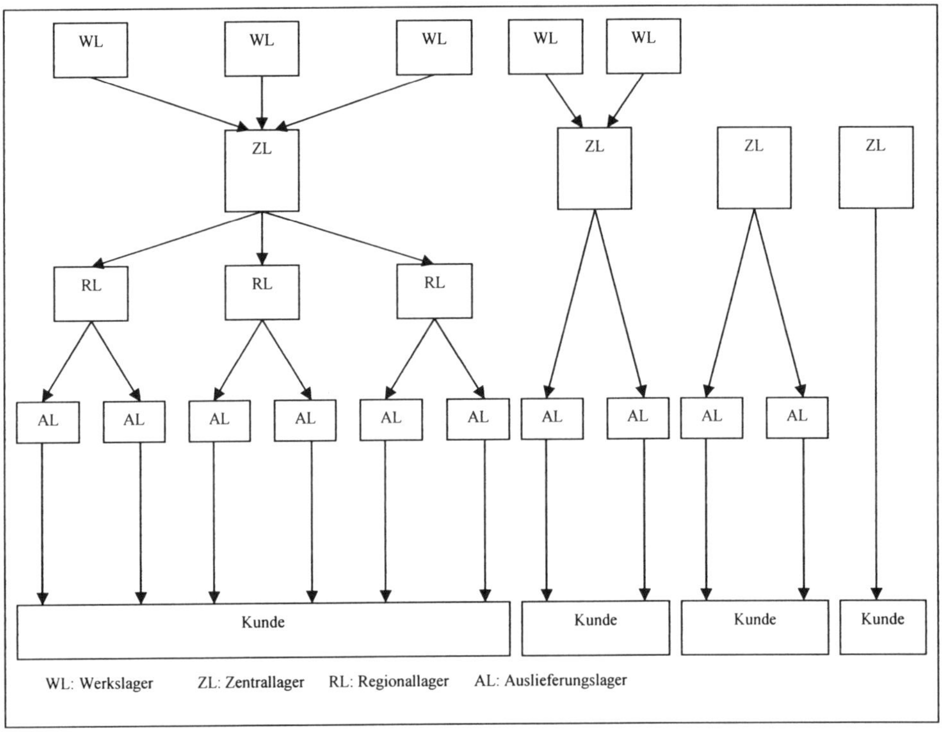

Abbildung 93: Ausprägungen alternativer Lagerstrukturen [579]

Eine hohe Stufigkeit des Systems ist zwangsläufig mit einer großen Anzahl von Lagern verbunden. Zwar ermöglicht eine derartige Ausgestaltung auf der einen Seite kurze Wege zum Kunden und zwischen den Lagern, also kurze Lieferzeiten und niedrige Transportkosten, auf der anderen Seite sind aber auch hohe Bestände und

[578] Vgl. Schulte, Logistik, 1995, S. 278ff.
[579] Vgl. ebenda.

Lagerhaltungskosten die Folge. Nachteilig darüber hinaus ist die komplexere Material- und Informationssteuerung[580].

Auf Basis der prinzipiell denkbaren alternativen Lagerstrukturen lassen sich bei einer zuvor durch das Unternehmen festgelegten Soll-Lieferzeit Strategien zur Warenverteilung ableiten, die anhand von Kosten- und Leistungsgesichtspunkten bewertet werden können. Anzuführen sind diesbezüglich: [581]

- die Größe der Lager (Kapitalbindungs- und Fixkosten),
- die Umschlagskosten,
- die Transportkosten für Mengenbewegungen zwischen den Lagern,
- die Auslieferungskosten zum Kunden,
- die Bestandshöhe und die damit verbundenen Kapitalbindungskosten sowie
- die Anforderungen an den Lieferservice.

Mit zunehmender Integration des europäischen Wirtschaftsraumes ist in den letzten Jahren ein Trend weg von mehrstufigen Warenverteilungssystemen hin zu zentralisierter Lagerhaltung auszumachen[582]. Nachfolgend werden diverse Aspekte, die für eine Zentralisierung sprechen, aber auch solche, die eine Dezentralisierung stützen, genannt:

- Eine zentralisierte Lagerhaltung bietet Betriebsgrößenvorteile bei Organisation und Betriebstechnik. Der Einsatz aufwendiger Kommissionier- und Lagertechniken ist nur in Großlagern zu rechtfertigen. Die mit der Automation und Standardisierung einhergehende Inflexibilität wird durch die Vorteile der Systeme aufgewogen.
- Mit wachsender Zahl der Lager bzw. Lagerstufen steigt die Höhe der Bestandskosten.
- Die Zentralisierung der Lagerhaltung gewährleistet eine größere Übersichtlichkeit und mehr alternative Dispositionsmöglichkeiten bezüglich der vorhandenen Bestände[583].
- Personalkosten machen einen Anteil von 60% - 75% der Lagerkosten aus. Der mit der Zentralisierung einhergehende Personalabbau ermöglicht daher enorme Rationalisierungspotenziale.
- Durch die Zusammenlegung von Regionallagern zu einem Zentrallager wird ein Ausgleich von Nachfrageschwankungen erreicht. Über- und unterdurchschnittliche Nachfrage in einzelnen Regionallagern werden nivelliert, der Abfluss der Warenströme erfolgt fortan gleichmäßig, und die Sicherheitsbestände für die einzelnen Artikelgruppen können kostensparend reduziert werden[584].

---

[580] Vgl. Buchholz, Handbuch der Verkehrslogistik, 1998, S. 14.
[581] Vgl. Delfmann, Industrielle Distributionslogistik, 1999, S. 194.
[582] Vgl. Knolmayer, Supply Chain Management auf Basis von SAP-Systemen, 2000, S. 87.
[583] Vgl. Schulte, Logistik, 1995, S. 281ff.
[584] Vgl. Vahrenkamp, Logistikmanagement, 1998, S. 34f.

- Die Kosten dezentraler Lager sind aufgrund der höheren Belieferungskosten pro Stück, hervorgerufen durch geringe Beschaffungsvolumina und damit einhergehende negative Größendegressionseffekte, sehr hoch[585].
- Die Einrichtung jeder Lagerstufe bedeutet für das Unternehmen zusätzliche Kosten in Form von Fixkosten.
- Die Just-in-Time Beschaffung vieler Hersteller, also sozusagen das Substituieren der Lagerhaltung durch eine stundengenaue Anlieferung, zwingt viele Lieferanten dazu, Auslieferungslager in unmittelbarer räumlicher Nähe des Abnehmers zu unterhalten.[586]

In der nachfolgenden Tabelle werden weitere Einflussgrößen einer Entscheidung für eine zentrale/dezentrale Lagerhaltung angeführt.

Einflussgröße	Zentrallager	Dezentrale Lager
Sortiment	breit	schmal
Lieferzeit	länger	kurz, stundengenau
Wert der Produkte	teure Produkte	billige Produkte
Konzentration der Produktion	eine Quelle	mehrere Quellen
Kundenstruktur	homogene Kundenstruktur / wenige Großkunden	inhomogene Kundenstruktur / viele kleine Kunden
Spezifische Lager-Anforderungen (z.B. Temperatur)	vorhanden	nicht vorhanden

Tabelle 62: Einflussgrößen der Entscheidung für eine zentrale/dezentrale Lagerhaltung[587]

Ausschlaggebend für die Entscheidung eines Herstellers für die zu wählende Lagerstruktur sind im Endeffekt allerdings die Anforderungen der Abnehmer bezüglich der Belieferungsfristen sowie die sich dabei unter Gegenüberstellung von Lager- und Transportkosten ergebenden Distributionskosten[588]. Voraussetzungen für die Umsetzung von Zentrallagerkonzepten sind leistungsstarke Kommunikations-, Handlings- und Transporttechnologien, welche die vom Kunden geforderte kurze

585 Vgl. Wildemann, Logistik Prozeßmanagement, 1997, S. 198.
586 Vgl. Schulte, Distributionssystem, 1997, S. 183.
587 Vgl. Wildemann, Logistik Prozeßmanagement, 1997, S. 198.
588 Vgl. Schulte, Logistik, 1995, S. 281f.

Bereitstellungsdauer zu realisieren vermögen[589]. Zwischen den Bereichen Lagerhaltung und Transport besteht dabei eine direkte Substitutionsbeziehung. Das Ziel einer Aufrechterhaltung des ursprünglichen Lieferserviceniveaus ist nur zu erreichen, falls eine Bestandssenkung im Lager und die Verringerung der Lageranzahl durch einen schnelleren Transport ausgeglichen werden können. Eine derartige Vorgehensweise erscheint jedoch nur dann sinnvoll, wenn die eingesparten Lager- und Kapitalbindungskosten die zusätzlich anfallenden Transportkosten übersteigen, wobei die letztgenannten wesentlich von der Liefermenge abhängen. Dieser Zusammenhang wird in der nachfolgenden Abbildung verdeutlicht.

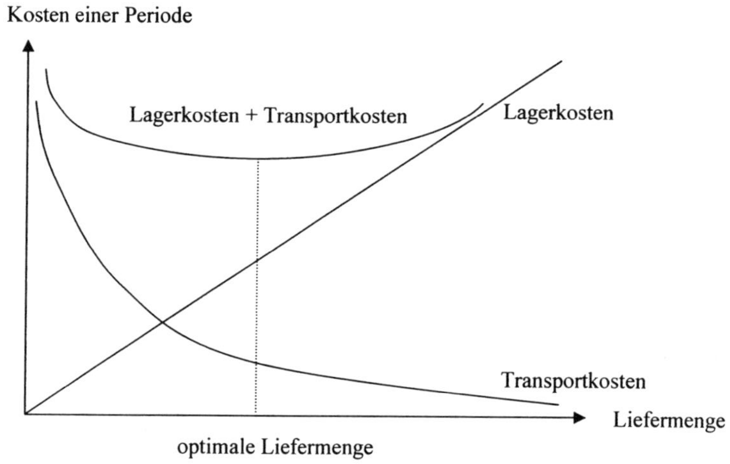

Abbildung 94: Beziehung zwischen Liefermenge und Lager- und Transportkosten [590]

Eine solche Entscheidungsfindung für oder gegen eine Reduzierung der Anzahl der Lagerstandorte erfordert jedoch in jedem Fall auch den Einsatz strategischer Simulations-Tools. Nur eine integrierte Betrachtung sämtlicher Logistikkostenelemente, beispielsweise auch der Auftragsabwicklungskosten, gewährleistet im Endeffekt einen langfristig ökonomisch sinnvollen Ausgang. [591]

7.1.1.3 Horizontale Distributionsstruktur

Das zweite wesentliche Strukturmerkmal eines Warenverteilungssystems wird durch die horizontale Distributionsstruktur beschrieben. Unter diesem Begriff ist primär die Anzahl der Lager auf jeder Stufe des Systems sowie die Bestimmung ihrer Standorte

---

[589] Vgl. Delfmann, Industrielle Distributionslogistik, 1999, S. 184ff.
[590] Vgl. ebenda.
[591] Vgl. Waldmann; Klein, Distributionslogistik, 1998, S. 84.

zu verstehen. Darüber hinaus wird aber auch die Zuordnung der Lager zu den Absatzgebieten in diesem Kontext thematisiert. Die entscheidenden Einflussfaktoren dieses sogenannten Warehouse Location Problems sind:

- der Kreis der Abnehmer,
- die Bestellmengen sowie das Bestellverhalten der Kunden,
- die Produktionsstandorte,
- die Kosten der Warenauslieferung,
- Lager- und Bestandhaltungskosten sowie
- die Transportkosten zwischen Produktionsbetrieb und Lagern und für die Warenauslieferung[592].

Eine optimale Bestimmung der Struktur setzt die Kenntnis aller distributionswirtschaftlichen Alternativen mit den jeweiligen Kosten- und Erlöswirkungen voraus. Diesbezüglich bestehen erhebliche Schwierigkeiten, hervorgerufen besonders durch die Vielzahl an Alternativen und die Unbeeinflussbarkeit unternehmensexterner Faktoren. Problematisch wirken sich darüber hinaus Interdependenzen zwischen einigen Kriterien aus, wovon an dieser Stelle einige wenige beispielhaft genannt werden sollen:

- Die Standortwahl der jeweiligen Lager ist abhängig von der Anzahl der Lager, die insgesamt auf jeder Stufe errichtet werden sollen.
- Die Lageranzahl wiederum hat Auswirkungen auf die jeweilige Größe und das Einzugsgebiet.
- Die Zahl und Größe der einzelnen Lager steht in Beziehung zur Höhe der Bestände für eine bestimmte Lieferbereitschaft. In Warenverteilungssystemen mit einer hohen Lagerdichte müssen zahlenmäßig mehr Bestände bevorratet werden, als in solchen mit einer geringeren[593].

Mit zunehmender Größe der Lager sinkt zudem im Verhältnis zur insgesamt verfügbaren Lagerfläche der erforderliche Raumanteil für Bedienungsvorgänge, was unmittelbar zu einer besseren Nutzbarkeit der Gesamtkapazität führt. Dieser, aber auch weitere Effekte wie etwa ein effizienter Personaleinsatz und eine verhältnismäßig geringere Fixkostenbelastung bei höherer Anlagenauslastung haben zur Folge, dass fixe wie variable Lagerkosten mit der Anzahl der Lager progressiv zunehmen[594].

Etwas differenzierter muss die Transportkostenentwicklung, hier am Beispiel der Auslieferungslager, betrachtet werden. Eine Erhöhung der Anzahl dieser Lager geht einerseits mit einer Senkung der Nachlaufkosten einher, da die räumliche Nähe zu den Abnehmern zunimmt, andererseits steigen die Kosten der Lagerbelieferung. Die letztgenannten gewinnen besonders dann an Bedeutung, wenn der geringe

[592] Vgl. Schulte, Logistik, 1995, S. 282f.
[593] Vgl. Schulte, Distributionssystem, 1997, S. 184.
[594] Vgl. ebenda.

Warenumschlag in den Auslieferungslagern eine vollständige Ausnutzung der Transportkapazitäten nicht mehr erforderlich macht. [595] Kostenvorteile durch die Errichtung eines Auslieferungslagers ergeben sich also nur, wenn die Nachfrage auf dem zu versorgenden Teilmarkt ausreichend groß ist. Je geringer die umgeschlagene Gütermenge, desto größer die pro Gütereinheit anfallenden Kosten im Lager. Ein neues Auslieferungslager rechnet sich demnach erst, wenn durch die Nachfrage gewährleistet ist, dass die anfallenden Lagerkosten nicht wieder die Transportkostensenkung pro Gütereinheit ausgleichen[596].

Die nächste Abbildung stellt die Abhängigkeit zwischen der Anzahl der Außenlager und den Distributionskostenarten dar.

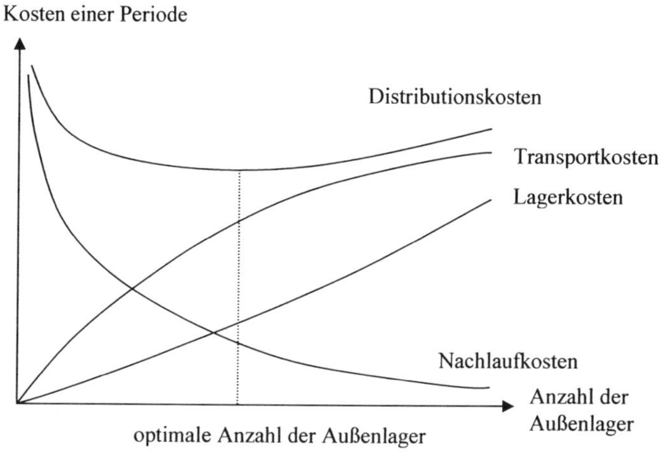

Nachlaufkosten: Bei Lieferung vom Außenlager zum Kunden
Transportkosten: Beförderungskosten vom Werk zum Außenlager

Abbildung 95: Beziehung zwischen Zahl der Außenlager und Distributionskostenarten [597]

Die Nachfrage ist im Rahmen einer Entscheidung über die Einrichtung eines Auslieferungslagers auch noch aus einem anderen Grund von Interesse. Häufig stellt ein neues Auslieferungslager die einzige Option dar, einen weit entfernten Teilmarkt ausreichend schnell beliefern zu können[598]. Der somit zu erreichende Lieferservice kann dazu dienen, den Wettbewerbsvorteil eines Konkurrenten mit günstigerem Standort im Kampf um Marktanteile auszugleichen.

---

[595] Vgl. Schulte, Logistik, 1995, S. 284.
[596] Vgl. Pfohl, Logistiksysteme, 2000, S. 127.
[597] Vgl. Eisele, Simulationsmodelle zur Distributionskostenminimierung bei zentraler bzw. dezentraler Warenauslieferung, 1976, S. 15.
[598] Vgl. Pfohl, Logistiksysteme, 2000, S. 127f.

Allgemein sind hinsichtlich der Festlegung der horizontalen Distributionsstruktur folgende Gesichtspunkte anzuführen:[599]

In der Regel ist die Zahl der Lager auf der obersten Lagerstufe (Werkslager) mit der Zahl der Produktionsstätten identisch. Unter Umständen kann es jedoch ökonomisch sinnvoll sein, mehrere Werkslager zu einem zentralen Werkslager zusammenzufassen, um so durch den Einsatz moderner Lagerhaustechnologien einen rationellen Warenumschlag zu ermöglichen. Neben der Mengenausgleichsfunktion wird dann auch eine Sortimentsausgleichsfunktion übernommen.

Zentrallager sind hinsichtlich ihrer Anzahl beschränkt, da sonst der Zentralisationseffekt verloren geht. Ihr Standort muss sich nicht unbedingt in der Mitte des Absatzgebietes befinden, da die Nachfrage nicht gleichmäßig verteilt ist und auch Faktoren, wie beispielsweise die Verkehrsanbindung, von Bedeutung sind[600]. Da Regionallager im Rahmen der Distribution, bezogen auf die ihnen zugeordneten Absatzregionen, ähnliche Aufgaben erfüllen wie Zentrallager, gelten die soeben getroffenen Aussagen zur Zahl der Zentrallager in gleicher Weise auch für die Regionallager.

Die Anzahl der Lager auf der untersten Lagerstufe (Auslieferungslager) ist in unmittelbarer Abhängigkeit von den Anforderungen des Lieferservices zu sehen. Sie bestimmt im Prinzip darüber, welche Lieferzeit dem Kunden zugesagt werden kann.

Von der Anzahl der Zentral- bzw. Regionallager gehen auch Auswirkungen auf die Anzahl der Auslieferungslager aus. Häufig kann von diesen übergeordneten Stufen die Raum- und Zeitausgleichsfunktion bereits in ausreichendem Maße wahrgenommen werden. Somit ist unter Umständen eine Reduzierung der Anzahl der Auslieferungslager ohne damit einhergehenden Abbau des Lieferservices möglich.

7.1.1.4 Verfahren zur Standortbestimmung

Der Begriff Standort wird allgemein definiert als die geografische Lage eines Elements in einem System[601]. Für reine Logistikbetriebe, wie beispielsweise Lager, ist das Ziel der Standortwahl in der Regel die Minimierung der Logistikkosten. Die standortabhängigen Logistikkosten umfassen dabei die Betriebskosten des Standorts sowie die Transportkosten für die Zulauf- und Auslauftransporte des Logistikbetriebs. Zusammenfassend ist der optimale Logistikstandort also der Standort, für den die Summe der Betriebs- und Transportkosten minimal ist[602].

Nachfolgend werden divergierende Verfahren zur Standortbestimmung von Lagern erörtert. Neben zwei analytischen Methoden, dem Steiner-Weber-Modell und dem

---

[599] Vgl. Piontek, Internationale Logistik, 1994, S. 157f.
[600] Vgl. Schulte, Logistik, 1995, S. 284.
[601] Vgl. Dangelmaier, Layoutplanung und Standortoptimierung, 1999, S. 323.
[602] Vgl. Gudehus, Logistik II, 2000, S. 269.

kapazitierten Warehouse Location Problem, wird dabei mit der Nutzwertanalyse als Beispiel für ein Scoring-Modell aber auch eine heuristische Vorgehensweise beschrieben.

7.1.1.5 Steiner-Weber-Modell

Das Steiner-Weber-Modell, auch als allgemeines Fermat-Problem[603] bezeichnet, ist ein kontinuierliches, d.h. für die Standortplanung in der Ebene anzuwendendes Modell. Jeder Punkt des Absatzgebietes wird als möglicher Standort betrachtet, eine Homogenität der in unbegrenzter Anzahl vorhandenen potenziellen Standorte unterstellt. Ebenso wie bei den meisten anderen kontinuierlichen Standortmodellen gelten auch im Steiner-Weber-Modell die Transportkosten als zentrales Element des Ansatzes. Der Lösungsansatz kann wie folgt beschrieben werden.

Ein Industriebetrieb produziert ein Gut, das an verschiedenen Punkten der Erdoberfläche, den sogenannten Konsumorten, abgesetzt wird. Die Nachfrage in den Konsumorten ist bekannt. Zur Produktion benötigt der Industriebetrieb Materialien, die von bestimmten Angebotsorten, den sogenannten Fundorten, bezogen werden. Der Bedarf an diesen Gütern ist ebenfalls bekannt. Der Standort soll so gewählt werden, dass die gesamten Transportkosten für Materialien und Fertigprodukte möglichst gering sind. Der Transportkostensatz pro Kilometer und Tonne ist eine konstante Größe und für Materialien und Fertigprodukte gleich. Bezeichnet man den Transportkostensatz pro km und t mit c, die gesamten Transportkosten in der Planperiode mit T, die Transportstrecken mit r_i und die zu transportierenden Mengen mit a_i so ist folgende Zielfunktion zu minimieren

$$T = c(a_1 r_1 + a_2 r_2 + \ldots + a_n r_n) = c \sum_{i=1}^{n} a_i r_i \Rightarrow \text{Min!}$$

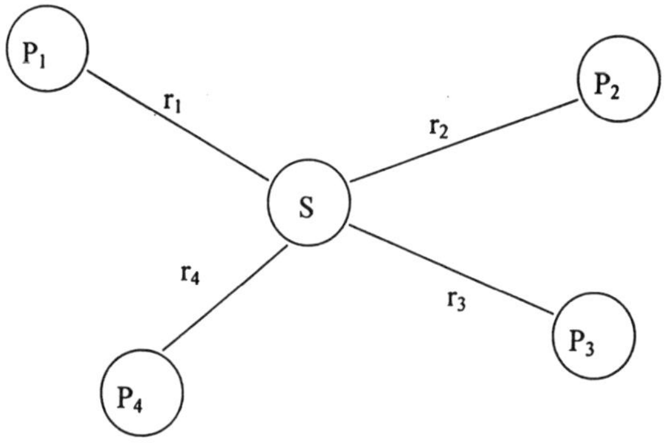

Abbildung 96: Ausgangssituation Steiner-Weber-Problems

[603] Vgl. Domschke, Logistik: Standorte, 1990, S. 120.

Diese Zielfunktion enthält n Variablen r_i (i = 1, …, n), die von der Wahl des Standortes abhängen.

Legt man nun ein Gitternetz über die Erdoberfläche (z.B. mit Längen- und Breitengraden), so sind Fund- und Konsumorte sowie der Standort durch jeweils zwei Koordinatenwerte eindeutig bestimmt. Der Standort erhält die variablen Koordinaten x und y, die übrigen Orte die festen Koordinaten x_i und y_i.

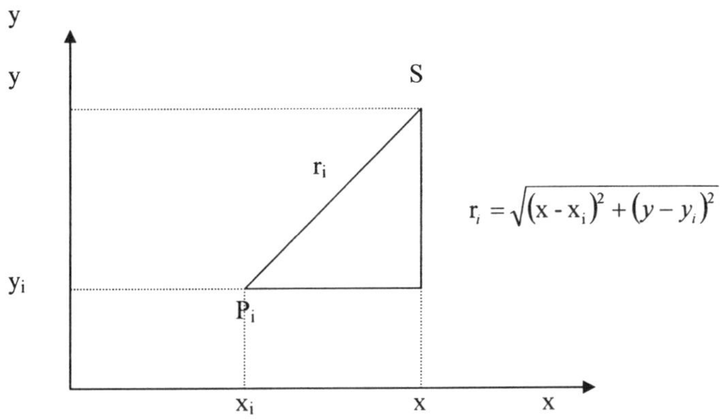

Abbildung 97: Beziehung zwischen den r_i und den Standortkoordinaten x und y

Durch die Anwendung des Satzes von Pythagoras kann man die Variablen r_i durch x und y ausdrücken und damit das ursprüngliche Problem mit n Variablen auf ein Problem mit zwei Variablen reduzieren.

$$T(x, y) = c \sum_{i=1}^{n} a_i \sqrt{(x - x_i)^2 + (y - y_i)}^2$$

Die Koordinaten x, y des transportkostenminimalen Standorts ergeben sich, indem man die ersten partiellen Ableitungen nach x und y gleich Null setzt und feststellt, ob die Matrix der zweiten partiellen Ableitung positiv definiert ist[604].

7.1.1.6 Warehouse Location Problem

Sollen bestimmte standortspezifische Charakteristika (Kapazitäten, Kosten für die Errichtung etc.) bei der Planung berücksichtigt werden, so ist dies in der Regel nur bei der Anwendung von diskreten Modellen in Netzen möglich. Diese unterstellen, dass eine endliche Zahl potenzieller Standorte in einem vorgegebenen Verkehrsnetz vorliegt.

Das einstufige kapazitierte Warehouse Location Problem, das an dieser Stelle stellvertretend beschrieben wird, geht von folgenden Prämissen aus: [605]

---

[604] Vgl. Hansmann, Industrielles Management, 1999, S.95ff

- Ein Unternehmen versorgt n in einem Verkehrsnetz angesiedelte Kunden, die je Periode einen Bedarf von b_j Mengeneinheiten (ME) eines beliebig teilbaren Gutes aufweisen.
- Das Unternehmen sucht Lagerstandorte, die eine kostenminimale Belieferung der Kunden ermöglichen. Eine endliche Anzahl potenzieller Lagerstandorte i=1,...,m der Kapazität a_i steht zur Auswahl. Wird am potenziellen Standort i ein Lager errichtet, so sind fixe (Lager-) Kosten der Höhe f_i pro Periode zu entrichten.
- Zwischen je einem Lager an Standort i und einem Kunden j entstehen proportional zur transportierten Menge und zur zurückgelegten Entfernung Transportkosten von c_{ij} Geldeinheiten je transportierter ME. Neben den Transportkosten können dabei auch variable Lagerkosten an Standort i berücksichtigt sein. Die beim Transport zwischen Werk und Lager entstandenen Kosten werden nicht einbezogen.
- Es soll eine Auswahl möglicher Lagerstandorte ermittelt werden, die bei vollständiger Belieferung aller Kunden die minimale Summe aus Lager- und Transportkosten gewährleistet. Eine vollständige Belieferung aller Nachfrager durch eine Anzahl von Lagerstandorten ist natürlich nur möglich, wenn die Summe der potenziell zur Verfügung stehenden Lagerkapazitäten mindestens der Summe aller Bedarfsmengen entspricht.

Mathematisch formuliert lautet das kapazitierte Warehouse Location Problem entsprechend: [606]

$$\text{Minimiere } K(\vec{x},\vec{y}) = \sum_{i=1}^{m} \sum_{j=1}^{n} c_{ij} x_{ij} + \sum_{i=1}^{m} f_i y_i$$

unter Beachtung der folgenden Nebenbedingungen:

$$\sum_{i=1}^{m} x_{ij} = b_j \qquad \text{für } j = 1,\ldots,n$$

Diese Restriktion gewährleistet, dass die Bedarfe jedes Nachfrageortes gedeckt werden.

$$x_{ij} \geq 0 \qquad \text{für } i = 1,\ldots,m \text{ und } j = 1,\ldots,n$$

x_{ij} bezeichnet die Anzahl der Mengeneinheiten des Produktes, die vom Standort i zum Nachfrager j geliefert werden. Es treten keine negativen Transportmengen auf.

$$y_i \in \{0,1\} \qquad \text{für } i = 1,\ldots,m$$

y_i ist eine Binärvariable. Sie kennzeichnet die Existenz eines Lagers im Standort i. Falls $y_i = 1$, wird Standort i unterhalten. Ist $y_i = 0$, so wird auf diesen Standort verzichtet. Es gibt keine z.T. aktiven Standorte.

---

[605] Vgl. Domschke, Standortentscheidungen in Distributionssystemen, 1998, S. 219ff.
[606] Vgl. Buchholz, Handbuch der Verkehrslogistik, 1998, S. 181f.

$$\sum_{j=1}^{n} x_{ij} \leq a_i y_i \qquad \text{für } i = 1,...,m$$

In Form dieser Nebenbedingung wird für jeden potenziellen Standort eine Maximalkapazität a_i vorgegeben.

Dieses Problem kann dann mit Hilfe der linearen Optimierung gelöst werden.

7.1.1.7 Scoring-Modell

Neben den soeben erläuterten mathematischen Methoden zur Standortwahl gibt es auch heuristische Verfahren wie, z.B. die Nutzwertanalyse. Scoring-Modelle sind immer dann zu empfehlen, wenn mehrere relevante Standortfaktoren auftreten, diese sich einer quantitativen Erfassung entziehen oder unterschiedlich zu gewichten sind[607].

Die Nutzwertanalyse als eine Form des Scoring Modells ist bereits im 2. Kapitel näher dargestellt worden.

7.1.2 Make-or-Buy Entscheidung

Mit der Make-or-Buy Entscheidung wird die zweite wesentliche Komponente der Distributionslogistik auf strategischer Ebene betrachtet. Grundsätzlich sind derartige Überlegungen jedoch nicht nur im Bereich der Warenverteilung anzustellen. So muss beispielsweise im Rahmen der Produktionslogistik, die sich langfristig auswirkende Festlegung hinsichtlich der anzustrebenden Fertigungstiefe getroffen werden. Ähnliche Beispiele ließen sich auch für die Beschaffungslogistik anführen. Zusätzlich zu der Übernahme von Teilaufgaben beinhaltet das Angebot der Logistikdienstleister mittlerweile jedoch auch komplette Logistikleistungen.

Neben dem bereits erwähnten Trend zu einer Zentralisierung der Lagerhaltung lässt sich in der Distribution eben auch eine Tendenz hin zur Verlagerung logistischer Funktionen auf externe Logistikdienstleister erkennen. Ausschlaggebend für diese Entwicklung ist u.a. wohl die im Rahmen des Lean-Management geforderte Konzentration der Unternehmen auf ihre Kernkompetenzen und damit die eigentlichen Stärken[608]. Leisteten die Hersteller in der Regel die anfallenden distributiven Aufgaben in der Vergangenheit noch in Eigenregie und galt dies eher als notwendiges Übel denn als Chance zur Verbesserung der Absatzleistung, so hat sich diese Auffassung in jüngerer Zeit vielerorts geändert[609]. Angesichts auch der zunehmenden Bedeutung der Warenverteilung hinsichtlich der Wettbewerbsfähigkeit, stellt sich vielen Unternehmen die Frage, inwieweit sie diese Aufgabe zukünftig noch selbst erfüllen wollen. Eine Entscheidung für die Eigenleistung bedeutet, dass der komplette Bereich

[607] Vgl. Brede, Standortfaktor, 1997, S. 982.
[608] Vgl. Rinschede, Entsorgungslogistik III, 1995, S. 69.
[609] Vgl. Buchholz, Handbuch der Verkehrslogistik, 1998, S. 15.

entsprechend den Anforderungen des Marktes auszubauen ist. Neben der Optimierung des physischen Verteilungssystems gehören dazu auch der Aufbau von Informationssystemen und die Investition in qualifizierte Logistikfachkräfte. Die Alternative zur Eigenleistung ist die vollständige oder partielle, in jedem Fall jedoch mittelfristig kaum zu revidierende Vergabe des Warenverteilungsprozesses inklusive der zugehörigen Funktionen an externe Dienstleister, die ein immer umfassenderes Leistungsspektrum offerieren. Als wichtige Kriterien einer solchen Make-or-Buy-Entscheidung im Bereich Distribution können genannt werden:

- die Größe des im Rahmen der Distributionslogistik zu umfassenden Aufgabenspektrums,
- die zeitlichen und räumlichen Bedarfs- und Volumenverläufe,
- der Einfluss der Distribution auf die Wettbewerbsposition des Unternehmens,
- die Höhe der im Verteilungsprozess entstehenden Kosten,
- Art und Umfang der externen Dienstleistungsangebote sowie
- die Möglichkeiten der Vertragsgestaltung[610].

Die Ausgliederung der Distributionslogistik ist allerdings kein einfacher Prozess, da die Distribution von Fertigwaren von großer strategischer Bedeutung für das Unternehmen ist. Es können also nur solche Funktionen an Dienstleister abgegeben werden, bei denen die Einhaltung der gesetzten Ansprüche hinsichtlich der Qualität und der Kosten über einen längeren Zeitraum sichergestellt ist. Zu den Nachteilen des Outsourcing distributiver Leistungen aus Produzentensicht können gehören:

- das Entstehen von Transaktionskosten (Kosten der Informationsbeschaffung, Vertragsverhandlungen, Rechnungsprüfung, Reklamationsbearbeitung etc.) [611],
- die fehlende Identifikation des Dienstleisters mit den Produkten sowie der diesbezügliche Mangel an Kenntnissen,
- das Fehlen einer direkten Zugriffsmöglichkeit auf die Effizienz und den Service des Dienstleisters und
- die Abhängigkeit bzw. die Langfristigkeit der vertraglichen Bindung[612].

Die Inanspruchnahme von Fremdleistungen in der Distributionslogistik kann aber natürlich auch mit einer Vielzahl von Vorteilen verbunden sein. Anzuführen sind hier:

- das Schließen von Versorgungslücken aufgrund der erhöhten und wirtschaftlichen Lieferfrequenz,
- die Verkürzung der Durchlaufzeiten durch eine optimierte logistische Organisation,
- der Abbau von Bestandskosten,

---

[610] Vgl. Wildemann, Logistik Prozeßmanagement, 1997, S. 216f.

[611] Vgl. Bretzke, „Make or buy" von Logistikdienstleistungen: Erfolgskriterien für eine Fremdvergabe logistischer Dienstleistungen, 1998, S. 399.

[612] Vgl. o.V., Danzas Lotse, 1996

- die Reduzierung der Fixkosten durch die Variabilisierung oder Vermeidung von Vorhaltekosten,
- der Abbau von Lohnkosten durch Liefersynergien und niedrigere Löhne,
- die Zufriedenheit der Lieferempfänger durch das entsprechenden Serviceniveau,
- die Verbesserung der Marktpenetration und
- die Möglichkeit zum Ausschöpfen von Skaleneffekten beim Einkauf von Transport- und Lagerkapazität[613].

Mit dem außerbetrieblichen Transportwesen und der Lagerhaltung werden nachfolgend die beiden wesentlichen Entscheidungsfelder der Make-or-Buy-Diskussion im Rahmen der Distributionslogistik näher untersucht.

7.1.2.1 Make-or-Buy im Transportwesen

Transport kann definiert werden als eine gewollte Ortsveränderung von Ware, also die Überwindung von räumlichen Disparitäten zwischen dem Produktionsstandort und dem Ort der Nachfrage. Die dabei entstehenden Kosten machen in vielen Unternehmen den größten Block unter den gesamten Logistikkosten aus. Der Fremdbezug von Transportleistungen über Spediteure und Frachtführer ist entsprechend im Rahmen der Distributionslogistik der Unternehmen seit jeher weit verbreitet.

Ausschlaggebend für eine Make-or-Buy-Entscheidung im Transportwesen sind im wesentlichen drei Faktoren:

- Mengenaspekte,
- zeitliche Bedarfsstruktur sowie
- Kosten der Warenverteilung.

Grundsätzlich bietet sich die Distribution in Eigenleistung immer dann an, wenn das durchschnittliche Verteilungsvolumen ausreicht, um in den kostenminimalen Bereich zu gelangen, und nur geringe Auslastungsschwankungen vorliegen. Die Inanspruchnahme von Speditionen kann keine wesentliche Effizienzsteigerung initiieren, wenn es zudem gelingt, eventuell durch Anbieten der freien Kapazitäten auf dem Markt auch die Rücktouren auszulasten. Unternehmen, die jedoch stark saisonale Bedarfe bedienen, können eine konstante Auslastung eines eigenen Fuhrparks nicht erreichen. Findet sich in einer solchen Situation ein Logistikdienstleister, der unterschiedliche Bedarfe verschiedener Kunden auszugleichen vermag, so empfiehlt sich eine Buy-Entscheidung.

Neben den genannten Mengenaspekten wirkt sich auch die zeitliche Bedarfsstruktur in der Make-or-Buy-Diskussion aus. Fällt der Bedarf eines Produktes beispielsweise in

[613] Vgl. o.V., Danzas Lotse, 1996

einen zeitlich sehr engen Korridor oder muss die Verteilung kurzfristig und flexibel erfolgen, so erscheint es ratsam, auch in Anbetracht möglicher negativer Konsequenzen für das Unternehmen im Falle einer Fehlleistung (Folgekosten, Konventionalstrafen etc.), sich auf eigene Kapazitäten zu verlassen[614].

Der wohl schwerwiegendste Faktor im Rahmen der Entscheidungsfindung sind aber die Kosten der Distribution. Durch Transport in Eigenleistung werden hervorgerufen:[615]

- Raumkosten (Miete, Pacht, Leasingraten oder Abschreibungen, Kosten für Hilfs- und Betriebsstoffe, Kosten der Gebäudeinstandhaltung, Versicherungen, Grundsteuer etc.),
- Kosten für Transporteinrichtungen (Abschreibung, Leasingraten der Fahrzeuge, Steuern und Versicherungen),
- Personalkosten (Löhne, Gehälter und Sozialleistungen),
- Instandhaltungskosten (Reparatur- und Wartungsarbeiten am Fuhrpark) und
- Kosten für Hilfs- und Betriebsstoffe (Treib- und Schmierstoffe).

Die Träger der Make-or-Buy-Entscheidung werden die Kosten des Eigenbetriebs, zu denen eventuell auch noch Abgaben in Form von Straßennutzungsgebühren etc. hinzuzuaddieren sind, über die Kostenarten- und Kostenstellenrechnung ermitteln und einem Kostenträger zurechnen. Dieser sollte hinsichtlich seiner Wahl einen Vergleich mit den Kalkulationseinheiten des Fremdanbieters ermöglichen. Darüber hinaus können nicht oder nur schwer quantifizierbare Kriterien, zu denen u.a. auch eine mögliche Werbewirksamkeit des eigenen Fuhrparks, das Know-how der vorhandenen Mitarbeiter und der Grad der Abhängigkeit vom Logistikdienstleister zu zählen sind, beispielsweise in Form einer Nutzwertanalyse bewertet und so letztendlich ebenfalls in die Entscheidung, ob Eigen- oder Fremdtransport die für das Unternehmen vorteilhaftere Variante darstellt, einbezogen werden[616].

7.1.2.2 Make-or-Buy in der Lagerhaltung

Während Logistikdienstleister in der Vergangenheit primär die Abwicklung von Transporten anboten, zeigt sich derzeit in dieser Branche ein deutlicher Trend in Richtung einer Erweiterung des Leistungsspektrums. So vermarkten Speditionsunternehmen komplette Problemlösungen im Bereich der Distributionslogistik. Es hat sich dabei das Geschäftsfeld der sogenannten Contract Logistik herausgebildet, in welchem diese Gesellschaften in eigener Verantwortung neben der Distribution auch die Lagerhaltung für Unternehmen durchführen. An dieser Stelle soll nun jedoch nicht diese neue Form der Zusammenarbeit zwischen Hersteller

614 Vgl. Wildemann, Logistik Prozeßmanagement, 1997, S. 217f.
615 Vgl. Guttenberger, Outsourcing in der Distributionslogistik, 1995, S. 45f.
616 Vgl. Ehrmann, Kompakt-Training Logistik, 2001, S. 189f.

und Dienstleister erörtert werden, sondern allein die Diskussion über Eigen- bzw. Fremdbetrieb der Lagerhaltung im Mittelpunkt stehen.

Auch im Rahmen dieses Entscheidungsprozesses sind die Kosten das bedeutendste Kriterium. Grundsätzlich ist bei Lagerung im Eigenbetrieb der Anteil der von der eingelagerten Menge unabhängigen Kosten, entstanden u.a. durch eigene, geleaste oder gemietete Lagergebäude und -einrichtungen sowie eigenes Personal, sehr hoch. Die Lagerhaltungskosten setzen sich insgesamt zusammen aus: [617]

- Raumkosten (Kosten, die durch die Nutzung des Lagergebäudes, und zwar anteilig bezogen auf die ausschließlich der eigentlichen Lagerungsfunktion dienenden Fläche entstehen, Abschreibungen, Kosten für Hilfs- und Betriebsstoffe, Kosten der Gebäudeinstandhaltung, Versicherungen, Grundsteuer etc.),
- Kosten der Lagereinrichtung (Abschreibungen, Mieten oder Leasingraten für Regale, Kühl- oder Heizeinrichtungen etc. und die Kosten für daran anfallende Reparaturen),
- Personalkosten (Löhne, Gehälter und Sozialleistungen für das Lagerpersonal, welches ausschließlich mit der eigentlichen Lagerung bzw. Reparaturen an Gebäude und Einrichtungen, nicht jedoch mit Kommissionierung, Verwaltung etc. beschäftigt ist) und
- Bestandskosten (Kapitalbindungskosten der Bestände, Versicherungen sowie die Kosten für Verderb, Schwund und Qualitätsminderung).

Fremdbetrieb in der Lagerhaltung definiert sich dahingegen dadurch, dass weder Lagergebäude noch -einrichtungen dem Herstellerunternehmen gehören oder von diesem angemietet werden und dass sich das Lagerpersonal nicht aus dem Kreis seiner Mitarbeiter rekrutiert. Die im Rahmen der Leistungsübernahme seitens eines externen Logistikdienstleisters entstehenden Kosten sind entsprechend weitestgehend bestandsvariabel. Sie bestehen aus: [618]

- einem pauschalen Kostensatz (mengenbezogen/zeitbezogen z.B. 100 € pro 100 kg und Monat oder 10 € pro Palette und Monat) sowie
- Bestandskosten (hier besteht kein Unterschied zu den Bestandskosten im Lagereigenbetrieb).

[617] Vgl. Guttenberger, Outsourcing in der Distributionslogistik, 1995, S. 38f.
[618] Vgl. ebenda.

Der in der folgenden Grafik dargestellte Kostenvergleich zwischen Eigen- und Fremdlager in Abhängigkeit von der Lagerkapazität geht davon aus, dass im Fremdbetrieb nur die variablen Kosten anfallen. Angenommen wird darüber hinaus, dass die variablen Kosten des Eigenbetriebes (q_E) niedriger als die des Fremdbetriebes (q_F) sind. Die Lagerhaltung in Eigenleistung lohnt sich, wie leicht ersichtlich ist, erst hinter dem Schnittpunkt der beiden Kostengeraden. Um dieses grafische Hilfsmittel in der Praxis nutzen zu können, ist die Kenntnis der Kosten von Eigen- und Fremdlagerung sowie der Lagerkapazität unumgänglich.

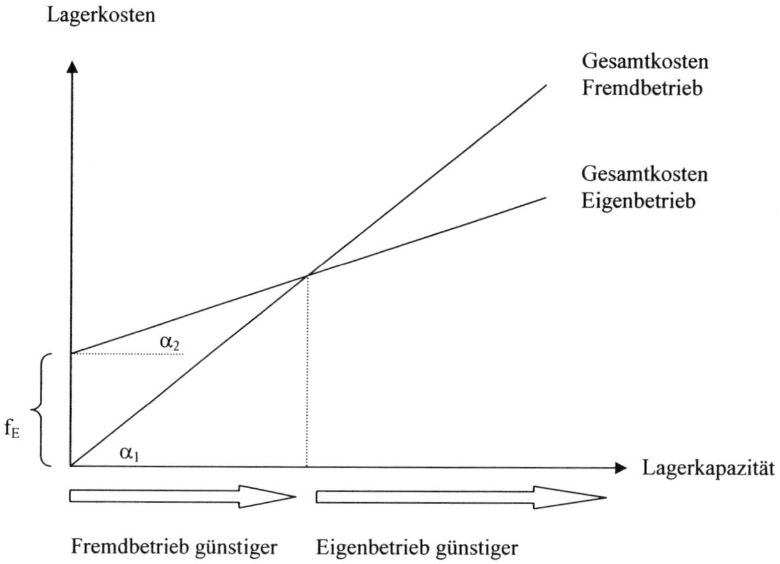

q_F = variable Kosten Fremdbetrieb $\alpha_1 = q_F$
q_E = variable Kosten Eigenbetrieb $\alpha_2 = q_E$
f_E = Fixkosten Eigenbetrieb

Abbildung 98: Kostenvergleich Eigenlager/Fremdlager

Neben dem Kostenvergleich der beiden Lagerbetriebsformen sind im Rahmen der Entscheidungsfindung eines Herstellers auch andere Aspekte zu beachten. So muss beispielsweise, ähnlich wie dies auch im Transportwesen erforderlich ist, geprüft werden, ob das für den Lagereigenbetrieb benötigte Know-how (Organisation, Personal) vorhanden ist oder zu akzeptablen Kosten aufgebaut werden kann. Des weiteren sind mögliche negative Folgen einer Abhängigkeit vom Logistikdienstleister zu bedenken. Störungen in dieser Beziehung, z.B. in Form von Unzuverlässigkeiten, können Kundenbeziehungen gefährden. Darüber hinaus in die Überlegungen einbezogen werden sollten mögliche, mit der Fremdvergabe der Lagerhaltung einhergehende Prestigeverluste und auch die Frage, inwieweit der Informationsfluss zwischen Hersteller und Kunde durch die Zwischenschaltung eines Dritten beeinträchtigt wird[619]. Ähnlich wie dies im Rahmen der Make-or-Buy Entscheidung im Transportwesen der Fall war, bietet sich auch hier ein Scoring-Modell als Entscheidungshilfe an.

Abschließend können weitere Kriterien für die Wahl der Betriebsform eines Distributionslagers der nachfolgenden Tabelle entnommen werden.

Eigenbetrieb bietet sich an, wenn	Fremdbetrieb bietet sich an, wenn
• die Nachfrage sehr stabil ist, • die Märkte sehr stark konzentriert sind, • ein hoher Lagerdurchsatz gewährleistet ist, • direkte Kontrolle nötig ist, • spezielle Ausrüstung zur Materialhandhabung erforderlich ist, • die Produkte vor der Auslieferung eine spezielle Behandlung erfordern.	• die Nachfrage sehr stark schwankt bzw. saisonal unterschiedlich ist, • die Märkte weit verstreut sind oder häufiger wechseln, • die Transportmittel häufig wechseln, • ein Produkt neu eingeführt wird.

Tabelle 23: Kriterien für die Wahl der Lagerbetriebsform [620]

7.2 Komponenten der Distributionslogistik auf operativer Ebene

Nachdem zuvor strategische Entscheidungsfelder analysiert wurden, gilt das Augenmerk nun der operativen Ebene der Distributionslogistik. Zu dieser gehören die Auftragsabwicklung und auch der außerbetriebliche Warentransport mit der Transportplanung, der Tourenplanungsproblematik und der Telekommunikation während des Transports. Beide Subsysteme sind von eher unmittelbarer Wirksamkeit hinsichtlich des gesamten Distributionsprozesses, stehen Problematiken mit strategischem Charakter bezüglich ihrer Bedeutung für das Ergebnis, also die Logistikleistung, jedoch in keiner Weise nach. Die Logistikbereiche Verpackung und Kommissionierung, ebenso Problemfelder operativer Art, werden an dieser Stelle nicht betrachtet, da sie schon im zweiten Kapitel ausführlich behandelt wurden.

7.2.1 Auftragsabwicklung

Ein Auftrag stellt allgemein die informatorische Grundlage für eine Warenbewegung in einem Logistiksystem dar. Grundsätzlich kann dabei zwischen einem internen Auftrag – dieser betrifft eine interne Warenbewegung und ist somit ein Bindeglied

[619] Vgl. Ehrmann, Logistik, 2001, S. 460f.
[620] Vgl. Koschnick, Lexikon Marketing, 1997, S. 315.

zwischen den einzelnen logistischen Teilsystemen – und einem externen Auftrag unterschieden werden. Letztgenannter bezieht sich auf einen Kundenauftrag und ist demnach das Ergebnis einer an Produzenten oder Lieferanten gerichteten Bestellung eines Kunden über Waren oder Dienstleistungen[621]. Dem thematischen Kontext entsprechend wird die Auftragsabwicklung im Folgenden anhand eines externen Auftrags definiert. Allgemein umfasst sie im weitesten Sinne alle Aktivitäten in einem Unternehmen, welche sich auf die informationsfluss- und güterflussorientierte Bearbeitung eines Auftrags von der Annahme, der kaufmännischen und technischen Handhabung über die Beschaffung und Bereitstellung der erforderlichen Faktoren, die Produktion und die Bereitstellung und Anlieferung der Produkte beim Auftraggeber bis zur Rechnungsstellung beziehen[622]. Im Hinblick speziell auf die Distributionslogistik gehören zur Auftragsabwicklung die datenmäßige Erfassung, Verarbeitung, Ausführung und Kontrolle von Aufträgen[623]. Im Mittelpunkt steht in diesem Zusammenhang demnach der zur Erledigung erforderliche Formularfluss (Paperwork). Die Auftragsabwicklung übt damit in Form der von ihr beanspruchten Zeit auch einen wesentlichen Einfluss auf die aus Sicht der Distributionslogistik so entscheidende Lieferzeit aus. Diese ist also keineswegs allein als das Ergebnis der physischen Bewegung der Güter zwischen Liefer- und Empfangspunkt zu verstehen.[624]

7.2.1.1 Funktion eines Auftragsabwicklungssystems

Die wesentliche Funktion eines Auftragsabwicklungssystems ist es allgemein, alle Informationen zur Verfügung zu stellen, die benötigt werden, um die Planung, Steuerung und Kontrolle des Güterflusses zieloptimal realisieren zu können [625]. Dabei lassen sich die für die Distribution relevanten Informationen in drei Kategorien gliedern. Es wird zwischen Güterfluss vorauseilenden, Güterfluss begleitenden und Güterfluss zeitlich nachlaufenden Informationen unterschieden. Erstgenannte beziehen sich auf die Bedarfe, also auf Mengen, die Zusammensetzung und die dazugehörigen Bedarfszeitpunkte. Diese Informationen sollen die an der Warenverteilung beteiligten Stellen hinsichtlich der Einleitung der erforderlichen Planungs- und Steuerungsaufgaben unterstützen. Vor diesem Hintergrund wird auch auf alle Daten über Art, Mengen und Kosten der systeminhärenten Bestände, auf Fertigungs- und Transportkennzahlen zurückgegriffen. [626] Die zweite Gruppe, also die den Güterfluss begleitenden Informationen, dient dazu, alle in die operative Ausführung, also Transport-, Umschlags- und Lagertätigkeiten involvierten Stellen mit den

[621] Vgl. o.V., Auftrag, 1998, S. 13f.
[622] Vgl. Rosenberg, Simulationsgestützte Auftragsabwicklung, 1998, S. 237.
[623] Vgl. Türks, Auftragsabwicklung, 1972, S. 67.
[624] Vgl. Pfohl, Logistiksysteme, 2000, S. 79f.
[625] Vgl. Rosenberg, Simulationsgestützte Auftragsabwicklung, 1998, S. 237.
[626] Vgl. Wildemann, Logistik Prozeßmanagement, 1997, S. 193.

entscheidenden Auskünften zu versorgen. Außerdem wird das Ziel einer Transparenz des Weges der Güter durch das logistische Netzwerk bis zum Empfangspunkt verfolgt[627]. Die dem Güterfluss zeitlich nachlaufenden Informationen schließlich umfassen Vorgänge, die in der Regel erst nach der Ausführung der Lieferung ablaufen können. Stellvertretend sei hier die Fakturierung angeführt[628].

7.2.1.2 Aufgaben der Auftragsabwicklung

Grundaufgaben der Auftragsabwicklung sind in chronologischer Reihenfolge die Auftragsübermittlung, Aufbereitung und Umsetzung, Zusammenstellung und Versand sowie die Fakturierung. Die Art der Übermittlung ist dabei von wesentlicher Bedeutung im Hinblick auf die notwendigen Aufwände und Zeitbedarfe. Erstrebenswert ist eine EDV-Verbindung mit den Kunden. Neben der Eingrenzung der Belegflut ist bei einer derartigen Vorgehensweise auch die implizierte Verantwortungsübernahme für die Auftragsinhalte durch den Kunden vorteilhaft. Nachteilig ist die aus der engen Verknüpfung und der damit einhergehenden Offenlegung der Arbeitsabläufe und Datenbestände resultierende Einschränkung der Autonomie der beteiligten Parteien.

Die Aufbereitungs-/Umsetzungsphase beinhaltet eine Ergänzung des Auftrags um interne Informationen. Die für den Kunden gültigen Preise und Liefermodalitäten werden festgelegt, eine Bonitätsprüfung ggf. durchgeführt. Bei positivem Resultat werden sodann der Güterfluss durch Lager und Transportaufträge angestoßen, bzw. Maßnahmen der Produktionsplanung in Gang gesetzt. Parallel dazu erfolgt die Erstellung der maßgeblichen Bearbeitungs- und Lieferpapiere sowie der Auftragsbestätigung für den Kunden[629].

Die aufbereiteten und umgesetzten Aufträge initiieren im nächsten Verfahrensschritt die Zusammenstellung der Güter im Lager und ihren Versand. Im Rahmen der Informationsverarbeitung müssen dabei Lagerpapiere aufgrund ihres Inhalts bzw. der Ablauforganisation disponiert werden. Im Anschluss an die Kommissionierung werden die Unterlagen schließlich unter Umständen mit Daten über Gewicht, Positionsart, Verpackung und Bereitstellungstermin ergänzt. Ferner liefert die Auftragsabwicklung in dieser Phase Informationen, beispielsweise für die Steuerung der Bediengeräte oder für die Buchhaltung, an die Lagerhaltung und das Lagerhaus. Ist der Vorgang der Zusammenstellung abgeschlossen, so erfolgt die Fertigstellung der Versandpapiere, die ggf. auch mit Fracht-, Transport- und Zeitdaten versehen werden.

Die letzte Aufgabe der Auftragsabwicklung ist schließlich die Fakturierung. Diese muss jedoch nicht zwangsläufig erst nach der Versanddisposition erfolgen, sondern

---

627 Vgl. Pfohl, Logistiksysteme, 2000, S. 81.
628 Vgl. Dietel, Lieferserviceorientierte Distributionslogistik, 1997, S. 235.
629 Vgl. Wildemann, Logistik Prozeßmanagement, 1997, S. 194.

kann durchaus vor bzw. parallel zur Zusammenstellungs-/Versandphase ablaufen. Während es das Ziel des Vorfakturierens ist, alle Schreibarbeiten möglichst simultan zu erledigen, steht beim Nachfakturieren der Gedanke des schnellen Informationsflusses in das Lager und den Kommissionierakt im Vordergrund[630].

Die verschiedenen Aufgaben der Auftragsabwicklung in Ablaufreihenfolge sowie den Fluss der Auftragsinformation illustriert die folgende Abbildung.

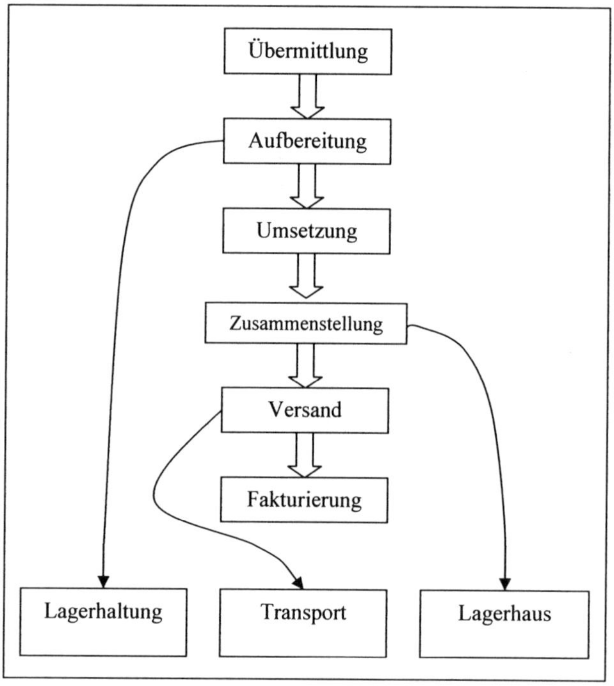

Abbildung 99: Aufgaben der Auftragsabwicklung in Ablaufreihenfolge [631]

7.2.1.3 Formen der Auftragsabwicklung

Die Charakteristik eines Auftragsabwicklungssystems wird wesentlich von der Form der Auftragsabwicklung, also den Instrumenten zur Bewältigung des Formular- und Belegflusses bestimmt. Es ist dabei prinzipiell zwischen manuellen und maschinellen Formen zu differenzieren. Im Rahmen des erstgenannten Verfahrens werden Vordrucke oder Formulare als Träger der Informationen verwendet und Schreibgeräte etc. als Hilfsmittel eingesetzt. Manuelle Formen sind folgerichtig nur geeignet, wenn

---

630 Vgl. Pfohl, Logistiksysteme, 2000, S. 85f.
631 Vgl. Türks, Auftragsabwicklung, 1972, S. 69.

die Anzahl der täglich abzuwickelnden Aufträge sehr gering ist [632]. Ihre Bedeutung tritt insgesamt zunehmend hinter die der EDV-gestützten Systeme zurück[633].

Die elektronische Datenverarbeitung ist geradezu prädestiniert für den Einsatz im Rahmen der Auftragsabwicklung mit ihrer Vielzahl an routinemäßigen und zeitraubenden Tätigkeiten sowie dem Erfordernis der Auswertung von dem Auftragsformular zu entnehmenden Informationen. Alle grundlegenden Entscheidungs-, Prüfungs-, Schreib- und Übermittlungsaufgaben können von derartigen Systemen übernommen werden. Grundsätzlich kann in Abhängigkeit von der Phase der Auftragsabwicklung, in der die EDV zum Einsatz kommt, zwischen ein- und mehrstufigen Formen unterschieden werden. Einstufige Formen sind dabei dadurch gekennzeichnet, dass die elektronische Datenverarbeitung entweder während der Auftragsumsetzung oder der Fakturierung genutzt wird. Sinnvoll kann eine derartige Beschränkung beispielsweise auf eine elektronische Auftragsumsetzung dann sein, wenn das Unternehmen die Fakturierung an einen Dienstleister abgetreten hat. Bei mehrstufigen Formen hingegen erfolgt der Einsatz in den beiden genannten Phasen und darüber hinaus eventuell auch noch in einer dritten. [634] Von Vorteil ist ein solches System, wenn: [635]

- Auftragsbestätigungen umgehend erfolgen sollen,
- eine Vorprüfung des verfügbaren Warenbestandes sinnvoll erscheint,
- die Bonität des Auftraggebers zu überprüfen ist,
- die Festlegung der Auftragskonditionen umfassende Rechnungen erfordert,
- eine kontinuierliche Kontrolle des Auftragsbestandes erwünscht ist,
- die Sicherheit bezüglich der Fakturierung von Lieferungen gegeben sein soll,
- Auftrags- und Rechnungsdurchsatz gleich hoch sind und
- eine Eignung für Factoring nicht besteht.

Bei mehrstufigen maschinellen Auftragsabwicklungssystemen ist hinsichtlich des Umgangs mit den Daten zu differenzieren. Diese können entweder im Stapel- oder im Dialog-Betrieb verarbeitet werden. Wird die EDV im Stapel-Betrieb eingesetzt, so werden alle anfallenden Aufträge für einen bestimmten Zeitraum gespeichert und dann gemeinsam verarbeitet. Im Dialog-Betrieb hingegen ist der Computer fortlaufend zur Übernahme von Auftragsabwicklungsarbeiten gerüstet. Aufträge werden kontinuierlich bearbeitet. Das erste der genannten Verfahren ist in der Regel kostengünstiger, aber weniger leistungsfähig. So macht die fehlende Flexibilität die Abwicklung von Eilaufträgen unmöglich. In diesem Punkt erweist sich der Dialog-

[632] Vgl. Türks, Auftragsabwicklung, 1972, S. 76.
[633] Vgl. Dietel, Lieferserviceorientierte Distributionslogistik, 1997, S. 240f.
[634] Vgl. Pfohl, Logistiksysteme, 2000, S. 87.
[635] Vgl. Türks, Auftragsabwicklung, 1972, S. 78.

Betrieb als vorteilhaft. Neben den extrem kurzen Bearbeitungszeiten ist hier eben auch die Möglichkeit gegeben, flexibel zu reagieren[636].

7.2.2 Außerbetrieblicher Warentransport

Mit dem außerbetrieblichen Warentransport wird nachfolgend eine zweite wesentliche operative Komponente der physischen Distribution behandelt. An dieser Stelle stehen dabei jedoch nicht die verschiedenen Verkehrsträger im Zentrum der Betrachtung, sondern die Transportplanung, die Tourenplanung und die Steuerung der Telekommunikation während des Transports.

7.2.2.1 Transportplanung

Bevor im nachfolgenden Punkt die Tourenplanung behandelt wird, erscheint es sinnvoll, kurz auf die Transportplanung, den Bereich der Entscheidungen über aggregierte Transportströme, einzugehen. Diese bildet den Rahmen der Tourenplanung, also der kurzfristigen Koordination verschiedener Transportvorgänge beispielsweise mit dem Ziel der Fahrwegoptimierung.

Ein Problem der Transportplanung stellt sich insbesondere dann, wenn ein bestimmtes Produkt an mehreren Standorten produziert und an verschiedene regional verteilte Abnehmerzentren ausgeliefert wird. Es ist eine Entscheidung darüber zu treffen, von welchem Produktionsstandort aus welches Abnehmerzentrum mit welcher Menge zu beliefern ist. Die Wahl der Transportwege und die Bestimmung der jeweiligen Transportmengen stehen somit im Mittelpunkt[637].

Grundsätzlich bieten sich im Hinblick auf die Koordination der Transportströme zwei Möglichkeiten an:

- Eine feste Zuordnung von Abnehmerzentren und Standorten, welche in der Regel zwar den Koordinationsaufwand verringert, nicht jedoch die Transportkosten minimiert oder
- die Bestimmung der transportkostenminimalen Belieferung der Abnehmerzentren in Abhängigkeit von der spezifischen Bedarfssituation[638].

Im Folgenden wird das klassische Transportproblem, auch Hitchcock-Problem genannt, behandelt. Die Grundstruktur dieses Modells sieht vor, dass: [639]

- für eine Anzahl m real oder planerisch existierender Quellen (z.B. Produktionsstandorte, Lieferanten) analog eine Anzahl n von Senken (z.B. Kunden, Lagerhäuser) gegeben ist,

---

[636] Vgl. Pfohl, Logistiksysteme, 2000, S. 88.
[637] Vgl. Günther, Produktion und Logistik, 2000, S. 274ff.
[638] Vgl. ebenda.
[639] Vgl. Diruf, Modelle und Methoden der Transportplanung, 1999, S. 381.

- die Standorte für alle Quellen i und Senken j ebenso bekannt sind wie die Güterbedarfe b_j (ME/ZE) für jede Senke j sowie die Liefer- oder Produktionskapazitäten a_i (ME/ZE) für jede Quelle i,
- die Produkte homogen sind, d.h. jede Quelle i im Rahmen ihrer Kapazitätsbeschränkungen a_i jeden Bedarf b_j ganz oder teilweise zu decken vermag und
- die Lieferung der Produktmenge x_{ij} (ME/ZE) von der Quelle i zur Senke j mengenproportionale Transportkosten verursacht, wobei die Transportkostensätze c_{ij} (GE/ME) für jede Relation $i \rightarrow j$ abgeschätzt werden können.

Gesucht wird nun derjenige Transportplan, mit dessen Hilfe unter Beachtung sämtlicher Restriktionen alle bestehenden Bedarfe zu minimalen Kosten befriedigt werden können.

Für die Lösung des klassischen Transportproblems finden sich spezielle lineare Optimierungsverfahren. So sind beispielsweise die Nord-West-Ecken-Methode sowie das Vogel'sche Approximationsverfahren geeignet, in einem ersten Schritt eine zulässige Basislösung zu ermitteln. Ausgehend von dieser kann in einem zweiten Schritt sodann mit Hilfe von Optimierungsverfahren (z.B. Stepping-Stone-Methode) die beste Lösung bestimmt werden.

7.2.2.2 Tourenplanung

Die Tourenplanung, als bedeutendes operatives Entscheidungsfeld innerhalb der Distributionslogistik, umfasst eine ganze Klasse von Problemen. Ihre eigentliche Aufgabenstellung besteht im Grunde darin, für einen sehr kurzfristigen Zeitraum, häufig einen Tag, alle anfallenden Transportvorgänge mit dem Ziel einer Fahrwegoptimierung aufeinander abzustimmen. Grundlage dieser Problematik ist im Prinzip, das bei der Auslieferung der Produkte in der Regel entstehende Erfordernis einer Gruppenbelieferung. Im Gegensatz zur Einzelbelieferung, die eine individuelle, auftragsspezifische Abwicklung der Transporte vorsieht, beruht die Gruppenbelieferung auf dem häufig entstehenden Missverhältnis zwischen Auftragsvolumen und Fahrzeugkapazität. Sind die Auftragsumfänge zu klein für eine wirtschaftliche Einzelbelieferung, so lässt sich über die Kombination der Anlieferungen eine Fahrstreckenersparnis realisieren. In diesem Fall liefert ein mit den Sendungen mehrerer Abnehmer beladenes Fahrzeug diese in einer vorgegebenen Reihenfolge aus und kehrt leer zu seinem Ausgangspunkt (beispielsweise Depot, Auslieferungslager) zurück. Übersteigt das insgesamt zu bewältigende Transportvolumen nun aber die Kapazität einer einzigen Auslieferungstour, so ist ein Tourenplanungsproblem (vehicle scheduling problem) entstanden. Es ist nun eine Entscheidung darüber zu treffen, in welcher Weise die Abnehmer zu Touren vereint und in welcher Reihenfolge innerhalb der Tour sie dann beliefert werden können[640]. Die Begriffe Depot, Tour und Route werden nachfolgend noch näher erläutert.

Allgemein wird dieses Problem geschildert als eine Anzahl von Kunden mit bekannten Bedarfen und Standorten, die mit einer Anzahl von Fahrzeugen mit definierten Kapazitäten von einem Depot (z.B. Lager) aus mit einem bestimmten Gut beliefert werden sollen. Es gilt zu klären, welche Fahrten durchzuführen sind, damit unter Beachtung diverser Nebenbedingungen, beispielsweise Kapazitäts- und Zeitrestriktionen, die Gesamtkosten minimal sind[641].

Zu dem genannten Grundproblem der Tourenplanung gibt es, wie eingangs angedeutet, eine Vielzahl von Varianten, die in ihrer Gesamtheit den Rahmen sprengen würde. Anzuführen sind diesbezüglich beispielsweise:[642]

- Sammelprobleme
  Statt eines Auslieferungsproblems können auch Sammelprobleme, wie etwa das Abholen von Rohmilch bei den Landwirten, von Haus- und Industriemüll oder das Leeren von Briefkästen vorliegen.
- Mehrperiodenprobleme
  Die Planung soll mehrere Perioden umfassen.
- Mehrdepot-Auslieferungsprobleme
  Bei der Belieferung der Kunden sind mehrere Depots mit unterschiedlichen Standorten zu berücksichtigen. Eine feste Zuordnung der Kunden zu bestimmten Depots besteht nicht, d.h. für jede Tour ist eigens ein Ausgangspunkt festzulegen.
- Dynamische Tourenplanungsprobleme
  Zu Beginn der Planung sind noch nicht alle Aufträge disponibel.
- Depotfreie Auslieferung (Pick up and Delivery)
  Unter Beachtung von Kapazitätsrestriktionen werden die auftragsgerechten Transporte nicht zwischen Depot und Kunden, sondern zwischen den Kundenorten abgewickelt.
- Tourenprobleme mit Kundenzeitfenstern
  Grundlage dieses Problemtyps ist es, dass die Aufträge eine Belieferung der Kunden innerhalb eines bestimmten Zeitintervalls voraussetzen.
- Travelling Salesman-Probleme
  Hierbei handelt es sich um reine Reihenfolgeprobleme, im Rahmen derer z.B. für eine vorgegebene Anzahl von Kundenorten, die jeweils genau einmal besucht werden müssen, die kürzeste Rundreise ermittelt werden soll.
- Zuordnungsoptimierung

[640] Vgl. Günther, Produktion und Logistik, 2000, S. 281.
[641] Vgl. Domschke, Logistik: Rundreisen und Touren, 1990, S. 131.
[642] Vgl. Vahrenkamp, Logistikmanagement, 1998, S. 179ff.

Eine Menge von Aufträgen soll den verfügbaren Transportmitteln so zugeordnet werden, dass deren Anzahl minimal ist. Die Distanzkosten spielen dabei eine nur untergeordnete Rolle.

Im weiteren Verlauf stehen das Standardproblem der Tourenplanung, auf das sich die genannten Varianten zurückführen lassen, sowie verschiedene Lösungsverfahren im Zentrum der Betrachtung. Darüber hinaus werden sowohl der strukturelle Aufbau und die Funktionen von Tourenplanungssoftware als auch ihre Position zwischen Theorie und Praxis dokumentiert.

7.2.2.3 Standardproblem der Tourenplanung

Die Schilderung des Standardproblems der Tourenplanung setzt die Definition wesentlicher Begriffe voraus. Diesbezüglich anzuführen sind Depot, Tour und Route. Unter einem Depot versteht man den Ort, an dem Auslieferungsfahrten (auch Sammelfahrten etc.) beginnen und enden. Der Terminus Tour beschreibt die Menge aller Kunden, die im Rahmen einer in einem Depot beginnenden und in einem Depot endenden Fahrt bedient werden. Die Reihenfolge schließlich, in der die Kunden einer Tour zu bedienen sind, wird allgemein als Route bezeichnet.

Kennzeichnend für das Standardproblem der Tourenplanung, hier als Auslieferungsproblem formuliert, sind folgende Prämissen:[643]

- Innerhalb einer Periode sind n Kunden von einem Depot aus zu beliefern.
- Die Standorte der Depots sind ebenso bekannt wie die der Kunden.
- Die kürzeste Entfernung zwischen den Kunden und zwischen Kunden und Depot ist bekannt. In einer Entfernungsmatrix dargestellt lautet sie: $D = (d_{ij})$ mit $i, j = 0, 1, \ldots, n$.
- Zur Bedienung der Kunden $i = 1, \ldots, n$ stehen beliebig viele gleichartige Fahrzeuge zur Verfügung, die alle in dem Depot stationiert sind. Die Tour beginnt und endet dort.
- Der Bedarf des Kunden i beträgt in einer Periode b_i Mengeneinheiten und muss durch eine Anlieferung gedeckt werden. Teillieferungen sind entsprechend nicht zulässig.
- Kapazitätsrestriktion: Jedes Fahrzeug ist mit maximal Q Mengeneinheiten zu beladen.
- Für eine Fahrt von i nach j (mit $i, j = 0, 1, \ldots, n$) sind genau d_{ij} Zeiteinheiten zu veranschlagen. Die Fahrzeit ist also proportional zur zurückgelegten Entfernung.

Mögliche Ziele der Lösung dieses Problems bestehen in der Minimierung entweder der gesamten Entfernung (Summe aller zurückzulegenden Entfernungen), der gesamten Fahrzeit, der variablen Kosten (abhängig von Strecke und Fahrzeit) oder der

[643] Vgl. Domschke, Logistik: Rundreisen und Touren, 1990, S. 132.

Anzahl der eingesetzten Fahrzeuge. Am häufigsten verfolgt werden dabei die beiden Erstgenannten oder aber es besteht eine Zielhierarchie, welche der Minimierung der Anzahl der eingesetzten Fahrzeuge die erste Priorität und der minimalen Entfernung bzw. der minimalen Fahrzeit die zweite Priorität einräumt[644].

Tourenprobleme lassen sich hinsichtlich möglicher Lösungsansätze grundsätzlich in knoten- und kantenorientierte Probleme unterteilen. Unter Erstgenannten werden solche Problemstellungen subsumiert, die davon ausgehen, dass die Kunden an diskreten Orten in einer Region angesiedelt sind. Kantenorientierte Tourenplanung hingegen setzt voraus, dass die Kunden gleichmäßig über die zu ver- bzw. entsorgenden Straßen verteilt sind. Die Lösungsansätze beider Problematiken weisen Analogien auf[645]. Im weiteren Verlauf der Ausführungen ist die knotenorientierte Tourenplanung zentrales Element.

7.2.2.4 Tourenplanungssysteme zwischen Theorie und Praxis

Die Verbreitung EDV-gestützter Tourenplanungssysteme in der Praxis ist bis zum heutigen Tage noch nicht sehr weit vorangeschritten. Eine Unterscheidung ist diesbezüglich jedoch zwischen der Anwendung in der strategischen Planung, also der Entwicklung von Standardtouren, und der operativen Planung (auch Ad-hoc-Planung genannt), also der einmaligen Tourenplanung für einen konkret vorliegenden Auftragsbestand, zu treffen. Gerade im operativen Bereich sind die Anwenderzahlen Schätzungen zufolge besonders niedrig, sie liegen bei nur 10% des vorhandenen Potenzials[646].

Aus Sicht der Systementwickler ist die mangelnde Akzeptanz ihrer Produkte auf Seiten von Herstellern mit eigener Güterdistribution und Logistikdienstleistern nicht nachvollziehbar. Neben einer Erhöhung der Wirtschaftlichkeit (Minimierung der Transportkosten bei gegebenen Restriktionen) wird von ihrer Seite eine Vielzahl weiterer nicht oder nur schwer quantifizierbarer Vorteile des Einsatzes von Tourenplanungsprogrammen angeführt.

Besonders die Kostensenkungspotenziale jedoch sind umstritten. Das exemplarisch betrachtete Planungssystem CATRIN avisiert Einsparungen im Bereich der Transportkosten zwischen 10% und 20%. Erreicht werden sollen diese vor allem durch die Minimierung der Fahrtkilometer (Abbau der variablen Fahrzeugkosten), der Fahrzeit (Reduzierung der Fahrereinsatzzeiten), der Anzahl der Fahrzeugeinsätze (Abbau der fixen Fahrzeugkosten) sowie der Fahrereinsatztage (Reduzierung der fixen Personalkosten).

---

[644] Vgl. Fleischmann, Tourenplanung, 1998, S. 288.
[645] Vgl. Vahrenkamp, Logistikmanagement, 1998, S. 181f.
[646] Vgl. ebenda.

Vorteile für den Kunden	• Verbesserung des Kundenservices • Höhere Zuverlässigkeit durch Überwachung von Lieferterminen • Wettbewerbsvorteile durch kürzere Lieferzeiten • Raschere Reaktion auf Sonderwünsche
Vorteile für die Geschäftsleitung	• Erhöhte Transparenz • Unabhängigkeit von der Intuition des Planers • Erleichterte Einarbeitung neuer Mitarbeiter • Zuverlässige Daten für die langfristige Organisation des Fuhrparks
Vorteile für den Disponenten	• Entlastung von Routineaufgaben • Keine Fehlplanung durch Schreib- und Rechenfehler
Vorteile für den Fuhrpark	• Unabhängigkeit von traditionellen Tourenplänen • Höhere Auslastung • Verringerung von Leerfahrten

Tabelle 64: Vorteile des Einsatzes von Tourenplanungsprogrammen [647]

Eine Amortisation der Anschaffungskosten (Implementierung, Einführung, Schulungen), die zwischen 25.000 € und 100.000 € betragen können, erscheint somit selbst bei einem kleinen Fuhrpark binnen einen Jahres möglich. [648] Konkretes Zahlenmaterial aus der Praxis, das Unternehmen von den wirtschaftlichen Vorzügen der Systeme überzeugen könnte, liegt derzeit jedoch nicht vor[649].

Neben diesem gibt es aber auch noch weitere Gründe für die Zurückhaltung vieler potenzieller Anwender im Hinblick auf den Einsatz von kommerziellen Tourenplanungsprogrammen. Diesbezüglich genannt werden können:

- die fehlende Nachvollziehbarkeit automatisch generierter Touren[650],
- die variantenreichen, komplexen, oft auch mit Informationsdefiziten behafteten Problemstrukturen der Planungsrealität,
- der vorausgesetzte hohe Organisationsgrad, beispielsweise in Form einer funktionierenden elektronischen Auftragsabwicklung,

[647] Vgl. Tabelle aus: Knolmayer; Mertens; Zeier, Supply Chain Management auf Basis von SAP-Systemen, 2000, S. 93.
[648] Vgl. Ziegler, Zeit- und Kosteneinsparung durch Tourenoptimierung, 2001, S. 16 (Anhang).
[649] Vgl. Vahrenkamp, Logistikmanagement, 1998, S. 200.
[650] Vgl. ebenda, S. 201.

- die Befürchtung eines hohen Aufwandes zur Datenpflege, speziell bei ausgeprägter Kundenfluktuation sowie
- verbreitet vorherrschende Akzeptanzprobleme sowohl bei Disponenten und Fahrern als auch bei Kunden[651].

Nicht abschließend quantifizierbare Kostensenkungspotenziale sowie die mangelnde Anforderungskonformität vieler Standardtourenplanungssysteme auf der einen und die Erkenntnis möglicher Prozessoptimierungen auf der anderen Seite führen letztendlich dazu, dass Produzenten mit eigener Güterdistribution und Logistikdienstleister nicht selten die Entwicklung und Implementierung von Individualprogrammen anstreben oder bereits umgesetzt haben. Für kommerzielle Anbieter geht damit die Pflicht einher, die Schnittstelle zwischen Theorie und Praxis weiter zu optimieren.

[651] Vgl. Diruf, Modelle und Methoden der Transportplanung, 1999, S. 385.

8 Literaturverzeichnis

Adam, D.	Produktionspolitik, Wiesbaden 1980
Adam, D.	Produktions-Management, Wiesbaden 1997
Aden, D. u.a.	Verkehrsunternehmen als logistische Dienstleister, München 1993
Arnolds, H. u.a.	Materialwirtschaft und Einkauf, Wiesbaden 1999
Backmerhoff, W.	Automatisierung von Kommissioniersystemen, München 1988
Bäune, R.	Handbuch der innerbetrieblichen Logistik, Hamburg 1992
Becker, J.	Logistik und CIM, in: Weber, J. u.a. (Hrsg.) : Handbuch Logistik, Stuttgart 1999
Becker, J. u.a.	Logistik und CIM, Berlin 1993
Beder, H.	Der Luftfrachtverkehr, 1994 Frankfurt am Main
Bender, K.	Produktionssystemsteuerung, in: Eversheim, W. u.a. (Hrsg.): Produktion und Management, Berlin 1996
Berger, D.	Grundlegende Begriffe des Kommissionierens, in: Pradel , U.-H. (Hrsg.): Praxishandbuch Logistik, Köln 2001
Bichler, K.	Beschaffungs- und Lagerwirtschaft, Wiesbaden 1997
Bichler, K. u.a.	Logistik-Controlling mit Benchmarking, Wiesbaden 1994

Bichler, K. u.a. Praxisorientierte Logistik, Stuttgart 1995

Binner, H. F.: Gestaltungskomponenten des ganzheitlichen Logistikansatzes, in: Dück, O. (Hrsg.): Materialwirtschaft und Logistik in der Praxis, Augsburg, 1997

Bloech, J. u.a. Einführung in die Produktion, Heidelberg 2001

Boeckle, U. Modelle von Verpackungssystemen, Wiesbaden 1994

Bogaschewsky, R. Elektronischer Einkauf, Gernsbach 1999

Bramsemann, R. Aufbau und Ausbau eines Planungssystems, Skript, Bielefeld 2000

Bramsemann, R. Handbuch Controlling, München 1993

Brankamp, K. Zielplanung, in: Eversheim, W. u.a. (Hrsg.): Produktion und Management, Berlin 1996

Brede, H. Standortfaktor, in: Bloech, J. u.a. (Hrsg.): Vahlens Großes Logistiklexikon, München 1997

Bretzke, W.-R. „Make or buy" von Logistikdienstleistungen: Erfolgskriterien für eine Fremdvergabe logistischer Dienstleistungen, in: Isermann, H. (Hrsg.): Logistik, Landsberg 1998

Buchholz, J. u.a. Handbuch der Verkehrslogistik, Berlin 1998

Budde, R. Reorganisation von Materialfluss und Lager, Köln 1990

Corsten, H. Hierarchische Produktionsplanung, in: Bloech, J. u.a. (Hrsg.): Vahlens Großes Logistiklexikon, München 1997

Corsten, H. Produktionslogistik, in: Bloech, J. u.a. (Hrsg.): Vahlens Großes Logistiklexikon, München 1997

Corsten, H. Produktionsplanung und –steuerung, in: Bloech, J. u.a. (Hrsg.): Vahlens Großes Logistiklexikon, München 1997

Corsten, H. Produktionswirtschaft, München 1992

Corsten, H. u.a. Betriebswirtschaftslehre, München 1994

Dangelmaier, W. Layoutplanung und Standortoptimierung, in: Weber, J. u.a. (Hrsg.): Handbuch Logistik, Stuttgart 1999

Dangelmeier, W. Fertigungsplanung, Berlin 1999

Delfmann, W. Industrielle Distributionslogistik, in: Weber, J. u.a. (Hrsg.): Handbuch Logistik, Stuttgart 1999

Dietel, A. Lieferserviceorientierte Distributionslogistik, Aachen 1997

Diruf, G. Modelle und Methoden der Transportplanung, in: Weber, J. u.a. (Hrsg.): Handbuch Logistik, Stuttgart 1999

Dolmentsch, R. eProcurement–Einsparungspotentiale im Einkauf, München 2000

Domschke, W. Logistik: Rundreisen und Touren, München 1990

Domschke, W. u.a. Logistik: Standorte, München 1990

Domschke, W. u.a. Standortentscheidungen in Distributionssystemen, in: Isermann, H. (Hrsg.): Logistik, Landsberg 1998

Dondrup, M. Produktion, Köln 1999

Ehrmann, H. Kompakt-Training Logistik, Ludwigshafen 2001

Ehrmann, H. Logistik, Ludwigshafen 2001

Ehrmann, H. Unternehmensplanung, Ludwigshafen 1997

Eisele, P. Simulationsmodelle zur Distributionskostenminimierung bei zentraler bzw. dezentraler Warenauslieferung, Zürich 1976

Fandel, G. PPS- und integrierte betriebliche Softwaresysteme, Berlin 1997

Fieten, R. Integrierte Materialwirtschaft, Leinfelden-Echterdingen 1994

Fischer, W. Materialfluss und Logistik, Berlin 1997

Fleischmann, B. Tourenplanung, in: Isermann, H. (Hrsg.): Logistik, Landsberg 1998

Glaser, H. u.a. Verfahren der Produktionsplanung und –kontrolle, in: Weber, J. (Hrsg.): Handbuch Logistik, Stuttgart 1999

Goette, T. Standortpolitik internationaler Unternehmen, Göttingen 1993

Göpfert, I.: Stand und Entwicklung der strategischen Planung – Ergebnisse einer empirischen Untersuchung, in: Göpfert, I. (Hrsg.): Logistik der Zukunft, Wiesbaden 2000

Görgens, J. Kanban-Steuerung, in: Weber, J. (Hrsg.): Handbuch Logistik, Stuttgart 1999

Görner, D. Technische Komponenten des Kommissionierlagers - von der konventionellen Lösung bis zum automatischen System, in: Verband für Lagertechnik und Betriebseinrichtungen (Hrsg): Fachhandbuch

Lagertechnik und Betriebseinrichtungen, Hagen 2000

Grap, R. Produktion und Beschaffung – eine praxisorientierte Einführung, München 1998

Grochla, E. Grundlagen der Materialwirtschaft, Wiesbaden 1986

Gröner, L. Produktionslogistik, in: Schmidt, K.-J. (Hrsg.): Logistik: Grundlagen, Konzepte, Realisierung, Braunschweig 1993

Gudehuss, T. Logistik 2, Berlin 2000

Gudehuss, T. Grundlagen der Kommissioniertechnik, Essen 1973

Günther, H.-O. u.a. Produktion und Logistik, Berlin 2000

Günther; H.-O. u.a. Einsatzplanung Fahrerloser Transportsysteme, Berlin 2000

Gutenberg, E. Grundlagen der Betriebswirtschaftslehre, 1. Band: Die Produktion, Berlin 1983, 1979

Guttenberger, S. Outsourcing in der Distributionslogistik, München 1995

Hahn, D. Produktionscontrolling, in: Bloech, J. u.a. (Hrsg.): Vahlens Großes Logistiklexikon, München 1997

Hansmann, K.W. Industrielles Management, München 1999

Hartmann, H Materialwirtschaft, Gernsbach 1993, 1997

Heidenblut, V. — Sind Lager noch zeitgemäß?, in: Fördern und Heben - Zeitschrift für Materialfluss und Automation in Produktion, Lager, Transport und Umschlag (f+h), Jg. 49, 1999

Heiserich, O.-E. — Logistik, Wiesbaden 2000

Heße, M. — Beruhigte Fertigung, Köln 1992

Horváth, P. — Controlling, München 1998

Hirschsteiner, G. — Einkaufs- und Beschaffungsmanagement, Ludwigshafen 2002

Ihde, G. B. — Logistiksystem(e), in: Bloech, J. u.a. (Hrsg.): Vahlens Großes Logistiklexikon, München 1997

Isermann, H. — Logistik im Unternehmen – eine Einführung, in: Isermann, H. (Hrsg.): Logistik, Landsberg 1994

Jansen, R. — Das Lager als logistische Funktion – Stand der Technik und zukünftige Entwicklungen, in: Verband für Lagertechnik und Betriebseinrichtungen (Hrsg.): Fachhandbuch Lagertechnik und Betriebseinrichtungen, Hagen 2000

Jehle, E. — Produktionswirtschaft, Heidelberg 1999

Jünemann, R. u.a. — Steuerung von Materialfluss- und Logistiksystemen, Berlin 1998

Jünemann, R. u.a. — Materialflusssysteme, Berlin 2000

Kern, W. — Industrielle Produktionswirtschaft, Stuttgart 1992

Kettner, H. u.a. — Leitfaden der systematischen Fabrikplanung, München 1998

Knolmayer, G. Supply Chain Management auf Basis von SAP-Systemen, Berlin 2000

Koch, R. u.a. Logistik in Industrieunternehmen, in: Krampe, H. (Hrsg.): Grundlagen der Logistik, München 1993

Koether, R. Technische Logistik, München 1993

Kortschak, B. H. Der Produktions- und Wettbewerbsfaktor Zeit in der Logistik, in: Weber, J. (Hrsg.): Handbuch Logistik, Stuttgart 1999

Koschnick, W. J. Lexikon Marketing, Stuttgart 1997

Kotler, P. Marketing-Management, Stuttgart 1999

Kreikebaum, H. Strategische Unternehmensplanung, Stuttgart 1991

Krieg, W. Kommissioniersysteme im Wandel der Zeit, in: Jünemann, R. (Hrsg.): Transport-, Lager- und Kommissioniersysteme für die 90er Jahre, Köln 1990

Kuhn, u.a. Simulation in Produktion und Logistik, Berlin 1998

Kühn, F. u.a. Neue Technologien im Innerbetrieblichen Materialfluss, in: Jünemann, R. (Hrsg.): Logistik Leitfaden, Köln 1990

Lauinger, S.J. Rohrpost: Beileibe kein Relikt aus längst vergangenen Zeiten, in: f+h, 50. Jahrgang, Limburg 2000

Lebefromm, U. Produktionsmanagement, München 1999, 1997

Lucke, H.-J. u.a. Konzepte und Systeme mit übergreifender Bedeutung in der Logistik, in: Krampe, H. u.a. (Hrsg.): Grundlagen der Logistik, München 1993

Luczak, H. Arbeitsorganisation in Eversheim, W. u.a. (Hrsg.): Produktion und Management, Berlin 1996

Macharzina, K. u.a. Unternehmensführung, Wiesbaden 1999

Martin, H. Praxiswissen Materialflussplanung, Wiesbaden 1999

Martin, H. Transport- und Lagerlogistik, Wiesbaden 2000, 1998

Mertens, P. Funktionen und Phasen der Produktionsplanung und –steuerung, in: Eversheim, W. u.a. (Hrsg.): Produktion und Management, Berlin 1996

Moszyk, U.: Planungsmittel, in: Eversheim, W. u.a. (Hrsg.): Produktion und Management, Berlin 1996

Niebuer, A. Absatzkanal, in: Bloech, J. u.a. (Hrsg.): Vahlens Großes Logistiklexikon, München 1997

Noche, B. Simulation in Produktion und Materialfluss, Köln 1990

o.V. Auftrag, in: Klaus, P. u.a. (Hrsg.): Gabler Lexikon Logistik, Wiesbaden, 1998

o.V. Danzas Lotse, Danzas Holding (Hrsg.): Schwalbach, 1996 (zit. nach: Koch, J.: Distributionslogistik, in Pradel, U.-H. (Hrsg.): Praxishandbuch Logistik, Köln 2001

o.V. DOSIMIS-3 für Windows, in: SimulationsDienstleistungsZentrum GmbH (Hrsg.): DOSIMIS-3 für Windows, Dortmund 1999, 2001

o.V. Gabler Wirtschaftslexikon, 13. Auflage, Wiesbaden 1995

Oeldorf, G. u.a. — Materialwirtschaft, Ludwigshafen 2002

Olfert, K. u.a. — Kompakt-Training Unternehmensführung, Ludwigshafen 1999

Otto, A. — Auftragsabwicklung, in: Klaus, P. u.a. (Hrsg.): Gabler Lexikon Logistik, Wiesbaden 1998

Pawellek, G. — Produktionslogistik, in: Klaus, P.: Gabler-Lexikon Logistik, Wiesbaden, 1998

Pawellek, G. — Produktionsprogrammplanung, in: Klaus, P. u.a. (Hrsg.): Gabler-Lexikon Logistik, Wiesbaden 1998

Pfeifer, T. — Methoden und Werkzeuge des Qualitätsmanagements, in: Eversheim, W. (Hrsg.): Produktion und Management, Berlin 1996

Pfohl, H.-C.: — Logistiksysteme, Berlin 2000, 1996

Piontek, J. — Internationale Logistik, Stuttgart 1994

Plümer, T. u.a. — Integrierte Abfallwirtschaft, VDI-Verlag Düsseldorf 1995

Porter, U. — Wettbewerbsvorteile, Frankfurt am Main 1999

Raffel, W.-U. u.a. — Agentenorientierte Modellierung von Fahrerlosen Transportsystemen, Berlin 2001

Rinschede, A. u.a. — Entsorgungslogistik III, Berlin 1995

Roland, F. u.a. — Strategisches Beschaffungsmarketing, in: Manschwetus, U. (Hrsg.): Strategisches Internet-marketing, Wiesbaden, 2002

Rosenberg, O. — Simulationsgestützte Auftragsabwicklung, in: Isermann, H. (Hrsg.): Logistik, Landsberg 1998

Scheer, A.-W. CIM - Der computergesteuerte Industriebetrieb, Berlin 1990

Schmidt, U. Angewandte Simulationstechnik für Produktion und Logistik, Dortmund 1997

Schulte, C. Distributionssystem, in: Bloech, J. (Hrsg.): Vahlens Großes Logistiklexikon, München 1997

Schulte, C. Logistik, München 1995, 1991

Schulte, C. PPS-Kennzahlen, in: Dück, O. (Hrsg.): Materialwirtschaft und Logistik in der Praxis, Augsburg 1997

Schwab, A.-J. Managementwissen für Ingenieure, Berlin 1999

Schweitzer, M. (Planung) und Kontrolle, Wiesbaden 2001

Siegmann, J. Fahrzeuge für den Güterverkehr, Berlin 2001

Siegmann, J. Gütertransport auf der Schiene, Berlin 2001

Steinbuch, P. A . Logistik, Herne 2001

Steiner, M. Konstituierende Entscheidungen, in: Bitz, M. (Hrsg.): Vahlens Kompendium der Betriebswirtschaftslehre, München 1989

Steinmann, H. Management, Wiesbaden 1993

Stender-Monhemius, K. Marketing, 2002 München

Stöcker, H. Taschenbuch mathematischer Formeln und moderner Verfahren, Frankfurt 1992

Strub, M. Der Internet-Guide für Einkaufs- und Beschaffungsmanager, Landsberg/Lech 1999

Teller, C.-J.	Logistische Funktionen - Transportieren, Umschlagen, Lagern, in: Rationalisierungs-Kutorium der Deutschen Wirtschaft e.V. (Hrsg.): RKW-Handbuch Logistik, Berlin 1997
Tempelmeier, H.	Material-Logistik, Berlin 1999
Thaler, K.	Supply Chain Management, Köln 1999
Türks, M.	Auftragsabwicklung, in: Klee, J. u.a. (Hrsg.): Physical Distribution im modernen Management, München 1972
Vahrenkamp, R.	Logistikmanagement, München 1998
Verein Deutscher Ingenieure:	Simulation von Logistik-, Materialfluss- und Produktionssystemen, VDI-Richtlinie 3633, Blatt 1: Grundlagen, Düsseldorf, 1993
Vossebein, U.	Materialwirtschaft und Produktionstheorie, Wiesbaden 2001
Vry, W.	Beschaffung und Lagerhaltung, Ludwigshafen 1998
Wachholz, K.	Die Produktion, in: Pradel, U.-H. (Hrsg.): Praxishandbuch Logistik, Köln 2001
Waldmann, J.	Distributionslogistik, in: Klaus, P. u.a. (Hrsg.): Gabler Lexikon Logistik, Wiesbaden 1998
Warnecke,	H.-J.: Die Fraktale Fabrik, Berlin 1992
Warwel, G.	Lager- und Regaltechnik in der Praxis, in: Verband für Lagertechnik und Betriebseinrichtungen (Hrsg.): Fachhandbuch Lagertechnik und Betriebseinrichtungen, Hagen 2000
Wäscher, G.	Layoutplanung für Produktionssysteme, in: Isermann, H. (Hrsg.): Logistik: Beschaffung, Produktion, Distribution, Landsberg/Lech 1998

Weber, J. u.a. Logistikmanagement, Stuttgart 1994

Weber, J. u.a. Balanced Scorecard & Controlling, Wiesbaden 2000

Weber, J. Stand und Entwicklungsperspektiven des Logistik-Controlling, Koblenz 1999

Weck, M. Produktionssysteme, in: Eversheim, W. u.a. (Hrsg.): Produktion und Management, Berlin1996

Wegner, U. Einführung in das Logistik-Management, Wiesbaden 1996

Weis, H.-C. Marketing, Ludwigshafen (Rhein) 1999

Weis, H.-C. Kompakt-Training Marketing, Ludwigshafen 1999

Westkämper, E. Strategisches Qualitätsmanagement, in: Eversheim, W. u.a. (Hrsg.): Betrieb von Produktionssystemen, Berlin 1999

Wiendahl, H.-P. Ausgewählte Strategien und Verfahren der PPS, in: Eversheim, W. (Hrsg.): Produktion und Management, Berlin 1996

Wiendahl, H.-P. Belastungsorientierte Auftragsfreigabe (BOA), in: Weber, J u.a. (Hrsg.) : Handbuch Logistik, Stuttgart 1999

Wiendahl, H.-P. Grundlagen der Fabrikplanung, in: Eversheim, W. u.a. (Hrsg.): Produktion und Management, Berlin 1996

Wiendahl, H.-P. Betriebsorganisation für Ingenieure, München 1997

Wild, I. Grundlagen der Unternehmensplanung, Opladen 1982

Wildemann, H. Das Just-in-Time Konzept, München 1990

Wildemann, H. Die modulare Fabrik, München, 1994(Produktion)

Wildemann, H. Logistik Prozessmanagement, München 2001, 1997

Wildemann, H. Produktionslogistik, in: Eversheim, W. u.a. (Hrsg.): Produktion und Management, Berlin 1996

Wöhe, G. u.a. Einführung in die Allgemeine Betriebswirtschaftslehre, München 2000, 1996

Wolf, D. Distribution Resource Planning, in: Bloech, J. u.a. (Hrsg.): Vahlens Großes Logistiklexikon, München 1997

Wollenberg, K. Taschenbuch der Betriebswirtschaft, München 2000

Wolf, M.: Tourenplanung, in: Klaus, P. u.a. (Hrsg.): Gabler Lexikon Logistik, Wiesbaden 1998

Wulffen, H. CIM: Optimierung des Informationsflusses in der Logistik, in: Dück, O. (Hrsg.): Materialwirtschaft und Logistik in der Praxis, Augsburg 1997

Wulffen, H. Materialflusssteuerung und Optimierung innerhalb der Produktion, in: Dück, O. (Hrsg.): Materialwirtschaft und Logistik in der Praxis, Augsburg 1997

Zangemeister, C. Nutzwertanalyse in der Systemtechnik, München 1976, 1993

Zäpfel, G.: Taktisches Produktionsmanagement, Berlin 1989

Ziegler, H.-J. Zeit- und Kosteneinsparung durch Tourenoptimierung, in: alfaplan Management-Software und Consulting GmbH (Hrsg.): CATRIN - Das Tourenplanungssystem, Ulm 2001

9 Stichwortverzeichnis